KB266325

# 대치동이 선택한
# 특목 · 자사고 합격 자소서

김태호 · 전진욱 지음

좋은땅

# 당신의 생활기록부에는 '합격'이 없습니다

### 왜 전교 1등은 떨어지고, 평범했던 그 친구는 합격했을까요?

매년 입시철이 되면 똑같은 미스터리가 반복됩니다. 내신 성적이 완벽하고 스펙이 화려한 학생은 불합격 통보를 받고, 성적은 조금 부족해도 왠지 모를 자신감이 있던 학생은 당당히 합격증을 거머쥡니다.

도대체 무엇이 당락을 갈랐을까요? 입학사정관들은 입을 모아 말합니다. "기록을 '나열'하는 학생은 떨어지고, 기록으로 '증명'하는 학생은 붙는다."

대부분의 학생들은 자기소개서라는 빈칸을 마주하면 자신의 '과거'를 자랑하기 바쁩니다. "저는 수학 경시대회에서 좋은 성적을 받았습니다." "저는 봉사활동을 100시간이나 했습니다."

하지만 냉정하게 말해 봅시다. 특목고나 자사고에 지원하는 학생들 중 그 정도 스펙이 없는 학생은 없습니다. 입학사정관에게 그런 글은 수천 장의 종이 뭉치 중 하나일 뿐입니다.

합격하는 자소서는 다릅니다. 그들은 '결과'가 아닌 '과정'을, '자랑'이 아닌 '성장'을 이야기합니다.

[불합격하는 자소서] "과학 동아리에서 수질 오염 측정 실험을 했고, 보고서를 작성하여 좋은 성적이 나왔습니다." (단순 사실 나열)

[합격하는 자소서] "수질 오염 측정 중 데이터 오류가 계속 발생했습니다. 원인을 찾기 위해 해외 논문을 뒤져 '변수 통제'의 실패임을 알아냈고, 실험 설계를 3번 뜯어고친 끝에 오차율을 0.1%로 줄였습니다. 이 과정을 통해 연구란 끈질긴 실패의 기록임을 배웠습니다." (문제 해결력과 태도 증명)

차이가 느껴지십니까? 전자는 '성과'를 자랑하지만, 후자는 '연구자로서의 자질'을 증명합니다. 입학사정관이 뽑고 싶은 학생은 당연히 후자입니다.

이 책은 바로 후자의 글을 쓰기 위한 '공학적 설계도'입니다.

글쓰기에 재능이 없어도 괜찮습니다. 합격 자소서는 문학 작품이 아니기 때문입니다. 철저하게 계산된 '논리'와 '전략'의 산물입니다.

이 책에는 뜬구름 잡는 조언 대신, 당장 내 모니터에 한 문장을 쓰게 만드는 구체적인 공식들이 담겨 있습니다.

- **'7단계 진화 공식'**: 평범한 수행평가를 입학사정관이 탐내는 '심화 탐구'로 바꾸는 법
- **'논리의 황금 사슬'**: 꿈과 학교 프로그램을 엮어, "이 학교가 아니면 안 된다"고 설득하는 법
- **'S.A.R.L. 기법'**: 뻔한 봉사활동을 '리더십'과 '인성'의 증거로 탈바꿈시키는 법
- **'10개 진로 & 41개 학교별 합격 사례'**: 의사, 변호사, AI 개발자부터 대원외고, 외대부고, 과학고까지, 실제 합격생들의 데이터를 바탕으로 재구성한 완벽한 롤모델

이 책을 집어 든 순간, 여러분은 이미 경쟁자보다 한발 앞서 나간 것입니다. 대다수의 학생들이 "무엇을 쓸까" 고민하며 머리를 쥐어뜯을 때, 여러분은 이 책의 공식을 따라 "어떻게 합격을 증명할까"를 전략적으로 조립하게 될 테니까요.

더 이상 망설이지 마십시오. 여러분의 평범했던 기록을 '합격의 필승 카드'로 뒤바꿀 비밀이 바로 이 안에 있습니다.

이 책을 손에 든 당신에게 먼저 축하를 전합니다. 생애 처음 맞이하는 '입시'라는 큰 관문 앞에서, 두려움에 머무르지 않고 합격을 향한 확실한 길잡이를 선택했기 때문입니다.

이 책은 합격을 준비하는 데 필요한 두 가지 핵심 축으로 구성되었습니다. 논리적인 자소서와 면접을 완성하는 "1~3부 전략 편"과, 그 전략을 뒷받침할 방대한 합격 데이터를 담은 "4부 실전 편"입니다. 최고의 효과를 위해 다음과 같이 활용하시길 당부합니다.

## 1. 먼저, 1부에서 3부까지는 '순서대로' 정독해 주세요

1부에서 3부까지는 단순한 글쓰기 요령이 아닙니다. [재료 발굴(1부) → 설계 및 작성(2부) → 최종 점검 및 면접(3부)]으로 이어지는 합격의 논리적 흐름을 그대로 따르고 있습니다.

각 장은 독립된 팁의 나열이 아니라, 앞선 장의 내용을 디딤돌 삼아 다음 단계로 나아가는 계단식 구조로 설계되었습니다. '나'와 '학교'를 분석하는 1부의 과정 없이 2부의 글쓰기로 바로 뛰어든다면, 화려하지만 알맹이가 없는 공허한 글이 될 수밖에 없습니다.

따라서 제1장부터 제8장까지 순서대로 따라 읽으며 직접 미션을 수행하는 것이, 당신만의 흔들리지 않는 '합격 스토리'를 가장 확실하게 완성하는 길(Via)입니다.

## 2. 4부 '합격 데이터베이스'는 책상맡에 두고 '사전'처럼 활용하세요

4부는 당신의 전략을 현실로 만드는 데 필요한 모든 데이터를 집대성한 '보물창고'이자 '백과사전'입니다. 글을 쓰다가 막히거나 방향을 잃었을 때, 다음과 같이 활용할 수 있습니다.

● 학교의 의도가 헷갈릴 땐 → 제9장 & 제10장 [학교 분석 및 사례]

내가 지원할 학교가 정확히 어떤 인재를 원하는지, 선배들은 그 학교의 인재상을 어떻게 자신의 진로와 연결했는지 궁금할 때 펼쳐 보세요. 6대 고교 유형별 핵심 전략과 핀포인트 합격 사례가 당신의 영점을 조절해 줄 것입니다.

● 나의 롤모델이 필요할 땐 → 제11장 [진로별 합격 사례]

막연한 꿈을 어떻게 구체적인 글로 풀어내야 할지 막막할 때 참고하세요. 공익 변호사부터 AI 개발자까지, 10가지 진로별 모범 답안이 당신이 가야 할 길을 미리 보여 주는 등대가 되어 줄 것입니다.

● 탐구의 깊이가 부족할 땐 → 제12장 [시크릿 키트]

자소서의 소재가 빈약하다고 느껴질 때 펼쳐 보세요. 계열별 핫 트렌드 주제와 필독서 리스트, 그리고 실전 FAQ가 당신의 마지막 1%를 채워 주는 해결사가 되어 줄 것입니다.

## 3. 당신의 '준비 단계'에 맞는 최적의 로드맵을 따르세요

이 책은 입시를 앞둔 중3뿐만 아니라, 미리 준비하는 저학년에게도 유용합니다. 당신의 현재 상황에 따라 집중해야 할 부분이 다릅니다.

● 만약 당신이 중1~2학년이라면: '탐험'하고 '축적'하세요

1부의 제1장(자기 분석)과 제2장(학교 분석)을 꼼꼼히 읽으며 목표를 설정하세요. 그리고 "4부의 제12장(시크릿 키트)"에 있는 추천 도서를 읽고 탐구 주제를 실행에 옮기며 생활기록부를 풍성하게 채워 나가세요.

● 만약 당신이 입시를 앞둔 중3이라면: '설계'하고 '증명'하세요

지금 당장 1부의 제3장(합격 전략)부터 시작하여 2부(실전 작성)의 가이드에 따라 초고를 완성하세요. 그리고 "4부의 제10장(학교 사례)"과 내 글을 비교하며, 나의 강점이 학교의 인재상과 일치하는지 치열하게 검증해야 합니다.

● 만약 서류 제출이 코앞이라면: '점검'하고 '방어'하세요

3부(최종 점검)를 통해 자소서의 치명적인 실수를 걸러 내고, 면접 예상 질문을 추출하세요. 면접관의 시선으로 당신의 서류를 냉정하게 평가하고 방어 논리를 세워야 합니다.

## 4. 이 책을 '소통의 도구'로 활용하세요

특목·자사고 입시는 결코 혼자 치르는 싸움이 아닙니다. 당신을 지도해 주시는 선생님, 그리고 든든한 후원자인 부모님과의 '소통'이 무엇보다 중요합니다.

● 선생님께

2부의 '7단계 진화 공식'으로 정리된 탐구 내용을 가지고 선생님을 찾아가 조언을 구해 보세요. 당신의 논리적인 계획에 선생님은 기꺼이 멘토가 되어 주실 겁니다.

● 부모님께

"그냥 가고 싶어요"라고 떼를 쓰는 대신, 1부와 4부에서 분석한 '학교의 특징'과 '나의 비전'을 연결하여 설득해 보세요. 부모님은 당신의 가장 열렬한 지지자가 되어 주실 겁니다.

## 5. 학생과 함께하는 학부모님과 선생님께

● 학부모님께

자녀의 자소서에 빨간 펜을 들고 첨삭하기보다, 이 책을 통해 입학사정관이 무엇을 보는지 먼저 이해해 주십시오. 결과물을 고쳐 주기보다, 아이가 4부의 사례를 보며 '스스로 생각하는 힘'을 기르도록 격려해 주시는 것이 최고의 코칭입니다.

● 선생님께

학생들의 진로 진학 상담 시, 이 책의 '유형별 분석(9장)'과 '진로별 사례(11장)'를 활용해 주십시오. 막연해하는 학생들에게 구체적인 가이드라인을 제시하는 유용한 "진학 지도의 나침반"이 될 것입니다.

이 책은 합격으로 가는 가장 빠르고 정확한 길을 안내하는 지도입니다. 하지만 그 길을 걷고, 마침내 합격의 문을 여는 주인공은 바로 당신입니다.

이제, 당신의 인생을 바꿀 첫 번째 프로젝트를 시작하겠습니다.

# 차례


[프롤로그] 당신의 생활기록부에는 '합격'이 없습니다 · 004

이 책을 120% 활용하기 위한 안내서 · 006


## 1부: 준비 편
### 나만의 합격 스토리를 설계하기

**1장  모든 이야기의 시작, 자기 분석 — 경험에서 핵심 글감 찾기** · 020

1. [Activity 1] 나의 꿈과 진로 탐색하기: 내 마음의 나침반 · 020

2. [Activity 2] 중학교 생활 돌아보기: 나만의 '경험 재료' 점검하기 · 022

[1장을 마치며] 당신의 냉장고는 채워졌나요? · 026

**2장  목표 고등학교 분석하기 — 나와 학교의 합격 연결 고리 찾기** · 027

1. [Activity 3] 학교 홈페이지 분석: 숨겨진 보물(인재상) 찾기 · 027

2. [Activity 4] 현장 탐색 노트: 발로 뛰며 찾는 합격의 단서 · 032

[2장을 마치며] 학교가 원하는 맛을 찾았나요? · 036

**3장  합격 전략 설계하기 — 자기소개서를 관통할 핵심 컨셉 정하기** · 037

1. [핵심 전략] 학교 유형별 맞춤 전략: 나의 어떤 '맛'을 강조할까? · 037

2. [Activity 5] 합격 설계도 완성: 나만의 '필승 레시피' 만들기 · 040

[3장을 마치며] 이제, 요리를 시작할 준비가 되었습니다 · 043

[1부를 마치며] 합격을 위한 나만의 '필승 레시피'가 완성되었습니다 · 044

[Break Time 1] 선배들의 리얼 토크: "망했다… 쓸 게 하나도 없다?" · 045


## 2부: 실전 작성 편
### 입학사정관을 사로잡는 글쓰기 기술

**4장  자기주도학습 과정 — 단순 나열을 넘어 '성장 스토리'로 완성하라** · 049

1. [문항 분석] 자기주도학습, 본질부터 파악하기 · 049

2. [핵심 전략] 합격을 부르는 7단계 진화 공식　051

3. [Activity] 7단계 공식의 재료 찾기: 당신의 경험 보물창고　054

4. [최악의 실수] '진화'에 실패한 3가지 함정　056

5. [실제 사례 분석] '진화 공식'으로 완성한 합격 사례 분석　058

6. [자가 진단] 내 글로 적용하기: '성장 스토리' 최종 점검 체크리스트　062

7. [최종 규칙 확인] 반드시 피해야 할 기재 금지 사항　064

활동지 (자기주도학습과정)　066

[4장을 마치며] 당신만의 '성장 스토리'를 완성했는가?　068

**5장　지원동기 및 진로계획 — '나'와 '학교'의 운명적 만남을 증명하라**　069

1. 첫 번째 퍼즐: 지원동기 (약 120~150자) — '왜 이 학교여야만 하는가?'　070

　1) [문항 분석] 합격하는 지원동기의 3대 원칙

　2) [최악의 실수] 합격을 가로막는 치명적인 함정들

　3) [Activity] 글감 발굴하기: 당신만의 '지원 이유'를 찾아라

　4) [실제 사례 분석] 합격과 불합격을 가르는 결정적 차이

　5) [자가 진단] 내 글로 적용하기: 지원동기 최종 점검 체크리스트

　6) [최종 점검] 진정성이라는 절대 원칙을 지켜라

2. 두 번째 퍼즐: 진로계획 (약 250~300자) — '입학 후 3년의 성장 로드맵'　081

　1) [문항 분석] 진로계획의 2대 구성 요소: 입학 후와 졸업 후

　2) [최악의 실수] 신뢰를 떨어뜨리는 흔한 함정들

　3) [Activity] 글감 발굴하기: 당신만의 '성장 로드맵'을 그려라

　4) [실제 사례 분석] '희망 사항'과 '실행 계획'의 결정적 차이

　5) [자가 진단] 내 글로 적용하기: 진로계획 최종 점검 체크리스트

　6) [최종 점검] 비전과 과업으로 계획에 깊이를 더하라

3. [최종 전략] 두 퍼즐을 하나로: '논리의 황금 사슬'을 연결하라　092

　1) [실제 사례 심층 분석] '단절된 나열'을 '하나의 이야기'로

　2) [핵심 정리] 모든 합격 사례를 관통하는 단 하나의 공통점

활동지 (자기주도학습과정 — 지원동기/진로계획)　098

[5장을 마치며] 당신만의 '황금 사슬'을 완성했는가?　100

**6장　인성 영역 — 경험으로 '나'라는 사람을 증명하라**　101

1. [문항 분석] 인성 영역의 본질: '착함'이 아닌 '공동체 역량'이다　101

2. [Activity] 경험 속에서 진심 찾기: 나만의 인성 스토리 발굴하기　102

3. [최악의 실수] 인성 영역의 3가지 함정　104

　　4. [핵심 전략] 마음을 움직이는 합격 공식: S.A.R.L. 기법　106

　　5. [실제 사례 분석] '막연한 주장'을 '구체적 증명'으로　108

　　6. [자가 진단] 내 글로 적용하기: 인성 스토리 최종 점검 체크리스트　110

　　7. [최종 점검] 진정성을 완성하는 마지막 태도　113

　　활동지 (인성 영역)　116

　　[6장을 마치며] 당신만의 따뜻함을 증명했는가?　118

[2부를 마치며] 투박했던 경험이 세상에 하나뿐인 '스토리'가 되었습니다　119

[Break Time 2] 입학사정관의 속마음: "제발 첫 문장에 명언 좀 쓰지 마세요"　120

## 3부: 최종 점검 편

합격을 완성하는 최종 전략

**7장　퇴고와 점검 — 빛나는 보석으로 다듬는 마지막 손길**　125

　　1. [문항 분석] 퇴고의 본질: 초고는 결코 완성본이 아니다　125

　　2. [최악의 실수] 합격을 가로막는 퇴고의 3가지 함정　126

　　3. [핵심 전략] 숲, 나무, 잎사귀를 보는 '3단계 퇴고 원칙'　127

　　4. [실전 도구] 퇴고의 효율을 높이는 4가지 기술　129

　　5. [실제 사례 분석] BEFORE vs. AFTER: 평범한 문장이 비범하게 바뀌는 마법　131

　　6. [최종 규칙 확인] 제출 전 마지막 확인! 완벽 점검 체크리스트　134

　　[7장을 마치며] 당신의 글은 이제 '보석'이 되었습니다　137

**8장　자소서 기반 면접 — 서류 뒤에 숨은 '진짜 나'를 증명하라**　138

　　1. [문항 분석] 최신 면접 트렌드: '서류 검증'과 '꼬리 질문'　138

　　2. [Activity] 면접관의 눈으로 내 자소서 '해부'하기　141

　　3. [최악의 실수] 면접관이 감점하는 3가지 태도　144

　　4. [핵심 전략] 합격을 부르는 답변 공식: '두괄식 + STAR-L'　146

　　5. [실제 사례 분석] 유형별 질문 공략법: 합격생의 답변을 훔쳐라　149

　　6. [자가 진단] 실전 모의 면접 최종 체크리스트　153

　　7. [최종 규칙 확인] 면접 전날과 당일의 모든 것　155

　　[8장을 마치며] 면접관은 당신을 떨어뜨리는 사람이 아닙니다　158

[3부를 마치며] 글을 넘어, '눈빛'과 '목소리'로 합격을 증명할 시간입니다　159

[Break Time 3] 합격생의 멘탈 관리: "완벽하지 않아도 합격합니다"　160

# 4부: 합격 데이터베이스
롤모델과 탐구의 보물창고


**9장  [전략 분석] 입시 트렌드 리포트 ─ 6대 고교 유형별 핵심 공략법**  165

  1. 외국어고등학교  166

  2. 국제고등학교  168

  3. 과학고등학교  170

  4. 영재학교  173

  5. 전국 단위 자사고  175

  6. 광역 단위 자사고  178

  [9장을 마치며] 유형은 달라도, 본질은 하나입니다  181

**10장 [학교 사례] 핀포인트 합격 자소서 ─ 주요 학교별 완벽 해부**  182

  [유형 1] 외국어고등학교  183

    [1] 대원외국어고등학교 전형 분석

    [2] 대일외국어고등학교 전형 분석

    [3] 한영외국어고등학교 전형 분석

    [4] 명덕외국어고등학교 전형 분석

    [5] 이화여자외국어고등학교 전형 분석

    [6] 서울외국어고등학교 전형 분석

    [7] 고양외국어고등학교 전형 분석

    [8] 경기외국어고등학교 전형 분석

    [9] 안양외국어고등학교 전형 분석

    [10] 과천외국어고등학교 전형 분석

    [11] 수원외국어고등학교 전형 분석

    [12] 성남외국어고등학교 전형 분석

  [유형 2] 국제고등학교  226

    [1] 서울국제고등학교 전형 분석

    [2] 동탄국제고등학교 전형 분석

    [3] 고양국제고등학교 전형 분석

    [4] 청심국제고등학교 전형 분석

  [유형 3] 과학고등학교  239

    [1] 한성과학고등학교 전형 분석

　　　　[2] 세종과학고등학교 전형 분석

　　　　[3] 경기북과학고등학교 전형 분석

　　[유형 4] 영재학교　　　　　　　　　　　　　　252

　　　　[1] 서울과학고등학교 전형 분석

　　　　[2] 경기과학고등학교 전형 분석

　　　　[3] 한국과학영재학교 전형 분석

　　　　[4] 대전과학고등학교 전형 분석

　　[유형 5] 전국 단위 자사고　　　　　　　　　　268

　　　　[1] 용인한국외대부고 전형 분석

　　　　[2] 하나고등학교 전형 분석

　　　　[3] 상산고등학교 전형 분석

　　　　[4] 민족사관고등학교 전형 분석

　　　　[5] 북일고등학교 전형 분석

　　　　[6] 인천하늘고등학교 전형 분석

　　　　[7] 김천고등학교 전형 분석

　　　　[8] 포항제철고등학교 전형 분석

　　　　[9] 광양제철고등학교 전형 분석

　　　　[10] 현대청운고등학교 전형 분석

　　[유형 6] 광역 단위 자사고　　　　　　　　　　298

　　　　[1] 세화고등학교 전형 분석

　　　　[2] 휘문고등학교 전형 분석

　　　　[3] 중동고등학교 전형 분석

　　　　[4] 보인고등학교 전형 분석

　　　　[5] 배재고등학교 전형 분석

　　　　[6] 현대고등학교 전형 분석

　　　　[7] 세화여자고등학교 전형 분석

　　　　[8] 이화여자고등학교 전형 분석

　　[10장을 마치며] 합격은 '기록'이 아니라 '해석'에서 온다　　　324

**11장 [진로 사례] 합격의 전당 — 10대 핵심 진로 1,500자 모범 답안**　　　326

　　[사례 1] 인문·사회 계열: '공익 변호사' (청소년 노동 인권)　　　327

[사례 2] 인문 · 사회 계열: '외교관' (국제기구 전문가)     330

[사례 3] 언론 계열: '데이터 저널리스트' (사회 이슈 분석)     333

[사례 4] 경영 · 경제 계열: '사회적 기업가' (지역 경제)     335

[사례 5] 인문 · 사회 계열: '임상심리사' (청소년 심리)     338

[사례 6] 자연 · 공학 계열: 'AI 개발자' (AI 윤리 전문가)     341

[사례 7] 자연 · 공학 계열: '화학자' (신소재/배터리 연구원)     344

[사례 8] 자연 · 공학 계열: '로봇 공학자' (재활 로봇)     347

[사례 9] 의학 계열: '연구 의사' (뇌과학)     349

[사례 10] 의약 계열: '약사' (신약 개발 연구)     352

[11장을 마치며] 이제, 당신이 '11번째' 주인공입니다     356

**12장 [시크릿 키트] 탐구 레시피와 실전 상담소(FAQ)**

1. [Idea Bank] 탐구 레시피: 합격을 부르는 계열별 핫 트렌드 주제 100선     358

2. [Book List] 합격의 서재: 자소서에 깊이를 더하는 50권의 필독서     372

3. [FAQ] 무엇이든 물어보세요: 자소서 & 면접 실전 상담소     389

[12장을 마치며] 고민을 멈추고, '첫 문장'을 시작하십시오     394

**[4부를 마치며] 모든 준비는 끝났습니다, 이제 당신의 차례입니다**     395

[에필로그] 합격, 그 이후의 이야기: 당신은 이미 성장했습니다     396

# 준비 편

## 나만의 합격 스토리를 설계하기

"자기소개서를 써야 한다."

이 말을 듣는 순간, 대부분의 학생들은 눈앞이 캄캄해집니다. 새하얀 빈칸을 마주하면 무슨 말부터 시작해야 할지, 나의 어떤 이야기를 담아야 할지 막막하기만 하죠. 마치 요리 경험이 없는 사람에게 "세상에서 가장 맛있는 요리를 만들어 봐!"라고 하는 것과 같습니다.

하지만 걱정하지 마세요. 자기소개서는 멋진 문장력을 뽐내는 글쓰기 대회가 아닙니다. 오히려, 입학사정관이라는 특별한 손님의 입맛에 맞춰 최고의 요리를 선보이는 과정에 가깝습니다. 그 손님들은 화려한 기교보다, 단 세 가지 질문에 대한 진솔하고 명쾌한 답을 맛보고 싶어 합니다.

**입학사정관이 당신의 요리에서 맛보고 싶은 3가지**

1. 왜 이 요리인가? (동기): 왜 당신은 우리 레스토랑(학교)에서 요리하고 싶으며, 왜 우리가 당신을 셰프로 뽑아야 하는가?

2. 어떻게 만들었나? (과정): 단순히 맛있는 결과만 보여 주는 것이 아니라, 어떤 호기심과 노력을 통해 자신만의 레시피를 개발하고 성장했는가?

3. 함께 일할 수 있는가? (인성): 우리 주방(학교 공동체)에 긍정적인 에너지를 더하고, 다른 셰프들과 협력할 준비가 되었는가?

결국, 자기소개서는 나라는 냉장고 안에 어떤 신선하고 좋은 재료(경험)가 있는지 확인하고, 그 재료를 학교가 원하는 '레시피'에 맞춰 맛있는 요리로 만들어 내는 과정입니다. 지난 3년간의 중학교 생활 속에서 겪었던 크고 작은 경험, 힘들었지만 이겨 냈던 기억, 나를 웃게 하고 성장시킨 모든 것들이 바로 여러분의 자기소개서라는 최고의 요리를 만들 신선한 재료들입니다. 단, 기억하세요. 냉장고 속 재료 중에는 자소서에 절대 사용해서는 안 될 '상한 재료(배제 사항)'도 있습니다.

1부에서는 본격적인 요리를 시작하기 전에, 여러분의 냉장고를 탐색하고 최고의 재료를 올바르게 찾아내는 여정을 함께 떠나 보려 합니다. 이 과정이 끝날 때쯤, 여러분은 빈칸에 대한 두려움 대신 어떤 맛있는 요리를 만들지에 대한 설렘과 자신감을 갖게 될 것입니다.

자, 그럼 함께 '나'라는 특별한 요리의 레시피를 만들어 볼까요?

# 1장

# 모든 이야기의 시작, 자기 분석
## — 경험에서 핵심 글감 찾기

홀륭한 자기소개서는 '나는 어떤 사람인가?'라는 질문에 대한 솔직하고 구체적인 대답입니다. 이 질문에 답하기 위해, 우리는 3년간의 경험 속으로 시간 여행을 떠나 보려 합니다. 아래의 질문들을 따라가며, 사소하게 스쳐 지나갔던 기억의 조각들을 하나씩 모아 봅시다. 정답은 없으니, 편안한 마음으로 솔직하게 적어 보세요.

## 1. [Activity 1] 나의 꿈과 진로 탐색하기: 내 마음의 나침반

**목표**: 나의 흥미, 가치관, 강점을 다각도로 발견하고 진로 방향성을 탐색합니다.

'꿈이 뭐니?'라는 어른들의 질문이 때로는 부담스러울 수 있습니다. 아직 구체적인 직업을 정하지 못했어도 괜찮습니다. 지금 우리는 '직업'이 아닌 '방향'을 찾는 중이니까요. 여러분의 마음이 어떤 방향을 가리키고 있는지, 나침반의 바늘을 함께 들여다봅시다.

### 진로 탐색 워크시트

1. 최근 가장 흥미롭게 본 뉴스 기사나 유튜브 영상, 다큐멘터리는 무엇인가요? 왜 그 내용에 마음이 끌렸나요? (예: '인공지능이 그린 그림이 미술 대회에서 우승했다'는 기사)
● 답변:

2. 어떤 과목을 공부할 때 '왜 그럴까?'라는 궁금증이 가장 많이 생기나요? 그 궁금증을 해결하기 위

해 어떤 노력을 해 보았나요? *(예: 역사 속 인물들은 왜 그런 선택을…?)*

- 답변:


3. 무언가에 푹 빠져 시간 가는 줄 몰랐던 경험이 있나요? 무엇을 할 때였나요?

- 이렇게 생각해 보세요: 공부가 아니어도 좋습니다. 게임, 운동, 만들기, 친구와의 대화 등 어떤 활동이든 괜찮습니다. 여러분이 '몰입'하는 순간에 여러분의 숨겨진 재능과 열정이 담겨 있을 수 있습니다. *(예: 레고로 복잡한 구조물을 만들 때, 밤을 새우는 줄도 몰랐다 → 공간지각능력, 문제 해결 능력)*

- 답변:


4. 만약 당신에게 무엇이든 바꿀 수 있는 초능력이 생긴다면, 우리 사회나 세계의 어떤 점을 가장 먼저 바꾸고 싶나요? 왜 그것을 바꾸고 싶나요? *(예: 환경오염 문제…)*

- 답변:


5. 어떤 일을 할 때 가장 '나답다'고 느껴지나요? 혼자 집중할 때인가요, 아니면 다른 사람들과 협력할 때인가요?

- 이렇게 생각해 보세요: 여러분이 선호하는 작업 방식이나 환경을 이해하는 것은, 미래 진로를 선택하는 데 중요한 단서가 됩니다. 정답은 없으니 솔직하게 답해 보세요. *(예: 복잡한 문제를 혼자 조용히 파고들어 해결했을 때 가장 큰 성취감을 느낀다 → 연구직, 분석가)*

- 답변:


6. 당신이 존경하는 인물(역사적 인물, 주변 사람 등)은 누구인가요? 그 사람의 어떤 점을 닮고 싶나요?

- 이렇게 생각해 보세요: 여러분이 존경하는 인물의 특징 속에 여러분이 중요하게 생각하는 가치관이 숨어 있습니다. *(예: 유재석 — 다른 사람의 이야기를 경청하고 편안하게 만들어 주는 능력 → 소통, 공감 능력)*

- 답변:

7. 10년 뒤, 어떤 모습의 어른이 되어 있다면 스스로가 가장 자랑스러울까요? (직업이 아니어도 좋습니다.)
● 답변:


잠깐! 꼭 거창한 꿈이 아니어도 괜찮아요. '의사', '변호사' 같은 명확한 직업이 아니어도 좋습니다. '사람들의 마음을 위로하는 일을 하고 싶다', '복잡한 문제를 단순하게 만드는 것을 잘한다'와 같이 여러분의 흥미와 가치관을 보여 주는 어떤 것이든 훌륭한 나침반이 될 수 있습니다.


## 2. [Activity 2] 중학교 생활 돌아보기: 나만의 '경험 재료' 점검하기

목표: 중학교 3년간의 다양한 경험을 구체적으로 기록하고, 자기소개서의 핵심 근거가 될 의미 있는 에피소드를 발굴합니다.

여러분의 중학교 3년은 수많은 이야기로 가득 찬 보물창고입니다. 지금부터는 창고의 문을 열고, 반짝이는 보물들을 하나씩 꺼내 보는 시간입니다.


### 경험 정리 워크시트

#### 1. 교과 학습 경험 (나만의 공부 이야기)

가장 성적이 많이 올랐던 과목은 무엇인가요? 그 비결은 무엇이었나요? (단순히 '열심히'가 아닌, 구체적인 나만의 방법을 떠올려 보세요.)
● 답변:


처음에는 정말 어렵고 막막했지만, 포기하지 않고 도전해서 결국 극복해 낸 과목이나 단원이 있나요? 그 과정은 어땠나요?
● 답변:

수업 시간에 했던 발표, 토론, 프로젝트 활동 중 가장 기억에 남는 것은 무엇인가요? 그 활동을 통해 무엇을 배우고 느꼈나요?

● 답변:

학교에서 꾸준히 했던 봉사활동이 있다면, 그 경험이 나에게 어떤 변화를 주었나요?

● 답변:

수업 시간에 배운 지식을 실제 생활 속 문제에 적용해 보거나, 다른 과목과 연결하여 이해하려고 노력했던 경험이 있나요? *(예: 수학 시간에 배운 통계 원리를 이용해 우리 반 친구들의 간식 선호도를 분석해 본 경험)*

● 답변:

## 2. 교내 활동 (함께하며 성장한 나의 모습)

가장 애정을 가지고 참여했던 동아리는 무엇인가요? 동아리 활동을 통해 새롭게 배우거나 성장한 점은 무엇인가요?

● 답변:

학생회, 학급 임원, 또는 특정 프로젝트의 리더로서 활동하며 가장 힘들었던 점은 무엇이었고, 그것을 어떻게 해결했나요? (리더가 아니어도 괜찮습니다. 팀의 일원으로서 갈등을 해결하거나 협력했던 경험을 떠올려 보세요.)

● 답변:

친구들과 함께 머리를 맞대고 협력해서 목표를 이루었던 경험이 있나요? 그 과정에서 나의 역할은 무엇이었나요?

● 답변:

학교에서 꾸준히 했던 봉사활동이 있다면, 그 경험이 나에게 어떤 변화를 주었나요?

● 답변:

처음에는 성공 가능성이 낮아 보였지만, 용기를 내어 도전했던 활동이 있나요? 그 결과는 어떠했고, 무엇을 배웠나요? (성공/실패 모두 좋습니다.) *(예: 아무도 지원하지 않던 방송부 엔지니어에 도전하여, 서툰 실력에도 불구하고 축제 방송을 무사히 마쳤던 경험)*
● 답변:

다른 친구들과 의견이 달랐을 때, 자신의 주장을 설득력 있게 전달하거나 혹은 상대방의 의견을 수용하여 더 좋은 결론을 이끌어 냈던 경험이 있나요? *(예: 동아리 발표 주제를 정할 때, 친구의 아이디어가 더 좋다고 판단하여 내 주장을 접고 친구의 의견을 지지했던 경험)*
● 답변:

## 3. 독서 경험 (책을 통해 만난 새로운 세상)

지금까지 읽은 책 중, 나의 생각이나 가치관에 가장 큰 영향을 준 책은 무엇인가요? 어떤 부분이 인상 깊었나요?
● 답변:

책을 읽기 전과 읽은 후, 나에게 어떤 생각의 변화가 있었나요?
● 답변:

책을 읽고 생긴 궁금증 때문에 추가적으로 다른 책이나 자료를 찾아본 경험이 있나요?
● 답변:

주인공의 선택에 대해 깊이 공감하거나 혹은 비판하며 나라면 어땠을까 상상해 본 적이 있나요?
● 답변:

책을 읽고 나서, 그 주제에 대해 친구들과 토론하거나 관련 글쓰기를 했던 경험이 있나요? 그 과정에서 생각이 어떻게 더 깊어졌나요? *(예:『정의란 무엇인가』를 읽고 친구들과 점심시간마다 딜레마 상황에 대해 토론하며 다양한 관점을 알게 된 경험)*

● 답변:


## 4. 교외 활동 및 개인적 노력 (숨겨진 나의 모습)

학교 밖에서 꾸준히 해 온 활동(예: 운동, 악기 연주, 코딩 스터디, 그림 그리기 등)이 있나요? 그 활동이 나에게 어떤 긍정적인 영향을 주었나요? *(단, 사교육 유발 요소나 기재 금지 사항에 해당되지 않는 범위 내에서 솔직하게 작성합니다.)*

● 답변:


스스로 목표를 세우고 개인적으로 노력하여 무언가를 성취했던 경험이 있나요? (예: 매일 30분씩 외국어 공부하기, 나만의 단편 소설 완성하기 등)

● 답변:

## 당신의 냉장고는 채워졌나요?

어떤가요? 1장의 시간 여행을 모두 마친 지금, 여러분의 '재료 냉장고'는 이제 지난 3년간의 소중한 경험과 생각이라는 신선한 재료들로 가득 찼을 겁니다.

자기소개서라는 막막한 빈칸 앞에서 '무엇을 써야 할지' 한숨 쉬던 모습은 이제 없을 겁니다. 오히려 너무 많은 재료들 중에서 어떤 것을 먼저 꺼내야 할지 행복한 고민에 빠졌을지도 모릅니다. 그 것만으로도 여러분은 이미 절반은 성공한 셈입니다. 훌륭한 자기소개서는 화려한 글솜씨가 아니라, 바로 이 '나만의 진솔한 재료'에서부터 시작되니까요.

하지만 최고의 재료가 준비되었다고 해서 요리가 저절로 완성되지는 않죠. 이 훌륭한 재료를 어떤 '레스토랑(학교)'에, 어떤 '손님(입학사정관)'에게 가장 효과적으로 선보일 수 있을지 알아야 합니다.

이제 2장에서는, 우리가 찾아낸 이 소중한 재료들을 가장 멋지게 선보일 최고의 '레스토랑(학교)'에 대해 깊이 탐색해 보겠습니다. 그곳은 어떤 분위기이며, 손님들은 어떤 맛을 기대하는지 꼼꼼하게 살펴보는 시간이 될 겁니다.

자, 이제 최고의 재료가 담긴 바구니를 들고, 우리가 요리할 최고의 레스토랑을 찾아 함께 떠나 볼 까요?

# 2장

# 목표 고등학교 분석하기
## — 나와 학교의 합격 연결 고리 찾기

1장에서 우리는 '나'라는 보물 지도를 펼쳐 보았습니다. 이제는 우리가 나아갈 목적지, 바로 여러분이 가고 싶은 고등학교에 대한 탐색을 시작할 시간입니다.

혹시, 좋아하는 가수의 콘서트에 가기 전에 그 가수의 노래를 전부 들어 보거나, 인터뷰를 찾아본 경험이 있나요? 상대방에 대해 많이 알수록 더 깊은 애정을 갖게 되고, '내가 왜 당신의 팬인지'를 명확하게 말할 수 있게 되죠. 고등학교 지원도 마찬가지입니다. 우리가 가고 싶은 학교에 대해 깊이 있게 아는 만큼, "저는 꼭 이 학교에 와야만 합니다!"라는 주장에 강력한 힘이 실립니다.

이 장에서는 여러분이 지원하고 싶은 학교가 어떤 곳인지, 어떤 학생을 기다리고 있는지 함께 알아보려 합니다. 이 과정은 단순히 정보를 수집하는 것을 넘어, 여러분의 지원 동기를 더욱 단단하게 만들어 줄 것입니다.

## 1. [Activity 3] 학교 홈페이지 분석: 숨겨진 보물(인재상) 찾기

모든 정보의 시작과 끝은 바로 학교 공식 홈페이지입니다. 복잡해 보이는 홈페이지 속에서 우리는 세 가지 핵심적인 보물을 찾아내야 합니다. 이 보물들이 바로 여러분의 자소서에 담길 '지원 동기'의 핵심 뼈대가 되어 줄 겁니다.

### '합격 보물 지도' 완성하기: 온라인 정보 탐색

목표: 학교 홈페이지 등 온라인 정보를 체계적으로 분석하여, '나'의 강점 및 진로 목표와 학교의 특

징을 연결하는 핵심 근거를 발굴합니다.

지금부터 우리는 온라인에서 찾을 수 있는 정보들을 모아 '합격 보물 지도'를 함께 그려 나갈 겁니다. 지도에는 세 개의 핵심 보물 위치가 표시되어 있습니다. 각 보물을 차근차근 찾아내고, 그 보물이 왜 나에게 의미가 있는지 지도에 꼼꼼히 기록해 봅시다.

## 보물찾기 ①: 학교의 '인재상' — 그들이 원하는 학생은 누구일까?

● **어디서 찾을까?**: 학교 홈페이지의 [학교 소개], [교장 선생님 인사말], [교육 목표] 메뉴를 주목하세요. 학교의 철학이 담긴 핵심적인 문장들이 숨어 있습니다.

● **무엇을 찾아야 할까?**: '창의적 인재', '글로벌 리더', '따뜻한 지성인', '도전하는 탐구인' 등 학교가 추구하는 학생의 모습을 나타내는 핵심 키워드를 찾아보세요.

● **어떻게 활용할까?**: 찾은 인재상 키워드에 맞춰 1장에서 분석한 나의 경험을 '번역'하여 '증거'로 제시해야 합니다. 내가 바로 그 인재상에 부합하는 사람이라는 것을 '증명'하는 과정입니다.

　○ (예시) 인재상이 '스스로 탐구하는 학생'이라면 → 1장에서 정리했던 '수학 함수에 대한 호기심을 해결하기 위해 관련 도서를 찾아 읽었던 경험'과 연결할 수 있습니다.

### 나만의 보물 지도 — 인재상 편

● **STEP 1. 보물 발견!: 학교가 찾는 인재상**

　○ 홈페이지에서 찾은 인재상 키워드를 적어 보세요.

　○ 답변: (예: 창의적으로 협력하는 인재)

● **STEP 2. 나의 증거 찾기!: 나의 관련 경험**

　○ 위 인재상과 관련된 자신의 구체적인 경험을 적어 보세요.

　○ 답변: (예: 학교 축제 때 친구들과 함께 '방탈출 카페' 부스를 기획하고 운영했던 경험)

● **STEP 3. 보물 연결하기!: 나의 성장 스토리**

　○ STEP 2의 경험이 STEP 1의 인재상과 '왜' 그리고 '어떻게' 연결되나요? 그 경험 속 나의 행동과 생각을 통해 성장한 점을 구체적으로 서술하여 두 보물을 연결해 보세요.

○ (예시) 처음 부스 주제를 정할 때, 친구들과 의견이 달라 갈등을 겪었습니다. 저는 이를 해결하기 위해 각자 아이디어가 가진 장점을 정리해서 발표하고, 투표로 정하되 떨어진 아이디어의 좋은 점은 채택된 아이디어에 녹여 내자고 제안했습니다. 그 결과 '추리'와 '공포' 컨셉을 결합한 독창적인 방탈출 카페를 기획할 수 있었습니다. 이 경험을 통해 저는 진정한 협력이란 단순히 일을 나누는 것이 아니라, 서로의 다름을 존중하고 시너지를 만들어 내는 과정에서 더 큰 창의성이 발현된다는 것을 몸으로 깨달았습니다. (⇐ 이것이 바로 경험을 인재상에 맞춰 '번역'한 결과입니다.)

○ 답변:


● [Tip] 지도에서 글로

STEP 3의 내용을 바탕으로, 자기소개서에 쓸 수 있는 한 문장을 만들어 보세요. (예: "방탈출 카페 부스를 운영하며, 서로 다른 아이디어가 충돌할 때 더 큰 창의성이 발현됨을 배웠습니다. 이는 '창의적 협력'을 강조하는 귀교의 인재상에 부합한다고 생각합니다.")


## 보물찾기 ②: '교육 과정'과 '특색 프로그램' — 무엇을 배울 수 있을까?

● 어디서 찾을까?: 홈페이지의 [학교생활], [교육활동], [입학 안내] 메뉴를 꼼꼼히 살펴보세요. 연간 학사일정이나 학교 소식 게시판에서도 힌트를 얻을 수 있습니다.

● 무엇을 찾아야 할까?: 다른 학교와 차별화되는 특별한 수업(심화 과목, AP 등), R&E(연구) 프로그램, 국제 교류, 특색 있는 동아리 등을 찾아보세요.

● 어떻게 활용할까?: 나의 진로 희망과 학교의 프로그램들을 연결하여, '고등학교 3년 황금 로드맵'을 학년별로 설계해야 신뢰를 얻습니다. 막연한 다짐이 아닌, 구체적인 학년별 계획이 신뢰를 줍니다.

○ (예시) 진로 희망이 '생명 공학 연구원'인 학생이, 학교에 'R&E 프로그램'이 있다는 것을 발견했다면 → "2학년 때 R&E 프로그램을 통해 유전자 편집 기술에 대해 깊이 있게 탐구하고 싶습니다" 와 같이 학년을 명시하여 연결할 수 있습니다.

● **STEP 1. 보물 발견!: 학교의 특별한 교육 과정/프로그램**

○ 자신의 진로와 관련하여 가장 인상 깊은 프로그램을 적어 보세요. (예: 1인 1주제 심화 탐구 보고서(R&E) 프로그램)

○ 답변:


● **STEP 2. 나의 증거 찾기!: 나의 진로 희망/관심사**

○ 위 프로그램과 연결할 수 있는 자신의 진로 희망이나 관심사를 적어 보세요. (예: 인공지능 윤리 문제에 대한 깊은 관심. 관련 기사와 책을 찾아 읽고 있음.)

○ 답변:


● **STEP 3. 보물 연결하기!: 나의 성장 계획**

○ 학교 프로그램과 자신의 진로를 엮어 구체적인 성장 계획을 서술해 보세요.

○ (예시) 저는 평소 인공지능 기술의 발전이 우리 사회에 미칠 윤리적 문제에 대해 깊은 관심을 가져왔습니다. 귀교에 입학하게 된다면, 2학년 때 1인 1주제 심화 탐구 보고서 프로그램을 통해 '자율주행 자동차의 윤리적 딜레마'라는 주제로 깊이 있게 탐구해 보고 싶습니다. 이 과정을 통해 단순히 기술을 배우는 것을 넘어, 기술을 올바르게 사용하는 책임감 있는 공학도로 성장하는 밑거름을 만들고 싶습니다.

○ 답변:


● **[Tip] 지도에서 글로**

STEP 3의 내용을 바탕으로, 자기소개서 '진로계획' 파트에 쓸 수 있는 핵심 문장을 만들어 보세요. (예: "귀교의 R&E 프로그램을 통해 '자율주행차의 윤리 문제'를 탐구하며, 기술과 사회를 함께 고민하는 공학도로 성장하고 싶습니다.")


**보물찾기 ③: '학교 소식'과 '자랑거리' — 학교는 무엇을 중요하게 생각할까?**

● 어디서 찾을까?: [공지사항], [학교 소식], [포토 갤러리], [가정통신문] 메뉴를 확인하세요. 학교

가 무엇을 알리고 싶어 하는지 생생하게 느낄 수 있습니다.

- **무엇을 찾아야 할까?**: 최근 학교가 어떤 대회에서 수상했는지, 어떤 행사를 중요하게 치렀는지, 선배들이 어떤 성과를 내고 있는지 살펴보세요. 학교가 강조하고 자랑하는 부분에 그 학교의 현재와 미래가 담겨 있습니다.
- **어떻게 활용할까?**: 학교가 자랑하는 부분을 언급하며 존중과 관심을 표현하고, 나 역시 그 전통과 문화의 일원이 되어 학교를 더욱 빛낼 준비가 되어 있다는 포부를 보여 줄 수 있습니다. '나도 그 멋진 활동의 주인공이 되고 싶다'는 열망을 보여 주는 것이죠.
  - ○ (예시) 학교의 자랑이 '유서 깊은 교내 토론 대회'라면 → "선배님들이 교내 토론 대회에서 보여 준 논리적인 모습에 감명받았으며, 저 역시 그 일원이 되고 싶습니다"와 같이 연결할 수 있습니다.



- **STEP 1. 보물 발견!: 학교의 최근 소식/자랑거리**
  - ○ 자신의 가치관과 연결할 수 있는 학교 소식을 찾아 적어 보세요. (예: 매년 가을에 열리는 '교내 과학 페어'에서 선배들이 사회 문제를 해결하는 발명품을 출품하여 수상했다는 소식)
  - ○ 답변:

- **STEP 2. 나의 증거 찾기!: 나의 가치관/목표**
  - ○ 위 소식에 공감하는 자신의 가치관이나 목표를 적어 보세요. (예: 과학 기술은 사람들의 삶을 편리하게 만드는 데 기여해야 한다는 평소의 생각)
  - ○ 답변:

- **STEP 3. 보물 연결하기!: 나의 비전과 포부**
  - ○ 학교의 발전에 기여하고 싶은 자신의 비전과 포부를 서술해 보세요.
  - ○ (예시) 저는 귀교 홈페이지에서 선배님들이 '교내 과학 페어'를 통해 사회의 불편함을 개선하는 창의적인 발명품을 만드는 모습을 보며 깊은 감명을 받았습니다. 이는 과학 기술이 사람들의 삶에 기여해야 한다는 저의 가치관과 정확히 일치했습니다. 저 또한 귀교에 입학하여, 그동

안 생각해 왔던 '시각장애인을 위한 음성 안내 내비게이션 앱' 아이디어를 친구들과 함께 발전시켜 과학 페어에 참여하고 싶습니다. 선배들이 세운 훌륭한 전통을 이어 가며 학교의 명예를 높이는 데 기여하고 싶습니다.

○ 답변:

● **[Tip] 지도에서 글로**

STEP 3의 내용을 바탕으로, 자기소개서 '지원동기'나 '진로계획'의 마지막 부분에 활용할 수 있는 포부 문장을 만들어 보세요. (예: "선배들이 세운 훌륭한 과학 페어 전통을 이어, 저 역시 기술로 사회에 기여하는 인재로 성장하며 학교를 빛내고 싶습니다.")

## 2. [Activity 4] 현장 탐색 노트: 발로 뛰며 찾는 합격의 단서

**목표**: 학교 설명회나 선배 인터뷰 등 오프라인 활동을 통해 얻은 생생한 정보를 기록하고, 자기소개서에 활용할 핵심 포인트를 정리합니다.

'합격 보물 지도'를 통해 우리는 온라인에서 얻을 수 있는 거의 모든 정보를 손에 넣었습니다. 하지만 진짜 보물은 때로는 모니터 밖에 숨겨져 있는 법입니다. 홈페이지가 알려 주지 않는 학교의 생생한 분위기, 선생님들의 열정, 선배들의 실제 목소리는 직접 발로 뛸 때 비로소 얻을 수 있는 귀한 정보입니다.

### 1) 학교 설명회에 반드시 참석하세요

학교 설명회는 단순한 정보 전달의 장이 아닙니다. 여러분이 지원할 학교의 공기를 직접 마셔 보고, 미래의 선생님들과 선배들을 만날 수 있는 유일한 기회입니다.

### (1) 가기 전에 무엇을 준비할까?

'합격 보물 지도'를 만들며 궁금했던 점들을 목록으로 정리해 가세요. "홈페이지에서 본 ○○○ 프로그램에 대해 더 자세히 알고 싶습니다"와 같은 구체적인 질문은 여러분의 관심과 열정을 보여 주는 좋은 방법입니다.

## (2) 무엇을 얻을 수 있을까?

인터넷 정보로는 알 수 없는 학교의 실제 분위기를 느낄 수 있습니다. 또한, 입학 담당 선생님께 직접 질문하고 답변을 들으며 궁금증을 해소하고, 때로는 자기소개서 작성에 대한 중요한 팁을 얻을 수도 있습니다.

**현장 탐색 노트: 학교 설명회 참석 기록**

● 설명회 날짜 및 장소:
● 가장 인상 깊었던 프로그램이나 설명 내용 3가지: 1. 2. 3.
● 직접 질문하고 답변 받은 내용 (선택 사항):
● 질문:
● 답변:

● 설명회를 통해 새롭게 알게 되거나 느낀 점 (학교 분위기 등):
● 메모:

● [활용 계획] 이 정보들을 자기소개서의 어떤 부분(지원동기, 진로계획 등)에 활용할 수 있을까?
● 계획:

## 2) 선배들의 이야기에 귀 기울이세요

이미 그 길을 걷고 있는 선배들의 경험담만큼 값진 정보는 없습니다. 주변에 아는 선배가 있다면 용기를 내어 연락해 보세요.

**(1) 무엇을 물어볼까?**

"학교생활 중 가장 좋은 점과 힘든 점은 무엇인가요?", "가장 기억에 남는 수업이나 활동은 무엇이었나요?", "입학 전에 생각했던 것과 가장 달랐던 점이 있나요?" 등 현실적인 질문들이 큰 도움이 됩니다.

**(2) 어디서 정보를 얻을까?**

주변에 아는 선배가 없더라도 괜찮습니다. 각 학교별 온라인 커뮤니티나 입시 관련 카페 등에서 재학생이나 졸업생 들의 생생한 후기를 찾아볼 수 있습니다. 다만, 개인적인 의견과 단편적인 정보일 수 있으니 여러 정보를 종합하여 객관적으로 판단하는 자세가 필요합니다.

**현장 탐색 노트: 선배 인터뷰 기록 (선택 사항)**

● 인터뷰 대상 (선배 이름 또는 학년):

● 인터뷰 날짜 및 방법 (대면, 전화 등):

● 선배가 말해 준 학교생활의 가장 큰 장점과 단점은?

● 장점:

● 단점:


● 선배가 추천하는 활동이나 꼭 들어야 할 수업은?

● 추천:


● 선배의 조언 중 가장 기억에 남는 내용은?

● 메모:


● [활용 계획] 이 정보들을 자기소개서 작성이나 면접 준비에 어떻게 활용할 수 있을까?

● 계획:

# 잠깐! 특목고 vs. 자사고, 무엇을 다르게 어필해야 할까?

두 학교 유형 모두 훌륭하지만, 자기소개서에서 강조해야 할 포인트가 조금 다릅니다. 여러분이 완성한 '보물 지도'의 방향을 어디에 맞춰야 할지 마지막으로 점검해 봅시다.

**● 특목고 (과학고, 외고, 국제고 등): '깊이'와 '전문성'으로 승부하라**

○ 해당 분야에 대한 깊은 관심과 학업 역량, 즉 '전문성'과 '잠재력'을 보여 주는 것이 매우 중요합니다.

○ 학업 역량: '왜 하필 이 분야인가'에 대한 깊이 있는 스토리를 풀어내야 합니다. 관련된 과목에 대한 심화 탐구 경험이나 꾸준한 노력을 구체적으로 보여 주는 것이 효과적입니다.

○ 인성/리더십: 단순한 조력을 넘어 '지적 시너지'를 창출하는 협업 능력을 보여 주어야 합니다. 문제의 원인을 '분석적으로 접근'하여 팀의 난관을 돌파한 사례가 효과적입니다.

**● 자사고 (전국 단위, 광역 단위): '균형'과 '자기주도성'으로 나를 증명하라**

○ 스스로 학습 계획을 세우고, 다양한 분야에 대한 지적 호기심을 바탕으로 학교 활동에 적극적으로 참여하는 '자기주도적 인재'를 선호합니다.

○ 학업 역량: 특정 과목만이 아닌, 다양한 분야를 넘나드는 지적 호기심과 학습 능력 등 '종합적인 역량'을 균형 있게 보여 주는 것이 중요합니다.

○ 인성/리더십: 학교의 건학 이념(인재상)에 맞춰 다양한 활동 속에서 보여 준 '포용적 리더십'과 '공동체 의식'을 강조합니다. 갈등 상황에서 '조정'과 '배려'를 통해 공동의 목표를 이룬 경험을 어필하는 전략이 필요합니다.

## 학교가 원하는 맛을 찾았나요?

자, 마침내 여러분만의 '합격 보물 지도'가 완성되었습니다! 온라인 탐색부터 현장의 생생한 목소리까지, 우리가 정성껏 모은 정보들은 여러분이 요리를 선보일 '레스토랑(학교)'의 분위기와 '손님(입학사정관)'의 입맛을 정확하게 알려주고 있습니다.

막연히 "가고 싶다"고만 생각했던 학교가 이제는 뚜렷한 인재상과 교육 철학을 가진 입체적인 무대로 다가오지 않나요? 상대방이 어떤 학생을 기다리고 있는지, 즉 '어떤 맛을 기대하는지'를 완벽하게 파악한 것만으로도 여러분은 이미 경쟁자들보다 한발 앞서 나간 셈입니다.

자, 손님의 취향 분석이 끝났으니 이제 본격적인 요리 구상을 위해 다음 단계로 넘어가 볼까요?

# 3장

# 합격 전략 설계하기
## — 자기소개서를 관통할 핵심 컨셉 정하기

1장과 2장을 거치며, 우리는 이제 자기소개서라는 최고의 요리를 만들기 위한 두 가지 핵심 준비를 마쳤습니다. 1장에서는 나만의 개성을 담은 신선한 '재료'들로 냉장고를 가득 채웠고, 2장에서는 내 요리를 선보일 '레스토랑(학교)'의 분위기와 손님(입학사정관)의 기대까지 완벽하게 분석을 마쳤죠.

하지만 최고의 재료와 레스토랑 정보가 있다고 해서 저절로 최고의 요리가 완성되지는 않습니다. 마지막으로 가장 중요한 단계가 남았습니다. 바로, 내가 가진 최고의 '재료'와 '레스토랑'의 특징을 조합하여, 손님의 입맛을 사로잡을 단 하나의 '필승 레시피'를 만드는 일입니다.

내가 가진 수많은 재료 중에서 어떤 것을 '메인 재료'로 삼을 것인가? 레스토랑의 분위기와 손님의 기대에 맞춰 어떤 맛과 풍미를 가장 강조해야 할까?

지금부터 자기소개서라는 최고의 요리를 위한 마지막 '레시피 카드'를 함께 완성해 봅시다.

## 1. [핵심 전략] 학교 유형별 맞춤 전략: 나의 어떤 '맛'을 강조할까?

여러분이 지원하는 학교의 유형에 따라 입학사정관이 여러분에게 기대하는 모습은 조금씩 다릅니다. 따라서 내가 가진 경험을 어떤 관점에서 보여 줄지, 그 '컨셉'을 정하는 것이 매우 중요합니다.

### 1) 특목고 (과학고/외고/국제고) 지원 전략: '깊이'와 '전문성'으로 승부하라

특목고는 특정 분야에 대한 남다른 재능과 열정을 가진 학생을 찾습니다. 따라서 여러분의 자기소개서는 "나는 이 분야에 이만큼이나 깊이 빠져 본 사람입니다"라는 것을 증명하는 글이 되어야 합니다.

● 핵심 질문

"왜 다른 많은 분야가 아닌, '바로 이 분야'에 그토록 깊은 관심을 갖게 되었는가?"에 대한 자신만의 스토리가 있는가?

● 강조 포인트

○ 특정 과목에 대한 남다른 지적 호기심과 그것을 해결하기 위한 노력

○ 하나의 주제를 꾸준히 파고든 심화 탐구 과정 (관련 독서, 실험, 보고서 작성 등)

○ 해당 분야와 관련된 확고한 진로 목표와 구체적인 비전

○ 인성/리더십: '지적 협업'이 가능한 인재임을 보여 주어야 합니다. 갈등 해결 시 '논리적 분석'이나 '과학적 접근'을 통해 팀의 목표 달성에 기여한 경험을 강조합니다.

● Bad vs. Good 예시 (과학고 지원)

○ [Bad Case] "저는 중학교 때부터 수학과 과학에 특히 뛰어났습니다. 교내 수학경시대회에서 금상을 받았고, 과학 성적은 항상 최상위권이었습니다. 특히 물리 과목을 좋아하며, 어려운 공식을 증명해 낼 때 큰 성취감을 느낍니다. 과학고의 심화된 교육과정을 통해 저의 과학적 재능을 더욱 발전시키고 싶습니다." (→ 무엇이 아쉬울까요? 자신의 우수성을 나열할 뿐, 과학에 대한 '진정한 호기심'이나 '스스로 탐구하는 과정'이 전혀 보이지 않습니다. 입학사정관은 이미 성적표를 통해 이 학생의 성취를 알고 있습니다. 또한, 대회와 성적은 기재할 수 없습니다.)

○ [Good Case] "음악 시간에 친구와 기타 조율을 하다가, 미세하게 다른 두 음이 만나자 소리가 주기적으로 커졌다 작아지는 '맥놀이 현상'을 처음 경험했습니다. 교과서의 'f = |f1 - f2|'라는 간단한 공식만으로는 왜 이런 현상이 생기는지 근본적인 궁금증이 풀리지 않았습니다. 이 원리를 시각적으로 이해하고 싶어, 파동 중첩 시뮬레이션 프로그램을 찾아 직접 다양한 주파수의 파형을 만들어 보며 파동의 보강과 상쇄 간섭을 눈으로 확인했습니다. 나아가 이 원리가 악기 조율뿐만 아니라 최신 소음 제거 헤드폰에도 적용된다는 사실을 알게 되면서, 하나의 물리 현상이 우리 삶의 문제를 해결하는 기술이 되는 과정에 깊이 매료되었습니다. 귀교의 물리 심화 탐구(R&E) 활동을 통해 파동의 간섭 원리를 더욱 깊이 연구하고 싶습니다." (→ 일상 속 호기심에서 출발하여, 교과서 너머의 지식을 스스로 탐구하고(시뮬레이션), 더 넓은 분야로 지식을 확

장(소음 제거 기술)하는 '과정'을 통해 과학에 대한 진정한 열정과 탐구 능력을 증명합니다. )

○ *[분석] 과학고*가 원하는 것은 '지적 탐구의 깊이'입니다. *Bad Case*가 성적 나열로 우수성을 증명하려 했다면, *Good Case*는 일상의 호기심을 과학 원리(파동 간섭)와 실제 기술(소음 제거)로 스스로 확장한 서사를 통해 자발적인 탐구 능력을 명확히 증명합니다.

● **Bad vs. Good 예시 (외고 지원)**

○ [Bad Case] "저는 어릴 때부터 영어를 좋아했고, 영어 성적도 항상 좋았습니다. 다양한 외국 문화를 접할 수 있는 외고에 진학하여 영어 실력을 더욱 키우고 싶어 지원하게 되었습니다." *(→ 무엇이 아쉬울까요? '왜' 영어를 좋아하는지, 영어로 '무엇을' 하고 싶은지에 대한 깊이가 없습니다. )*

○ [Good Case] "저는 K-POP 가사를 영어로 번역해 보는 취미를 통해, 문화에 따라 같은 상황도 전혀 다른 단어와 뉘앙스로 표현된다는 점에 매료되었습니다. 이후 특정 단어의 어원을 추적하거나, 같은 소설의 영문판과 국문판을 비교하며 읽는 등 언어가 한 사회의 역사와 문화를 담는 그릇임을 깨닫게 되었습니다. 귀교의 '문화 비교 토론' 심화 수업에 참여하여, 언어를 넘어 문화를 깊이 있게 이해하고 소통하는 글로벌 인재로 성장하고 싶습니다." *(→ 자신만의 구체적인 계기, 자발적인 탐구 과정, 학교 프로그램과의 연결을 통해 '깊이'를 보여 줍니다. )*

○ *[분석] 외고/국제고*가 원하는 것은 '언어/문화에 대한 통찰'입니다. *Bad Case*가 막연한 흥미와 성적을 나열했다면, *Good Case*는 번역이라는 구체적 행위를 통해 언어학적 호기심을 문화적 통찰(언어와 문화의 연결)로 발전시킨 서사를 보여 줍니다. 최종적으로 학교 프로그램과의 구체적인 연계성까지 확보합니다.

## 2) 자사고 (전국/광역) 지원 전략: '균형'과 '자기주도성'으로 나를 증명하라

자사고는 스스로 학습 계획을 세우고, 다양한 분야에 대한 지적 호기심을 바탕으로 학교 활동에 적극적으로 참여하는 '자기주도적 인재'를 선호합니다. 어느 한쪽으로 치우치지 않는 균형 잡힌 역량을 보여 주는 것이 중요합니다.

● **핵심 질문**

"주어진 환경에 안주하지 않고, 스스로 목표를 세우고 주도적으로 문제를 해결해 본 경험이 있는가?"에 대한 답을 할 수 있는가?

● **강조 포인트**

　○ 특정 과목만이 아닌, 다양한 분야를 넘나드는 지적 호기심과 학습 능력

　○ 스스로 목표를 세우고 계획을 실천하여 성취를 이룬 경험

　○ 학생회, 동아리, 봉사 등 다양한 활동 속에서 보여 준 리더십, 협업 능력, 공동체 의식

　○ 학교의 건학 이념(인재상)과 자신의 가치관을 연결하는 모습

● **Bad vs. Good 예시 (인성 영역 — 리더십)**

　○ [Bad Case] "저는 2학년 때 학급 회장을 맡아 학급을 잘 이끌며 리더십을 길렀습니다. 책임감을 갖고 학급의 대소사를 챙겼으며, 친구들의 의견을 잘 들어주었습니다." (→ 누구나 쓸 수 있는 추상적인 주장입니다. '어떻게' 이끌었는지 구체적인 사건이 없습니다.)

　○ [Good Case] "학급 축제 부스 운영을 두고 의견이 나뉘었을 때, 저는 갈등을 해결하기 위해 양측의 아이디어를 칠판에 모두 적고, 각각의 장단점과 실현 가능성을 함께 토의하는 자리를 마련했습니다. 이 과정에서 단순히 다수결로 정하는 것이 아니라, 'A안'의 창의성과 'B안'의 현실성을 결합한 'C안'이라는 새로운 대안을 이끌어 낼 수 있었습니다. 이 경험을 통해 진정한 리더십은 앞에서 이끄는 힘이 아니라, 다양한 목소리를 조율하여 공동의 목표를 향해 나아가게 하는 '조정의 힘'임을 배우게 되었습니다." (→ 구체적인 문제 상황, 자신의 행동, 그를 통해 얻은 깨달음을 통해 '균형 잡힌' 리더십을 증명합니다.)

## 2. [Activity 5] 합격 설계도 완성: 나만의 '필승 레시피' 만들기

자, 이제 1부의 모든 활동을 종합하여 자기소개서의 전체적인 방향을 결정할 시간입니다. 지금부터 작성할 '레시피 카드'가 바로 그 최종 계획표가 될 것입니다.

아래의 각 항목을 순서대로 채워 나가며, 흩어져 있던 생각의 조각들을 하나의 일관된 요리법으로 정리해 봅시다. 이 카드 한 장이 완성될 때, 여러분은 무엇을 어떻게 써야 할지에 대한 완벽한 자신감을 얻게 될 것입니다.

## 나만의 합격 레시피

STEP 1. 목표 분석: 우리가 나아갈 방향과 목표를 명확히 합니다.
      (1. 목표 학교 유형, 2. 학교의 핵심 인재상)

STEP 2. 핵심 전략 수립: 목표를 공략할 나만의 가장 강력한 무기와 연결 고리를 결정합니다.
      (3. 나의 대표 경험/강점, 4. 핵심 연결 고리)

STEP 3. 최종 컨셉 도출: '골든 크로스' 전략 모든 분석과 전략을 종합하여, '나의 강점'과 '학교의 요구'가 만나는 단 하나의 핵심 정체성을 정의합니다.

## 나만의 레시피 카드

| 레시피 항목 | 나의 최종 전략 |
| --- | --- |
| 1. 목표 학교 유형은? | (예: 자율형 사립고) |
| 2. 학교의 핵심 인재상은? | (예: 자기주도적 학습 능력과 공동체 의식을 갖춘 인재) |
| 3. 내세울 나의 핵심 경험/강점은? (1장 참고) | (예: 역사 동아리 부장으로 활동하며 '교과서 밖 역사 토론'을 주도했던 경험) |
| 4. 연결할 학교의 핵심 프로그램은? (2장 참고) | (예: 학생 자율 역사 심화 주제 탐구 프로그램) |
| 5. 최종 합격 컨셉은? (나의 강점과 학교의 특징을 한 문장으로!) | (예: 토론을 통해 함께 성장하는 즐거움을 아는 '역사 탐구 리더') |

이 레시피 카드의 최종 결과물인 '나의 최종 합격 컨셉'은 여러분의 자기소개서라는 요리 전체의 맛을 결정하는 '핵심 풍미(Flavor)'와 같습니다.

중학교 3년 동안 여러분은 공부, 동아리, 봉사 등 수많은 경험을 했습니다. 이 경험들은 저마다 다른 맛을 내는 훌륭한 '재료'들과 같죠. 하지만 이 재료들을 그저 접시 위에 늘어놓기만 하면, 그것은 요리가 아니라 그냥 '재료 모음'일 뿐입니다.

하지만 '최종 합격 컨셉'이라는 이 핵심 풍미가 더해지는 순간, 각각의 재료들은 서로 어우러져 하나의 일관된 맛을 내는 멋진 요리로 재탄생합니다. 이제 여러분의 자기소개서는 더 이상 경험들의 단순한 나열이 아니라, '나'라는 뚜렷한 맛과 컨셉을 가진 하나의 근사한 '요리'가 될 준비를 마친 것입니다.

2부에서는 이 레시피 카드를 바탕으로, 각 재료의 맛을 최고로 살려 내는 구체적인 '조리 기술'을 함께 배워 보겠습니다.

# 이제, 요리를 시작할 준비가 되었습니다

어떤가요? 이제 여러분의 손에는 자기소개서라는 최고의 요리를 만들 완벽한 '레시피 카드'가 들려 있습니다. 1장에서 찾아낸 '나'라는 재료와 2장에서 분석한 '레스토랑'의 특징을 연결하여, 어떤 맛과 컨셉으로 요리를 선보일지에 대한 모든 계획이 바로 이 카드 한 장에 담겨 있습니다.

이것으로 자기소개서를 쓰기 위한 가장 중요하고도 어려운 단계, 즉 '무엇을 쓸 것인가'에 대한 고민이 모두 끝났습니다. 여러분은 이제 본격적인 요리를 시작하기 위한 모든 준비를 마친 셈입니다.

# [1부를 마치며] 합격을 위한 나만의 '필승 레시피'가 완성되었습니다

축하합니다! 마침내 우리는 '준비 편'인 1부의 긴 여정을 성공적으로 마쳤습니다. 1부의 모든 과정은, 막연한 감에 의존하는 것이 아니라 수많은 합격생들의 자기소개서에서 공통적으로 발견되는 가장 핵심적인 원리를 여러분이 직접 체득할 수 있도록 설계되었습니다. 우리는 자기소개서라는 최고의 '요리'를 만들기 위해, 가장 체계적이고 전략적인 준비 과정을 거쳤습니다.

- 1장에서는 자기소개서의 가장 중요한 평가 요소인 '나'라는 핵심 데이터를 분석하여, 나만의 개성을 담은 '재료'들을 찾아냈습니다.
- 2장에서는 입학사정관의 관점에서 목표 학교의 평가 기준과 인재상을 분석하여, 내 요리를 선보일 '레스토랑'의 특징을 파악했습니다.
- 3장에서는 이 두 데이터를 융합하여 합격으로 가는 가장 확실한 길, 즉 나만의 '필승 레시피'를 완성했습니다.

핵심 데이터 분석(1장), 평가 기준 파악(2장), 필승 전략 수립(3장)까지. 이제 여러분의 손에는 '그냥' 레시피가 아닌, 검증된 원리에 따라 만들어진, 합격을 위한 전략 지도가 들려 있습니다. 더 이상 무엇을 써야 할지 막막해할 필요가 없습니다. 여러분은 이미 합격에 가장 가까워지는 길을 알고 있기 때문입니다.

이제, 2부 '실전 작성 편'에서는 이 강력한 전략을 실제 합격으로 이끄는 글쓰기 기술을 배울 시간입니다. 여러분이 찾아낸 재료의 맛과 향을 최고로 살려, 입학사정관을 사로잡을 수밖에 없는 문장을 만드는 구체적인 '조리 기술'을 함께 익혀 보겠습니다.

가장 신뢰할 수 있는 레시피를 손에 쥔 당신, 최고의 요리를 만들 준비가 되셨나요? 함께 부엌으로 가 봅시다!

1부에서 나를 분석하고 학교를 알아봤지만, 막상 생활기록부를 펼쳐 보니 한숨만 나오나요? *"전교 1등도 아니고, 학생회장도 아니고, 학술적 동아리 활동도 없는데 도대체 뭘 쓰죠?"*
걱정 마세요. 합격한 선배들도 똑같은 고민을 했습니다. 여러분의 불안을 잠재워 줄 '자소서 팩트 체크 O/X'를 준비했습니다.

Q1. 학생회장이나 반장 경력이 없으면 리더십 점수를 못 받나요?
→ (×) 아닙니다! 입학사정관이 찾는 리더십은 '감투(직책)'가 아니라 '태도'입니다.
- Bad: "저는 반장으로서 반을 잘 이끌었습니다." (직책만 강조)
- Good: "청소 당번일 때, 친구들이 기피하는 분리수거를 도맡아 하며 효율적인 분리수거 시스템을 제안했습니다." (태도로 증명) 남들이 하기 싫어하는 일을 먼저 하거나, 조별 과제에서 갈등을 중재한 경험이 있다면, 당신은 이미 훌륭한 리더입니다.

Q2. 논문을 쓰거나 발명을 하는 등 '거창한 활동'이 있어야 하나요?
→ (×) 천만에요! 고등학생 수준을 뛰어넘는 스펙은 오히려 "이거 사교육 아니야?"라는 의심을 살 수 있습니다. 입학사정관이 가장 좋아하는 소재는 '교과서 위 낙서'에서 시작된 '작은 호기심'입니다.
- 수업 시간에 배운 내용이 궁금해서 관련 책을 찾아본 경험
- 수행평가를 하다가 실패해서 원인을 분석해 본 경험 이런 '작고 소중한 탐구'가 거창한 스펙보다 훨씬 더 강력한 합격 무기입니다.

※ 합격 선배의 한마디
"저도 처음엔 쓸 게 없어서 멘붕이었어요. 3년 내내 한 거라곤 수행평가 망친 기억밖에 없었거든요. 그런데 선생님께서 '망친 것도 스펙이다'라고 하셨어요.
그래서 저는 과학 실험을 실패했던 과정을 썼어요. 왜 실패했는지 변수를 분석하고, 다시 도전해서

오차를 줄인 이야기를 썼더니 면접관님이 '연구자로서 끈기가 보인다'며 칭찬해 주셨습니다. 완벽한 사람보다, 성장하는 사람을 보여 주세요!" *(H고 합격생 K군)*

자, 이제 두려움이 좀 사라졌나요? 여러분에게는 이미 충분한 재료가 있습니다. 단지 그것을 '요리하는 법'을 몰랐을 뿐입니다.
이제 2부에서 그 평범한 재료들을 최고의 합격 요리로 바꾸는 비법을 공개합니다. 페이지를 넘겨 보세요!

# 실전 작성 편

## 입학사정관을 사로잡는 글쓰기 기술

1부에서 우리는 나 자신과 학교를 분석하며 합격을 위한 나만의 특별한 '레시피'를 완성했습니다. 이제 그 레시피를 바탕으로, 입학사정관의 입맛을 사로잡을 진짜 '요리'를 시작할 시간입니다.

2부에서는 자기소개서의 3대 핵심 기둥인 '자기주도학습(4장)', '지원동기 및 진로계획(5장)', '인성 영역(6장)'을 완벽하게 작성하는 법을 다룹니다. 단순히 글을 잘 쓰는 기술이 아닙니다. 투박한 원석 같았던 여러분의 경험을, 입학사정관이 가장 보고 싶어 하는 '성장 스토리'로 가공하는 구체적인 전략과 공식을 전수합니다.

펜을 들기 전, 두려움은 내려놓으세요. 여러분의 손에는 이미 최고의 재료와 레시피가 준비되어 있습니다. 이제 그 재료들을 가장 매력적인 요리로 완성해 봅시다.

# 4장

# 자기주도학습 과정
## — 단순 나열을 넘어 '성장 스토리'로 완성하라

드디어 2부 '실전 작성 편'의 문을 엽니다. 1부에서 완성한 '필승 레시피', 즉 합격 전략을 손에 쥐고, 이제 그것을 실제 글로 구현할 시간입니다. 그 첫 번째 관문은 자기소개서의 핵심이자 여러분의 학업 역량과 잠재력을 증명하는 '자기주도학습 과정' 항목입니다.

많은 학생들이 이 항목을 '내가 했던 공부'를 단순히 나열하는 칸으로 생각하는 오류를 범합니다. 하지만 입학사정관이 정말 확인하고 싶은 것은 성적 그 자체가 아니라, 하나의 지식을 얻기까지 여러분이 거쳤던 '지적 성장 과정'의 논리성과 깊이입니다.

이번 장에서는 여러분의 평범한 경험이 어떻게 '합격하는 성장 스토리'로 '진화'하는지, 그 검증된 '7단계 진화 공식'을 중심으로 모든 전략을 알려 드릴 것입니다.

## 1. [문항 분석] 자기주도학습, 본질부터 파악하기

전략을 세우려면, 목표의 본질부터 정확히 알아야 합니다. 자기주도학습에 대한 명확한 이해는, 여러분의 글이 가야 할 방향을 알려 주는 등대와 같습니다.

### 1) 자기주도학습의 정확한 의미

혹시 자기주도학습을 그저 '혼자 조용히 자습하는 것'이라고 생각했나요? 그렇다면 절반만 알고 있는 것입니다. 교육부에서는 자기주도학습을 "학습자가 스스로 학습 목표를 설정하고, 학습에 필요한 자원을 파악하며, 적절한 학습 전략을 선택·실행하고, 그 결과를 스스로 평가하는 체계적인 과정"이라고 정의합니다.

핵심은 바로 '학습의 전 과정에서 스스로 주인이 되는 것'입니다. 단순히 주어진 문제를 푸는 것을 넘어, 내가 무엇을, 왜, 어떻게 공부할지 결정하고 그 결과를 돌아보는 모든 활동이 바로 자기주도학습입니다. 이 본질을 이해하는 것만으로도 여러분의 글은 다른 지원자들과 차별화되는 깊이를 갖게 될 것입니다.

## 2) 합격생들의 성공 원리: 짐머만(Zimmerman)의 3단계 순환 모델

이것은 단순한 교육 이론이 아닙니다. 실제 우수한 학습자들이 무의식적으로 사용하는 검증된 사고방식이자, 여러분의 경험을 가장 논리적으로 재구성할 수 있는 강력한 틀입니다. 세계적인 교육심리학자 짐머만은 자기주도학습이 다음 3단계의 순환 과정을 통해 이루어진다고 설명했습니다.

● **1단계: 계획 단계 (Foresight Phase)**

  ○ 무엇을?: 학습 목표를 설정하고, 어떤 결과물을 만들지 구상합니다.

  ○ 어떻게?: 목표 달성을 위해 어떤 공부 방법(전략)이 가장 효과적일지 계획합니다.

  ○ *(예: "함수 단원을 완벽히 이해하겠다"는 목표를 세우고, "교과서 정독 후, 개념 노트를 만들고, 심화 문제집을 풀겠다"는 전략을 짜는 단계)*

● **2단계: 수행 단계 (Performance Phase)**

  ○ 실행: 계획한 전략에 따라 집중하여 과제를 수행합니다.

  ○ 점검: 계획대로 잘 진행되고 있는지, 현재 나의 공부 방법이 효과적인지 스스로 중간 점검합니다.

  ○ *(예: 개념 노트를 만들다가 그림으로 그리는 것이 더 효과적이라는 것을 깨닫고 방법을 수정하는 단계)*

● **3단계: 성찰 단계 (Self-Reflection Phase)**

  ○ 평가: 학습 결과를 스스로 평가하고, 목표를 얼마나 달성했는지 판단합니다.

○ 분석: 성공했다면 그 원인은 무엇인지, 실패했다면 그 이유는 무엇인지 분석하고 다음 학습을 위한 개선점을 찾습니다.

○ (예: "시험 점수는 올랐지만, 특정 유형의 응용문제에서 계속 틀리는 것을 발견하고, 다음에는 기본 개념을 실제 문제에 적용하는 훈련을 추가해야겠다"고 다짐하는 단계)

이 '계획-수행-성찰'이라는 강력한 순환 구조를 머릿속에 잘 담아 두는 것이 중요합니다. 이 3단계의 기본 원리가 바로, 다음에 우리가 배울 '7단계 진화 공식'의 핵심 뼈대가 되기 때문입니다.

'7단계 진화 공식'은 이 3단계의 순환 구조를, 실제 자기소개서 글쓰기에 맞춰 더욱 구체적이고 실용적으로 풀어낸, 이 책의 가장 강력한 합격 전략입니다.

이제, 이 3단계의 뼈대에 어떻게 살을 붙여 7단계의 완벽한 성장 스토리로 만드는지 함께 확인해 보겠습니다.

## 2. [핵심 전략] 합격을 부르는 7단계 진화 공식

이제 합격하는 자기주도학습 스토리를 관통하는 핵심 공식을 소개합니다. 1절에서 배운 짐머만(Zimmerman)의 3단계 순환 모델, 즉 '계획-수행-성찰'의 원리가 바로 이 7단계 공식 안에 모두 녹아 있습니다.

'7단계 진화 공식'은 짐머만의 이론을, 실제 자기소개서 글쓰기에 맞춰 더욱 구체적이고 실용적으로 풀어낸, 이 책의 가장 강력한 합격 전략입니다. 여러분의 경험을 이 7단계 순서에 따라 재구성해 보세요. 이 순서대로 글을 전개하기만 해도, 여러분의 글은 비교할 수 없을 만큼 논리적이고 강력해질 것입니다.

**합격하는 자기주도학습의 '7단계 진화 공식'**

1) 학습 계기: '왜?'라는 호기심의 발견

2) 학습 계획: '무엇을' 탐구할지 정하기

3) 실천: '어떻게' 탐구했는가?

4) 어려움/심화: '막히거나' 혹은 '더 알고 싶어지다'

5) 극복 노력: '스스로' 지식을 확장하다

6) 성과: '나만의 결과물'을 만들다

7) 느낀 점: '그래서 나는 성장했다'

## '7단계 진화 공식' 단계별 상세 가이드

### [1단계] 학습 계기: '왜?'라는 호기심의 발견

● 역할: 모든 의미 있는 학습은 '왜?'라는 질문에서 시작됩니다. 이 단계에서는 해당 학습을 시작하게 된 구체적인 계기나 지적 호기심을 보여 주어야 합니다.

● 좋은 계기 (재료): 여러분의 호기심은 어디에나 숨어 있습니다. (독서, 미디어 기사, 수업 시간의 질문과 학습 내용, 영어 동영상 강연, 일상생활, 영화, 드라마 등)

● 아쉬운 계기: "성적을 올리기 위해", "그냥 열심히 하고 싶어서" 등 막연하고 일반적인 다짐.

● [Check Point] 나의 계기는 다른 학생들과 차별화되는 '나만의 이야기'인가?

### [2단계] 학습 계획: '무엇을' 탐구할지 정하기

● 역할: 그 호기심을 해결하기 위한 구체적인 무대(플랫폼)를 설정하는 단계입니다. 여러분의 탐구가 단순한 공상이 아님을 보여 줍니다.

● 주요 재료 (무대): 학교 활동과 연결할 때 가장 좋습니다. (동아리 활동 주제, 수업 발표, 수행평가, 조별 과제 등)

● [Check Point] 이 계획이 1단계의 '계기'와 논리적으로 연결되는가?

### [3단계] 실천: '어떻게' 탐구했는가?

● 역할: 계획을 실행에 옮긴 구체적인 행동을 보여 주는, 과정의 첫걸음입니다.

● 무엇을 보여 줄까?: 탐구를 위한 구체적인 활동들입니다. (토의·토론, 실험, 설문조사, 에세이 작성, 기사 작성 등)

● 피해야 할 것: "매일 꾸준히 공부했다"와 같은 추상적인 서술. '어떻게' 했는지를 구체적인 행동

으로 보여 주어야 합니다.

### [4단계 & 5단계] 어려움/심화 & 극복 노력 (지식 확장)

- **역할**: 스토리의 전환점이자, '자기주도성'을 증명하는 가장 핵심적인 부분입니다. 평범한 활동이 '합격하는 스토리'로 진화하는 결정적 순간입니다.

- **무엇을 보여 줄까?**

  ○ (4단계: 어려움/심화) 탐구 과정 중 새로운 어려움에 부딪혔거나(예: "이해가 안 돼서 막혔다"), 더 깊은 지적 호기심이 생긴 순간(예: "○○○을 더 알고 싶다는 생각이 들었다")을 보여 줍니다.

  ○ (5단계: 극복 노력) 4단계의 문제나 호기심을 해결하기 위해, 주어진 범위를 넘어 스스로 새로운 정보를 찾아 나선 '진짜 자기주도학습'의 증거입니다. (예: 심화 독서, 관련 기사/논문 검색, 잡지 탐독, 영어 동영상 강연 추가 시청 등)

- **[Check Point]** 나의 노력이 단순히 시간을 투자한 것을 넘어, '전략적'이었다는 것을 보여 주는가?

### [6단계] 성과: '나만의 결과물'을 만들다

- **역할**: 탐구의 노력이 눈에 보이는 구체적인 결과물로 나타난 단계입니다. 여러분의 성장을 증명하는 객관적인 증거가 됩니다.

- **성과는 다양하다**: 보고서, 정리 노트, 에세이, 발표문, 기사, 대본 등. 거창한 결과물이 아니어도, 나만의 '개념 지도'나 '오답노트', '정리문'도 훌륭한 성과입니다.

- **[Check Point]** 나의 결과가 2~5단계의 노력과 논리적으로 연결되는가?

### [7단계] 느낀 점: '그래서 나는 성장했다'

- **역할**: 글의 화룡점정입니다. 입학사정관이 가장 중요하게 보는 부분으로, 짐머만 모델의 '성찰' 단계에 해당합니다.

- **무엇을 보여 줄까?**: 이 모든 과정을 통해 지식적으로, 그리고 내면적으로 무엇을 배우고 어떻게 성장했는지 핵심 메시지를 전달합니다. (예: 통합적·학제적 관점 획득, 영어 작문·발표 능력 향상, 진로와의 연결점 발견, 세상을 바라보는 시각의 확장 등)

- [Check Point] 나의 깨달음이 앞으로의 학습과 진로에 어떤 긍정적인 영향을 미칠 것 같은가?

이제 이 강력한 '7단계 진화 공식'의 각 단계에 들어갈 여러분만의 '경험 재료'를 찾는 활동으로 넘어가 보겠습니다.


## 3. [Activity] 7단계 공식의 재료 찾기: 당신의 경험 보물창고

이제, 여러분의 3년이라는 보물창고에서 방금 배운 '7단계 진화 공식'의 재료가 될 경험들을 찾아볼 시간입니다. 여러분의 경험은 어디에나 숨어 있습니다.

아래 7단계 질문들을 따라가며, 각 단계에 들어갈 여러분만의 스토리를 찾아보세요. 거창한 경험이 아니라도 좋습니다. 여러분의 진솔한 고민과 노력이 담긴 경험이면 충분합니다.

### '7단계 진화 공식' 재료 찾기

**[1단계: 학습 계기] 당신의 호기심은 어디에서 시작되었나요?**

- **수업, 영화, 드라마**: 수업 시간 선생님의 질문이나, 영화/드라마 속 한 장면에서 "왜 저럴까?"라는 강한 호기심이나 의문을 가졌던 적은 없나요?
    - *(예: 영화《명량》을 보고, "정말 13척으로 133척을 이길 수 있었을까?"라는 의문이 생김)*
- **독서, 기사, 영어 동영상 강연**: 책이나 신문 기사를 읽다가, 교과서에서는 배울 수 없었던 새로운 관점을 접하거나, 영어 동영상 강연을 보고 특정 사회 문제에 깊이 공감하게 된 경험이 있나요?
    - *(예:『이기적 유전자』를 읽고, 생명 현상을 '유전자'의 관점에서 바라보는 시각에 충격을 받음)*
- **나의 경험:**

**[2단계: 학습 계획] 그 호기심을 해결하기 위한 구체적인 무대(플랫폼)는 무엇이었나요?**

- **동아리, 수업, 수행평가, 조별과제**: 그 호기심을 '나만의 탐구'로 발전시키기 위해, 어떤 활동을 계획했나요?

○ (예: "수학 동아리에서 '전염병 확산 모델'을 탐구 주제로 정했다.", "국어 시간 수행평가로 '청소년 언어 파괴 실태' 보고서를 쓰기로 계획했다.")

● 나의 경험:

## [3단계: 실천] 어떤 행동으로 옮겼나요?

● 토의·토론, 실험, 에세이·기사 작성: 계획을 실행에 옮긴 구체적인 행동은 무엇이었나요?

○ (예: 친구들과 찬반 토론을 진행했다, 가설을 세우고 간단한 실험을 설계했다, 내 생각을 정리하는 에세이를 작성했다 등)

● 나의 경험:

## [4단계 & 5단계] 당신의 탐구는 '어떻게' 진화했나요? (어려움/심화 & 극복 노력)

● 어려움/심화: 탐구 과정 중 어떤 벽에 부딪혔나요? 혹은, 어떤 부분에 대해 "이것만으로는 부족해, ○○○을 더 알고 싶다!"는 강렬한 호기심이 생겼나요?

○ (예: "단순한 설문조사만으로는 원인을 알 수 없었다.", "더 근본적인 ○○의 원리가 궁금해졌다.")

● 극복 노력/지식 확장: 그 문제를 해결하거나 호기심을 좇기 위해, 어떤 '심화 탐구'를 했나요?

○ (예: 더 깊이 있는 책을 찾아 읽음, 관련 논문/학술지 검색, 전문 잡지 탐독, 관련 영어 동영상 강연 추가 시청, 전문가에게 이메일 질문 등)

● 나의 경험:

## [6단계: 성과] 당신의 노력은 어떤 '결과물'로 남았나요?

● 보고서, 에세이, 발표문 등: 탐구의 노력이 눈에 보이는 구체적인 결과물로 나타났나요?

○ (예: 보고서, 정리 노트, 에세이, 감상문, 독후감, 요약문, 발표문, 기사, 대본 등. 거창한 결과물이 아니어도, 나만의 '개념 지도'나 '오답노트', '정리문'도 훌륭한 성과입니다.)

● 나의 경험:

## [7단계: 느낀 점] 이 모든 과정을 통해 무엇을 배우고 어떻게 성장했나요?

● 통합적 관점, 진로 연결 등: 지식적인 성장 외에, 어떤 점이 달라졌나요?

○ (예: 여러 관점을 종합하는 '통합적 관점'을 갖게 됨, '영어 작문/발표' 능력이 향상됨, 나의 '진로'와 연결되는 지점을 발견함 등)

● 나의 경험:


**[Tip] 모든 단계를 동일한 분량으로 채울 필요는 없습니다!**


## 4. [최악의 실수] '진화'에 실패한 3가지 함정

왜 어떤 글은 평범하게만 보일까요? 바로 우리가 2절에서 배운 '7단계 진화 공식'의 결정적인 단계를 건너뛰거나 잘못 표현했기 때문입니다.

좋은 글을 쓰기 전에, 나쁜 글을 알아보는 눈을 기르는 것이 더 중요합니다. 많은 학생들이 자신의 노력을 어필하고 싶은 마음에, 자신도 모르게 아래와 같은 치명적인 함정에 빠지곤 합니다.


### 1) 단순 나열형 (결과 자랑형)

● 증상: 1단계(계기)나 2단계(계획)에서 바로 6단계(성과)로 점프하는 글입니다. 과정이 통째로 생략되어 있습니다. 즉, '어떻게' 고민하고 노력했는지에 대한 과정 없이, 공부한 내용이나 결과를 단순히 나열하는 경우입니다.

● 예시: "수학 성적을 올리기 위해 오답노트를 만들고 매일 3시간씩 공부했습니다. 그 결과 점수가 올랐습니다."

● 문제점: 입학사정관은 여러분의 성적표를 통해 이미 결과를 알고 있습니다. 그들이 보고 싶은 것은 점수라는 '결과(6단계)'가 아니라, 그 점수를 만들기까지의 4단계(어려움과 호기심)와 5단계(극복 노력), 즉 여러분의 '사고 과정'과 '문제 해결 노력'입니다. 이 글에는 지원자만의 고민이 전혀 담겨 있지 않습니다. 그리고 기재 금지 사항에 따라 구체적인 점수를 서술할 수 없습니다.

## 2) 추상적 깨달음형 (뜬구름형)

- 증상: 1단계(계기)에서 바로 7단계(느낀 점)로 넘어가는 글입니다. 중간의 모든 과정이 증발해 버렸습니다. 즉, 구체적인 경험이나 과정 없이, "중요성을 깨달았다", "즐거움을 느꼈다"와 같이 막연하고 상투적인 소감으로 글을 채우는 경우입니다.
- 예시: "저는 『○○○』라는 책을 읽고 지식의 즐거움을 깨달았으며, 앞으로 더욱 열심히 공부해야 겠다고 다짐했습니다."
- 문제점: 진정성이 느껴지지 않습니다. 누구나 할 수 있는 뻔한 말이기 때문입니다. 입학사정관 이 궁금한 것은 그 책을 읽고 '왜' 즐거움을 느꼈으며, 그 깨달음이 '어떻게' 2~6단계의 구체적인 탐구 과정으로 이어졌는지에 대한 실질적인 이야기입니다.

## 3) 수동적 학습형 (숙제 보고형)

- 증상: 1~3단계는 있지만, 가장 중요한 4, 5단계가 없는 글입니다. 즉, 학습의 시작이 자신의 '지 적 호기심'이 아닌, 선생님의 지시나 수행평가 과제와 같은 외부적인 요인이 전부인 것처럼 서술 하는 경우입니다.
- 예시: "수행평가 과제로 '조선 시대의 과학 기술'에 대해 조사해야 했습니다. 그래서 관련 책을 3 권 읽고 보고서를 작성하여 좋은 점수를 받았습니다."
- 문제점: '자기주도성'이 전혀 보이지 않습니다. 주어진 과제를 성실하게 수행한 것(1~3단계)은 좋지만, 그것만으로는 부족합니다. 그 과제를 수행하는 과정에서 4단계(나만의 질문)를 던지고, 과제가 요구한 것 이상으로 5단계(스스로 탐구를 확장)로 나간 경험을 보여 주어야 합니다.

이제 우리가 빠지기 쉬운 3가지 함정을 모두 확인했습니다. 그렇다면 이 함정들을 피하고, '7단계 진화 공식'을 완벽하게 구현해 낸 합격하는 '성장 스토리'는 어떤 모습일까요?
다음 장에서 그 구체적인 사례들을 함께 분석해 보겠습니다.

이제 이 강력한 '7단계 진화 공식'이 실제 합격 사례에서 어떻게 구현되는지, 우리가 앞서 다룬 3가지 대표 원형(약점 극복, 관심 심화, 융합/응용)을 통해 심층 분석합니다.

여러분의 경험을 어떤 원형에 담아, 7단계 공식을 어떻게 적용할지 생각하며 읽어 보세요.

### [원형 1] 약점 극복 스토리 ─ "나는 문제를 해결하는 사람입니다"

이 원형은 특정 과목이나 단원에 대한 어려움을 자신만의 전략으로 극복해 낸 경험을 다룹니다. 지원자의 성실성, 끈기, 그리고 문제 해결 능력을 가장 효과적으로 보여 줄 수 있는 강력한 스토리입니다.

● **Bad Case**

"함수 단원이 어려워서 오답노트를 만들고 매일 10문제씩 더 풀었습니다. 그 결과 성적이 올랐습니다."

● **Good Case**

중학교 2학년 때, 함수의 그래프가 조금만 변형되어도 응용문제를 푸는 데 어려움을 겪었습니다. (1. 계기/4. 어려움) 단순히 많은 문제를 푸는 것만으로는 한계가 있다고 판단하여, '개념 시각화 노트'를 만들기로 했습니다. (2. 계획) 교과서의 모든 함수 개념을 그림과 도표로 재구성하고, 각 변수가 그래프 모양에 어떤 영향을 미치는지 화살표로 연결하여 한눈에 보이게 정리했습니다. (3. 실천) 특히 친구에게 직접 정리한 노트를 설명해 주는 과정을 통해, 스스로 어떤 부분을 정확히 모르고 있는지 점검할 수 있었습니다. (5. 극복 노력) 그 결과, 다음 시험에서 좋은 성적을 얻었을 뿐만 아니라, 처음 보는 유형의 함수 문제에도 자신감 있게 접근할 수 있게 되었습니다. (6. 성과) 이 경험을 통해 어려운 문제를 만났을 때, 무작정 달려들기보다 한 걸음 물러나 문제의 본질을 파악하고 자신만의 해결 전략을 세우는 것이 더 중요하다는 것을 배우게 되었습니다. (7. 느낀 점)

● **전략 분석**

Bad Case는 7단계 공식이 거의 보이지 않는 단순한 결과 나열입니다. 반면, Good Case는 '함수 응용문제'라는 명확한 어려움(4단계)에서 시작하여, '개념 시각화 노트'와 '친구에게 설명하기'라는 창의적인 극복 노력(5단계)을 구체적으로 보여 줍니다. 그리고 그 결과 단순한 성적 향상(6단계)을 넘어, '문제의 본질을 파악하는 전략을 배웠다'는 한 단계 높은 성장(7단계)을 증명했습니다. 여기에 구체적인 사례를 서술한다면 더 나은 서술이 되며, 면접 대비를 함께 준비할 수 있습니다.

● 다른 과목으로의 확장

　○ 영어: 문법은 강하지만 유독 영어 듣기에 약했던 학생이, 팝송 가사를 받아쓰고 억양을 흉내 내며 암기하는 자신만의 '쉐도잉 훈련법'(5단계)을 만들어 극복한 경험.

　○ 과학(화학): 화학 반응식을 외우는 데 어려움을 느낀 학생이, 각 원소들을 캐릭터로 만들어 반응 과정을 한 편의 만화(6단계)로 그리며 원리를 시각적으로 이해한 경험.

## [원형 2] 관심 심화 스토리 ― "나는 탐구하고 확장하는 사람입니다"

이 원형은 수업 중 생긴 작은 호기심을 시작으로, 스스로 자료를 찾아보며 지식의 지평을 넓혀 나간 경험입니다. 지원자의 지적 호기심, 탐구 능력, 자기주도성을 가장 매력적으로 어필하는 스토리입니다.

● Bad Case

"역사가 좋아서 관련 책을 5권 읽고 많은 것을 알게 되었습니다."

● Good Case

영화 《명량》을 보고, 13척의 배로 133척을 이긴다는 것이 과연 가능한 일인지 강한 의문이 생겼습니다. (1. 계기) 이순신 장군의 리더십 외에, 전투를 승리로 이끈 다른 요인들을 탐구해 보기로 했습니다. (2. 계획) 우선 『난중일기』와 거북선 관련 자료를 찾아 읽었지만, 여전히 궁금증이 풀리지 않았습니다. (3. 실천/4. 어려움) 오히려 '울돌목'이라는 특정 지형에 대한 호기심이 더 커졌습니다. (5. 극복 노력/지식 확장) 그래서 해양 관련 정부 기관의 조류 데이터를 찾아보고, 당시 일본 수군의 함선 구조에 대한 자료까지 탐구했습니다. 그 결과, 지형지물과 조류의 흐름을 이용한 과학적인 전술이 승리의 핵심 요인이었음을 알게 되었습니다. (본인의 진로에 따라 조류 발전소를 통해 신재생 에너지로 더욱 확장이 가능합니다.) (6. 성과) 이 탐구 활동은 하나의 역사적 사건을 이면의 다양한 관점에서 입체적으로 분석하는 비판적 사고력을 길러 주었습니다. (7. 느낀 점)

## ● 전략 분석

Bad Case는 (1) 계기만 있고 아무런 과정이 없습니다. 반면, Good Case는 '영화'라는 평범한 계기(1단계)에서 시작해, '울돌목의 조류'라는 구체적인 호기심(4단계)으로 발전합니다. 그리고 그 호기심을 해결하기 위해 '해양수산부 데이터'라는 교과서 밖의 자료(5단계)까지 스스로 찾아 나서는 '지식 확장'의 과정을 생생하게 보여 주었습니다.

## ● 다른 과목으로의 확장

○ 국어(문학): 윤동주 시인의 「서시」를 배운 후(1단계), 시인이 살았던 시대적 배경이 궁금해져(4단계) 관련 역사 자료와 평론을 찾아 읽고, 그의 다른 작품들을 연대순으로 읽으며 작품 세계의 변화를 분석한 경험(5단계).

○ 과학(생명과학): 수업 시간에 배운 광합성 원리(1단계)가 식물공장에서는 어떻게 적용되는지 궁금해져(4단계), 관련 다큐멘터리와 기사를 찾아보고, 집에서 간단한 빛의 파장별 식물 성장 비교 실험을 설계해 본 경험(5단계).

## [원형 3] 융합/응용 스토리 — "나는 지식을 연결하고 창조하는 사람입니다"

이 원형은 배운 지식을 단순히 이해하는 데 그치지 않고, 다른 분야와 연결하거나 실제 결과물로 만들어 본 가장 차별화된 경험입니다. 지원자의 창의성, 융합적 사고, 실천력을 보여 주는 최고의 스토리입니다.

## ● Bad Case

"코딩을 배워서 파이썬을 잘 다룰 수 있게 되었습니다."

● **Good Case**

수학 시간에 통계의 복잡한 계산 과정에서 잦은 실수가 발생했습니다. (1. 계기/4. 어려움) 이 문제를 해결하기 위해, 방과 후 수업에서 배운 파이썬을 활용하여 간단한 '통계 계산 프로그램'을 만들어 보기로 했습니다. (2. 계획/5. 극복 노력) 처음에는 문법 오류로 어려움을 겪었지만, 관련 서적과 온라인 강의를 찾아보며 스스로 디버깅하는 과정을 거쳤습니다. (3. 실천) 약 한 달간의 노력 끝에, 데이터를 입력하면 평균과 표준편차를 자동으로 계산해 주는 프로그램을 완성할 수 있었습니다. (6. 성과) 이 경험을 통해 지식은 분리된 것이 아니라 서로 연결될 때 더 큰 힘을 발휘하며, 배움을 통해 실제 문제를 해결할 때 가장 큰 즐거움을 느낀다는 것을 깨달았습니다. (7. 느낀 점)

● **전략 분석**

Bad Case는 단순한 '기능 습득'에 그칩니다. 반면, Good Case는 '수학 통계의 불편함'이라는 명확한 문제 상황(1, 4단계)을 '파이썬'이라는 다른 분야의 지식(5단계)과 연결하여, '통계 계산 프로그램'이라는 구체적인 결과물(6단계)로 완성시켰습니다. 지식을 융합하여 실제 문제를 해결한, 매우 강력한 자기주도학습 사례입니다.

● **다른 과목으로의 확장**

　○ 미술 & 물리: 빛의 굴절과 반사 원리(1단계)를 배운 후, 이를 응용하여(5단계) 여러 개의 거울과 아크릴판으로 착시 현상을 일으키는 '키네틱 아트' 작품을 제작(6단계)하여 교내 축제에 전시한 경험.

　○ 음악 & 국어: 정지용 시인의 「향수」가 가진 시각적 이미지를 음악으로 표현하고 싶어(1. 계기), 시의 구조와 운율을 분석하고(5단계) 직접 미디(MIDI) 프로그램을 이용해 한 편의 연주곡을 작곡(6단계)해 본 경험.

## [핵심 정리] 모든 합격 사례의 단 하나의 공통점

어떤가요? 지금까지 '약점 극복', '관심 심화', '융합/응용'이라는 세 가지 대표 원형과 다양한 과목별 사례를 통해, 평범한 경험이 어떻게 특별한 스토리로 바뀌는지 살펴보았습니다.

겉보기엔 수학, 역사, 기술 등 모두 다른 이야기처럼 보이지만, 사실 이 모든 Good Case에는 하나의 강력한 공통점이 있습니다. 바로, 단순히 '무엇을 했다'는 사실의 나열을 넘어, 2절에서 배운 '7단계 진화 공식'을 완벽하게 따르고 있다는 점입니다.

즉, '왜 시작했고(1), 어떻게 계획하고 실천했으며(2, 3), 어떤 어려움을 만나 어떻게 지식을 확장(4, 5)했고, 그 결과 어떤 성과를 내어(6) 무엇을 배우고 성장했는지(7)'를 보여 주는 논리적인 '진화'의 과정을 따르고 있습니다.

이제 여러분의 차례입니다. 3절 [Activity]에서 발굴했던 여러분의 경험들을 다시 한번 살펴보세요.

- 나의 경험은 세 가지 원형 중 어디에 가장 가까운가요?
- 혹은, 두 가지 원형의 특징을 모두 가지고 있지는 않은가요?

어떤 원형에 속하는지는 중요하지 않습니다. 가장 중요한 것은, 여러분이 선택한 그 경험을 '7단계 진화 공식'이라는 강력한 틀에 맞춰 재구성하여, '나만의 성장 스토리'로 완성하는 것입니다. 여러분의 경험이 특별한 이유는 거창한 활동을 했기 때문이 아니라, 그 과정을 통해 여러분 스스로가 성장했기 때문이라는 사실을 잊지 마세요.

이제 여러분만의 성장 스토리를 완성할 준비가 거의 끝났습니다. 다음 절에서는 이 글이 합격의 기준에 얼마나 부합하는지 스스로 점검해 보는 체크리스트로 확인해 보겠습니다.

## 6. [자가 진단] 내 글로 적용하기: '성장 스토리' 최종 점검 체크리스트

이제 앞서 배운 내용들을 거울삼아, 여러분의 자기주도학습 스토리가 단순한 나열을 넘어 설득력 있는 성장 드라마로 완성되었는지 아래 체크리스트를 통해 최종적으로 점검해 보세요.

이 체크리스트는 여러분의 글이 2절에서 배운 '7단계 진화 공식'을 얼마나 충실하게 따르고 있는지 확인하는 강력한 도구가 될 것입니다.

## '7단계 진화 공식' 최종 점검 체크리스트

**[1단계: 계기] 나의 '학습 계기'는 진솔하고 구체적인가?**

● '성적을 올리기 위해'라는 막연한 동기가 아니라, 독서, 영화, 수업 중 질문 등 '나만의 호기심'에서 시작되었는가?

**[2~3단계: 계획/실천] 탐구의 '과정'이 구체적으로 드러나는가?**

● "열심히 했다"는 주장 대신, 동아리, 수행평가 등 어떤 무대에서, 실험, 토론 등 '어떤 방법으로' 노력했는지 구체적인 계획과 행동을 보여 주는가?

**[4~5단계: 어려움/극복] '지적 성장'의 결정적 순간이 담겨 있는가?**

● (가장 중요!) 단순히 과제를 수행하는 것을 넘어, 예상치 못한 '어려움'에 부딪히거나, '더 알고 싶은 호기심'이 생겨, 스스로 '지식을 확장(예: 심화 독서, 논문 정독 등)'한 과정이 나타나는가?

**[6단계: 성과] 노력의 '결과물'이 명확하게 제시되었는가?**

● 탐구의 결과로 얻은 것이 보고서, 발표문, 나만의 개념 노트 등 구체적인 '성과'로 드러나는가?

**[7단계: 느낀 점] '배움과 성장'이 깊이 있게 서술되었는가?**

● "뿌듯했다"에서 그치지 않고, 이 경험을 통해 나의 생각이나 학습 태도가 어떻게 '변화'했는지, 혹은 '진로'와 어떻게 연결되는지 보여 주는가?

**[함정 점검] '최악의 실수'를 모두 피했는가?**

● 과정 없이 결과만 나열하지는 않았는가? (단순 나열형)

● 구체적인 탐구 과정 없이 깨달음만 서술하지는 않았는가? (추상적 깨달음형)

● 스스로 탐구를 확장한 노력 없이, 주어진 과제만 수행하지는 않았는가? (수동적 학습형)

이 모든 질문에 자신 있게 "예"라고 답할 수 있다면, 여러분의 '성장 스토리'는 이제 논리적인 설득력을 갖추게 되었습니다.

이제 글의 '내용'은 완성된 셈입니다. 하지만 이 훌륭한 내용이 단 하나의 '규칙 위반'으로 0점이 되어서는 안 되겠죠?

다음 절에서는, 글을 제출하기 전 반드시 확인해야 할 '최종 규칙'에 대해 알아보겠습니다.

## 7. [최종 규칙 확인] 반드시 피해야 할 기재 금지 사항

아무리 훌륭한 성장 스토리를 완성했더라도, 단 하나의 '규칙 위반'으로 모든 노력이 0점이 될 수 있습니다. 자기소개서에는 입학의 공정성을 위해 교육부에서 지정한 '절대 써서는 안 될 내용'(배제 사항)들이 있습니다. 이것은 글을 잘 쓰고 못 쓰는 것의 문제가 아닌, '0점 처리' 여부가 걸린 중대한 규칙입니다.

글을 최종 제출하기 전, 아래 목록을 보며 자신의 글에 위험 요소는 없는지 반드시, 그리고 여러 번 확인해야 합니다.

### [기재 금지 사항 최종 체크리스트]

**1) 모든 종류의 시험 성적 및 수상 실적**

● 각종 공인어학시험 참여 사실, 성적, 수상 실적
  ○ (예: TOEIC, TOEFL, TEPS, HSK, JLPT, DELF, TORFL, SPRED 등)

● 교과·비교과 관련 교외대회 참여 사실, 성적, 수상 실적
  ○ (예: 각종 올림피아드, 경시대회 등)

● 교외 기관·단체(장)에게 수상한 교외상 일체
  ○ (예: 표창장, 감사장, 공로상 등)

● 교내·외 모든 인증시험 참여 사실이나 그 성적

● 교내대회 참여 사실, 성적, 수상 실적

● 각종 자격증 명칭 및 취득 사실

- 구체적인 교과목의 점수나 원점수, 석차, 석차 백분율
    - (예: "영어 성적이 100점이 되어 전교 1등이 되었습니다.")
- 영재교육원 교육 및 수료 여부
- 장학생·장학금 관련 내용

## 2) 배경을 암시하는 내용

- 부모(친인척 포함)의 사회·경제적 지위를 암시하는 내용
    - (예: 구체적인 직업명, 직장명, 직위, 소득수준, 고비용 취미(골프, 승마 등), "ㅇㅇ지검 검사장이신 아버지를 따라…")
- 지원자 본인을 알 수 있는 이름, 출신중학교 등 인적사항을 암시하는 내용
    - (예: "ㅇㅇ방송반에서 동아리 활동을 했습니다." (만약 해당 방송반이 특정 학교에만 있어 출신교를 알 수 있다면))

## 3) 학교 밖 활동 및 개인 성과

- 논문을 학회지에 투고·등재하거나 학회에서 발표한 사실
- 도서 출간 사실
- 지식재산권(특허, 실용신안, 상표, 디자인 등) 출원 또는 등록 사실
- 어학연수, 해외 봉사활동 등 해외 활동 실적 및 관련 내용
- 구체적인 특정 대학명, 기관명, 상호명, 강사명
    - (단, 교육부 및 소속기관, 시도교육청 및 직속기관 등 일부 공공기관은 기재 가능)

## [전략 Tip] 위험하다면, 돌아가라

조금이라도 기재 금지 사항에 해당될 것 같다는 의심이 든다면, 그 내용은 과감하게 삭제하거나 다른 경험으로 대체하는 것이 가장 안전한 전략입니다. 애매한 표현으로 규칙의 경계선을 넘나드는 위험을 감수할 필요는 전혀 없습니다. 여러분의 합격은 단 하나의 문장이 아닌, 글 전체의 논리성과 진정성으로 결정된다는 사실을 기억하세요.

# 활동지 (자기주도학습과정)

| 중학교 | | 이름 | |
|---|---|---|---|

**1. 학습사례 찾기(교과)** | **자기주도학습사례** |

- 학습사례를 선택한 계기와 목표는?
- 학습과정의 어려움과 극복과정은?
- 구체적 실천과정은?
- 자신이 성장발전한 점은?
- 활용한 공부법이나 교재는?
- 배우고 느낀 점은?

**2. 학습사례 찾기(진로)** | **자기주도학습사례** |

- 학습사례를 선택한 계기와 목표는?
- 학습과정의 어려움과 극복과정은?
- 구체적 실천과정은?
- 자신이 성장발전한 점은?
- 활용한 공부법이나 교재는?
- 배우고 느낀 점은?

**3. 학습사례 찾기(교과)** | **자기주도학습사례** |

- 학습사례를 선택한 계기와 목표는?
- 학습과정의 어려움과 극복과정은?
- 구체적 실천과정은?
- 자신이 성장발전한 점은?
- 활용한 공부법이나 교재는?
- 배우고 느낀 점은?

## 4. 학습사례 찾기

• 개요표는 개조식으로 간단하게, 초안은 문장 형태로 작성

| 자기주도<br>학습과정<br>1<br>개요표 | 학습과정의 계기와 목표 | |
| --- | --- | --- |
| | 구체적 실천 및 관심,<br>어려움 극복 | |
| | 학습과정의 평가와<br>성장발전요소 | |

| 자기주도<br>학습과정<br>2<br>개요표 | 학습과정의 계기와 목표 | |
| --- | --- | --- |
| | 구체적 실천 및 관심,<br>어려움 극복 | |
| | 학습과정의 평가와<br>성장발전요소 | |

| 초안 작성 | * 본인이 스스로 학습계획을 세우고 학습해 온 과정과 그 과정에서 느꼈던 점을 구체적으로 기술하시오. (900자 이내) |
| --- | --- |
| | |

## 당신만의 '성장 스토리'를 완성했는가?

이제 여러분은 더 이상 자신의 학습 경험을 밋밋하게 나열하는 학생이 아닙니다. '7단계 진화 공식'이라는 강력한 무기를 통해, 평범한 경험 속에서 의미를 찾아내고 자신의 학업 역량을 설득력 있게 증명하는 방법을 완벽하게 익혔습니다. 이것으로 여러분의 자기소개서에서 과거와 현재의 '나'를 증명하는 가장 중요한 파트가 완성되었습니다.

하지만 이것만으로는 충분하지 않습니다. 여러분이 얼마나 뛰어난 학생인지를 증명했다면, 이제 입학사정관의 머릿속에 떠오를 다음 질문에 답해야 합니다.

"알겠다. 당신이 우수한 학생이라는 것은. 그런데 왜 우리 학교에 그 능력을 사용하고 싶은가?"

바로 이 질문에 답하는 것이, 여러분의 과거와 학교의 미래를 잇는 결정적인 다리, 5장 '지원동기 및 진로계획'입니다. 다음 장에서는 여러분의 빛나는 과거와 학교를 연결하여, 여러분과 학교의 만남이 단순한 우연이 아닌 '필연'이었음을 증명하는 모든 전략을 함께 익혀 보겠습니다.

# 지원동기 및 진로계획
## — '나'와 '학교'의 운명적 만남을 증명하라

4장을 통해 여러분은 자신의 학업적 성장 과정을 성공적으로 증명했습니다. 하지만 입학사정관은 여러분의 과거만큼이나 미래를 궁금해합니다. 이제 그 질문에 답할 시간입니다. 본격적인 글쓰기에 앞서, 우리가 채워야 할 자기소개서의 전체 설계도부터 명확히 파악해야 합니다.

대부분의 고등학교 자기소개서는 크게 두 가지 질문을 던집니다.

## 1. 꿈과 끼 영역

본인이 스스로 학습계획을 세우고 학습해 온 과정과 그 과정에서 느꼈던 점, 학교 특성과 연계해 지원학교에 관심을 갖게 된 동기, 고등학교 입학 후 주도적으로 본인의 꿈과 끼를 살리기 위한 활동계획 및 고등학교 졸업 후 진로계획에 관하여 구체적으로 기술하십시오.

## 2. 인성 영역

본인의 인성(배려, 나눔, 협력, 타인 존중, 규칙 준수 등)을 나타낼 수 있는 개인적 경험 및 이를 통해 배우고 느낀 점을 구체적으로 기술하십시오.

## 자기소개서 표준 양식 분석

이 두 질문은 보통 1,500자(띄어쓰기 제외)를 기준으로 다음과 같은 글자 수 배분으로 구성됩니다.

## 1. 자기주도학습 영역 (꿈과 끼): 약 1,100~1,200자

  ○ 지원동기 및 진로계획 (약 400자)

○ 자기주도학습 과정 (약 700~800자): 바로 우리가 4장에서 완벽하게 공략한 부분이죠.

**2. 인성 영역: 약 300~400자**

이 부분은 6장에서 자세히 다룰 것입니다.


그렇습니다. 우리가 이번 5장에서 집중적으로 공략할 부분은 바로 '지원동기 및 진로계획'입니다. 4장에서 완성한 '나의 과거'를 '학교의 미래'와 연결하는 결정적인 다리이자, 여러분의 꿈과 비전을 보여 주는 매우 중요한 파트입니다.

이 장은 '지원동기'와 '진로계획'이라는 두 개의 핵심 퍼즐 조각으로 이루어져 있습니다. 많은 학생들이 이 두 조각을 따로따로 생각하는 실수를 범하지만, 합격하는 자기소개서의 비밀은 이 둘을 완벽하게 맞춰 '나와 학교의 필연적인 만남'이라는 하나의 그림을 완성하는 데 있습니다.

따라서 이번 장에서는, 먼저 각각의 퍼즐 조각을 어떻게 날카롭게 다듬어야 하는지 살펴본 후, 마지막에 그 두 조각을 하나로 잇는 결정적인 '연결의 기술'을 함께 익혀 보겠습니다.


## 1. 첫 번째 퍼즐: 지원동기 (약 120~150자) — '왜 이 학교여야만 하는가?'

지원동기는 자기소개서의 첫인상과도 같습니다. 이 짧은 글에서 입학사정관은 "이 학생이 정말 우리 학교에 대해 깊이 고민하고, 우리와 함께 성장할 준비가 되었는가?"를 판단합니다.

### 1) [문항 분석] 합격하는 지원동기의 3대 원칙

짧은 글자 수 안에 합격하는 지원동기를 담으려면, 다음 3가지 원칙을 지켜야 합니다.

#### ● 원칙 1: '나의 이야기(My Story)'가 주인공이 되어야 한다

제3자적 위치에서 학교를 평가하거나 설명해서는 안 됩니다. 모든 문장의 주어는 '나'가 되어야 하며, 나의 꿈과 끼, 나의 고민과 열정이 글의 중심에 서야 합니다.

● **원칙 2: 학교 특성, 건학이념, 교육목표, 인재상 등을 연결하여야 한다**

나의 꿈을 이루기 위해 왜 이 학교의 특정 시스템이 필요한지를 보여 주어야 합니다. 학교의 교육이념과 인재상을 정확히 파악하고, 그것이 나의 성장 방향과 어떻게 일치하는지를 증명해야 합니다. *(예: 외고 — 어학 능력 심화/국제고 — 국제적 소양 함양/자사고 — 교육 이념, 특색 프로그램)*

● **원칙 3: '뜬구름'이 아닌 '구체성'으로 승부해야 한다**

아래에서 자세히 다루겠지만, 추상적이고 일반적인 칭찬은 절대 금물입니다.

## 2) [최악의 실수] 합격을 가로막는 치명적인 함정들

합격하는 지원동기를 쓰기 전에, 먼저 수많은 자기소개서를 평범하게 만드는 '독'과 같은 표현들을 알아 두는 것이 중요합니다. 많은 학생들이 학교에 좋은 인상을 남기고 싶다는 마음에, 자신도 모르게 아래와 같은 치명적인 실수를 저지릅니다.

● **절대 피해야 할 표현들**
  ○ "쾌적한 교육 환경"
  ○ "좋은 면학 분위기"
  ○ "탁월한 대입 실적"
  ○ "수준 높은 교육열"
  ○ "실력 있는 선생님들"
  ○ "뛰어난 친구들과 함께하고 싶어서"

**왜 이런 표현이 최악일까요?** 바로, 글의 주인공이어야 할 **'나'의 이야기**가 단 한 줄도 없기 때문입니다. 이런 칭찬들은 다른 모든 지원자도 똑같이 쓸 수 있는, 인터넷 검색만으로도 충분히 알 수 있는 정보의 나열일 뿐입니다. 입학사정관은 학교 홍보 문구가 아니라, 지원자 자신만의 고민과 열정을 보고 싶어 합니다. 이런 표현들을 쓰는 순간, "나는 이 학교에 대해 깊이 고민해 보지 않았습니다"라고 광고하는 것과 같습니다.

이제, 이런 '나' 없는 칭찬을 피하고, 진정한 '나의 이야기'를 찾아내는 구체적인 활동으로 넘어가 보겠습니다.

### 3) [Activity] 글감 발굴하기: 당신만의 '지원 이유'를 찾아라

최악의 실수를 확인했다면, 이제 여러분의 이야기 속에서 진짜 '지원 이유'를 찾아낼 차례입니다. 지원동기는 꾸며 내는 글이 아니라, 흩어져 있는 '나'의 조각들을 모아 '이 학교'와 연결하는 과정입니다.

아래 질문들에 답하며, 여러분의 지원동기를 빛내 줄 핵심 재료들을 찾아보세요.

**나만의 지원동기 재료 찾기**

Q1. 본인의 적성과 흥미(끼)는 무엇이라고 생각하는가?

● 이렇게 생각해 보세요: 단순히 '독서', '컴퓨터'라고 답하는 데서 그치지 마세요. 입학사정관이 보고 싶은 것은 '무엇을' 좋아하는지가 아니라, 그것을 통해 '어떻게' 생각하고 행동하는지, 즉 여러분의 역량입니다.

● 예시: "저는 소설을 읽을 때, 주인공의 심리 변화를 이끄는 복선이나 장치를 찾아내는 것을 즐깁니다. (→ 분석적 사고력)"

Q2. 가장 하고 싶은 일(꿈)은 무엇이고, 이에 대해 관심을 갖게 된 계기는?

● 이렇게 생각해 보세요: '계기'가 바로 여러분의 스토리를 특별하게 만드는 핵심입니다. 거창할 필요 없습니다. 책의 한 구절, 다큐멘터리의 한 장면, 일상 속 작은 불편함 등 구체적인 경험에서 시작할 때 진정성이 살아납니다.

● 예시: "할머니께서 편찮으셨을 때, 의사 선생님의 따뜻한 설명 한마디가 저희 가족 모두에게 큰 위로가 되는 것을 보았습니다. 그때 저는 단순히 병을 치료하는 기술을 넘어, 사람의 마음까지 어루만지는 의사가 되고 싶다는 꿈을 갖게 되었습니다."

Q3. 그 꿈을 위해 지금까지 어떤 구체적인 노력을 해 왔는가?

- 이렇게 생각해 보세요: 꿈은 누구나 꿀 수 있습니다. 입학사정관은 그 꿈이 단순한 희망 사항이 아님을 증명할 '과거의 노력'을 보고 싶어 합니다. 4장에서 발굴했던 자기주도학습 경험이 가장 좋은 증거가 될 수 있습니다.
- 예시: "저는 도시 문제에 대한 저의 관심을 구체화하기 위해, 지난 1년간 매주 도시재생 관련 기사를 스크랩하고 저의 생각을 정리하는 블로그를 운영해 왔습니다."

**Q4. 미래 희망진로에 지원 고교가 어떤 결정적인 도움을 줄 수 있을 것이라 생각하는가?**

- 이렇게 생각해 보세요: 이것이 지원동기의 핵심이자, 학교에 대한 여러분의 로열티를 증명하는 질문입니다. 학교의 어떤 '시스템'이 나의 '꿈'을 실현시켜 줄 수 있는지, 그 연결 고리를 명확히 찾아야 합니다.
- 예시: "데이터 과학자라는 저의 꿈을 이루기 위해서는 통계학적 지식이 필수적입니다. 귀교의 '통계 기반 데이터 분석 R&E' 프로그램은, 제가 이론을 넘어 실제 데이터를 다루는 경험을 할 수 있는 최고의 기회라고 생각합니다."

**Q5. 직업 또는 진로를 선택할 때 가장 중요하게 생각하는 가치는 무엇인가?**

- 이렇게 생각해 보세요: 이 질문은 여러분의 인성과 가치관을 보여 줄 좋은 기회입니다. '사회적 기여', '창의성 발현' 등 자신에게 중요한 가치를 진로와 연결하여 설명하면, 글의 깊이가 달라집니다.
- 예시: "저는 '사회적 기여'를 가장 중요한 가치로 생각합니다. 그래서 단순히 돈을 많이 버는 프로그래머가 아니라, 저의 코딩 능력을 활용하여 시각장애인들을 위한 길 안내 앱을 개발하는 전문가가 되고 싶습니다."

**Q6. 지원하는 학교의 교육 이념이나 인재상이 나의 어떤 점과 닮았다고 생각하는가?**

- 이렇게 생각해 보세요: 학교의 프로그램뿐만 아니라, 학교가 추구하는 '정신'에 공감하고 있음을 보여 주는 것은 매우 효과적인 전략입니다. 이는 여러분이 학교 공동체에 잘 융화될 준비가 되어 있음을 보여 줍니다.
- 예시: "귀교의 '도전하는 지성인'이라는 인재상은, 어려운 과학 문제에 부딪혔을 때 포기하기보

다 저만의 방식으로 해결법을 찾으려 노력했던 저의 학습 태도와 닮았다고 생각합니다."

어떤가요? 이 질문들에 답하다 보니, 여러분이 왜 이 학교에 가고 싶은지에 대한 이유가 훨씬 명확해졌을 겁니다. 이제 이 재료들을 가지고, 실제 합격생들은 어떻게 글을 완성했는지 함께 살펴보겠습니다.

## 4) [실제 사례 분석] 합격과 불합격을 가르는 결정적 차이

이제 실제 사례를 통해, 무엇이 합격하는 지원동기를 만드는지 구체적으로 분석해 보겠습니다. 지원하는 학교의 특성에 따라, 그리고 '나'의 이야기를 어떻게 녹여 내느냐에 따라 글의 설득력은 완전히 달라집니다.

### [사례 1: 자사고 지원] '나' 없는 칭찬 vs. '나'의 이야기와 학교 철학의 연결

자사고는 학교마다 추구하는 교육 이념과 인재상이 뚜렷합니다. 따라서 지원동기의 핵심은 학교의 철학과 나의 성장 스토리를 어떻게 연결하는가에 있습니다.

● **Bad Case — (나 없는 칭찬)**

귀교는 '융합 인재 양성'이라는 교육 이념 아래, 최고의 선생님들과 뛰어난 친구들이 모여 좋은 면학 분위기의 명문고라고 들었습니다. 이러한 쾌적한 교육 환경 속에서 꿈을 키워 나가고 싶어 지원하게 되었습니다.

● **Good Case — (나의 이야기와 연결)**

생명과학 동아리에서 유전병 데이터를 분석하며, 생물학적 지식만으로는 복잡한 문제를 해결할 수 없다는 한계를 느꼈습니다. 이때 통계 프로그램을 활용해 데이터의 연관성을 시각화하며, 융합적 사고의 중요성을 절감했습니다. '융합 인재 양성'이라는 귀교의 교육 이념 아래 운영되는 '수학-생명과학 R&E 프로그램'은, 저의 이러한 갈증을 해소하고 미래의 데이터 기반 생명과학자로 성장하게 할 최적의 환경이라 확신하여 지원했습니다.

● **전략 분석**

이 둘의 결정적 차이는 '나의 경험'의 유무입니다. Bad Case는 제3자의 입장에서 학교를 평가하고 칭찬할 뿐, 지원자가 어떤 사람인지 전혀 알 수 없습니다. 반면 Good Case는 '유전병 데이터 분석'이라는 자신의 구체적인 경험을 통해 '융합적 사고의 필요성'이라는 깨달음을 먼저 제시합니다. 그리고 그 깨달음이 학교의 교육 이념 및 특정 프로그램과 정확히 일치함을 보여 줌으로써, 지원동기는 단순한 동경이 아닌 '나의 성장을 위한 필연적인 선택'이라는 강력한 논리를 갖게 됩니다.

### [사례 2: 외고 지원] '막연한 어학 능력'과 '구체적 탐구 목표'의 차이

외고는 단순히 외국어를 잘하는 학생이 아니라, 언어를 매개로 세상을 깊이 있게 탐구하려는 인재를 찾습니다.

● **Bad Case — (막연한 동경)**

어릴 때부터 영어에 재능이 있었고, 영어로 소통하는 것에 즐거움을 느낍니다. 세계화 시대에 발맞춰 글로벌 인재가 되고 싶다는 꿈을 가지고 있습니다. 귀교의 체계적인 영어 교육 시스템을 통해 꿈을 이루고 싶습니다.

● **Good Case — (구체적 목표)**

K-POP 가사를 영어로 번역하는 과정에서, '정(情)'이라는 단어가 'Love'나 'Affection'만으로는 온전히 표현되지 않는 것을 보며 언어 속에 담긴 문화의 중요성을 깨달았습니다. 언어는 단순한 소통 도구가 아닌, 한 사회의 정신을 담는 그릇임을 알게 되었습니다. 귀교의 '문화 비교 토론' 심화 수업에 참여하여, 언어의 이면에 있는 다양한 문화를 깊이 있게 탐구하고 문화적 차이를 이해하는 외교 전문가로 성장하고 싶습니다.

● **전략 분석**

Bad Case의 '글로벌 인재'는 너무나 막연하고 추상적입니다. 반면 Good Case는 'K-POP 가사 번역'이라는 구체적인 경험에서 출발하여 '언어와 문화'라는 자신만의 탐구 주제를 설정합니다. 그리고 그 탐구를 심화시킬 수 있는 학교의 특정 수업(문화 비교 토론)을 정확히 언급하며, 지원동기를

'막연한 꿈'이 아닌 '구체적인 학업 계획'으로 격상시켰습니다.

### [사례 3: 과학고 지원] '결과 나열'과 '탐구 과정'의 차이

과학고는 수학/과학 성적이 좋은 학생을 넘어, 하나의 현상에 대해 끊임없이 질문하고 스스로 답을 찾아가는 과정을 즐기는 '미래의 과학자'를 찾습니다.

#### ● Bad Case — (결과 나열)

저는 중학교 때부터 수학과 과학에 특히 뛰어났습니다. 교내 수학경시대회에서 금상을 받았고, 물리 과목을 좋아하며 어려운 공식을 증명해 낼 때 큰 성취감을 느낍니다. 귀교의 심화된 교육과정을 통해 저의 과학적 재능을 더욱 발전시키고 싶습니다.

#### ● Good Case — (탐구 과정)

음악 시간에 기타 조율을 하다가, 미세하게 다른 두 음이 만나자 소리가 주기적으로 커졌다 작아지는 '맥놀이 현상'에 매료되었습니다. 교과서의 공식만으로는 원리가 이해되지 않아, 파동 중첩 시뮬레이션 프로그램을 찾아 다양한 주파수의 파형을 조합하며 파동의 간섭을 눈으로 확인했습니다. 하나의 물리 현상이 악기 조율부터 소음 제거 기술까지 연결되는 과정을 탐구하며, 세상의 원리를 파헤치는 물리학자의 꿈을 키우게 되었습니다.

#### ● 전략 분석

Bad Case는 이미 성적표에 나와 있는 '결과'를 자랑할 뿐, 지원자의 과학적 호기심이나 탐구 능력을 전혀 보여 주지 못합니다. 또한, 대회와 수상 내역을 언급하는 실수를 하였습니다. 반면 Good Case는 '기타 조율'이라는 일상 속 호기심에서 시작하여, 스스로 '시뮬레이션 프로그램'이라는 도구를 찾아 문제를 해결하는 탐구 과정을 생생하게 보여 줍니다. 이것이 바로 입학사정관이 보고 싶어 하는 '과학적 탐구 역량'이며, 지원자를 '성적 좋은 학생'이 아닌 '미래의 연구자'로 보이게 만드는 결정적 차이입니다.

## 5) [자가 진단] 내 글로 적용하기: 지원동기 최종 점검 체크리스트

훌륭한 사례들을 충분히 분석했다면, 이제 칼날을 자신에게 돌려 내 글을 점검할 차례입니다. 자기소개서의 핵심 키워드인 '꿈'과 '끼'가 당신의 지원동기에 제대로 녹아 있는지, 아래 질문들을 통해 스스로 진단해 봅시다.

먼저, 두 단어의 의미부터 명확히 하겠습니다.

- **끼**: 여러분의 가슴을 뛰게 하는 것, 남들보다 더 잘하거나 혹은 그냥 좋아서 계속하게 되는 여러분만의 특기나 흥미를 의미합니다.
- **꿈**: 단순히 '의사'와 같은 직업명을 넘어, 그 직업을 통해 궁극적으로 이루고 싶은 목표나 과업(미션)을 의미합니다.

이제, 아래 질문들에 대한 답을 고민하며 여러분의 지원동기 초안을 검토하거나, 글의 방향을 잡아 보세요.

### 지원동기 자가 진단 체크리스트

Q1. 본인의 적성과 흥미(끼)는 무엇이라고 생각하는가?

- **이렇게 생각해 보세요**: 단순히 '독서', '컴퓨터'라고 답하는 데서 그치지 마세요. 입학사정관이 보고 싶은 것은 '무엇을' 좋아하는지가 아니라, 그것을 통해 '어떻게' 생각하고 행동하는지, 즉 여러분의 역량입니다.
- **예시**: "저는 소설을 읽을 때, 주인공의 심리 변화를 이끄는 복선이나 장치를 찾아내는 것을 즐깁니다. (→ 분석적 사고력)" 또는 "저는 복잡하게 얽힌 전선이나 코드를 보면, 가장 효율적인 경로로 정리하고 싶은 충동을 느낍니다. (→ 논리적 문제 해결 능력)"

Q2. 가장 하고 싶은 일(꿈)은 무엇이고, 이에 대해 관심을 갖게 된 계기는?

- **이렇게 생각해 보세요**: '계기'가 바로 여러분의 스토리를 특별하게 만드는 핵심입니다. 거창할 필요 없습니다. 책의 한 구절, 다큐멘터리의 한 장면, 일상 속 작은 불편함 등 구체적인 경험에

서 시작할 때 진정성이 살아납니다.

● 예시: "그냥 의사가 되고 싶습니다." (X) → "할머니께서 편찮으셨을 때, 의사 선생님의 따뜻한 설명 한마디가 저희 가족 모두에게 큰 위로가 되는 것을 보았습니다. 그때 저는 단순히 병을 치료하는 기술을 넘어, 사람의 마음까지 어루만지는 의사가 되고 싶다는 꿈을 갖게 되었습니다." (O)

## Q3. 그 꿈을 위해 지금까지 어떤 구체적인 노력을 해 왔는가?

● 이렇게 생각해 보세요: 꿈은 누구나 꿀 수 있습니다. 입학사정관은 그 꿈이 단순한 희망 사항이 아님을 증명할 '과거의 노력'을 보고 싶어 합니다. 4장에서 발굴했던 자기주도학습 경험이 가장 좋은 증거가 될 수 있습니다.

● 예시: "앞으로 도시 문제 전문가가 되기 위해 노력하겠습니다." (X) → "저는 도시 문제에 대한 관심을 구체화하기 위해, 지난 1년간 매주 도시재생 관련 기사를 스크랩하고 저의 생각을 정리하는 블로그를 운영해 왔습니다." (O)

## Q4. 미래 희망진로에 지원 고교가 어떤 결정적인 도움을 줄 수 있을 것이라 생각하는가?

● 이렇게 생각해 보세요: 이것이 지원동기의 핵심이자, 학교에 대한 여러분의 로열티를 증명하는 질문입니다. 학교의 어떤 '시스템'이 나의 '꿈'을 실현시켜 줄 수 있는지, 그 연결 고리를 명확히 찾아야 합니다.

● 예시: "귀교의 훌륭한 교육 시스템이 도움이 될 것입니다." (X) → "데이터 과학자라는 저의 꿈을 이루기 위해서는 통계학적 지식이 필수적입니다. 귀교의 '통계 기반 데이터 분석 R&E' 프로그램은, 제가 이론을 넘어 실제 데이터를 다루는 경험을 할 수 있는 최고의 기회라고 생각합니다." (O)

## Q5. 직업 또는 진로를 선택할 때 가장 중요하게 생각하는 가치는 무엇인가?

● 이렇게 생각해 보세요: 이 질문은 여러분의 인성과 가치관을 보여 줄 좋은 기회입니다. '안정성', '성취감', '사회적 기여', '창의성 발현' 등 자신에게 중요한 가치를 진로와 연결하여 설명하면, 글의 깊이가 달라집니다.

● 예시: "저는 '사회적 기여'를 가장 중요한 가치로 생각합니다. 그래서 단순히 돈을 많이 버는 프

로그래머가 아니라, 저의 코딩 능력을 활용하여 시각장애인들을 위한 길 안내 앱을 개발하는 전문가가 되고 싶습니다.”

### Q6. 지원하는 학교의 교육 이념이나 인재상이 나의 어떤 점과 닮았다고 생각하는가?

- **이렇게 생각해 보세요**: 학교의 프로그램뿐만 아니라, 학교가 추구하는 '정신'에 공감하고 있음을 보여 주는 것은 매우 효과적인 전략입니다. 이는 여러분이 학교 공동체에 잘 융화될 준비가 되어 있음을 보여 줍니다.
- **예시**: "귀교의 '도전하는 지성인'이라는 인재상은, 어려운 과학 문제에 부딪혔을 때 포기하기보다 저만의 방식으로 해결법을 찾으려 노력했던 저의 학습 태도와 닮았다고 생각합니다.”

이 체크리스트를 통해 글의 뼈대를 단단히 세웠다면, 이제 마지막으로 글에 담지 말아야 할 것들을 확인하며 첫 번째 퍼즐을 완성해 보겠습니다.

## 6) [최종 점검] 진정성이라는 절대 원칙을 지켜라

지금까지 지원동기를 쓰는 법에 대해 많은 전략을 배웠습니다. 하지만 이 모든 전략을 관통하는 단 하나의 절대 원칙이 있다면, 그것은 바로 '진정성'입니다. 입학사정관은 수백 편의 자기소개서를 읽는 전문가입니다. 그들은 꾸며 낸 이야기와 진심이 담긴 고민을 귀신같이 구별해 냅니다.

진정성을 지키기 위해, 많은 학생들이 불안해하는 두 가지 오해를 마지막으로 점검하겠습니다.

### [Check 1] 생기부의 진로 희망, 3년간 똑같아야 하나요? — 꿈이 바뀌었다고 해서 진정성이 없는 것은 아니다

- 결론부터 말하면, 전혀 아닙니다. 오히려 꿈이 바뀐 과정을 설득력 있게 설명할 수 있다면, 그것이 더 강력한 성장 스토리가 될 수 있습니다.

입학사정관은 중학생의 꿈이 바뀔 수 있다는 것을 누구보다 잘 알고 있습니다. 그들이 보고 싶은 것은 '일관성'이라는 결과물이 아니라, 꿈이 '왜' 그리고 '어떻게' 변하고 발전했는지 그 '과정'의 논리성입니다.

● **Bad Case**

1학년 때 꿈은 의사였고, 2학년 때는 신약 개발 연구원이었습니다. 저는 다양한 분야에 관심이 많습니다.

● **Good Case**

1학년 때, 아픈 사람을 직접 치료하는 의사를 꿈꿨습니다. 하지만 2학년 때 유전병 관련 다큐멘터리를 보고, 한 명의 환자를 치료하는 것을 넘어, 수많은 사람을 구할 수 있는 신약을 개발하는 연구원의 길에 더 큰 사명감을 느끼게 되었습니다. 이처럼 저의 관심사는 '생명'이라는 하나의 뿌리 위에서 더 넓은 세상을 향해 성장해 왔습니다.

● **전략 분석**

Bad Case는 단순히 사실을 나열하여 변덕스러워 보일 수 있습니다. 반면, Good Case는 꿈의 변화가 '더 깊어진 고민과 확장된 시야'의 결과물임을 보여 줌으로써, 지원자를 끊임없이 성장하는 인재로 보이게 만듭니다.

**[Check 2] 의사, 변호사, 과학자… 이런 꿈을 써야 좋아하나요? — 평범한 꿈이라고 해서 진정성이 없는 것은 아니다**

● 결론부터 말하면, 전혀 그렇지 않습니다. 입학사정관은 직업의 이름값이 아니라, 그 꿈을 향한 지원자의 '고민의 깊이'를 봅니다.

고등학교는 직업 훈련소가 아닙니다. 따라서 입학사정관은 당장 사회적으로 인정받는 직업을 가진 학생을 뽑는 것이 아니라, 어떤 분야에 지원하든 자신만의 시각으로 깊이 있게 탐구해 나갈 '잠재력' 있는 학생을 찾고 있습니다. 진정성 없는 의사라는 꿈보다, 자신만의 스토리가 담긴 도시 조경 전문가라는 꿈이 백배 더 매력적입니다.

● **Bad Case**

저는 미래 사회에 꼭 필요한 인공지능 전문가가 되어 우리나라를 빛내고 싶습니다.


● **Good Case**

저는 할머니 댁 앞 공원이 쓰레기로 방치되었다가, 지역 주민들의 참여로 아름다운 '커뮤니티 정원'으로 바뀌는 과정을 보며 깊은 감명을 받았습니다. 저는 버려진 공간에 생명을 불어넣어 사람들을 연결하는 '도시 공간 기획자'가 되고 싶습니다. 식물에 대한 이해와 공간 디자인 능력을 함께 기를 수 있는 귀교의 '생태-건축 융합 동아리'에서 그 꿈의 첫걸음을 내딛고 싶습니다.


● **전략 분석**

결국 가장 중요한 것은 〈본인의 진정성 있는 진로 비전〉입니다. 직업의 종류가 무엇이든, 그 꿈을 왜 꾸게 되었는지에 대한 '나만의 이야기'가 있고, 그 꿈을 이루기 위해 '왜 이 학교여야만 하는지'에 대한 '논리적인 연결 고리'만 있다면, 그것이 바로 최고의 지원동기입니다.


## 2. 두 번째 퍼즐: 진로계획 (약 250~300자) — '입학 후 3년의 성장 로드맵'

진로계획은 여러분이 입학사정관에게 던지는 가장 강력한 약속입니다. 이것은 "저는 귀교의 시스템을 이만큼 깊이 이해하고 있으며, 그것을 100% 활용해 3년 동안 이렇게 성장할 준비가 되어 있습니다"라는 구체적이고 실현 가능한 '액션 플랜(Action Plan)'을 제시하는 것입니다. 이 계획이 구체적일수록, 여러분의 지원동기는 더욱 강력한 설득력을 갖게 됩니다.

### 1) [문항 분석] 진로계획의 2대 구성 요소: 입학 후와 졸업 후

진로계획은 크게 두 파트로 나뉩니다. 입학 후의 단기 계획과 졸업 후의 장기적인 비전을 학교에 대한 깊은 이해를 바탕으로 구체적이면서 유기적으로 연결하여 보여 주는 것이 중요합니다.

● **Part 1. 고교 입학 후 활동 계획 (나의 성장 로드맵)**

단순히 '열심히 하겠다'는 다짐이 아닌, 자기주도적으로 본인의 '꿈과 끼'를 살리기 위한 구체적인 실천 계획을 보여 주는 부분입니다. '무엇을(What)' 그리고 '어떻게(How)' 할 것인지를 명확히 보여 주고, 학교에 대한 깊은 이해를 바탕으로 학업 계획과 교내 활동 계획을 구체적으로 제시해야 합니다.

● **Part 2. 고교 졸업 후 진로계획 (나의 최종 비전)**

고교 3년간의 활동이 대학 진학(목표 학과/계열)으로 어떻게 자연스럽게 연결될 것인지 보여 주고, 최종적으로 어떤 분야의 전문가가 되어 사회에 어떻게 기여하고 싶은지 장기적인 비전을 제시하는 것이 좋습니다.

## 2) [최악의 실수] 신뢰를 떨어뜨리는 흔한 함정들

진로계획은 여러분의 미래 성장 가능성을 보여 주는 중요한 부분이지만, 많은 학생들이 아래와 같은 실수들을 저지르며 그 기회를 놓치곤 합니다. 여러분의 계획이 신뢰를 잃지 않도록, 다음 함정들을 반드시 피해야 합니다.

● **절대 피해야 할 표현들**
   ○ "수업에 열심히 참여하겠습니다"
   ○ "동아리 활동을 적극적으로 하겠습니다"
   ○ "훌륭한 ○○○이 되겠습니다"…와 같이 구체적인 내용이 없는 막연한 다짐들.

● **주의해야 할 태도**
   ○ 학교에 대한 이해 없이, 어느 학교 자기소개서에나 쓸 수 있는 '복사-붙여넣기'식 계획을 나열하는 것.
   ○ 비현실적이거나 과장된 목표를 제시하여 실현 가능성에 의심을 주는 것.

## 함정 1: 뜬구름 잡는 계획

- 증상: '열심히', '적극적으로', '최선을 다해'와 같은 추상적인 표현으로 가득 찬, 구체적인 액션 플랜이 없는 계획입니다.
- Bad Case: 귀교에 입학해서 열심히 공부하고, 동아리 활동도 열심히 하겠습니다. 수과학 수업에 적극적으로 참여하고 친구들과도 잘 지내겠습니다.
- 문제점: '열심히'라는 말은 세상에서 가장 추상적인 단어입니다. 입학사정관은 여러분의 다짐이 아니라, 학교의 프로그램을 얼마나 깊이 이해하고 그것을 '어떻게' 활용할지에 대한 구체적인 계획을 보고 싶어 합니다.

## 함정 2: 학교와 상관없는 계획

- 증상: 지원하는 학교의 특색 프로그램이나 자원을 전혀 언급하지 않고, 일반적인 활동 계획만 나열하는 경우입니다.
- Bad Case: 저는 발명가가 되는 것이 꿈이라, 고등학교에 가서 발명 관련 동아리에 가입하고, 관련 책을 많이 읽으며 아이디어를 구체화할 것입니다.
- 문제점: 이 계획은 어느 학교에나 제출할 수 있는 '범용 계획'입니다. "왜 우리 학교여야만 하는가?"라는 질문에 전혀 답하지 못합니다. 학교에 대한 깊은 이해와 애정이 보이지 않아, 지원 동기의 진정성마저 의심받게 됩니다.

## 함정 3: 욕심만 보이는 포부

- 증상: "최고의 CEO가 되어 부와 명예를 얻고 싶습니다"와 같이, 개인적인 성공에만 초점을 맞추어 공동체에 대한 기여나 사회적 가치가 전혀 보이지 않는 경우입니다.
- Bad Case: 저는 고등학교 졸업 후 명문대 기계공학과에 진학하여, 대한민국 최고의 로봇 공학자가 되어 부와 명예를 얻고 싶습니다.
- 문제점: 고등학교는 함께 성장하는 공동체입니다. 자신의 능력을 개인의 성공만을 위해 사용하려는 학생보다, 그 능력으로 우리 사회에 어떤 긍정적인 영향을 미칠지 고민하는 학생에게 더 큰 매력을 느끼는 것은 당연합니다.

이제 이 치명적인 함정들을 모두 확인했습니다. 그렇다면 이 함정들을 피하고, 합격하는 '성장 로드맵'의 재료는 어디서 찾아야 할까요? 다음 활동을 통해 함께 알아보겠습니다.

### 3) [Activity] 글감 발굴하기: 당신만의 '성장 로드맵'을 그려라

이제 함정들을 피하고, 합격하는 진로계획을 그리는 구체적인 방법을 알아볼 시간입니다. 이 활동은 단순히 질문에 답하는 것이 아니라, 합격하는 글의 전략을 먼저 학습하고, 그것을 바로 여러분의 이야기에 적용하는 과정입니다. 그럼, 최고의 성장 로드맵을 그리기 위한 핵심 전략부터 함께 배워볼까요?

**[전략 학습] 합격하는 로드맵을 그리는 법 ('입학 후'와 '졸업 후' 성장 로드맵 그리기)**

진로계획의 핵심은 입학 후의 구체적인 실행 계획과, 졸업 후의 장기적인 비전을 하나의 성장 스토리로 연결하는 것입니다. 지금부터 그 두 가지 로드맵을 그리는 구체적인 전략을 순서대로 알아보겠습니다.

[Part 1] 고교 입학 후 활동 계획: '전략적 시간표'를 그려라

단순히 하고 싶은 일을 나열하는 것이 아니라, 여러분의 '꿈과 끼'와 연결된 능력과 자질을 향상시키고자 하는 계획을 보여 주어야 합니다.

● **[전략 1] 지원동기는 '방향성', 활동 계획은 '구체성'으로 승부하라**

　○ 지원동기와 활동 계획은 내용이 중복될 수 있습니다. 하지만 역할이 다릅니다. 지원동기에서 "귀교의 ○○○ 프로그램에 매력을 느껴 지원했습니다"라고 방향성을 제시했다면, 활동 계획에서는 "1학년 때 ○○○ 프로그램에 참여하여, ~을 주제로 탐구하고, ~ 역량을 길러, 최종적으로 ~ 결과물을 만들겠습니다"라고 구체적인 실행 계획을 보여 주어야 합니다.

● **[전략 2] 당신의 진로에 대한 '전문성'을 보여 주라**

　○ 합격하는 학생들은 자신의 희망 진로에 대해 깊이 있게 고민합니다. 아래 3단계 과정을 통해

여러분의 계획을 구체화하세요.

**1단계 (직무 파악):** 내가 희망하는 직업이 구체적으로 어떤 일을 하는지, 그 일을 수행하기 위해 어떤 능력과 자질이 필요한지 파악합니다.

**2단계 (역량 연결):** 그 능력과 자질을 향상시키기 위해, 지원하는 고등학교의 어떤 프로그램(수업, 동아리, R&E 등)을 활용할 수 있는지 연결합니다.

**3단계 (심화 계획):** 학교 프로그램 외에, 자신의 관심 분야를 더 깊이 파고들기 위한 개인적인 노력(심층적 독서, 관련 분야 전문가 인터뷰 등)을 계획합니다.

### ● [전략 3] '꿈과 끼'를 중심으로 모든 활동을 꿰어라

○ 단순 나열식 서술은 절대 지양해야 합니다. "1학년 때는 A 동아리, 2학년 때는 B 활동…"이 아니라, "나의 ○○○이라는 꿈을 이루기 위해, 1학년 때는 A 동아리에서 기초를 다지고, 2학년 때는 그 경험을 바탕으로 B 활동에 도전하여 역량을 심화시키겠습니다"와 같이 모든 계획이 '꿈'이라는 하나의 축을 중심으로 일관되게 서술되어야 합니다.

[Part 2] 고교 졸업 후 진로계획: '궁극적 비전'을 제시하라

많은 학생들이 어떻게 써야 할지 막막해합니다. 아래의 원칙들을 기억하세요.

### ● [원칙 1] '전공'에 집중하라

○ 고교 3년간의 활동이 '어떤 학문(전공)'으로 이어질 것인지 그 논리적 연결성을 보여 주는 것입니다.

### ● [원칙 2] '과업(Mission)'을 통해 구체화하라

○ "구체적으로 기술하라"는 말은, 직업에 이르는 전 과정을 서술하라는 뜻이 아닙니다. 그 직업을 통해 궁극적으로 하고 싶은 '과업(미션)'이 무엇인지 고민해서 서술하라는 의미입니다. 직업은 그 과업을 이루기 위한 '수단'에 불과합니다.

### ● [원칙 3] '공동체적 가치'로 포부를 완성하라

○ 미래 포부는 개인적인 성공이나 부를 넘어, 자신의 역량을 통해 우리 사회나 공동체에 어떻게 기여하고 싶은지 그 가치를 보여 줄 때 가장 빛납니다. 단, "의사가 되어 아프리카에서 의료 봉사를 하고 싶습니다"와 같은 상투적인 포부는 진정성을 의심받을 수 있으니 주의해야 합니다. 자신의 경험과 연결된, 구체적이고 진솔한 기여 방안을 고민하세요.

## [바로 적용] 당신의 로드맵을 직접 그려 보세요

앞서 배운 전략들을 바탕으로, 아래 질문에 답하며 여러분만의 성장 로드맵 재료를 찾아보세요.

## [Part 1] 고교 입학 후 활동 계획 (나의 성장 로드맵)

**Q1. (학업 계획) 당신의 꿈과 관련하여, 어떤 과목을 어떻게 더 깊이 있게 공부하고 싶은가?**

● 이렇게 생각해 보세요: 단순히 '수학을 열심히 하겠다'가 아니라, 어떤 단원에 특히 집중하고 싶은지, 그 지식을 어떻게 확장하고 싶은지 구체적으로 고민해 보세요.

● 예시: "저는 인공지능 개발자라는 꿈을 위해, 정규 수학·정보 교과 외에도 심화 과정으로 개설되는 '선형대수학' 과목을 이수하여 머신러닝의 수학적 원리를 깊이 있게 탐구하고 싶습니다."

**Q2. (교내 활동 계획) 학교의 어떤 특색 프로그램이나 동아리를 '전략적으로' 활용할 것인가?**

● 이렇게 생각해 보세요: 학교에 대한 깊은 이해를 보여 줄 가장 좋은 기회입니다. 특정 동아리나 프로그램의 이름, 그리고 그 활동을 통해 무엇을 얻고 싶은지 명확히 밝히세요.

● 예시: "귀교의 자랑인 'IT 소셜벤처' 동아리에 가입하여, 제가 가진 코딩 능력을 활용해 지역 사회의 문제를 해결하는 앱을 개발하는 프로젝트에 참여하고 싶습니다."

**Q3. (개인적 성장 계획) 학교 활동 외에, 어떤 노력을 통해 자신을 더 성장시킬 것인가?**

● 이렇게 생각해 보세요: 여러분의 자기주도성을 보여 줄 수 있는 부분입니다. 진로 관련 독서 계획, 사회 이슈 탐구, 전문가 인터뷰 등 자신만의 노력을 어필해 보세요.

● 예시: "로봇 윤리에 대한 사회적 논의에 뒤처지지 않기 위해, 매달 관련 분야의 신간을 한 권씩 읽고 제 생각을 블로그에 정리하며 저만의 관점을 키워 나가겠습니다."

## [Part 2] 고교 졸업 후 진로계획 (나의 최종 비전)

Q4. (전공 연결) 고교 3년의 활동이 목표하는 대학 학과에 어떻게 연결되는가?

- **이렇게 생각해 보세요**: 고등학교 3년의 활동이 어떤 경험과 역량으로 쌓여, 목표하는 대학 학과에 진학하는 데 결정적인 밑거름이 될 것인지 그 연결 고리를 설명해야 합니다.
- **예시**: "교내 '모의재판' 동아리에서 법조인의 역할과 사회적 책임을 체험한 경험은, 대학에서 법학을 전공하며 사회적 약자를 위한 법 제도를 연구하고자 하는 저의 꿈을 더욱 확고하게 만들어 줄 것입니다."

Q5. (궁극적 과업) 당신의 직업을 통해, 최종적으로 이루고 싶은 '과업(미션)'은 무엇인가?

- **이렇게 생각해 보세요**: '훌륭한 의사'가 아니라, '어떤' 의사가 되고 싶은지 고민해 보세요. 여러분의 직업을 통해 사회에 어떤 긍정적인 영향을 미치고 싶은지 보여 주는 것이 핵심입니다.
- **예시**: "단순히 돈을 버는 공학자가 아니라, 거동이 불편한 어르신들과 장애인들의 평범한 일상을 되찾아 주는 '따뜻한 기술'을 개발하는 로봇 공학자가 되고 싶습니다."

이제 여러분의 손에는 진로계획을 위한 구체적인 재료들이 모였습니다. 다음 단계에서는 이 재료들을 가지고, 실제 합격생들은 어떻게 설득력 있는 글로 완성했는지 함께 살펴보겠습니다.

## 4) [실제 사례 분석] '희망 사항'과 '실행 계획'의 결정적 차이

진로계획의 성패는 '얼마나 거창한가'가 아니라 '얼마나 구체적이고 진정성 있는가'에 달려 있습니다. 이제 구체적인 사례를 통해, 무엇이 신뢰를 주는 '성장 로드맵'을 만드는지 분석해 보겠습니다.

### [사례 1: 고교 활동 계획] '단순 나열' vs. '유기적 연결'

가장 흔한 실수는, 하고 싶은 활동을 의미 없이 나열하는 것입니다. 합격하는 진로계획은 각 활동들이 '왜' 필요하고, '어떻게' 다음 단계의 성장으로 이어지는지를 유기적으로 연결합니다.

● **Bad Case** — **(정보 나열형)**

저는 국제고에 입학해서 제2외국어 실력을 키우고, 모의유엔 동아리에 들어가고, 국제 정치 관련 독서를 많이 할 것입니다. 졸업 후에는 정치외교학과에 진학하여 외교관이 되는 것이 꿈입니다.

● **Good Case** — **(유기적 연결형)**

(1학년: 기초 다지기) 1학년 때는 '국제 정치' 과목을 수강하며 국제 관계의 기초 이론을 다지고, 시사 토론 동아리에서 논리적으로 주장하고 경청하는 자세를 훈련하겠습니다. (2학년: 역량 심화) 2학년 때는 1학년 때 기른 역량을 바탕으로 '모의유엔(MUN)' 동아리의 일원으로 활동하며, '환경 난민' 이슈에 대한 국제적 해결 방안을 제시하는 역할을 맡고 싶습니다. (3학년: 비전 구체화) 3학년 때는 이 경험을 종합하여, '환경 문제 해결을 위한 국제 협력 방안'으로 심화 탐구 보고서를 작성하며 비전을 구체화하겠습니다.

● **전략 분석**

Bad Case는 단순히 '하고 싶은 일(Wish List)'을 나열했을 뿐, 각 활동 사이의 연결 고리가 없습니다. 반면 Good Case는 '기초 이론(1학년) → 실전 적용(2학년) → 심화 탐구(3학년)'라는 명확한 성장 서사를 보여 줍니다. 각 활동이 다음 활동의 디딤돌이 되는 유기적 연결성을 통해, 지원자가 매우 계획적이고 체계적인 학생이라는 인상을 강력하게 심어 주고 있습니다.

### [사례 2: 졸업 후 계획] '막연한 포부' vs. '구체적 과업(미션)'

'훌륭한 ○○○이 되겠다'는 말은 아무런 울림을 주지 못합니다. 중요한 것은 직업이라는 '수단'을 통해, 궁극적으로 이루고 싶은 '과업(미션)'을 보여 주는 것입니다.



● **Bad Case** — **(막연한 포부)**

저는 고등학교 졸업 후 명문대 기계공학과에 진학하여, 대한민국 최고의 로봇 공학자가 되어 부와 명예를 얻고 싶습니다.

● **Good Case — (구체적 과업 제시)**

고교 3년간 교내 R&E 프로그램에서 '재활 치료를 돕는 웨어러블 로봇의 동작 알고리즘'에 대해 탐구한 경험은, 대학에서 재활의공학을 전공하는 데 결정적인 밑거름이 될 것입니다. 최종적으로 저는 단순히 돈을 버는 공학자가 아니라, 거동이 불편한 어르신들과 장애인들의 평범한 일상을 되찾아 주는 '따뜻한 기술'을 개발하는 로봇 공학자가 되어, 저의 지식으로 사회의 그늘진 곳을 밝히는 데 기여하고 싶습니다.

● **전략 분석**

Bad Case는 지극히 개인적인 욕심에 머물러 있어, 지원자의 인성과 가치관을 의심하게 만듭니다. 반면 Good Case는 '재활의공학'이라는 구체적인 전공과 '따뜻한 기술 개발'이라는 명확한 과업(미션), 그리고 '사회적 약자 지원'이라는 공동체적 가치를 완벽하게 연결합니다. 이를 통해 지원자는 단순히 똑똑한 학생을 넘어, 자신의 비전을 실현하기 위해 끊임없이 성장할, 따뜻한 마음을 가진 인재임을 증명합니다.

## 5) [자가 진단] 내 글로 적용하기: 진로계획 최종 점검 체크리스트

이제 앞서 분석한 좋은 사례들의 원리를, 여러분의 글에 직접 적용해 볼 차례입니다. 아래 체크리스트는 여러분의 진로계획이 단순한 '희망 사항'을 넘어, 구체성과 논리를 갖춘 설득력 있는 '실행 계획'으로 나아가고 있는지 점검하는 데 도움을 줄 것입니다.

### 진로계획 자가 진단 체크리스트

**Q1. 입학 후 학업 계획이 구체적인가?**

● 이렇게 생각해 보세요: '열심히 공부하겠다'는 말 대신, 자신의 진로와 관련하여 어떤 과목을, 어떻게 더 깊이 있게 공부하고 싶은지 보여 주어야 합니다.

● 예시: "저는 인공지능 개발자라는 꿈을 위해, 정규 수학·정보 교과 외에도 심화 과정으로 개설되는 '선형대수학' 과목을 이수하여 머신러닝의 수학적 원리를 깊이 있게 탐구하고 싶습니다."

Q2. 학교의 특색 프로그램이나 동아리를 정확히 이해하고 활용하고 있는가?

● 이렇게 생각해 보세요: 학교에 대한 깊은 이해를 보여 줄 가장 좋은 기회입니다. 1부에서 조사했던 내용을 바탕으로, 특정 동아리나 프로그램의 이름, 그리고 그 활동을 통해 무엇을 얻고 싶은지 명확히 밝히세요.

● 예시: "귀교의 자랑인 'IT 소셜벤처' 동아리에 가입하여, 제가 가진 코딩 능력을 활용해 지역 사회의 문제를 해결하는 앱을 개발하는 프로젝트에 참여하고 싶습니다."


Q3. 학년별 계획에 '성장'의 흐름이 보이는가?

● 이렇게 생각해 보세요: 1학년, 2학년, 3학년의 계획이 각각 따로 노는 것이 아니라, '기초 다지기 → 심화 발전 → 종합 응용'과 같이 점진적으로 성장하는 모습을 보여 주는 것이 좋습니다.

● 예시: "1학년 때는 교내 발명 동아리에서 아이디어를 구체화하는 법을 배우고, 2학년 때는 이 경험을 바탕으로 특허청에서 주관하는 '청소년 발명 페스티벌'에 저만의 아이디어를 출품하는 것을 목표로 하겠습니다."


Q4. 고교 졸업 후의 계획이 고교 생활 계획과 자연스럽게 연결되는가?

● 이렇게 생각해 보세요: 고등학교 3년의 활동이 어떤 경험과 역량으로 쌓여, 목표하는 학과에 진학하는 데 결정적인 밑거름이 될 것인지 그 연결 고리를 설명해야 합니다.

● 예시: "교내 '모의재판' 동아리에서 법조인의 역할과 사회적 책임을 체험한 경험은, 대학에서 법학을 전공하며 사회적 약자를 위한 법 제도를 연구하고자 하는 저의 꿈을 더욱 확고하게 만들어 줄 것입니다."


## 6) [최종 점검] 비전과 과업으로 계획에 깊이를 더하라

자가 진단을 마쳤다면, 이제 여러분의 진로계획을 누구도 흉내 낼 수 없는 '나만의 비전'으로 완성할 시간입니다. 여러분의 계획이 단순한 스케줄을 넘어, 진정한 '비전'으로 보이는지 마지막으로 점검하겠습니다.

**[Check 1] '진로 역량'을 통해 비전의 깊이를 증명했는가?**

'진로 역량'이란, 자신의 희망 진로에 대해 얼마나 깊이 있게 이해하고 준비하고 있는지를 의미합니다. 이 역량이 탄탄할 때, 여러분의 비전은 단순한 꿈이 아닌 실현 가능한 목표가 됩니다. 진로 역량을 키우는 최고의 방법은 다음과 같습니다.

- **희망 직업에 대한 충분한 정보 탐색**: 책, 인터넷 기사, 관련 분야의 영화나 다큐멘터리 등을 통해 희망 직업의 명과 암, 현재의 이슈, 그리고 미래의 전망까지 폭넓게 탐색해야 합니다. 이는 여러분이 해당 분야에 대해 진지하게 고민하고 있음을 보여 주는 가장 확실한 증거입니다.
- **독서는 최고의 진로 지침서**: 여러분의 진로와 관련된 책을 꾸준히 읽는 것은, 단순히 지식을 쌓는 것을 넘어 여러분의 '관점'을 만들어 줍니다. 예를 들어, 의사를 꿈꾼다면 질병에 대한 의학 서적뿐만 아니라, 의사의 윤리에 대한 책, 의료 시스템의 문제점을 다룬 책 등을 함께 읽으며 자신만의 '의사상'을 정립해 나갈 수 있습니다.

**[Check 2] '과업(미션)'을 통해 비전의 방향성을 제시했는가?**

입학사정관은 '어떤 직업'을 가질 것인지보다, 그 직업을 통해 '무엇을 하고 싶은지'를 더 궁금해합니다. 여러분의 직업을 사회적 기여와 연결되는 '과업(미션)'으로 정의할 때, 글의 격이 달라집니다.

- **본인이 닮고 싶은 롤 모델 선정 & 비판적 지지**: 자신의 진로 분야에서 존경하는 롤 모델을 찾아보는 것은 좋은 방법입니다. 단, 무조건적으로 찬양하는 '비판 없는 지지'가 아니라, 그들의 업적과 철학을 분석하고 자신만의 관점으로 계승·발전시키려는 '비판적 지지'의 자세를 보여 주는 것이 중요합니다.
  - 예시: "저는 스티브 잡스의 혁신 정신을 존경하지만, 한편으로는 그의 폐쇄적인 기술 생태계가 가진 문제점도 인식하고 있습니다. 저는 그의 장점을 계승하되, 누구나 기술의 혜택을 누릴 수 있는 '오픈소스' 기반의 혁신을 이끄는 개발자가 되고 싶습니다."
- **희망 진로 분야의 사회적 이슈 탐색**: 자신의 진로를 사회적 문제와 연결하여 고민하는 모습은 여러분을 한 단계 성숙한 인재로 보이게 합니다. 변호사를 꿈꾼다면 '청소년 노동 인권 문제'를, 건축가를 꿈꾼다면 '젠트리피케이션 문제'를 탐색하고, 자신의 역량으로 이 문제 해결에 어떻게

기여하고 싶은지 구체적인 '과업'을 제시해 보세요.

이제, 우리는 '지원동기'와 '진로계획'이라는 두 개의 퍼즐 조각을 각각 날카롭게 다듬는 법을 모두 익혔습니다.
다음 단계에서는, 이 두 개의 퍼즐 조각을 하나로 완벽하게 맞춰, 누구도 반박할 수 없는 강력한 '나만의 합격 스토리'를 완성하는 최종 전략을 공개하겠습니다. 준비되셨나요?

## 3. [최종 전략] 두 퍼즐을 하나로: '논리의 황금 사슬'을 연결하라

이제 각각의 퍼즐 조각, 즉 '지원동기'와 '진로계획'을 완벽하게 다듬었습니다. 지금부터가 진짜 실력의 차이를 만드는 단계입니다. 합격하는 자기소개서와 평범한 자기소개서를 가르는 결정적인 차이는, 이 두 개의 퍼즐 조각이 얼마나 '하나의 이야기처럼' 단단하게 연결되어 있느냐에 달려 있기 때문입니다.
지금부터 그 흩어져 있는 두 이야기를 하나로 묶어 주는 비법, 바로 '논리의 황금 사슬(The Golden Chain of Logic)'을 소개합니다. 합격하는 자기소개서는 아래 4개의 고리가 마치 하나의 사슬처럼 빈틈없이 연결되어 있습니다.

### 논리의 황금 사슬

1) 나의 구체적인 꿈/관심사 (지원동기의 시작)

2) 그 꿈을 이루는 데 필수적인 학교의 특정 프로그램 (지원동기의 핵심)

3) 입학 후, 그 프로그램을 활용한 구체적인 활동 계획 (진로계획의 시작)

4) 졸업 후, 그 경험을 바탕으로 이룰 최종 비전 (진로계획의 완성)

이 4단계의 논리적 흐름이 완성될 때, 여러분과 학교의 만남은 단순한 우연이 아닌, 서로의 성장을 위한 '필연'임이 완벽하게 증명됩니다.

## 1) [실제 사례 심층 분석] '단절된 나열'을 '하나의 이야기'로

'황금 사슬'이 어떻게 평범한 글을 강력한 스토리로 바꾸는지, 실제 사례를 통해 확인해 보겠습니다. 여기서는 가장 대표적인 '자연 계열'과 '인문 계열'을 먼저 살펴본 후, 많은 학생들이 목표로 하는 '의학 계열'과 '경영·경제 계열', 그리고 미래 인재의 핵심 역량인 '융합 계열'의 사례를 심층적으로 분석하겠습니다.

### [대표 계열] 자연 계열 — 데이터 과학자

● Bad Case — (사슬이 끊긴 경우)

(지원동기) 귀교는 IT 특성화 교육으로 유명합니다. 최고의 환경에서 공부해 프로그래머가 되고 싶어 지원했습니다. (진로계획) 입학 후에는 정보 과목을 열심히 공부하고, 코딩 동아리 활동을 하겠습니다. 졸업 후에는 훌륭한 프로그래머가 되겠습니다.

● Good Case — (황금 사슬로 연결된 경우)

저는 빅데이터를 활용해 사회 문제를 해결하는 데이터 과학자를 꿈꾸지만, (1. 꿈) 혼자서는 깊이 있는 통계 원리를 학습하는 데 한계를 느꼈습니다. 귀교의 '통계 기반 데이터 분석 R&E'는 (2. 학교 프로그램) 저의 이러한 갈증을 해결해 줄 유일한 곳입니다. 입학 후 이 프로그램에 참여하여, 공공 데이터를 활용한 '교통사고 위험 지역 예측 모델'을 직접 만들어 보고 싶습니다. (3. 활동 계획) 이 경험을 바탕으로 대학에서 통계학을 전공하고, 최종적으로는 질병 확산 패턴을 예측하여 인류의 건강에 기여하는 전문가로 성장하고 싶습니다. (4. 최종 비전)

● 전략 분석

Bad Case는 각 문장이 서로 연결되지 않고 흩어져 있습니다. 반면 Good Case는 '데이터 과학자라는 꿈(1)'이 '학교의 R&E 프로그램(2)'을 만나, '교통사고 예측 모델 제작(3)'으로 이어지고, 최종적으로 '질병 예측 전문가(4)'로 완성되는 완벽한 논리의 흐름을 보여 줍니다.

**[대표 계열] 인문 계열 — 공익 변호사**

**● Bad Case — (사슬이 끊긴 경우)**

(지원동기) 저는 정의로운 사회를 만드는 법조인이 되고 싶습니다. 귀교의 유서 깊은 토론 동아리에서 논리력을 키우고 싶습니다. (진로계획) 동아리 활동을 열심히 해서 토론 실력을 키우고, 법대에 진학하겠습니다. 졸업 후에는 어려운 사람을 돕는 변호사가 되겠습니다.

**● Good Case — (황금 사슬로 연결된 경우)**

아르바이트를 하는 친구들이 부당한 대우를 받아도 법을 잘 몰라 제대로 대응하지 못하는 모습을 보며, 청소년 노동 인권을 전문으로 다루는 변호사가 되어야겠다고 다짐했습니다. (1. 꿈) 이를 위해 법적 논리뿐만 아니라 실제 재판 과정을 익히는 것이 중요하다고 생각했고, 귀교의 '학생 자치 법정' 프로그램이 실질적인 경험을 제공해 줄 것이라 확신했습니다. (2. 학교 프로그램) 입학 후 '자치 법정'의 변호인단으로 활동하며, 실제 청소년 노동 관련 판례를 분석하고 모의 변론을 진행해 보고 싶습니다. (3. 활동 계획) 이 경험을 통해 다져진 실무 역량은 대학에서 법학을 전공하는 데 도움이 될 것입니다. 최종적으로는 '청소년 노동 인권 지원 센터'를 설립하여 법의 보호를 받지 못하는 청소년들의 든든한 버팀목이 되어 주고 싶습니다. (4. 최종 비전)

**● 전략 분석**

Bad Case는 '변호사'와 '토론'이라는 막연한 키워드만 나열합니다. 반면 Good Case는 '청소년 노동 인권'이라는 구체적인 꿈(1)에서 시작하여, 그것을 실현할 수 있는 '학생 자치 법정'이라는 최적의 무대(2)를 찾고, 그곳에서 '모의 변론'이라는 구체적인 활동(3)을 펼친 뒤, '지원 센터 설립'이라는 사회적 기여(4)로 마무리합니다. 모든 이야기가 하나의 목표를 향해 달려가고 있습니다.

**[심화/전문 계열] 의학 계열 — 연구 의사**

**● Bad Case — (사슬이 끊긴 경우)**

(지원동기) 저는 어릴 때부터 아픈 사람을 돕는 의사가 되는 것이 꿈이었습니다. 과학고의 심화된 생명과학 교육을 통해 그 꿈을 이루고 싶습니다. (진로계획) 입학 후 생명과학 과목을 열심히 공부하고, 졸업 후에는 의대에 진학하여 훌륭한 의사가 되겠습니다.

● **Good Case** — (황금 사슬로 연결된 경우)

할아버지께서 알츠하이머를 앓으시는 모습을 곁에서 지켜보며, 단순히 환자를 치료하는 임상 의사를 넘어 퇴행성 뇌 질환의 근본적인 원인을 밝히는 연구 의사가 되어야겠다고 다짐했습니다. (1. 꿈) 이를 위해서는 고등학교 과정부터 깊이 있는 뇌과학 탐구가 필수적이라고 생각했고, 귀교에서만 유일하게 진행되는 '신경과학 R&E 프로그램'이 저의 꿈을 향한 최고의 발판이 되리라 확신했습니다. (2. 학교 프로그램) 입학 후 이 프로그램에 참여하여, '초파리 모델을 이용한 기억 형성 메커니즘'에 대해 탐구하며 뇌의 작동 원리를 깊이 있게 배우고 싶습니다. (3. 활동 계획) 이 경험은 대학에서 뇌과학을 전공하고, 궁극적으로는 알츠하이머병의 새로운 치료법을 개발하여 환자들과 그 가족들에게 희망을 주는 의사가 되는 데 (4. 최종 비전) 결정적인 밑거름이 될 것입니다.

● **전략 분석**

Bad Case의 '훌륭한 의사'는 너무나 막연합니다. 반면 Good Case는 '알츠하이머'라는 개인적인 경험에서 출발하여 '연구 의사'라는 구체적인 꿈(1)을 설정합니다. 그리고 그 꿈을 이루기 위한 최적의 방법으로 학교의 '신경과학 R&E'(2)를 정확히 지목하고, '초파리 모델 탐구'라는 구체적인 연구 계획(3)을 제시합니다. 최종적으로는 '새로운 치료법 개발'이라는 사회적 기여(4)로 마무리하며, 지원자가 얼마나 깊이 있게 자신의 진로를 고민했는지 완벽하게 증명합니다.

**[심화/전문 계열] 경영·경제 계열 — 사회적 기업가**

● **Bad Case** — (사슬이 끊긴 경우)

(지원동기) 저는 사람들을 이끄는 CEO가 되고 싶습니다. 귀교의 창업 동아리가 유명하다고 들었습니다. (진로계획) 창업 동아리에서 활동하며 리더십을 키우고, 대학에서 경영학을 전공하여 성공한 사업가가 되겠습니다.

● **Good Case** — (황금 사슬로 연결된 경우)

저는 동네 빵집들이 대기업 프랜차이즈에 밀려 사라지는 것을 보며, '어떻게 하면 우리 동네 가게들이 살아남을 수 있을까?'를 고민하게 되었습니다. 그래서 지역 소상공인들을 위한 '공동 브랜드'를 기획하고 마케팅을 돕는 사회적 기업가가 되고 싶습니다. (1. 꿈) 이를 위해 실제 창업 과정을 경험하는 것이 중요하다고 생각했고, 귀교의 '학생 주도 창업 인큐베이팅 프로그램'에서 그 답을 찾았습니다. (2. 학교 프로그램) 입학 후 이 프로그램에 참여하여, '우리 지역 농산물을 활용한 밀키트' 아이템으로 실제 사업 계획서를 작성하고, 교내 축제에서 시제품을 판매하며 실전 경험을 쌓고 싶습니다. (3. 활동 계획) 이 경험은 대학에서 사회혁신경영을 전공하는 데 큰 자산이 될 것입니다. 최종적으로는 지역 경제를 활성화시키고 특색 있는 골목 상권을 만드는 전문가가 되어, 대기업과 작은 가게가 상생하는 건강한 사회를 만드는 데 기여하고 싶습니다. (4. 최종 비전)

## ● 전략 분석

Bad Case의 'CEO'는 추상적인 욕망에 불과합니다. 하지만 Good Case는 '동네 빵집'이라는 구체적인 문제의식에서 시작하여 '사회적 기업가'라는 뚜렷한 꿈(1)을 설정합니다. 그리고 그 꿈을 실현할 수 있는 '창업 인큐베이팅 프로그램'(2)을 활용해 '밀키트 판매'라는 구체적인 실행 계획(3)을 세웁니다. 최종적으로 '지역 경제 활성화'라는 공동체적 가치 실현(4)으로 마무리하며, 지원자가 돈을 버는 사업가를 넘어, 사회 문제에 깊이 공감하고 해결하려는 따뜻한 비전을 가진 인재임을 보여 줍니다.

## [미래/융합 계열] 융합 계열 — 도시 공간 기획자

### ● Bad Case — (사슬이 끊긴 경우)

(지원동기) 저는 그림 그리기를 좋아하고, 건축에 관심이 많습니다. 귀교의 미술 심화 프로그램이 마음에 들어 지원했습니다. (진로계획) 미술 수업을 열심히 듣고 건축 동아리 활동도 하겠습니다. 멋진 건축가가 되고 싶습니다.

### ● Good Case — (황금 사슬로 연결된 경우)

저는 낡고 버려진 공간이 사람들의 아이디어로 활기찬 장소로 바뀌는 '도시재생'에 깊은 매력을 느낍니다. 그래서 사람들을 연결하는 커뮤니티 공간을 만드는 기획자가 되고 싶습니다. (1. 꿈) 이를 위해서는 디자인 감각과 인문학적 통찰력이 모두 필요하다고 생각했고, 귀교의 '디자인-인문학 융합 프로젝트 수업'이 제게 최고의 배움터가 될 것이라 생각했습니다. (2. 학교 프로그램) 입학 후 이 수업에 참여하여, 우리 지역의 낙후된 골목길을 공공미술과 편의시설로 되살리는 '골목길 재생 프로젝트'를 기획하고 결과물을 포트폴리오로 제작하고 싶습니다. (3. 활동 계획) 이 경험은 대학에서 도시공학을 전공하며 저만의 기획 철학을 다지는 데 큰 자산이 될 것입니다. 최종적으로는 지역의 역사와 문화를 살리면서 모든 세대가 함께 어울릴 수 있는 공공 공간을 만드는 전문가가 되고 싶습니다. (4. 최종 비전)

● **전략 분석**

Bad Case는 단순히 '좋아하는 것'을 나열했을 뿐입니다. 하지만 Good Case는 '도시재생'이라는 뚜렷한 관심사(1)를 '융합 프로젝트 수업'이라는 학교의 강점(2)과 연결하고, '골목길 재생'이라는 구체적인 실행 계획(3)을 거쳐 '모든 세대가 어울리는 공간'이라는 사회적 가치(4)로 확장시킵니다. 이를 통해 지원자는 단순한 그림쟁이가 아닌, 뚜렷한 비전을 가진 '기획자'로 보이게 됩니다.

## 2) [핵심 정리] 모든 합격 사례를 관통하는 단 하나의 공통점

어떤가요? 데이터 과학자부터 사회적 기업가까지, 분야는 모두 달랐지만 합격하는 이야기에는 하나의 강력한 공통점이 있다는 것을 발견하셨나요?

그것은 바로, 단순히 좋은 말들을 나열한 것이 아니라, '왜 이 꿈을 꾸게 되었고(Why), 그래서 왜 이 학교여야만 하며(What), 입학 후 어떻게 성장하여(How), 최종적으로 무엇을 이룰 것인지(Vision)'가 한 치의 빈틈도 없이 논리적인 인과관계로 연결되어 있다는 점입니다. 흩어져 있던 점들이 모여 하나의 별자리가 되듯, 각각의 이야기가 모여 '나'라는 단 하나의 빛나는 스토리를 완성하는 것이죠.

여기서 가장 중요한 사실은, 직업의 이름이 여러분의 합격을 결정하지 않는다는 것입니다. 입학사정관은 '연구 의사'라는 거창한 꿈보다, '제과제빵사'라는 꿈을 위해 학교의 조리 동아리와 지역 베이커리 연계 프로그램을 어떻게 활용할지 구체적으로 고민한 학생에게 더 큰 매력을 느낍니다. 중요한 것은 꿈의 크기가 아니라, 꿈을 향한 여러분의 고민의 깊이와 계획의 구체성입니다.

이제 여러분의 차례입니다. 앞서 '지원동기'와 '진로계획'의 각 파트를 채우며 구상했던 여러분만의 아이디어를 다시 한번 꺼내 보세요. 방금 살펴본 5가지 사례를 거울삼아, 여러분의 4가지 고리가 단단하고 자연스럽게 연결되어 있는지 최종적으로 점검하고 다듬어 보세요.

이 강력한 논리의 사슬이 완성되었다면, 여러분은 자기소개서의 가장 중요한 논리적 기둥을 세운 것입니다.

# 활동지 (자기주도학습과정 — 지원동기/진로계획)

| 중학교 | | 이름 | |
|---|---|---|---|

## 1. 진로설정 글감 찾기

• 자신의 미래진로는?　　• 해당 진로를 선택한 계기는?　　• 직업선택에서 가장 중요하게 생각하는 것은?

• 진로를 위해 지금까지 해 온 것은?　　• 나의 장점과 특기는?　　• 나의 적성과 흥미는?

## 2. 지원동기 글감 찾기

• 지원고교의 교육목표, 인재상, 건학이념은?　　• 지원고교에 관심 갖게 된 계기는?

• 지원고교의 특징과 장점은?　　• 본인의 진로에 지원고교의 교육 시스템이 어떤 도움을 줄 수 있나?

• 지원을 결정한 것은 언제이며, 계기는?　　• 일반고가 아닌 지원고교를 선택한 이유는?

## 3. 입학 후 활동 계획, 졸업 후 진로계획 글감 찾기

• 진로에 필요한 능력이나 소양은?　　• 어떤 활동으로 그 능력과 소양을 키워 갈 건가?

• 국영수 등 교과목 학습계획은?　　• 동아리 활동이나 봉사 등 비교과 활동계획은?

• 희망대학, 전공학과를 선택한 이유는?　　• 본인의 진로와 관련된 사회적 이슈는?

• 자신의 진로에서 롤모델과 그 이유는?　　• 진로성취 이후의 목표는?　　• 사회공헌 계획이 있다면?

- 개요표는 개조식으로 간단하게, 초안은 문장 형태로 작성

| | | |
|---|---|---|
| 지원동기<br>개요표 | | |
| | | |
| | | |
| 입학 후<br>활동계획<br>개요표 | | |
| | | |
| | | |
| 졸업 후<br>진로계획<br>개요표 | | |
| | | |
| | | |
| 지원동기<br>진로계획<br>초안 작성 | * 학교특성(외고국제고), 건학이념(자사고)과 연계해 지원학교에 관심을 갖게 된 동기, 고등학교 입학 후 자기주도적으로 본인의 꿈과 끼를 살리기 위한 활동계획과 고등학교 졸업 후 진로계획에 관하여 구체적으로 기술하시오. (500자 이내) | |
| | | |

## 당신만의 '황금 사슬'을 완성했는가?

이제 여러분은 '왜 이 학교여야만 하는가'라는 입학사정관의 가장 날카로운 질문에 답할 수 있는 강력한 논리를 갖추게 되었습니다.

'지원동기'와 '진로계획'이라는 두 개의 퍼즐 조각을 맞춰, 마침내 여러분의 자기소개서에는 '나의 과거(꿈) → 학교의 현재(프로그램) → 나의 미래(활동 계획) → 나의 궁극적 비전'으로 이어지는, 단단하고 빛나는 '논리의 황금 사슬'이 완성되었습니다.

이것으로 여러분과 학교의 만남은 더 이상 우연이 아닌, 서로의 성장을 위한 '필연'임이 완벽하게 증명되었습니다. 4장에서 증명한 여러분의 뛰어난 학업 역량(지성)에, 이제 뚜렷한 비전(방향성)까지 더해진 셈입니다.

하지만 입학사정관은 마지막으로 한 가지를 더 확인하고 싶어 합니다.

"그래서, 이 똑똑하고 비전 있는 학생이 과연 우리 공동체에 긍정적인 에너지를 더해 줄 '좋은 사람' 인가?"

바로 이 마지막 질문에 답하는 것이, 여러분의 따뜻한 마음을 보여 줄 6장 '인성 영역'입니다. 이제 여러분의 이야기에 마지막 온기를 더하러 함께 가 봅시다.

**6장**

# 인성 영역
— 경험으로 '나'라는 사람을 증명하라

4장과 5장을 통해 여러분은 자신의 뛰어난 '꿈과 끼'를 성공적으로 증명했습니다. 이제 자기소개서라는 큰 그림의 마지막 퍼즐 조각을 맞출 시간입니다.

학교는 단순히 공부만 잘하는 학생을 뽑는 곳이 아닙니다. 다양한 개성을 가진 친구, 선후배, 선생님들과 함께 어우러져 살아가는 하나의 '작은 사회'입니다.

입학사정관은 이 마지막 질문을 통해, "이 학생이 과연 우리 학교라는 공동체에 긍정적인 영향을 주는 구성원이 될 수 있는가?"를 확인하고 싶어 합니다. 6장 '인성 영역'은 바로 이 질문에 답하는, 여러분의 따뜻한 마음과 사회성을 보여 주는 파트입니다.

이번 장에서는 여러분의 사소한 경험 속에 숨겨진 '함께'의 가치를 발견하고, 그것을 통해 '나'라는 사람이 어떤 사람인지를 진솔하게 증명하는 모든 방법을 함께 익혀 보겠습니다.

## 1. [문항 분석] 인성 영역의 본질: '착함'이 아닌 '공동체 역량'이다

먼저 우리가 공략해야 할 문항의 요구사항부터 명확히 파악해야 합니다. 출제자의 정확한 의도를 꿰뚫어 보는 것이 모든 전략의 시작이니까요.

● **질문의 핵심**

  ○ 본인의 인성(배려, 나눔, 협력, 타인 존중, 규칙 준수 등)을 나타낼 수 있는 개인적 경험 및 이를 통해 배우고 느낀 점을 구체적으로 기술하십시오.

  ○ 여기서 핵심 키워드는 '개인적 경험'과 '배우고 느낀 점'입니다. 즉, 단순히 "저는 배려심이 깊

습니다"라고 주장하는 것이 아니라, 그것을 증명할 수 있는 구체적인 사건과 그 사건을 통해 내가 어떻게 성장했는지를 보여 달라는 명확한 요구입니다.

● **글자 수에 따른 전략**

인성 영역의 글자 수는 학교마다 조금씩 다릅니다. 글자 수에 따라 글감의 개수와 서술의 깊이를 조절하는 전략이 필요합니다.

○ 300자 내외: 하나의 경험(글감)을 선택하여 깊이 있게 서술하는 것이 효과적입니다. 짧은 글자 수에 여러 이야기를 담으려다가는 이도 저도 아닌 수박 겉핥기식 글이 될 위험이 큽니다. 하나의 사건을 선택해, 그 안에서의 나의 행동과 생각을 집중적으로 보여 주는 것이 좋습니다.

○ 400자 이상: 두 가지 선택이 가능합니다. 첫째, 300자 전략처럼 하나의 경험을 더욱 풍부하고 상세하게 묘사하는 방법. 둘째, 서로 다른 인성 역량을 보여 줄 수 있는 두 가지 경험을 간결하게 제시하는 방법입니다. 예를 들어, 첫 번째 경험으로는 '협력'과 '갈등 관리'를, 두 번째 경험으로는 '배려'와 '나눔'을 보여 주는 식이죠. 단, 두 이야기가 유기적으로 연결되거나 명확히 다른 측면을 보여 주지 못하면 오히려 산만해 보일 수 있으니 신중하게 선택해야 합니다.

## 2. [Activity] 경험 속에서 진심 찾기: 나만의 인성 스토리 발굴하기

'인성 영역'의 글감을 찾으라고 하면, 많은 학생들이 한숨부터 쉽니다. "저는 학생회장도 아니었고, 봉사활동을 한 적도 없는데… 쓸 이야기가 없어요."

거창한 활동 이력이 있어야만 쓸 수 있는 걸까요? 전혀 그렇지 않습니다. 입학사정관이 보고 싶어 하는 것은 화려한 스펙이 아니라, 여러분이 친구들과 함께 웃고, 때로는 다투고, 서로를 도우며 성장했던 진솔한 순간들 속에 숨겨진 여러분의 진짜 모습입니다.

지금부터 여러분의 3년이라는 보물창고를 열어, 반짝이는 진심의 순간들을 함께 찾아보겠습니다. 아래 질문들에 편안한 마음으로 답하며, 잊고 있던 기억들을 하나씩 꺼내 보세요.

# 나만의 인성 스토리 발굴 지도

## 1) 함께 목표를 이뤄냈던 순간 (협력과 갈등 관리)

- 조별 과제나 동아리 활동 중, 의견이 맞지 않아 분위기가 서먹해졌던 순간은 없었나요? 그 갈등을 해결하기 위해 나는 어떤 노력을 했나요?
- 모두가 꺼리는 역할(자료 취합, 궂은일 등)을 내가 먼저 하겠다고 나섰던 경험이 있나요? 왜 그런 결정을 했나요?
- 계획대로 일이 진행되지 않아 팀 전체가 위기에 빠졌을 때, 문제를 해결하기 위해 어떤 아이디어를 내거나 행동에 옮겼나요?

## 2) 마음을 나누었던 따뜻한 순간 (배려와 나눔)

- 교실이나 복도에서 유독 힘들어 보이거나 외로워 보이는 친구에게, 먼저 다가가 말을 걸거나 작은 도움(간식을 건네거나, 숙제를 챙겨 주는 등)을 주었던 경험이 있나요?
- 내가 잘하는 과목이나 활동을 친구가 어려워할 때, 그 친구의 눈높이에 맞춰 나만의 방법으로 차근차근 설명해 주었던 경험은 없었나요?
- 누가 시키지 않았지만, '이건 내가 해야겠다'고 생각해서 조용히 실천했던 작은 행동(예: 교실에 떨어진 쓰레기 줍기, 다음 사람을 위해 화장실 휴지 정리하기 등)이 있나요?

## 3) 묵묵히 내 역할을 다했던 순간 (리더십과 책임감)

- 꼭 반장이나 회장이 아니었더라도, 우리 반이나 동아리의 공동 목표(축제 준비, 대회 참가 등)를 위해 궂은일을 맡아 묵묵히 해냈던 경험이 있나요?
- 내가 맡은 역할이나 약속을 지키기 위해, 개인적인 손해나 불편함을 감수했던 경험이 있나요?
- 나의 실수로 팀이나 친구에게 피해를 주었을 때, 그것을 어떻게 솔직하게 인정하고 책임지려 노력했나요?

## 4) 원칙을 지켰던 순간 (타인 존중과 규칙 준수)

- 나와 생각이 완전히 다른 친구의 주장을, 중간에 끊지 않고 끝까지 경청하고 그 의견의 좋은 점

을 찾아 주려 노력했던 경험이 있나요?

- 모두가 '이 정도는 괜찮다'고 넘어가는 분위기 속에서, 공동의 원칙이나 약속을 지키기 위해 용기를 냈던 경험이 있나요?

- 선생님이나 어른들이 보지 않는 상황에서도, 나의 양심에 따라 정직하게 행동했던 순간이 있나요?

## [Tip] 최고의 재료 고르기

어떤가요? 여러분의 학교생활 곳곳에 이미 수많은 이야기가 숨어 있었죠?

이제 이 중에서 가장 기억에 남고, 나의 생각이나 행동에 가장 큰 '변화'를 가져온 한두 가지의 핵심 에피소드를 골라 보세요. 그 소중한 글감들을 가지고, 어떻게 하면 진부하거나 뻔한 이야기가 아닌, 진심을 담은 글로 완성할 수 있는지 알아보겠습니다. 그러기 위해서는 먼저, 우리가 빠지기 쉬운 '함정'들부터 확인해 봐야겠죠?


## 3. [최악의 실수] 인성 영역의 3가지 함정

좋은 글을 쓰기 전에, 나쁜 글을 알아보는 눈을 기르는 것이 더 중요합니다. 많은 학생들이 "나는 착하고 성실한 사람이다"라고 어필하고 싶은 마음에, 자신도 모르게 아래와 같은 치명적인 함정에 빠지곤 합니다. 이 3가지 함정만 피해도 여러분의 글은 상위 30% 안으로 들어갈 수 있습니다.

### 1) 과장형(Exaggeration Type) — 뻥튀기형

- 증상: 교내 청소나 간단한 캠페인 활동처럼 평범한 경험을 너무 거창하게 포장하여 진정성을 잃는 경우입니다.

- 예시: "교내 환경 정화 봉사 활동을 통해 쾌적한 환경의 중요성을 깨닫고, 인류애를 느끼게 되었습니다."

- 문제점: 입학사정관은 이런 상투적이고 과장된 표현에 절대 감동하지 않습니다. 오히려 '이 학

생은 자신의 경험에 대해 깊이 고민해 보지 않았구나'라고 생각하게 만듭니다. 작은 경험에서는
작은 깨달음을 얻는 것이 훨씬 더 진솔합니다.

## 2) 자아도취형(Narcissism Type) — 나만 잘난형

● 증상: 타인의 부족함과 문제점을 부각시켜 자신의 뛰어남을 증명하려는 경우입니다.
● 예시: "조별 과제에서 다른 친구들이 게으름을 피울 때, 제가 탁월한 리더십을 발휘하여 밤을 새
워 사료를 만들고 발표를 이끌어 문제를 해결했습니다."
● 문제점: 리더십을 보여 주려다, 오히려 타인을 존중하지 않고 독선적이며 험담하는 사람이라는
최악의 인상을 남길 수 있습니다. 진정한 리더는 문제 상황 속에서 '나의 노력'과 '성장'에 집중하
지, 남을 탓하지 않습니다.

## 3) 깜깜이형 (Vagueness Type) — 뜬구름형

● 증상: '많은 것을 느꼈다', '중요성을 깨달았다'고 말하지만, 구체적으로 무엇을 배우고 어떻게 성
장했는지 전혀 보여 주지 못하는 경우입니다.
● 예시: "장애인 복지관 봉사활동을 통해 많은 것을 배우고 느꼈습니다. 앞으로 더불어 사는 삶을
실천해야겠다고 다짐했습니다."
● 문제점: 이 글에는 지원자만의 생각이나 변화가 전혀 담겨 있지 않습니다. 누구나 쓸 수 있는 공
허한 문장일 뿐입니다. 입학사정관이 정말 궁금한 것은 "그래서 '무엇'을 느꼈고, '어떻게' 실천할
것인가?"입니다.

이제 이 함정들을 피하고, 당신의 진심을 전달하는 진짜 방법을 알아볼 차례입니다. 다음 장에서
마음을 움직이는 인성 스토리를 완성하는 핵심 전략을 함께 익혀 보겠습니다.

그렇다면 어떻게 써야 할까요? 앞에서 살펴본 3가지 함정을 피하고, 당신의 진심을 전달하는 '2대 원칙'과, 그 원칙을 실제 글로 구현하는 '4단계 S.A.R.L. 공식'을 소개합니다. 이 두 가지만 기억하면, 여러분의 인성 스토리는 완전히 달라질 것입니다.

### [원칙 1] '나만의 에피소드'로 구체성과 진정성을 확보하라

입학사정관은 수백 명의 비슷한 '봉사활동 경험'을 읽습니다. 그중에서 당신의 글이 기억에 남으려면, 당신만이 겪었을 법한 생생한 이야기가 필요합니다.

● **지속성 어필**: 봉사의 핵심은 지속성과 진정성(자발성)입니다. "중1 때부터 3년 동안 꾸준히 ○○ 요양원 봉사활동에 참여하며…"와 같이 활동의 지속성을 보여 주거나, "선생님의 권유로 시작했지만, ○○○라는 사건을 겪으며 진정한 나눔의 의미를 깨닫게 되었습니다"와 같이 활동에 진심으로 임하게 된 '계기'를 보여 주는 것이 중요합니다.

● **결정적 장면에 집중**: 활동 전체를 시시콜콜하게 설명하는 대신, 가장 기억에 남는 단 하나의 장면에 집중하세요. "독거노인 도시락 배달 봉사를 했습니다"가 아니라, "무더운 여름, 한 할머니께서 제 손을 잡고 '학생 덕분에 오늘 처음 웃는다'고 말씀하셨을 때, 저는…"과 같이 나만이 겪었을 법한 구체적인 에피소드가 글의 생명력을 결정합니다.

● **역지사지의 자세**: 특히 장애인 등 사회적 약자와의 활동에서는, 그들을 단순히 보호나 연민의 대상으로 바라보는 시각을 경계해야 합니다. 그들의 입장에서 무엇이 필요한지 고민했던 '역지사지'의 경험이 드러날 때, 글의 깊이가 달라집니다.

### [원칙 2] '느낀 점'으로 당신의 성장을 증명하라

인성 영역에서 가장 중요한 것은 '무엇을 했는가(Activity)'가 아니라 '무엇을 배우고 느꼈는가(Learning)'입니다. 이 경험을 통해 나의 가치관이 어떻게 형성되었는지, 생각이 어떻게 '변화'했는지, 앞으로의 삶에서 어떤 행동의 '변화'를 이끌어 낼 것인지 구체적으로 서술해야 진짜 성장입니다.

## [4단계 S.A.R.L. 공식] 당신의 경험을 '성장 스토리'로 바꾸는 틀

위의 원칙들을 실제 글로 녹여 내는 가장 효과적인 구조가 바로 S.A.R.L. 공식입니다. 이 틀에 맞춰 당신의 경험을 정리해 보세요.

- S (Situation): 상황/문제 어떤 갈등이나 어려움, 혹은 의미 있는 상황이 있었는가? (구체적인 사건/상황 제시)
- A (Action): 나의 행동/역할 그 상황에서 나는 구체적으로 '무엇을', '어떻게' 했는가? (원칙 1의 '나만의 에피소드'가 들어갈 부분)
- R (Result): 결과/변화 나의 행동으로 인해 어떤 긍정적인 결과나 변화가 일어났는가? (상황의 변화, 관계의 변화 등)
- L (Learning): 배움과 성장 이 경험을 통해 공동체의 가치에 대해 무엇을 배우고 느꼈으며, 나는 어떻게 성장(변화)했는가? (원칙 2의 '느낀 점'이 들어갈 부분)

## [Tip] 왜 STAR가 아니라 S.A.R.L.인가요?

보통 면접 답변 공식으로 STAR(상황-과제-행동-결과) 기법을 많이 이야기합니다. 하지만 특목·자사고 입시에서는 단순한 결과(Result)보다 학생이 그 과정에서 무엇을 느끼고 성장했는지, 즉 배움(Learning)이 훨씬 중요합니다. 그래서 이 책에서는 여러분의 성장을 가장 잘 보여 줄 수 있도록 S.A.R.L.(Situation-Action-Result-Learning)이라는 최적화된 공식을 사용합니다. 이 논리는 뒤에 이어질 면접(8장)의 기본 뼈대가 되기도 합니다.

이제, 위에서 배운 원칙과 S.A.R.L. 공식이 실제 글에서 어떻게 구현되는지 확인해 보겠습니다. 아래의 Bad Case와 Good Case를 비교하며, 평범한 경험이 어떻게 마음을 움직이는 스토리로 재탄생하는지 살펴보세요.

### [사례 1: 협력 및 갈등 관리]

● **Bad Case ― (자아도취형 주장)**

저는 조별 과제에서 참여하지 않는 조원을 설득하여 과제를 성공적으로 이끌었습니다. 이를 통해 저의 뛰어난 리더십을 보여 주었습니다.

● **Good Case ― (S.A.R.L. 공식 적용)**

(S) 조별 과제에서 한 친구가 계속 의견을 내지 않아 발표 준비에 어려움을 겪었습니다. (A) 처음에는 답답한 마음에 그 친구를 탓하기도 했지만, 따로 다가가 대화해 보니 자료 조사는 잘하지만 발표에 자신이 없다는 사실을 알게 되었습니다. 그래서 제가 발표의 전체적인 흐름을 짜는 역할을 맡고, 그 친구가 핵심 근거 자료를 찾는 것으로 역할을 재분배하자고 제안했습니다. (R) 그 친구는 자신의 강점을 발휘해 누구보다 훌륭한 자료를 찾아왔고, 덕분에 저희 조는 성공적으로 발표를 마칠 수 있었습니다. (L) 이 경험을 통해 저는 진정한 협력은 단순히 일을 나누는 것이 아니라, 각자의 강점을 존중하고 약점을 보완해 줄 때 최고의 시너지를 낸다는 생각의 '변화'를 겪게 되었습니다.

### [사례 2: 배려 및 나눔]

● **Bad Case ― (결과만 나열)**

저는 수학을 어려워하는 짝꿍의 공부를 도와주었고, 그 결과 그 친구의 성적이 올랐습니다. 남을 돕는다는 것이 얼마나 뿌듯한 일인지 깨달았습니다.

● **Good Case — (진심을 담은 증명)**

(S) 수학에 유독 자신감이 없던 짝꿍이 어려운 문제를 만날 때마다 쉽게 포기하려는 상황이었습니다. (A) 무작정 공식을 알려 주기보다, 그 친구가 어떤 기본 개념부터 어려워하는지 함께 찾아보았습니다. 그리고 제가 도형을 그려 가며 개념을 이해했던 방식을 똑같이 그림으로 그려 설명해 주었습니다. 매일 점심시간 10분씩 꾸준히 질문에 답해 주며 짝꿍의 속도에 맞춰 함께 나아갔습니다. (R) 짝꿍은 점차 자신감을 회복했고, 나중에는 먼저 저에게 새로운 풀이법을 제안할 정도로 성장했습니다. (L) 누군가를 돕는다는 것은 나의 지식을 뽐내는 것이 아니라, 상대방의 눈높이에 맞춰 함께 걷는 과정이라는 것을 배웠습니다. 또한, 친구를 가르쳐 주며 오히려 저의 개념이 더 단단해지는 '함께 성장'의 기쁨을 깨닫게 되었습니다.

## [사례 3: 리더십 및 책임감]

● **Bad Case — (권위적인 리더)**

학급 회장으로서 축제가 끝난 뒤 교실 정리를 할 때, 집에 가려는 친구들을 제지하고 제가 맡은 구역을 지시하며 청소를 완벽하게 마무리했습니다. 저는 책임감이 강합니다.

● **Good Case — (솔선수범하는 리더)**

(S) 축제가 끝난 뒤, 모두가 지쳐 교실 뒷정리를 막막해하는 분위기였습니다. (A) 저는 먼저 빗자루를 들고 가장 지저분한 음식물 쓰레기 구역을 맡으며 친구들에게 말했습니다. "우리 딱 15분만 집중해서 끝내고 다 같이 가자! 역할 분담해서 하면 금방 할 수 있어." 그리고 청소 구역을 나누고, 제가 솔선수범하여 가장 힘든 일을 맡는 모습을 보여 주었습니다. (R) 저의 행동에 친구들이 하나둘 움직이기 시작했고, 결국 15분도 채 되지 않아 교실은 원래보다 더 깨끗해졌습니다. (L) 이 경험을 통해 진정한 리더십은 지시하고 군림하는 것이 아니라, 공동의 목표를 위해 가장 먼저 움직이고 궂은일을 마다하지 않는 '솔선수범'의 자세에서 나온다는 것을 가슴 깊이 배우게 되었습니다.

## [사례 4: 규칙 준수 및 정직]

● **Bad Case** — **(원칙만 내세우는 모습)**

시험 시간에 친구가 부정행위를 하는 것을 보았습니다. 저는 즉시 손을 들어 감독 선생님께 그 사실을 알렸습니다. 규칙은 반드시 지켜져야 한다고 생각합니다.

● **Good Case** — **(공동체를 생각하는 모습)**

(S) 중요한 시험 도중, 친한 친구가 불안한 표정으로 주위를 두리번거리는 모습을 보게 되었습니다. 우정이라는 마음과 규칙 준수라는 원칙 사이에서 잠시 갈등했습니다. (A) 저는 시험이 끝난 후, 그 친구에게 조용히 다가가 "오늘 시험 많이 어려웠지?"라며 먼저 마음을 열었습니다. 그리고 "혹시라도 좋지 않은 결과가 나올까 봐 걱정되지만, 실력으로 얻은 성적이 아니라면 결국 너에게 더 큰 상처가 될 거야. 다음 시험은 내가 같이 도와줄게"라며 진심으로 이야기했습니다. (R) 친구는 잠시 당황했지만, 이내 저의 진심을 알아주고 함께 공부하기로 약속했습니다. (L) 이 경험을 통해 저는 공동체의 규칙을 지킨다는 것은 단순히 잘못을 지적하는 것을 넘어, 친구가 올바른 길을 갈 수 있도록 돕고 함께 성장하는 환경을 만드는 더 큰 책임감이라는 것을 깨닫게 되었습니다.

## 6. [자가 진단] 내 글로 적용하기: 인성 스토리 최종 점검 체크리스트

이제 좋은 사례들의 원리를 여러분의 글에 직접 적용해 볼 차례입니다. 아래 7가지 질문은 여러분의 글쓰기 과정을 4단계로 나누어 체계적으로 점검할 수 있도록 설계되었습니다.

먼저, 수많은 경험 중에서 최고의 경험을 선택하고(1단계), 그 경험을 독자의 머릿속에 생생한 장면으로 묘사한 뒤(2단계), 그 안에서 나만의 의미를 발견하고 성장으로 확장하고(3단계), 마지막으로 빠지기 쉬운 함정은 없는지 최종 점검(4단계)하는 과정입니다. 이 질문들을 따라가다 보면, 여러분의 인성 스토리는 단순한 경험 나열을 넘어, 진정성 있는 '성장'을 담은 한 편의 글로 완성될 것입니다.

## Q1. 여러 경험 중, 어떤 경험이 '나'를 가장 많이 성장시켰는가?

- 이렇게 생각해 보세요: 단순히 착한 일을 한 경험이 아니라, 그 경험을 통해 나의 생각이나 가치관에 가장 큰 '변화'를 가져온 사건을 선택해야 합니다. 입학사정관은 '착한 일 리스트'가 아니라 '성장의 증거'를 보고 싶어 합니다.
- [Check!] 결과가 가장 좋았던 경험 vs. 나의 고민과 성찰이 가장 깊었던 경험 중, 후자를 선택하세요.

## Q2. 이 이야기는 '나'만이 할 수 있는 이야기인가?

- 이렇게 생각해 보세요: "반 친구들과 함께 교실 청소를 열심히 했다"는 이야기는 누구나 할 수 있습니다. 하지만 "모두가 꺼리던 창틀 먼지를 닦으며, 보이지 않는 곳까지 신경 쓰는 것이 공동체를 위한 진정한 배려임을 깨달았다"는 이야기는 '나'의 관점이 담긴 특별한 이야기가 됩니다.
- [Check!] 이야기 속에 나만의 시각이나 독특한 에피소드가 담겨 있는지 확인하세요.

## Q3. 당신의 이야기는 '설명'인가, '장면'인가?

- 이렇게 생각해 보세요: '나는 협력적인 사람이다'라고 설명하는 대신, 독자의 머릿속에 한 편의 짧은 영상처럼 그려지는 구체적인 '장면'을 보여 주어야 합니다.
- [Before] "저는 조별 과제에서 협력의 중요성을 발휘했습니다." (설명)
- [After] "의견 충돌로 모두가 침묵하던 순간, 저는 칠판 앞으로 나가 각자의 아이디어가 가진 장점들을 하나씩 적으며 대화를 다시 시작했습니다." (장면)

## Q4. 이야기의 주인공이 '우리'인가, '나'인가?

- 이렇게 생각해 보세요: 공동체 경험을 이야기할 때, 주어가 '우리'가 되는 경우가 많습니다. 하지만 입학사정관이 보고 싶은 것은 공동의 결과물이 아니라, 그 안에서 '나'의 구체적인 행동과 역

할입니다.

- [Before] "저희 조는 밤을 새워 가며 자료를 찾아 성공적으로 발표를 마쳤습니다." (우리)
- [After] "자료 조사가 지지부진하자, 저는 각자 가장 자신 있는 파트를 맡도록 역할을 재분배하고, 전체 진행 상황을 공유하는 타임라인을 만들어 제안했습니다." (나)

## Q5. 그래서, 당신은 '무엇이' 어떻게 '변화'했는가?

- 이렇게 생각해 보세요: 인성 영역의 핵심입니다. "뿌듯했다"에서 멈추면 안 됩니다. 그 경험 전과 후에 나의 생각이나 행동이 구체적으로 어떻게 '변화'했는지 보여 주어야 진짜 성장입니다.
- [Before] "봉사활동을 통해 나눔의 기쁨을 느꼈습니다." (막연한 느낌)
- [After] "봉사활동 이전의 저는 '돕는다'는 것을 일방적인 시혜라고 생각했습니다. 하지만 할머니의 주름진 손을 잡고 말벗이 되어 드리며, 나눔이란 서로의 온기를 교환하는 과정임을 깨달았고, 이후 친구의 고민을 들을 때도 해결책을 제시하기보다 먼저 공감하는 자세를 갖게 되었습니다." (구체적인 생각과 행동의 변화)

## Q6. 이 배움을 고등학교 생활에서 어떻게 실천할 것인가?

- 이렇게 생각해 보세요: 과거의 깨달음이 미래의 행동으로 이어질 것임을 보여 주면, 여러분의 성장은 '일회성'이 아닌 '지속성'을 갖게 됩니다. 이는 입학사정관에게 강력한 신뢰를 줍니다.
- [Check!] "이 경험을 통해 배운 협력의 가치를 바탕으로, 귀교의 ○○○ 동아리에서 친구들과 함께 공동의 목표를 이루는 데 기여하고 싶습니다"와 같이 고등학교 생활과 자연스럽게 연결해 보세요.

## Q7. 혹시, 당신도 '3가지 함정'에 빠지지는 않았는가?

- 이렇게 생각해 보세요: 앞서 살펴본 '최악의 인성 스토리'를 거울삼아 자신의 글을 마지막으로 점검하세요.

- [최종 점검]
    ○ 혹시 평범한 경험을 너무 부풀려 이야기하지는 않았는가? (과장형 뻥튀기)
    ○ 나의 성장을 위해 다른 친구를 깎아내리지는 않았는가? (자아도취형 나만 잘난)
    ○ "많은 것을 느꼈다"처럼 애매하고 공허한 말로 마무리하지는 않았는가? (깜깜이형 뜬구름)


## 7. [최종 점검] 진정성을 완성하는 마지막 태도

글을 모두 완성했다면, 축하의 박수를 보내기 전에 마지막으로 딱 한 번만 더 돋보기를 들고 여러분의 글을 살펴봐야 합니다. 내용은 훌륭하지만, 자신도 모르게 글 전체에 부정적인 인상을 주는 '태도'가 은연중에 드러날 수 있기 때문입니다.

아래 3가지 태도가 혹시라도 내 글에 숨어 있지는 않은지 반드시 점검하세요. 이것은 글의 기술이 아닌, '나'라는 사람을 보여 주는 방식의 문제입니다.


### 1) 나는 영웅이 아니다: '완벽함'보다 '성장'을 보여 주라

- **위험 신호**: 글 속의 내가 마치 한 번의 실수나 고민도 없이 모든 갈등을 해결하고, 모든 사람을 돕는 완벽한 영웅처럼 묘사되고 있지는 않은가?
- **왜 문제일까요?**: 입학사정관은 중학생이 완벽하지 않다는 것을 너무나 잘 알고 있습니다. 모든 것을 완벽하게 해내는 모습은 오히려 '진정성'을 의심하게 만듭니다. 더 큰 문제는, 처음부터 완벽한 사람에게는 '성장'의 공간이 없다는 점입니다. 입학사정관은 완성된 영웅이 아니라, 자신의 부족함을 깨닫고 더 나은 사람으로 성장해 나가는 '미래의 인재'를 보고 싶어 합니다.
- **이렇게 바꿔보세요**
    ○ [Before] "저는 갈등이 생기자마자 즉시 친구들을 중재하여 문제를 완벽하게 해결했습니다."
    ○ [After] "처음에는 의견이 다른 친구가 답답하게 느껴지기도 했습니다. 하지만 잠시 고민한 끝에, 제 생각만 고집하기보다 먼저 그 친구의 이야기를 들어 주는 것이 맞다고 생각했습니다. 그 대화를 통해 제가 미처 생각하지 못했던 부분을 발견할 수 있었습니다."

- [전략] 자신의 솔직한 고민이나 미숙했던 첫 반응을 인정하고, 그것을 '극복'하며 성장하는 모습을 보여 줄 때, 여러분의 인성은 훨씬 더 입체적이고 진실되게 다가옵니다.

## 2) '배려심'이라는 단어를 쓰지 않고 배려심을 보여 주는 법

- 위험 신호: "저는 배려심이 깊습니다", "이 경험을 통해 책임감을 길렀습니다"와 같이, 자신이 보여 주고자 하는 인성 키워드를 직접적으로 서술하고 있지는 않은가?
- 왜 문제일까요?: 이것은 마치 영화의 주인공이 카메라를 보고 "저는 지금 슬픕니다"라고 말하는 것과 같습니다. 좋은 영화는 주인공의 눈물이나 표정을 통해 관객이 '슬픔'을 느끼게 만들죠. 마찬가지로, 좋은 자기소개서는 입학사정관이 여러분의 '행동'을 읽고, 스스로 "아, 이 학생은 정말 배려심이 깊구나"라고 결론 내리게 만들어야 합니다. 직접 단어를 언급하는 것은, 여러분의 행동이 그만큼 설득력 없다는 것을 스스로 인정하는 셈이 될 수 있습니다.
- 이렇게 바꿔보세요
  - [Before] "친구의 무거운 짐을 들어 주며 배려심을 실천했습니다."
  - [After] "계단을 오르며 유독 힘들어하는 친구의 모습을 보고, 말없이 다가가 가방의 절반을 제 어깨에 옮겨 메었습니다."
- [전략] 여러분의 행동이 형용사가 되고, 여러분의 이야기가 증거가 되게 하세요. 독자를 믿고, 판단은 그들의 몫으로 남겨 두는 것이 가장 세련된 전략입니다.

## 3) 악당은 필요 없다: 스포트라이트는 언제나 '나'에게

- 위험 신호: 조별 과제나 동아리 활동의 어려움을 설명하며, 특정 친구를 '무임승차자'나 '이기적인 사람'으로 묘사하고 있지는 않은가?
- 왜 문제일까요?: 다른 사람을 깎아내려 자신을 돋보이게 하려는 태도는, 지원자를 성숙하지 못하고 편협한 사람으로 보이게 만드는 최악의 실수입니다. 입학사정관은 '누가 잘못했는가'가 아니라, '어려운 상황 속에서 당신은 어떻게 건설적으로 행동했는가'를 보고 싶어 합니다.
- 이렇게 바꿔보세요

○ [Before] "한 친구가 아무것도 하지 않아서, 어쩔 수 없이 제가 그 친구 몫까지 다 해야 했습니다."

○ [After] "조원들의 참여도가 저조하여 프로젝트 진행에 어려움이 있었습니다. 저는 이 문제를 해결하기 위해, 각자가 가장 자신 있는 역할을 맡도록 역할을 재분배하고, 공동의 목표를 다시 한번 상기시키는 시간을 갖자고 제안했습니다."

● [전략] 이야기의 스포트라이트는 언제나 '상황'과, 그 상황을 해결하기 위한 '나의 긍정적인 노력'에 맞춰져야 합니다. 다른 친구는 이야기의 배경일 뿐, 절대 비난의 대상이 되어서는 안 됩니다.

# 활동지 (인성 영역)

| 중학교 | | 이름 | |
|---|---|---|---|

## 1. 인성 영역 사례 글감 찾기

- 활동참가기간은?
- 활동 중 어려웠던 점과 그 이유는?
- 이전에 비해 자신이 성장발전한 점은?

- 활동에 참가하게 된 계기나 상황은?
- 인상 깊었던 에피소드를 소개해 보라.
- 배우고 느낀 점을 실천하고 있는 사례는?

## 2. 인성 영역 사례 글감 찾기

- 활동참가기간은?
- 활동 중 어려웠던 점과 그 이유는?
- 이전에 비해 자신이 성장발전한 점은?

- 활동에 참가하게 된 계기나 상황은?
- 인상 깊었던 에피소드를 소개해 보라.
- 배우고 느낀 점을 실천하고 있는 사례는?

## 3. 인성 영역 개요표 및 초안 작성

- 개요표는 개조식으로 간단하게, 초안은 문장 형태로 작성

| 인성 1 개요표 | 활동의 동기와 목적 | |
| --- | --- | --- |
| | 구체적 활동 및 어려움 | |
| | 성장발전, 배운 점 | |

| 인성 2 개요표 | 활동의 동기와 목적 | |
| --- | --- | --- |
| | 구체적 활동 및 어려움 | |
| | 성장발전, 배운 점 | |

| 인성 영역 전체 초안 작성 | * 본인의 인성(배려, 나눔, 협력, 타인존중, 규칙준수 등)을 나타낼 수 있는 개인적 경험 및 이를 통해 배우고 느낀 점을 구체적으로 기술하시오. (400자 이내) |
| --- | --- |
| | |

## 당신만의 따뜻함을 증명했는가?

이제 여러분은 더 이상 "저는 착합니다"라고 막연하게 주장하는 학생이 아닙니다.

S.A.R.L. 공식이라는 강력한 무기와 7가지 자가 진단 질문이라는 날카로운 돋보기를 통해, 평범한 경험 속에서도 '나'라는 사람의 따뜻함과 공동체 의식을 설득력 있게 '증명'하는 방법을 완벽하게 익혔기 때문입니다.

이것으로 여러분의 자기소개서는 뛰어난 '지성(4장)'과 뚜렷한 '방향성(5장)'에 더해, 함께 성장할 줄 아는 '따뜻한 마음'까지 갖추게 되었습니다. 이제 여러분의 글에는 논리적인 머리뿐만 아니라, 따뜻한 심장도 함께 뛰게 되었습니다.

자기소개서의 '본문'을 구성하는 모든 핵심 파트가 마침내 완성된 것입니다.

정말 고생 많으셨습니다. 마침내 우리는 1부에서 완성한 설계도를 실제 글로 옮기는, 2부 '실전 작성 편'의 긴 여정을 성공적으로 완주했습니다.

잠시 우리가 함께 걸어온 길을 돌아볼까요?

- 4장 '자기주도학습'을 통해 여러분은 자신의 '성장 잠재력(지성)'을 설득력 있게 증명했습니다.
- 5장 '지원동기 및 진로계획'을 통해 여러분은 자신의 '명확한 비전(방향성)'을 논리적으로 제시했습니다.
- 그리고 마침내 6장 '인성 영역'을 통해, 여러분이 공동체 속에서 '함께 성장하는 사람(따뜻함)'임을 보여 주었습니다.

성장 잠재력(지성), 명확한 비전(방향성), 그리고 함께하는 인성(따뜻함). 이 세 가지가 바로 입학사정관이 수많은 자기소개서 속에서 그토록 찾고 싶어 하는 '미래의 인재'의 모습입니다.

이제 여러분의 자기소개서는 더 이상 경험의 단순한 나열이 아니라, "저는 귀교와 함께 성장할 준비가 된 인재입니다"라고 자신 있게 말하는 하나의 완성된 '증명서'가 되었습니다. 2부의 대장정을 성공적으로 마친 자신에게 큰 박수를 보내 주세요.

하지만 최고의 원석도 마지막으로 다듬어야 비로소 영롱하게 빛나는 법입니다. 여러분의 진심이 담긴 이 글을 더욱 완벽하게 만드는 마지막 여정이 남아 있습니다.

이제 합격률을 한 단계 더 끌어올릴 3부 '최종 점검 편'으로 함께 넘어가 보겠습니다.

# [Break Time 2] 입학사정관의 속마음: "제발 첫 문장에 명언 좀 쓰지 마세요"

2부에서 글을 쓰느라 하얗게 불태웠나요? 고생 많았습니다. 이제 퇴고와 면접으로 넘어가기 전, 입학사정관들이 자기소개서를 읽으며 가장 많이 하는 '한탄'을 살짝 공개합니다. 이 함정들만 피해도 여러분의 글은 상위 10% 안에 들 수 있습니다.

## 제발 이것만은 참아 주세요 (입학사정관을 지루하게 만드는 3가지)

### 1. '명언'으로 시작하는 유형: "천재는 1%의 영감과…"

● 속마음: "올해만 에디슨이 50명, 아인슈타인이 30명이네…"

● 누구나 아는 명언은 지루합니다. 명언을 인용하고 싶다면, 차라리 그 명언을 비틀거나, 나만의 경험에서 나온 깨달음을 첫 문장으로 쓰세요.

  ○ (Bad) "실패는 성공의 어머니입니다."

  ○ (Good) "저에게 실패는 어머니가 아니라, 끈질기게 따라붙는 과외 선생님이었습니다."

### 2. '사전적 정의'형: "배려란 남을 돕는 것입니다"

● 속마음: "사전은 저도 가지고 있습니다…"

● 추상적인 단어를 사전적 의미로 정의하지 마세요. '나만의 정의'가 필요합니다. 구체적인 경험이 담긴 정의일수록 매력적입니다.

  ○ (Bad) "리더십이란 구성원을 이끄는 것입니다."

  ○ (Good) "저에게 리더십은 맨 앞에서 깃발을 드는 것이 아니라, 맨 뒤에서 지친 친구의 가방을 들어 주는 것입니다."

### 3. '연대기'형: "저는 엄하신 아버지와 자애로우신 어머니 밑에서…"

● 속마음: "아직도 1980년대 자소서를 쓰는 학생이 있네."

● 가정환경이나 성장 배경은 묻지 않았습니다. (블라인드 평가 위반일 수도 있어요!) 바로 '사건'으로 들어가세요. 입학사정관은 여러분의 과거가 아니라, '중학교 3년 동안의 탐구와 활동'이 궁금합니다.

### 센스 있는 첫 문장, 이렇게 써 보세요

입학사정관의 눈을 번쩍 뜨이게 만드는 첫 문장은 '강렬한 장면'이나 '호기심을 자극하는 질문'에서 나옵니다.

● 장면 묘사형: "모두가 잠든 새벽 2시, 제 방의 불은 실험 실패의 원인을 찾느라 꺼지지 않았습니다."
● 질문형: "왜 교과서의 실험 결과는 항상 이론과 다를까요? 저는 그 '오차'가 궁금했습니다."
● 숫자 활용형: "3년간 150권의 책을 읽으며 제가 찾은 답은 하나였습니다."

# 최종 점검 편

**합격을 완성하는 최종 전략**

2부 '실전 작성 편'의 대장정을 마친 것을 진심으로 축하합니다. 이제 여러분의 손에는 진심과 논리가 담긴 자기소개서 초고, 즉 막 캐낸 거칠지만 귀한 '원석'이 들려 있을 겁니다. 하지만 아무리 값비싼 다이아몬드 원석이라도, 정교하게 깎고 다듬는 '세공(Cutting)' 과정을 거치지 않으면 그저 투박한 돌덩어리에 불과합니다.

3부는 바로 이 마지막 세공의 과정입니다. 2부에서 쏟아 낸 여러분의 열정이 입학사정관의 눈에 가장 영롱하게 빛나도록 글을 다듬고(7장), 글로는 다 보여 주지 못한 여러분의 잠재력을 면접(8장)을 통해 육성으로 증명하는 것. 이것이 바로 합격을 완성하는 최종 전략입니다.

자, 이제 여러분의 원석을 세상에서 가장 빛나는 '보석'으로 완성하러 가 봅시다.

# 퇴고와 점검
## — 빛나는 보석으로 다듬는 마지막 손길

## 1. [문항 분석] 퇴고의 본질: 초고는 결코 완성본이 아니다

많은 학생들이 초고를 완성하면 큰 산을 넘었다는 안도감에 "이제 다 끝났다!"라고 외치며 서둘러 제출 버튼을 누르고 싶어 합니다. 하지만 단언컨대, 세상에 단번에 쓰인 명문은 없습니다.

여러분이 지금 손에 쥐고 있는 초고는, 머릿속의 생각들을 종이 위로 끄집어낸 '재료의 나열'일 뿐입니다. 영화감독이 수백 시간의 촬영본을 편집실에서 몇 달간 자르고 붙여 한 편의 영화를 완성하듯, 훌륭한 자기소개서는 쓰는 시간보다 다듬는 시간에 더 많은 공을 들일 때 탄생합니다.

퇴고(Revision)는 단순히 오탈자를 잡거나 문법을 고치는 '교정' 작업이 아닙니다.

- 흩어져 있는 생각의 조각들을 논리적으로 '연결'하고
- 불필요한 군더더기를 덜어 내어 핵심 메시지를 '강조'하며
- 투박한 표현을 입학사정관의 언어로 '번역'하여, 글 전체의 설득력을 극한까지 끌어올리는 '전략적 재창조'의 과정입니다.

입학사정관은 수백, 수천 편의 자기소개서를 읽습니다. 그 속에서 눈에 띄는 글은 화려한 미사여구를 쓴 글이 아니라, 마지막 한 문장까지 정성을 다해 다듬어진 '밀도 높은 글'입니다. 지금부터 여러분의 '원석'을 그 누구보다 빛나는 '보석'으로 만드는 구체적인 세공 기술을 함께 익혀 보겠습니다.

"퇴고하세요"라고 하면 대부분의 학생들은 빨간 펜을 들고 오탈자를 찾기 시작합니다. 하지만 그것은 퇴고의 극히 일부일 뿐입니다. 여러분의 글을 망치는 진짜 함정은 따로 있습니다.

### 1) '나무'만 보고 '숲'을 보지 못하는 함정 (교정 집착형)

- **증상**: 글의 전체적인 흐름이나 논리적 연결은 보지 않고, 오직 맞춤법, 띄어쓰기, 단어 선택 같은 '지엽적인 부분'에만 집착합니다.
- **왜 최악인가?** 문법이 아무리 완벽해도, 문맥이 어색하거나 핵심 메시지가 전달되지 않는 글은 매력이 없습니다. 집의 기둥이 기울어져 있는데 벽지 색깔만 고민하는 것과 같습니다. 퇴고는 반드시 '숲(구조) → 나무(문단) → 잎사귀(단어)' 순서로 진행해야 합니다.

### 2) 남의 목소리를 흉내 내는 함정 (합격 자소서 모방형)

- **증상**: 불안한 마음에 인터넷에 떠도는 '합격 자소서'나 '명문장'을 무작정 따라 하려 합니다. 자신의 투박하지만 진솔한 표현을 지우고, 어른스러운 척하는 문장으로 바꿉니다.
- **왜 최악인가?** 입학사정관은 수천 장의 자소서를 읽습니다. 어디선가 본 듯한 상투적인 문장은 3초 만에 간파당합니다. 서툴더라도 여러분의 나이대에 맞는 솔직한 목소리가 담긴 글이 훨씬 더 강력한 울림을 줍니다. '세련된 가짜'보다 '투박한 진짜'가 이깁니다.

### 3) 덜어 내지 못하고 '더하기'만 하는 함정 (미련형)

- **증상**: 글자 수가 남거나 아쉬운 마음에 자꾸만 수식어를 붙이고 내용을 추가합니다. "정말", "매우", "열심히" 같은 부사를 남발하여 문장이 길고 지루해집니다.
- **왜 최악인가?** 좋은 글은 더 이상 더할 것이 없을 때가 아니라, 더 이상 뺄 것이 없을 때 완성됩니다. 불필요한 수식어는 글의 힘을 뺍니다. 과감하게 삭제하고, 문장을 짧게 끊어 칠 때 여러분의

주장은 더욱 명확하고 힘 있게 전달됩니다.

이 3가지 함정을 피했다면, 이제 본격적으로 글을 다듬을 준비가 되었습니다. 다음 절에서는 숲에서 잎사귀까지, 글을 체계적으로 점검하는 '3단계 퇴고 원칙'을 배워 보겠습니다.

## 3. [핵심 전략] 숲, 나무, 잎사귀를 보는 '3단계 퇴고 원칙'

훌륭한 퇴고는 무작정 처음부터 다시 읽으며 빨간 펜을 긋는 것이 아닙니다. 마치 건축가가 건물을 검사하듯, 가장 큰 구조부터 가장 작은 디테일 순서로 시야를 좁혀 가며 체계적으로 점검해야 합니다. 지금부터 합격하는 선배들이 무의식적으로 사용하는 '숲, 나무, 잎사귀' 3단계 퇴고 원칙을 소개합니다. 이 순서만 지켜도 여러분 글의 완성도는 극적으로 달라질 것입니다.

### 1단계 (숲 보기): 글 전체의 구조와 논리 점검하기

가장 먼저 할 일은, 글자 하나하나에 얽매이지 않고 한 걸음 뒤로 물러나 글 전체의 '숲'을 조망하는 것입니다. 이 글이 우리가 2부에서 설계한 대로 튼튼한 구조를 갖추고 있는지 확인하는 단계입니다.

● **[Check Point 1] 핵심 구조가 선명하게 드러나는가?**
  ○ 자기주도학습(4장): '계기-과정(심화)-결과-성장'으로 이어지는 '7단계 진화 공식'의 흐름이 끊기지 않고 자연스러운가?
  ○ 지원동기/진로계획(5장): '꿈→학교→활동→비전'으로 이어지는 '논리의 황금 사슬'이 단단하게 연결되어 있는가?
  ○ 인성(6장): '상황-행동-결과-배움'의 S.A.R.L. 공식에 따라 이야기가 기승전결을 갖추고 있는가?

● **[Check Point 2] '나'의 모습이 일관되게 그려지는가?**
  ○ 1부에서 설정했던 나의 '핵심 컨셉'(예: '호기심 많은 탐구자', '따뜻한 리더')이 글 전체에 일관

되게 녹아 있는가?

○ 자기주도학습에서는 '독창적인 탐구자'였는데, 인성 영역에서는 '수동적인 팔로워'로 그려지지는 않았는가? 각 항목의 이야기가 따로 놀지 않고, '나'라는 하나의 인물을 향해 모이고 있는지 확인해야 합니다.

## 2단계 (나무 보기): 문단과 문장의 흐름 점검하기

숲의 전체적인 모양이 잡혔다면, 이제 숲을 구성하는 '나무' 하나하나, 즉 각 문단과 문장이 건강하고 자연스럽게 연결되어 있는지 살펴볼 차례입니다.

● **[Check Point 1] 각 문단이 명확한 역할을 하는가?**

○ 두괄식 배치: 모든 문단의 첫 문장은 그 문단 전체의 핵심 내용을 담고 있는가? 입학사정관은 첫 문장만 읽고도 글의 요지를 파악하고 싶어 합니다.

○ 하나의 문단, 하나의 주제: 혹시 하나의 문단에 너무 많은 이야기를 담으려다 초점이 흐려지지는 않았는가? 문단이 너무 길다면, 내용에 따라 과감하게 나누는 것이 좋습니다.

● **[Check Point 2] 문장의 연결이 매끄러운가?**

○ 접속사 다이어트: '그러나', '그리고', '그래서'와 같은 접속사를 너무 남발하고 있지는 않은가? 좋은 문장은 접속사 없이도 논리의 흐름만으로 자연스럽게 이어집니다. 불필요한 접속사는 과감히 삭제하세요.

○ 문장 쪼개기: 호흡이 너무 길고 복잡해서 한 번에 읽기 어려운 문장은 없는가? 길다면, 두세 개의 짧은 문장으로 나누어 보세요. 훨씬 힘 있고 명확해집니다.

## 3단계 (잎사귀 보기): 단어와 표현, 오탈자 점검하기

마지막 단계는 현미경을 들여다보듯, 글을 이루는 가장 작은 단위인 '잎사귀'들을 하나씩 점검하는 최종 세공 과정입니다.

● **[Check Point 1] 더 매력적이고 구체적인 단어는 없는가?**

　○ "열심히 했습니다", "노력했습니다", "좋았습니다"와 같이 막연하고 상투적인 단어를 더 구체적인 표현으로 바꿀 수는 없을까?

　　■ *(예: '열심히 했다' → '온전히 몰입했다', '끈질기게 파고들었다')*

　　■ *(예: '많은 것을 배웠다' → 'ㅇㅇㅇ의 원리를 명확히 깨달았다')*

　○ 어려운 한자어나 어른 흉내를 낸 표현보다는, 중학생다운 진솔하고 쉬운 언어가 가장 좋습니다.

● **[Check Point 2] 기본적인 실수는 없는가?**

　○ 맞춤법, 띄어쓰기, 문장 부호 등 기본적인 오류는 글 전체의 신뢰도를 떨어뜨리는 치명적인 적입니다. 맞춤법 검사기를 활용하고, 소리 내어 읽으며 마지막 점 하나까지 꼼꼼하게 확인해야 합니다.

이제 무엇을 점검해야 하는지, 그 순서까지 완벽하게 알게 되었습니다. 다음 절에서는 이 3단계 퇴고를 '어떻게' 더 효율적으로 할 수 있는지, 전문가들이 사용하는 구체적인 기술들을 함께 익혀 보겠습니다.

## 4. [실전 도구] 퇴고의 효율을 높이는 4가지 기술

'숲, 나무, 잎사귀'를 봐야 한다는 원칙은 알았지만, 막상 내 글을 다시 읽으면 무엇이 문제인지 잘 보이지 않는 경우가 많습니다. 내 머릿속에는 이미 그 내용이 들어 있기 때문에, 눈은 글자를 건너뛰고 뇌가 멋대로 내용을 채워 버리기 때문입니다.

지금부터는 여러분의 뇌를 속여서, 익숙한 내 글을 '남이 쓴 글처럼 낯설게' 바라보게 만드는 4가지 강력한 기술을 소개합니다.

### 기술 1: '귀'로 퇴고하기 — 소리 내어 읽기 (Read Aloud)

가장 간단하면서도, 가장 강력한 기술입니다. 눈은 실수를 놓치지만, 입과 귀는 거짓말을 하지 않습니다.

- 왜 효과적인가? 문장을 소리 내어 읽다가 숨이 차거나, 혀가 꼬이거나, 어색해서 멈칫하는 부분이 있다면, 그곳이 바로 '고쳐야 할 곳'입니다. 문법이 틀렸거나 문장이 너무 길다는 신호입니다.
- 실전 Tip: 방문을 닫고, 면접관 앞에서 발표하듯 또박또박 소리 내어 읽어 보세요.
    - "이 문장은 왜 이렇게 숨이 차지?" → 문장을 두 개로 나누세요.
    - "이 부분은 읽다 보니 무슨 말인지 모르겠네?" → 단어를 더 쉬운 것으로 바꾸세요.

### 기술 2: '손'으로 퇴고하기 — 종이에 출력해서 읽기 (Print Out)

모니터 화면으로 볼 때와 종이로 볼 때, 우리 뇌는 다르게 작동합니다. 화면 속의 글은 '정보'로 인식되어 훑어보게 되지만, 종이 위의 글은 '텍스트'로 인식되어 꼼꼼하게 읽게 됩니다.

- 왜 효과적인가? 화면에서는 절대 보이지 않던 오타, 띄어쓰기 오류, 어색한 문단 배치가 종이로 뽑아서 빨간 펜을 드는 순간 마법처럼 눈에 들어옵니다.
- 실전 Tip: 반드시 종이로 출력하세요. 그리고 컴퓨터가 아닌 다른 장소(거실 식탁, 카페 등)로 이동해서 빨간 펜으로 사정없이 그으며 읽으세요. 낯선 환경이 여러분의 비판적 사고를 깨워 줄 것입니다.

### 기술 3: '시간'을 두고 퇴고하기 — 묵혀 두기 (Cooling Down)

글을 막 완성했을 때, 우리는 자신의 글과 사랑에 빠져 있습니다. 성취감 때문에 객관적인 판단이 불가능한 상태죠. 이때는 아무리 고치려 해도 고칠 점이 보이지 않습니다.

● **왜 효과적인가?** 최소한 하룻밤, 가능하다면 2~3일 정도 글을 서랍 속에 넣어 두고 쳐다보지도 마세요. 그동안 게임을 하거나 운동을 하며 글 내용을 머릿속에서 지우세요. 시간이 지나고 '차가워진 머리'로 다시 글을 보면, 전에는 보이지 않던 논리적 비약과 유치한 표현들이 선명하게 보일 것입니다.

### 기술 4: '타인'의 눈 빌리기 — 피드백 요청하기 (Asking for Feedback)

내 글의 문제점을 가장 정확하게 찾는 방법은, 나보다 글을 잘 보는 사람에게 보여 주는 것입니다. 부모님, 학교 선생님, 혹은 신뢰할 수 있는 선배에게 피드백을 요청하세요.

● **어떻게 부탁해야 할까?** 단순히 "제 글 어때요?"라고 묻지 마세요. 그러면 "잘 썼네"라는 모호한 칭찬만 돌아옵니다. 구체적인 '미션'을 주어야 합니다.
  ○ "혹시 읽다가 이해가 안 되거나 지루한 부분이 있었나요?"
  ○ "이 글을 읽고 제가 어떤 사람처럼 느껴지나요? (제가 의도한 컨셉과 맞나요?)"
  ○ "가장 어색한 문장 하나만 꼽아 주실 수 있나요?"

이 4가지 도구를 활용하여 글을 다듬었다면, 여러분의 자소서는 이제 거의 완성 단계에 도달했습니다. 하지만 방심은 금물입니다.

다음 절에서는, 이 모든 과정을 마친 뒤 실제 '비포 & 애프터' 사례를 통해 퇴고가 글을 얼마나 극적으로 변화시키는지 확인해 보겠습니다.

## 5. [실제 사례 분석] BEFORE vs. AFTER: 평범한 문장이 비범하게 바뀌는 마법

퇴고의 핵심은 '화려하게 꾸미는 것'이 아니라, '흐릿한 것을 선명하게 만드는 것'입니다.

많은 학생들이 "저는 열심히 노력했습니다"라고 주장하지만, 입학사정관은 그 '노력의 실체'를 보고 싶어 합니다. 4절에서 배운 기술들을 적용하여, 밋밋했던 글이 어떻게 생동감 넘치는 합격 자소서로 변하는지 3가지 대표 사례를 통해 확인해 봅시다.

## CASE 1: '추상적 나열'을 '구체적 증거'로 바꾸기

### ● BEFORE (무엇을 했는지 알 수 없는 글)

"수학 성적이 떨어져서 걱정이 많았습니다. 그래서 열심히 공부하기로 마음먹고 매일 꾸준히 문제집을 풀었습니다. 모르는 문제는 선생님께 여쭤보며 노력한 결과, 성적이 많이 올라서 정말 기뻤습니다."

### ● AFTER (나만의 방법과 치열함이 보이는 글)

"수학 성적 하락의 원인이 '개념 이해 부족'임을 깨달았습니다. 무작정 문제만 푸는 대신, 교과서의 증명 과정을 백지에 처음부터 끝까지 써 보는 '백지 복습법'을 시작했습니다. 막히는 부분은 노트에 질문을 적어 선생님과 토론하며 개념을 완전히 제 것으로 만들었습니다. 그 결과, 단순한 점수 향상을 넘어 어려운 응용문제도 두려움 없이 도전하는 자신감을 얻었습니다."

### ● 퇴고 포인트

　　○ 열심히 공부했다 → '백지 복습법'이라는 구체적 방법으로 변경.
　　○ 노력한 결과 → '선생님과 토론', '개념 체화'라는 구체적 행동으로 변경.
　　○ 성적이 올라 기뻤다 → '응용문제에 도전하는 자신감'이라는 구체적 성장으로 변경.

## CASE 2: '수동적 감상'을 '주도적 성찰'로 바꾸기

### ● BEFORE (누구나 할 수 있는 뻔한 감상)

"동아리에서 축제 부스를 운영했습니다. 친구들과 의견이 안 맞아서 힘들기도 했지만, 서로 양보하고 배려하며 잘 해결했습니다. 친구들과 함께해서 즐거웠고 보람찬 경험이었습니다."

### ● AFTER (리더십과 구체적 배움이 드러나는 글)

"축제 부스 운영 당시, '메뉴 선정'을 두고 조원 간 의견 대립이 있었습니다. 저는 무조건적인 양보보다는 '전교생 설문조사'를 제안하여 객관적인 선호도 데이터를 확보했습니다. 이를 근거로 조원들을 설득하여 모두가 납득하는 메뉴를 선정할 수 있었습니다. 이 과정을 통해, 진정한 협력이란 '감정적 배려'를 넘어 '합리적 대안'을 제시할 때 완성됨을 배웠습니다."

● **퇴고 포인트**

○ 의견이 안 맞았다 → '메뉴 선정 대립'이라는 구체적 상황 제시.

○ 서로 양보했다 → '설문조사 제안'과 '데이터 설득'이라는 주도적 해결책 제시.

○ 보람찼다 → '합리적 대안이 협력의 열쇠'라는 깊이 있는 깨달음으로 변경.

## CASE 3: '지루한 설명'을 '흡입력 있는 묘사'로 바꾸기

● **BEFORE (설명문 같은 건조한 글)**

"저는 평소에 환경 문제에 관심이 많았습니다. 그래서 관련된 책을 읽다가 플라스틱 쓰레기가 심각하다는 것을 알게 되었습니다. 이 문제를 해결하기 위해 동아리에서 캠페인을 했습니다."

● **AFTER (장면이 그려지는 생생한 글)**

"다큐멘터리 속, 코에 빨대가 꽂힌 채 고통스러워하는 바다거북의 모습은 제게 큰 충격이었습니다. 그날 이후, 무심코 쓰던 플라스틱이 누군가의 생명을 위협하는 흉기가 될 수 있음을 깨달았습니다. 죄책감에 머물지 않고 변화를 만들기 위해, 교내 '플라스틱 프리(Plastic-Free) 챌린지'를 기획하여 친구들의 동참을 이끌어 냈습니다."

● **퇴고 포인트**

○ 관심이 많았다 → '바다거북의 모습'이라는 강렬한 시각적 이미지(계기)로 시작.

○ 책을 읽었다 → '죄책감', '흉기'와 같은 감정적 단어를 사용하여 진정성 강조.

○ 캠페인을 했다 → '플라스틱 프리 챌린지 기획'이라는 구체적 명칭 사용.

어떤가요? 같은 경험이라도 '어떻게 표현하느냐'에 따라 글의 가치가 완전히 달라집니다. 여러분의 글도 이처럼 바뀔 수 있습니다.

이제 퇴고의 모든 과정을 마쳤습니다. 마지막으로 제출 버튼을 누르기 전, 절대 놓쳐서는 안 될 최종 체크리스트를 확인하러 가 봅시다.


## 6. [최종 규칙 확인] 제출 전 마지막 확인! 완벽 점검 체크리스트

글을 다듬는 과정이 '더 좋은 글'을 만들기 위한 것이었다면, 지금부터 할 최종 규칙 확인은 '탈락하지 않는 글'을 만들기 위한 필수 생존 절차입니다.

자기소개서는 자유로운 에세이가 아니라, 엄격한 규칙이 적용되는 공적 서류입니다. 아래 체크리스트를 하나씩 지워 가며, 여러분의 글에 단 하나의 위험 요소도 남기지 마세요.


### [0점 처리] 절대 기재 금지 항목

*(※ 우회적·간접적 진술 및 증빙 자료 제출 시에도 0점 처리)*


☐ **1. 각종 공인어학시험 성적 및 수상 실적**

　　○ 영어(TOEIC, TOEFL, TEPS), 중국어(HSK), 일본어(JPT, JLPT), 프랑스어(DELF, DALF), 독일어(ZD, TestDaF, DSH, DSD), 러시아어(TORFL), 스페인어(DELE)

　　○ 한자(상공회의소한자시험, 한자능력검정, 실용한자, 한자급수자격검정, YBM상무한검, 한자급수인증시험, 한자자격검정 등)


☐ **2. 교과·비교과 관련 교외대회 수상 실적**

　　○ 교외 기관·단체(장)가 주최하는 대회의 입상 실적


☐ **3. 교외 수상 실적 (표창장, 감사장, 공로상 등)**

　　○ 학교장이 아닌 외부 기관장에게 받은 모든 상

□ **4. 교내·외 인증시험 성적 및 수상 실적**

  ○ 한국수학인증시험(KMC), 한국정보올림피아드 등 각종 인증시험 점수 및 입상 사실

□ **5. 교내대회 수상 실적**

  ○ 학교장이 수여한 상이라도 '수상 실적'은 기재 불가 (대회 '참여 사실'만 쓰는 것은 가능할 수 있으나, 학교별 기준 확인 필수)

□ **6. 자격증 명칭 및 취득 사실**

□ **7. 교과목의 점수나 석차**

  ○ "전교 1등", "평균 98점", "수학 1등급" 등 구체적 수치 기재 불가

□ **8. 영재교육원 교육 및 수료 여부**

## [감점 처리 (10% 이상)] 주의 항목

*(※ 단순 참여 사실 기재 시에도 감점될 수 있음)*

□ **9. 논문 투고, 등재, 발표 사실**

  ○ 학회지 논문 등재 및 학회 발표 내용

□ **10. 도서 출간 사실**

□ **11. 지식재산권 출원 또는 등록 사실**

  ○ 특허, 실용신안, 상표, 디자인 등

□ **12. 어학연수, 봉사활동 등 해외 활동 실적**

  ○ (단, 특례입학대상자 등 예외적인 경우 해외 교육기관 경험 포함 가능, 수상실적은 제외)

□ **13. 부모(친인척)의 사회·경제적 지위 암시**

　　○ 직장명, 직위, 소득 수준, 고비용 취미(골프, 승마 등)

　　○ (예: "검사장이신 아버지를 따라…", "교수님인 어머니의 영향으로…")


□ **14. 장학생·장학금 관련 내용**


□ **15. 구체적인 특정 대학명, 기관명, 상호명, 강사명**

　　○ 대학명(서울대, KAIST 등), 사설 학원명, 기업명 등 기재 금지

　　○ (단, 교육부 및 시도교육청 소속 기관명은 예외적으로 허용될 수 있음)


□ **16. 지원자 본인의 인적 사항 암시**

　　○ 이름, 출신 중학교명, 학교 직인·간인 등 학교 이름을 유추할 수 있는 내용

　　○ (예: "○○방송반에서 활동하며…" — 학교 고유 명칭 사용 금지)


## [최종 경고]

"노력은 결과를 배신하지 않는다"와 같은 문구 뒤에 토익 점수나 등수를 암시하는 내용을 쓰는 것도 '우회적 기재'로 간주되어 0점 처리됩니다. 의심스러운 부분은 과감히 삭제하거나, 선생님께 반드시 확인받으십시오.

## 당신의 글은 이제 '보석'이 되었습니다

축하합니다! 여러분은 이제 누구보다 단단하고 빛나는 자기소개서를 완성했습니다.

투박했던 경험의 조각들이 '7단계 진화 공식'을 통해 논리적인 구조를 갖췄고, '황금 사슬'로 꿈과 학교를 연결했으며, '퇴고'를 통해 불순물을 걷어 내고 가장 투명한 진심만을 남겼습니다. 이제 여러분의 손에 들린 것은 단순한 종이 한 장이 아니라, 여러분의 지난 3년과 미래의 꿈이 담긴 소중한 '보석'입니다.

하지만 아직 끝이 아닙니다. 이 보석의 가치를 최종적으로 증명해야 할 무대가 남아 있습니다. 바로 '면접'입니다. 잘 쓰인 글이 '서류 합격'을 부른다면, 잘 준비된 말은 '최종 합격'을 부릅니다.

다음 8장에서는 여러분이 정성껏 쓴 이 자소서를 무기로, 면접관 앞에서 당당하게 나를 증명하는 '실전 면접 공략법'을 알아보겠습니다. 합격으로 가는 마지막 문을 함께 열어 봅시다.

# 8장

# 자소서 기반 면접
## ─ 서류 뒤에 숨은 '진짜 나'를 증명하라

2부에서 멋진 '원석'을 캐내고, 7장에서 반짝이는 '보석'으로 다듬었으니, 이제 이 보석이 '진짜'임을 증명할 마지막 시간입니다.

면접은 여러분을 떨어뜨리기 위한 시험이 아닙니다. 자기소개서라는 서류에 담긴 여러분의 진심과 열정이 '거짓'이 아님을, 여러분의 목소리와 눈빛으로 직접 증명하는 '마지막 기회'입니다.

입학사정관은 이미 여러분의 글을 통해 그 우수성을 확인했습니다. 이제 그들이 보고 싶은 것은 암기한 정답이 아닌, 살아 있는 '진짜 여러분의 모습'입니다. 이번 장에서는 최신 면접 트렌드를 반영하여, 그 '진짜 나'를 가장 논리적이고 자신감 있게 보여 주는 모든 전략을 7단계에 걸쳐 완벽하게 공략합니다.

## 1. [문항 분석] 최신 면접 트렌드: '서류 검증'과 '꼬리 질문'

전략을 세우려면 전장의 지형부터 파악해야 합니다. 최신 특목·자사고 면접의 핵심은 명확합니다. 과거처럼 공통 질문을 통해 학생의 순발력을 테스트하던 방식에서 벗어나, 철저하게 '서류 검증형(Document Verification)' 면접이 대세가 되었습니다.

특히 대원외고, 대일외고, 한영외고, 명덕외고 등 서울의 주요 학교들은 공통 질문 없이 오직 학생이 제출한 자기소개서와 생활기록부를 바탕으로 한 개별 질문에 집중하고 있습니다. 이는 여러분이 쓴 글자 하나하나가 모두 면접 질문의 씨앗이 된다는 뜻입니다. 우리가 반드시 대비해야 할 3가지 핵심 키워드를 알아봅시다.

## 1) 진위 확인 (Fact Check): "이거 정말 네가 한 거 맞아?"

면접관의 첫 번째 임무는 여러분이 쓴 글의 '사실 여부'를 확인하는 것입니다. 화려한 문장 뒤에 숨겨진 '진짜 실력'을 검증하기 위해, 자소서에 언급된 개념이나 활동 내용을 매우 구체적으로 물어봅니다.

● **실제 기출 예시**

    ○ "자소서에 오일러의 업적을 탐구했다고 썼는데, 구체적으로 어떤 업적이며 거꾸로 수업에서 어떻게 설명했는지 말해 보세요."

    ○ "계면활성제가 세포막을 깨뜨린 원리와 염화나트륨이 DNA를 뭉치게 한 원리에 대해 과학적으로 설명해 보세요."

● **대응 전략**

자소서에 쓴 모든 전문 용어, 도서의 핵심 내용, 실험 원리는 '책을 보지 않고도 설명할 수 있을 정도'로 완벽하게 숙지해야 합니다. "그냥 책에 있어서 썼어요"라는 태도는 불합격의 지름길입니다.

## 2) 꼬리 질문 (Deep Dive): "그래서 그다음은? 왜 그렇게 생각했지?"

한 번의 답변으로 끝나지 않습니다. 면접관은 여러분의 답변을 듣고 즉석에서 2차, 3차 추가 질문(꼬리 질문)을 던집니다. 이는 학생이 내용을 단순히 암기했는지, 아니면 깊이 있게 이해하고 자신의 것으로 만들었는지를 판단하는 가장 강력한 무기입니다.

● **실제 기출 예시**

    ○ (Q1) "동물 실험 토론에서 어떤 입장이었나요?"

    ○ (Q2) "그 입장의 근거는 무엇인가요?"

    ○ (Q3) "그렇다면 인권과 동물권이 충돌할 때는 어떻게 해결해야 하나요?"

● 대응 전략

답변을 준비할 때 '결론'만 준비하지 말고, '그렇게 생각한 이유(Why)'와 '다른 관점에 대한 반박(Counter-argument)'까지 꼬리에 꼬리를 무는 질문을 스스로 던져 보며 대비해야 합니다. (이 방법은 다음 절인 [Activity]에서 자세히 다룹니다.)

## 3) 블라인드 면접 (Blind): "편견 없이 오직 실력으로"

공정성을 위해 면접은 철저한 '블라인드' 방식으로 진행됩니다. 면접장에는 여러분의 이름도, 출신 중학교도, 부모님의 직업도 들어갈 수 없습니다. 오직 여러분에게 부여된 '가번호(수험번호)'만이 여러분을 식별하는 유일한 표식입니다.

● 주의 사항

○ 면접 중 실수로라도 자신의 이름이나 학교명을 말해서는 안 됩니다. ("○○중학교 학생회장 출신으로서…" → 감점!)

○ 교복이 아닌 단정한 사복을 입고 면접에 참여해야 하며, 수험번호 스티커를 옷에 부착하거나 학교 점퍼를 입게 합니다.

○ 부모님의 사회적·경제적 지위를 암시하는 발언은 엄격히 금지됩니다.

이처럼 면접은 여러분을 당황하게 하려는 것이 아니라, "네가 쓴 그 멋진 활동들, 진짜 네 실력 맞아?"라고 묻는 과정입니다. 따라서 최고의 면접 준비는 화려한 스피치 기술을 익히는 것이 아니라, 내가 쓴 자소서를 완벽하게 장악하는 것에서 시작됩니다.

다음 절에서는 면접관의 눈으로 내 자소서를 해부하여, 나올 수 있는 모든 질문을 찾아내는 구체적인 방법을 알아보겠습니다.

출제자의 시선을 장착하면 두려울 것이 없습니다. 면접관이 내 자소서를 어떻게 읽는지 알면, 어떤 질문이 나올지 100% 예측할 수 있습니다. 면접관은 여러분의 글을 감상하는 것이 아니라, '검증'하기 위해 읽습니다.

지금부터 3가지 색깔 펜을 들고, 면접관의 눈으로 여러분의 자소서를 냉정하게 해부해 봅시다.

### [1단계] 3색 펜으로 '질문 포인트' 찾아내기

자소서를 펼쳐 놓고, 다음 기준에 해당하는 단어나 문장에 밑줄을 그어 보세요. 그곳이 바로 면접관의 질문이 꽂히는 지점입니다.

● **빨간펜 (개념/지식): "이거 진짜 알고 쓴 거야?"**

○대상: 자소서에 언급한 전문 용어, 도서명, 인물, 이론, 법칙 등.

○면접관의 심리: "어려운 개념을 썼는데, 정말 이해하고 쓴 걸까? 아니면 있어 보이려고 그냥 넣은 걸까?"

○ [실제 기출 예시]

■ (자소서에 '오일러의 업적'을 언급한 경우) "오일러의 업적을 설명하고, 이에 대해 진행했던 거꾸로 수업 효과에 대해 말해 보세요."

■ (자소서에 '실존주의'를 언급한 경우) "자소서에서 『존재와 무』, 『공포와 전율』 등을 읽고 실존주의와 허무주의를 비교했다고 했는데, 비교해 보세요."

○ [대비 전략] 밑줄 친 개념은 책을 보지 않고도 1분 동안 설명할 수 있도록 완벽하게 정리해야 합니다.

● **파란펜 (과정/탐구): "구체적으로 어떻게 했는데?"**

○ 대상: "실험했다", "분석했다", "개발했다", "해결했다" 등의 서술어와 그 과정.

○ 면접관의 심리: "결과는 알겠는데, 그 과정에서 학생이 실제로 무슨 역할을 했지? 어떤 어려

움이 있었고 어떻게 극복했지?"

○ [실제 기출 예시]

■ (자소서에 'DNA 추출 실험'을 언급한 경우) "계면활성제가 세포막을 깨트린 원리와 염화나트륨이 DNA를 뭉치게 한 원리에 대해 말해 보세요."

■ (자소서에 '기사 작성'을 언급한 경우) "기획 기사를 작성하면서 어려웠던 점과 그 어려움을 극복한 노력, 그리고 기사를 어떤 과정으로 작성했는지 말해 보세요."

○ [대비 전략] 실험 원리, 사용한 도구/프로그램, 구체적인 실행 순서, 당시 겪었던 시행착오를 상세하게 복기하세요.


● **초록펜 (인성/가치관): "그 상황에서 넌 어떤 사람이야?"**

○ 대상: 갈등 상황, 협력 경험, 봉사 활동, 느낀 점 등.

○ 면접관의 심리: "이 학생의 리더십 스타일은 뭘까? 갈등 상황에서 감정적으로 대처하진 않을까?"

○ [실제 기출 예시]

■ (자소서에 '갈등 해결'을 언급한 경우) "진로 페스티벌 디렉터로서 갈등을 해결했다고 하는데, 갈등을 해결하는 데 있어 무엇이 가장 중요하다고 생각하나요?"

■ (자소서에 '배려'를 언급한 경우) "전학생 도우미 활동 외에 타인을 배려한 다른 경험이 있나요?"

○ [대비 전략] 당시의 구체적인 상황, 내가 했던 말과 행동, 그 행동을 선택한 이유(가치관)를 정리하세요.


## [2단계] '꼬리 질문' 시뮬레이션: 압박 면접 뚫기

한 번의 답변으로 끝날 것이라 기대하지 마세요. 면접관은 여러분의 답변을 듣고 그 자리에서 즉석으로 파고드는 '꼬리 질문'을 던집니다.


### 실전 연습: 꼬리 질문 이어달리기

● 상황: 영어 토론 동아리에서 '동물 실험 금지'를 주제로 토론했다고 자소서에 씀.

● Q1 (기본 질문): "동물 실험 토론 때 어떤 입장을 가졌고, 그 주장에 대해 설명해 보세요."

A: "저는 찬성 입장이었고, 탈리도마이드 사건 등 부작용 사례를 들어 주장했습니다."

- **Q2 (꼬리 질문 — 심화):** "그렇다면 피터 싱어의 '동물 해방론'은 동물 실험을 어떻게 바라보나요?"

  A: "피터 싱어는 이익 평등 고려의 원칙에 따라…"

- **Q3 (꼬리 질문 — 가치관/딜레마):** "만약 인권과 동물권이 충돌하는 상황이라면 어떻게 해결해야 할까요?"

  A: (이 질문에 대한 나만의 논리적인 답변을 준비해야 함)


## [3단계] Activity: 나만의 예상 질문 20개 만들기

이제 여러분의 자소서를 보며 직접 출제자가 되어 볼 차례입니다. 위에서 배운 3색 펜 해부법을 활용하여, 각 문장마다 나올 수 있는 질문을 적어 보세요.

| 자소서 내용 (키워드) | 예상 질문 (Q1) | 꼬리 질문 (Q2) | 압박/심화 질문 (Q3) |
|---|---|---|---|
| (예: 동아리 부장 활동) | 동아리 부장으로서 가장 힘들었던 점은? | 그때 구체적으로 어떻게 해결했나요? | 만약 팀원들이 끝까지 반대했다면 어떻게 했을까요? |
| (예: 『이기적 유전자』 독서) | 책의 핵심 내용인 '밈(Meme)'이 무엇인가요? | 이 책을 읽고 기존 생각이 어떻게 바뀌었나요? | 저자의 주장에 반대되는 사례는 없을까요? |
| (본인 자소서 내용 1) | | | |
| (본인 자소서 내용 2) | | | |

*(최소 20개 이상의 질문 리스트를 만들어 보세요!)*

아무리 답변 내용을 완벽하게 준비했더라도, 면접장의 문을 열고 들어서는 순간 보여 주는 '태도' 하나로 모든 것이 무너질 수 있습니다. 면접관은 기계적인 정답을 듣고 싶은 것이 아니라, '대화가 통하는 학생'인지 보고 싶어 합니다.

실제 면접관들이 꼽은 '부정적 평가 요소'를 바탕으로, 반드시 피해야 할 3가지 함정을 확인해 봅시다.

### 1) 동문서답형 (장황설명형): "질문의 핵심을 놓친다"

● 증상: 질문의 의도를 파악하지 못하고 자신이 외워 온 내용만 길게 늘어놓거나, 모르는 질문이 나왔을 때 당황하여 횡설수설하는 유형입니다.

● 왜 감점일까요? 실제 면접 평가 기준에서 '길고 장황한 설명'은 대표적인 부정적 요소입니다. 질문의 요지를 파악하는 '이해력'과 핵심을 전달하는 '요약 능력'이 부족해 보이기 때문입니다. 면접관은 여러분의 지식을 자랑하는 연설을 듣고 싶은 것이 아니라, 질문에 대한 명료한 대답을 원합니다.

● [Bad Case]

○ 면접관: "이 실험에서 가장 어려웠던 점은 무엇인가요?"

○ 학생: "네, 저는 이 실험을 위해 오일러 공식을 공부했고… (3분간 실험 과정 설명) …그래서 참 보람찼습니다." (→ 어려웠던 점이 무엇인지 말하지 않음)

### 2) 억지 논리형 (고집불통형): "틀려도 인정하지 않는다"

● 증상: 면접관이 답변의 논리적 오류를 지적하거나 반론을 제기했을 때, 이를 인정하지 않고 끝까지 자신의 주장을 고집하거나 억지 논리를 펴는 유형입니다.

● 왜 감점일까요? 면접은 토론 배틀이 아닙니다. 자신의 오류를 인정할 줄 아는 '유연한 사고'와 '수용적 태도' 또한 중요한 평가 항목입니다. 면접관은 억지스러운 변명보다는, 실수했을 때 즉시 "죄송합니다. 다시 말씀드리겠습니다"라고 인정하고 바로잡는 정직하고 유연한 태도를 원합

니다.

- [Bad Case]
  - 면접관: "그 부분은 논리적으로 앞뒤가 안 맞는 것 같은데요?"
  - 학생: "(당황하며) 아닙니다. 제 말이 맞습니다. 왜냐하면…" (→ 감점!)

## 3) 로봇형 (암기형): "대화가 아닌 발표를 한다"

- 증상: 준비한 스크립트를 토씨 하나 틀리지 않고 줄줄 외우려다 보니, 면접관과 눈을 맞추지 못하거나(시선 회피), 목소리 톤이 일정하여 부자연스러운 유형입니다.
- 왜 감점일까요? 면접에는 정해진 '정답'이 없습니다. 그런데도 정답을 맞히려는 강박 때문에 외운 대로만 말하려는 태도는 '소통 능력'의 부재로 이어집니다. '시선 회피'나 '작은 목소리'는 자신감 부족으로 비칠 수 있는 치명적인 감점 요인입니다.
- [Bad Case]
  - 학생: (천장을 보며) "저는… 어… (외운 게 기억 안 나 침묵) … 죄송합니다. 다시 하겠습니다."

## [전략 Tip] 기억나지 않을 땐 솔직함이 무기다

답변이 생각나지 않거나 질문을 못 들었을 때, 당황해서 아무 말이나 하거나 침묵하는 것은 최악입니다. 이럴 때는 침착하게 "죄송합니다. 잠시 생각할 시간을 주시겠습니까?" 또는 "질문을 다시 한 번 말씀해 주시겠습니까?"라고 정중히 요청하세요. 모르는 것을 인정하고 침착함을 유지하는 태도에서 오히려 자신감이 묻어납니다.

이제 이 3가지 함정을 피하는 법을 알았으니, 다음 장에서는 면접관의 마음을 사로잡는 '합격 답변 공식'을 구체적으로 배워 보겠습니다.

면접장에서는 '무엇을' 말하느냐만큼 '어떻게' 말하느냐가 중요합니다. 설명회 자료에 따르면, 많은 지원자가 '장황한 설명'과 '두괄식 제시 실패'로 인해 좋은 점수를 받지 못했습니다.

면접관의 귀에 쏙 들리는 답변을 위해, 다음 두 가지 절대 원칙을 반드시 기억하세요.

### 원칙 1: 결론부터 던져라 (두괄식 화법)

면접관은 하루 종일 수십 명의 답변을 듣습니다. 서론이 길어지면 집중력이 떨어지고, 핵심을 파악하지 못할 수 있습니다. 질문을 받자마자 '결론(주장)'부터 명확히 던지세요.

**Why?**

설명회 자료의 '부정적 평가 요소' 1순위가 바로 "길고 장황한 설명"입니다. 반면 "명료한 주장"은 긍정적 평가를 받습니다.

**How?**

- "네, 저는 ~라고 생각합니다."
- "그 이유는 크게 두 가지입니다. 첫째는~"
- "가장 기억에 남는 활동은 ○○○입니다."

**실제 기출로 보는 Bad vs. Good**

- 질문: "자소서에 쓴 동물 실험 토론에서 본인의 입장은 무엇이었나요?"
- [Bad Case] (미괄식) "음… 그때 친구들은 반대를 많이 했는데, 저는 탈리도마이드 사건도 찾아보고, 또 대체 실험도 알아보고… (중언부언) …그래서 찬성했습니다." (→ 결론이 늦어 지루함)
- [Good Case] (두괄식) "저는 '찬성' 입장이었습니다. (결론) 탈리도마이드 사건과 같은 부작용을 방지하기 위해 동물 실험의 데이터가 필수적이라고 판단했기 때문입니다. (근거)"

## [Tip] 잠깐! 자소서의 S.A.R.L.이 왜 STAR-L로 바뀌었나요?

우리는 6장(자소서)에서 경험을 정리하는 S.A.R.L. 기법을 배웠습니다. 면접의 논리 또한 이와 다르지 않습니다. 다만, 글자 수 제한이 있는 '글(자소서)'과 달리 '말(면접)'은 현장감이 생명입니다. 당시 닥쳤던 위기나 과제(Task)를 생생하게 묘사해야 면접관을 이야기 속으로 끌어들일 수 있습니다. 따라서 면접에서는 자소서의 S.A.R.L. 공식에 T(Task, 구체적 과제)를 더하여 더욱 정교해진 STAR-L 공식을 사용합니다.

## 원칙 2: '구체적 증거'로 증명하라 (STAR-L 공식)

"열심히 했습니다", "리더십을 길렀습니다" 같은 추상적인 말은 누구나 할 수 있습니다. 면접관은 "솔직하게 생각나는 사항에 대해서 구체적 사례를 들어" 설명하는 지원자를 신뢰합니다. 이를 위해 STAR-L 공식을 사용하세요.

- S (Situation): 어떤 상황이었는가? (배경)
- T (Task): 나의 과제나 목표(위기)는 무엇이었는가? (현장감 부여)
- A (Action): (가장 중요!) 나는 구체적으로 '무엇을', '어떻게' 했는가?
  - Tip: "관련 데이터 또는 지표를 수집해 적극 활용하라"는 조언처럼, 구체적인 수치나 책 제목, 이론명을 언급하면 신뢰도가 급상승합니다.
- R (Result): 그 결과 어떤 변화/성과가 있었는가?
- L (Learning): 이를 통해 무엇을 배우고 성장했는가? (진로와 연결)

### 답변 예시: STAR-L 적용

- 질문: "갈등을 해결한 경험을 말해 보세요."
- [답변]
  - (두괄식/L) 네, 저는 축제 준비 당시 의견 대립을 '데이터'로 중재하며 소통의 중요성을 배웠습니다.

○ (S/T) 당시 부스 운영 방식을 두고 '수익성'파와 '공익성'파로 의견이 나뉘어 갈등이 심화되어 부스 운영이 무산될 위기였습니다.

○ (A) 저는 감정적 논쟁 대신, 전교생 100명을 대상으로 설문조사(데이터)를 진행했습니다. 그 결과, '기부와 연계된 상품'에 대한 선호도가 70% 이상임을 확인하고 이를 근거로 친구들을 설득했습니다.

○ (R) 덕분에 만장일치로 '기부 팔찌'를 제작하여 완판할 수 있었습니다.

○ (L) 이 경험을 통해, 리더십이란 목소리 큰 주장이 아니라, 객관적 근거로 합의를 이끄는 과정임을 배웠습니다.

## [전략 Tip] 위기의 순간, 이렇게 대처하라

면접 중 머릿속이 하얘지거나 실수를 했다면? 설명회 자료가 제시하는 '위기 탈출 매뉴얼'을 따르세요.

### 1. 답이 기억나지 않을 때

○ 당황해서 침묵하거나 아무 말이나 하지 마세요.

○ "죄송합니다. 잠시 생각할 시간적 여유를 주시겠습니까?"라고 정중히 요청하세요. 침착함도 실력입니다.

### 2. 논리적 오류를 지적받았을 때

○ 억지를 부리거나 변명하지 마세요.

○ "죄송합니다. 제가 앞서 말씀드린 부분에 오류가 있었습니다. 다시 말씀드리겠습니다"라고 즉시 인정하고 바로잡는 것이 훨씬 좋은 평가를 받습니다.

### 3. 시선 처리가 어려울 때

○ 자신감은 눈에서 나옵니다. 면접관의 눈을 피하지 마세요.

○ 너무 부담스럽다면, 면접관의 미간이나 인중, 넥타이 매듭 정도를 바라보며 시선을 고정하세요.

이 4절의 전략들을 체화한다면, 어떤 질문이 나와도 여러분의 '진짜 모습'을 논리적이고 당당하게 보여 줄 수 있습니다.

## 5. [실제 사례 분석] 유형별 질문 공략법: 합격생의 답변을 훔쳐라

면접관의 질문은 무작위로 던져지는 것 같지만, 사실 명확한 의도를 가진 4가지 유형으로 분류됩니다. 실제 합격생들이 면접장에서 마주했던 '날것' 그대로의 질문들을 통해, 각 유형별 공략법을 완벽하게 익혀 봅시다.

### [유형 1] 서류 검증 및 학업 역량 질문: "정말 알고 썼는가?"

가장 기본이면서도 가장 많이 탈락하는 유형입니다. 자소서에 쓴 개념, 실험 원리, 독서 내용을 "책을 안 보고 설명할 수 있는지" 꼬치꼬치 캐묻습니다.

● **실제 기출**
  ○ "자소서에 오일러의 업적을 탐구했다고 썼는데, 구체적으로 어떤 업적이며 거꾸로 수업에서 어떻게 설명했는지 말해 보세요."
  ○ "계면활성제가 세포막을 깨뜨린 원리와 염화나트륨이 DNA를 뭉치게 한 원리에 대해 과학적으로 설명해 보세요."

● **Bad Case (결과 나열형)**
"네, 오일러는 수학의 여러 분야에 업적을 남긴 위대한 수학자입니다. 저는 책에서 본 내용을 친구들에게 열심히 설명했고, 친구들도 잘 이해했다고 했습니다." *(→ 핵심 알맹이인 '오일러의 구체적 업적(바젤 문제 등)'에 대한 설명이 빠져 있어, 지식의 깊이를 증명하지 못함)*

● **Good Case (STAR-L 적용 + 개념 정의)**

"네, 저는 오일러의 업적 중 '바젤 문제'의 해법을 탐구했습니다. (두괄식) 당시 교과서의 풀이법보다 기하학적으로 접근한 오일러의 방식이 더 직관적이라 생각했습니다. 그래서 저는 무한급수의 합을 기하학적 작도로 시각화한 자료를 만들어 발표했습니다. (Action/개념 설명) 이 과정을 통해, 어려운 개념일수록 본질을 꿰뚫어 쉽게 설명하는 것이 진정한 앎임을 깨달았습니다. (Learning)"

## [유형 2] 진로 및 지원동기 심화 질문: "왜 우리 학교, 이 꿈인가?"

단순히 꿈의 나열이 아니라, 그 직업에 필요한 구체적인 역량(도구, 기술)과 학교 프로그램과의 연결 고리를 집요하게 묻습니다.

● **실제 기출 (데이터 사이언티스트 지망)**

　○ Q1. "데이터 사이언티스트에게 가장 중요한 역량은 무엇인가요?"

　○ Q2. (꼬리 질문) "코딩은 할 줄 아나요? 무엇으로 했나요? 왜 그 언어를 선택했나요?"

　○ Q3. (압박 질문) "숫자가 어렵다면 그래프로 그려서 제안하면 되지 않나요? 왜 굳이 숫자를 고집했나요?"

● **Bad Case (추상적 답변)**

"네, 분석 능력이 중요합니다. 코딩은 파이썬으로 해 봤고, 열심히 공부해서 그래프도 그려 봤습니다." (→ '왜' 파이썬인지, '어떤' 라이브러리를 썼는지 구체성이 전혀 없음)

● **Good Case (구체적 도구와 논리적 방어)**

"데이터 사이언티스트에게는 '도메인 지식'과 '분석 기술'의 융합이 가장 중요하다고 생각합니다. (두괄식) 저는 '파이썬(Python)'을 사용했는데, 다양한 데이터 분석 라이브러리(Pandas 등)를 활용하기에 가장 적합했기 때문입니다. (구체적 근거) 숫자를 고집한 이유는, 그래프는 직관적이지만 미세한 '상관관계의 수치'를 정확히 보여 주는 데는 한계가 있어, 의사결정에 필요한 정확한 근거를 제시하고 싶었기 때문입니다. (논리적 방어)"

## [유형 3] 인성 및 갈등 해결 질문: "공동체에서 당신은 누구인가?"

"착한 학생인가요?"를 묻는 게 아닙니다. 구체적인 갈등 상황에서 문제를 해결하는 '현실적인 능력'을 봅니다.

● **실제 기출**

    ○ "도서부 활동 중 후배들이 참여하지 않았을 때, 구체적으로 어떤 대안을 제시해서 해결했나요?"

    ○ "리더로서 갈등 관계를 해결할 때 어떤 역할을 해야 한다고 생각하나요?"

● **Bad Case (도덕 교과서형)**

"리더는 친구들의 이야기를 잘 들어 주고 배려해야 합니다. 서로 양보하면 갈등은 해결된다고 생각합니다." (→ 너무 뻔하고 추상적인 답변. 구체적인 자신만의 해결 노하우가 없음)

● **Good Case (STAR-L 공식 적용)**

"저는 리더란 '앞에서 끄는 것'이 아니라 '뒤에서 밀어주는' 역할이라고 생각합니다. (가치관) 도서부 활동 당시, 선배들이 어려워 후배들이 침묵하는 문제가 있었습니다. (Situation) 저는 제 주장을 내세우기보다 '익명 쪽지로 의견 받기'와 '게임으로 어색함 풀기'를 제안했습니다. (Action) 이를 통해 구성원 스스로가 편안함을 느낄 때 자발적인 참여가 나온다는 것을 배웠습니다. (Learning)"

## [유형 4] 가치관 및 딜레마/시사 질문: "정답 없는 문제, 당신의 생각은?"

최근 면접에서 변별력을 가르는 고난도 질문들로, 학생의 논리력과 가치관을 평가합니다. 정답은 없지만, 자신의 기준을 세워 방어해야 합니다.

● **실제 기출**

    ○ "코로나 방역을 위해 확진자 집 문에 표식을 붙이는 것에 대해 인권적 관점에서 어떻게 생각하나요?"

○ "비건 패션을 주장했는데, 생존을 위해 동물의 가죽을 써야만 하는 사람들(에스키모 등)에게는 뭐라고 할 수 있을까요?"

● **Bad Case (당황/회피)**

"어… 그분들은 어쩔 수 없으니까 괜찮다고 생각합니다. 하지만 우리는 옷이 많으니까 비건 패션을 입어야 합니다." *(→ 논리의 일관성이 깨지고 답변이 궁색함)*

● **Good Case (기준 제시 및 유연성)**

"네, 딜레마가 있는 상황이지만 저는 '생존을 위한 필수성'과 '선택 가능한 소비'를 구분해야 한다고 생각합니다. (기준 제시) 유목민들에게 가죽은 생존의 수단이지만, 현대 사회에서 모피 코트는 '대체 가능한' 기호품입니다. 저는 '불필요한 고통을 줄이자'는 공리주의자인 피터 싱어의 '이익 평등 고려의 원칙'에 따라, 대체 가능한 영역부터 윤리적 소비를 실천하자는 취지였습니다. (도서/이론 인용)"

이처럼 합격생들의 답변에는 공통점이 있습니다.

1. 두괄식으로 자신의 생각을 먼저 밝히고
2. 자소서에 쓴 구체적인 경험(도구, 이론, 상황)을 근거로 들었으며
3. 그것이 단순한 경험이 아니라 자신의 성장(가치관 확립)으로 이어졌음을 증명했습니다.

이제 여러분의 자소서를 펼치세요. 그리고 면접관이 되어 위와 같은 4가지 유형의 질문을 스스로에게 던져 보십시오. 여러분은 어떻게 답변하시겠습니까?

거울을 보거나 스마트폰으로 자신의 답변을 녹화해 보세요. 그리고 면접관의 눈이 되어, 아래 체크리스트를 하나씩 지워 나가며 '합격의 태도'를 완성해 봅시다. 설명회 자료에서 '부정적 평가 요소'로 꼽힌 습관들을 제거하는 것이 핵심입니다.

## Check 1. [내용 점검] 논리와 구체성

면접관은 추상적인 주장이 아닌, '명료한 주장'과 '구체적 근거'를 원합니다.

☐ **[두괄식] 첫 문장에서 '결론'부터 말했는가?**

　○ 서론이 길어지면 감점입니다. "네, 저는 ~라고 생각합니다"라고 명확히 시작했나요?

☐ **[구체성] '나만의 에피소드'와 '고유 명사'가 있는가?**

　○ "열심히 했다" 대신, "○○ 실험에서 오차를 줄이기 위해 ×× 방법을 썼다"처럼 구체적 사례를 들었나요?

☐ **[데이터] 주장을 뒷받침할 '객관적 지표'를 활용했는가?**

　○ "심각하다"는 말 대신, "행복지수나 OECD 통계에 따르면…"과 같이 데이터를 인용하여 전문성을 높였나요?

☐ **[진로 연계] 답변의 끝이 '성장(Learning)'으로 맺어졌는가?**

　○ 경험 나열로 끝나지 않고, "이를 통해 ○○ 역량을 길렀습니다"라며 진로와 연결했나요?

## Check 2. [태도/비언어 점검] 자신감과 전달력

자료에 따르면 '작은 목소리', '시선 회피', '나쁜 발음'은 치명적인 감점 요인입니다.

□ **[시선 처리] 면접관의 눈을 피하지 않았는가?**

○ 시선은 자신감의 창입니다. 눈을 보기 힘들다면 면접관의 가슴이나 넥타이 매듭을 바라보며 시선을 고정했나요?

□ **[목소리/발음] 말끝(조사와 어미)을 명확하게 맺었는가?**

○말끝을 흐리면 자신감이 없어 보입니다. "~입니다", "~했습니다"를 의식적으로 크게 발음했나요?

□ **[표정/자세] 밝은 미소와 바른 자세를 유지했는가?**

○입실부터 퇴실까지 '명랑하고 쾌활한' 에너지를 전달했나요? 다리를 떨거나 손을 만지작거리는 산만한 행동은 없었나요?

## Check 3. [위기 대처] 당황스러운 순간의 매너

실수는 누구나 할 수 있습니다. 중요한 것은 그 순간의 '침착함'입니다.

□ **[기억 안 날 때] 침묵 대신 정중히 양해를 구했는가?**

○ 멍하니 있거나 횡설수설하지 않고, "죄송합니다. 잠시 생각할 시간을 주시겠습니까?"라고 요청했나요?

□ **[질문을 못 들었을 때] 다시 물어보는 용기를 냈는가?**

○ 짐작해서 동문서답하지 않고, "죄송합니다. 다시 한번 말씀해 주시겠습니까?"라고 정중히 물었나요?

□ **[오류 지적 시] 억지 부리지 않고 솔직하게 인정했는가?**

○ 면접관의 지적에 당황하여 우기지 않고, "죄송합니다. 제가 잘못 생각했습니다. 다시 말씀드리겠습니다"라며 즉시 바로잡았나요?

이 체크리스트의 모든 항목에 'YES'라고 답할 수 있다면, 여러분은 이미 면접장에 들어갈 준비가 된 것입니다. 이제 마지막으로, 면접 당일 최상의 컨디션을 위한 행동 수칙을 점검해 보겠습니다.

## 7. [최종 규칙 확인] 면접 전날과 당일의 모든 것

모든 준비는 끝났습니다. 이제 남은 것은 여러분이 준비한 것을 100% 쏟아 내고 오는 것뿐입니다. 하지만 면접 당일의 낯선 환경과 긴장감은 여러분의 실력을 가로막는 가장 큰 적입니다. 마지막으로, 면접 전날의 마인드 컨트롤부터 면접장 문을 나서는 순간까지, 합격을 위한 '최종 행동 수칙'을 점검해 봅시다.

### 1) D-1: '더하기'가 아닌 '빼기'의 시간

면접 전날, 새로운 지식을 머리에 넣으려 하지 마세요. 오히려 불안감만 커질 뿐입니다.

- **답변 스크립트는 덮으세요**: 줄글로 된 답변을 외우면, 막상 기억이 안 날 때 당황하게 됩니다. 대신 [Activity]에서 정리한 '핵심 키워드(경험 + 배움)'만 가볍게 훑어보세요.
- **이미지 트레이닝**: 눈을 감고 면접장에 들어가는 나, 웃으며 인사하는 나, 자신 있게 대답하는 나를 머릿속으로 생생하게 그려 보세요. 긍정적인 상상은 실제 긴장감을 낮추는 데 큰 효과가 있습니다.
- **준비물 체크**: 수험표, 신분증을 미리 챙기고, 단정한 복장을 준비하세요. (블라인드 면접이므로 교복 착용이 금지될 수 있으니 학교별 규정을 반드시 확인해야 합니다.)

### 2) D-Day: 면접장 시뮬레이션 (입실부터 퇴실까지)

실제 면접장은 생각보다 엄숙하고 긴장된 분위기입니다. 당황하지 않도록 자료에 나온 절차를 미리 예측해 봅시다.

- **1단계: 대기실 (마인드 컨트롤)**

  ○ 전자기기는 모두 제출하며, 대기 시간이 생각보다 길어질 수 있습니다(뒷번호는 5~6시간 대기할 수도 있음).

  ○ 주변 친구들을 의식하지 마세요. 가져간 요약 노트를 보며 차분히 호흡을 가다듬으세요. "나는 준비됐다"라고 스스로에게 최면을 거세요.

- **2단계: 입실 (첫인상)**

  ○ 호명되면 문을 노크하고 들어갑니다. (면접 조교가 대신 문을 열어 줄 수도 있습니다.)

  ○ 면접관을 향해 밝은 미소로 "안녕하십니까! 가번호 ○○○입니다!"라고 씩씩하게 인사합니다. (절대로 학교명이나 이름을 말해선 안 됩니다.)

  ○ "앉으세요"라는 말이 떨어지면 "감사합니다"라고 말한 뒤 바른 자세로 앉습니다.

- **3단계: 질의응답 (본게임)**

  ○ 시선 처리: 자신감은 눈에서 나옵니다. 면접관의 눈을 피하지 마세요. 눈을 마주치기 힘들다면 면접관의 미간이나 넥타이 매듭(목) 쪽을 바라보며 시선을 고정하는 것이 좋습니다.

  ○ 목소리: 평소보다 조금 더 크고 또렷하게 말하세요. 특히 말끝(조사와 어미)을 흐리지 않고 "~입니다"라고 명확하게 맺는 것이 자신감 있어 보입니다.

- **4단계: 퇴실 (끝인상)**

  ○ 면접이 끝나면 "감사합니다"라고 정중히 인사하고, 문을 닫고 나가는 순간까지 흐트러짐 없는 모습을 보여 주세요. 마지막 뒷모습까지가 면접입니다.

## 3) 돌발 상황 대처 매뉴얼

면접 중 예상치 못한 순간이 닥쳤을 때, 당황하지 않고 침착하게 대처하는 것 또한 중요한 평가 요소입니다. 위기의 순간, 다음의 매뉴얼을 기억하세요.

● **질문이 잘 안 들리거나 이해되지 않을 때**

짐작해서 동문서답하는 것은 최악의 실수입니다. "죄송합니다만, 질문을 다시 한번 말씀해 주시겠습니까?"라고 정중히 요청하세요. 정확히 듣고 대답하려는 신중한 태도로 비칠 것입니다.

● **답변이 갑자기 막혔을 때**

아무 말 없이 침묵하거나, 당황한 기색을 보이지 마세요. "죄송합니다. 잠시 생각할 시간적 여유를 주시겠습니까?"라고 양해를 구하고, 5~10초 정도 생각을 정리한 뒤 말하면 됩니다. 침착하게 평정심을 찾는 모습이 오히려 신뢰를 줍니다.

● **말실수나 논리적 오류를 발견했을 때**

이미 뱉은 말을 수습하려고 억지 논리를 펼치지 마세요. "죄송합니다. 앞선 답변에 오류가 있었습니다. 다시 말씀드리겠습니다"라고 솔직하게 인정하고 정정하세요. 자신의 실수를 인정할 줄 아는 유연함과 정직함은 큰 점수를 받습니다.

## 면접관은 당신을 떨어뜨리는 사람이 아닙니다

면접장에 들어서는 순간, 딱 하나만 기억하십시오.

면접관은 여러분을 탈락시키기 위해 흠을 잡는 '심판관'이 아닙니다. 여러분의 자기소개서를 읽고 "이 학생을 꼭 한번 직접 만나 보고 싶다"고 느낀, 여러분의 이야기를 기다리는 '청중'입니다.

우리가 이 장에서 익힌 기술들은 그 청중에게 내 진심을 가장 잘 전달하기 위한 도구일 뿐입니다. 목소리가 조금 떨려도 괜찮습니다. 중요한 것은 유창한 말솜씨가 아니라, 그 안에 담긴 '솔직한 생각'과 '반짝이는 눈빛'입니다.

가장 '나다운' 모습으로, 후회 없이 그들과 대화하고 오십시오. 면접관은 이미 여러분의 팬이 될 준비가 되어 있습니다.

# [3부를 마치며] 글을 넘어, '눈빛'과 '목소리'로 합격을 증명할 시간입니다

정말 고생 많으셨습니다. 마침내 우리는 1부에서 스토리를 설계하고, 2부에서 실제 글로 증명했으며, 3부에서 그 글을 보석으로 다듬고 자신감 있게 발표하는 법까지, 합격을 위한 모든 여정을 성공적으로 완주했습니다.

이 책의 시작점에서, 자기소개서는 아마 여러분에게 막막하고 거대한 벽처럼 느껴졌을 겁니다. 하지만 지금의 여러분은 다릅니다. 여러분은 이제 자기소개서가 단순히 스펙을 나열하는 서류가 아니라, 평범한 경험 속에서 나만의 의미를 찾아내고, 나라는 사람의 성장 가능성을 증명하는 가장 강력한 무기임을 알게 되었습니다.

이 책을 통해 여러분이 얻은 것은 단순히 자기소개서를 쓰는 기술만이 아닐 것입니다. 자신의 과거를 돌아보고, 현재를 분석하며, 미래를 계획하는 힘. 이 힘은 앞으로 여러분이 마주할 더 큰 도전들 앞에서 든든한 버팀목이 되어 줄 것이라 확신합니다.

모든 준비는 끝났습니다. 이제 문을 열고 들어가, 당신이라는 사람을 자신 있게 보여 주세요.

합격을 진심으로 응원합니다.

여기까지 오느라 정말 고생 많았습니다. 자소서도 다듬었고, 면접 예상 질문도 뽑았습니다. 그런데 혹시 지금 이런 생각이 들지 않나요?

*"내 자소서는 아직 부족해 보여." "면접에서 실수하면 어떡하지?"*

이제 곧 4부에서 '합격의 전당'을 보게 될 텐데, 그 완벽해 보이는 합격생들도 사실 여러분과 똑같은 고민을 했다는 사실을 알고 계시나요? 마지막 관문을 앞둔 여러분을 위해 '멘탈 방어술 3가지'를 전수합니다.

## 1. "옆자리의 괴물"을 신경 쓰지 마세요 (비교 금지)

면접 대기실에 가면 꼭 이런 친구들이 있습니다. 전공 서적을 원서로 읽고 있거나, 친구들과 유창한 영어로 대화하는 아이들. 일명 '옆자리의 괴물'들입니다. 그들을 보며 "난 망했다"고 생각하시나요?

● 팩트: 그 친구도 떨려서 아무 책이나 들고 온 것일 수 있습니다. 그리고 면접관은 '옆 친구'보다 잘하는 사람을 뽑는 게 아니라, '우리 학교에 맞는 사람'을 뽑습니다. 여러분의 경쟁자는 옆 사람이 아니라, '어제의 나'입니다.

## 2. "이불 킥"할 실수를 해도 괜찮습니다 (회복 탄력성)

*"면접관님 앞에서 말을 더듬었어요." "질문을 잘못 알아듣고 동문서답했어요."*

이런 실수를 하면 떨어질까요? 아닙니다. 입학사정관은 AI 로봇을 뽑는 게 아닙니다. 실수했을 때 당황해서 무너지는지, 아니면 씩씩하게 "다시 하겠습니다!"라고 수습하는지, 그 '회복 탄력성'을 봅니다. 실수는 감점 요인이 아니라, 위기 대처 능력을 보여 줄 기회입니다.

### 3. 4부의 '합격 사례'에 기죽지 마세요

이제 다음 장부터 수많은 합격 자소서를 보게 될 것입니다. 화려한 스펙과 유려한 문장을 보며 "나는 이렇게 못 쓰는데…"라고 좌절하지 마십시오.

- **기억하세요**: 그 글들은 수십 번의 퇴고를 거친 '최종 완성본'입니다. 그들의 초고도 여러분의 것과 똑같이 투박하고 엉성했습니다. 4부의 사례들은 '비교 대상'이 아니라, 여러분이 훔쳐야 할 '참고 자료'일 뿐입니다.

### ※ 잠시 쉬어 가기: 면접 전날, 꿀잠을 위한 루틴

- **따뜻한 우유 한 잔**: 과학적으로 입증된 수면 유도제입니다.
- **스마트폰 멀리하기**: 침대에서 합격 후기를 검색하지 마세요. 불안감만 커집니다.
- **'합격한 나' 상상하기**: 교복을 입고 등교하는 내 모습을 상상하며 잠드세요. 뇌는 상상과 현실을 구분하지 못해, 자신감을 높여 줍니다.

자, 이제 멘탈 무장까지 마쳤습니다. 이제 합격한 선배들의 '비밀 노트(4부)'를 훔쳐보러 갈 준비가 되셨나요? 합격의 전당이 문을 엽니다!

# 합격 데이터베이스

## 롤모델과 탐구의 보물창고

## 합격으로 가는 지름길, 여기 다 모았다!

우리는 지난 여정을 통해 나만의 합격 레시피를 설계하고(1부), 치열하게 글을 요리했으며(2부), 면접이라는 플레이팅까지 완벽하게 준비했습니다(3부). 이제 여러분은 합격으로 가는 지도를 손에 넣었습니다.

하지만 낯선 길을 떠날 때 지도만으로는 불안할 수 있습니다. "실제로 그 길을 가본 선배들은 어떻게 갔을까?" "내 배낭(소재)에는 무엇을 더 채워야 할까?"

4부는 바로 그 마지막 불안함을 확신으로 바꿔 줄 '합격 데이터베이스(Database)'입니다. 이곳은 여러분이 언제든 꺼내 쓸 수 있는 보물창고와 같습니다.

지난 수년간 치열한 입시 현장에서 검증된 6대 고교 유형별 입시 트렌드(9장), 41개 주요 학교별 맞춤형 합격 전략(10장), 10가지 핵심 진로별 실제 합격 사례(11장), 그리고 여러분의 빈칸을 채워 줄 100가지 탐구 주제와 50권의 필독서(12장)까지, 합격에 필요한 모든 '데이터'를 여기에 꽉 채워 넣었습니다.

이 자료들은 단순한 참고용 부록이 아닙니다. 여러분이 막막할 때마다 꺼내 볼 수 있는 가장 든든한 지원군입니다. 합격한 선배들의 발자취를 따라가며, 여러분만의 합격 스토리를 완성하십시오.

자, 이제 보물창고의 문을 활짝 열어 볼까요?

# 9장

# [전략 분석] 입시 트렌드 리포트
## ─ 6대 고교 유형별 핵심 공략법

### 지피지기면 백전백승, 합격의 '큰 숲'을 보라

본격적인 자소서 작성에 앞서, 우리는 고개를 들어 입시라는 거대한 전장을 '망원경'으로 조망해야 합니다. 많은 학생들이 "열심히 쓰면 되겠지"라고 생각하지만, 입시의 세계에서 '열심'보다 중요한 것은 '방향'입니다. 학교 유형마다 선발하고자 하는 인재의 결이 다르고, 평가하는 문항의 의도가 다르기 때문입니다.

이 장은 최신 입시 트렌드를 바탕으로, 대한민국 6대 고교 유형의 핵심 평가 기준을 완벽하게 분석한 '전략 리포트'입니다. 각 학교 유형이 진짜 확인하고 싶어 하는 '숨은 의도'를 밝히고, 여러분에게 딱 맞는 '필승 공략법'을 제시합니다.

### [이 리포트를 200% 활용하는 3가지 원칙]

#### 1. 나의 '유형'을 먼저 진단하십시오

내가 지원하려는 학교가 외고인지, 자사고인지, 과학고인지에 따라 전략은 180도 달라집니다. 이 장을 통해 내 목표 학교가 속한 유형의 '평가 코드'가 무엇인지 먼저 파악하십시오.

#### 2. '공통점'과 '차이점'을 비교하십시오

외고와 국제고는 무엇이 다를까요? 전국 자사고와 광역 자사고는 어떻게 준비해야 할까요? 각 유형 간의 미세한 차이를 비교하며 읽을 때, 남들은 모르는 '차별화 포인트'가 보일 것입니다.

## 3. 작성 전 '체크리스트'로 활용하십시오

글을 쓰기 전, 이 장에서 제시하는 '핵심 키워드'와 '필승 공략법'을 책상 앞에 붙여 두세요. 그리고 글을 쓸 때마다 내가 그 방향대로 가고 있는지 수시로 확인하는 나침반으로 삼으십시오.

*(* 입학 요강은 매년 미세하게 변경될 수 있으니, 반드시 지원하는 해의 공식 모집 요강을 학교 홈페이지에서 직접 다운로드하여 최종 확인해야 합니다.)*

## 1. 외국어고등학교

● **분석 대상**

  ○ (서울) 대원, 대일, 한영, 명덕, 이화, 서울외고

  ○ (경기) 고양, 경기, 안양, 과천, 수원, 성남외고

### 1) 전형 특징: "당신의 자소서가 곧 면접 질문지다"

최근 외고 입시의 핵심은 '면접의 개별화'입니다. 서울권 외고들은 공통 질문을 폐지하고 서류(자소서/생기부) 기반 면접을 진행하고, 경기권 외고들은 창의력을 묻는 공통 질문과 서류 기반 면접을 병행하여 진행하고 있습니다.

● **1,500자의 무게**: 서울/경기권 모두 1,500자(띄어쓰기 제외) 표준 양식을 사용합니다. 이 1,500자는 단순한 에세이가 아니라, 면접관이 여러분에게 던질 '질문 리스트'를 여러분 스스로 작성해서 제출하는 것과 같습니다.

● **철저한 진위 여부 검증**: "○○ 책을 읽었다"고 쓰면, 면접에서는 "그 책의 핵심 이론인 ××에 대해 설명하고, 그것이 본인의 탐구에 어떤 영향을 주었는지 말해 보라"는 식으로 탐구의 깊이와 진정성을 집요하게 파고듭니다.

● **결론**: 자소서에 '있어 보이는' 내용을 나열하는 것은 자살골입니다. '내가 면접에서 자신 있게 말

할 수 있는, 가장 깊이 파고든 소재'만으로 1,500자를 채워야 합니다.

## 2) 핵심 키워드 구체화: 추상적인 단어를 '나만의 행동'으로 바꿔라

외고가 원하는 인재상은 뻔해 보이지만, 합격생은 이를 구체적인 행동으로 증명해야 합니다.

- **키워드 1: 어학 능력 → "언어는 '도구'일 뿐, 무엇을 '요리'했는가?"**
  - (Bad) "영어를 좋아해서 미드를 보며 쉐도잉 연습을 열심히 했습니다." (기능적 접근)
  - (Good) "영어(도구)로 된 해외 전문 글을 읽으며, 국내 언론에서는 다루지 않는 국제 이슈(요리)의 다양한 관점을 분석했습니다." (학문적 도구로 활용)

- **키워드 2: 글로벌 마인드 → "단순한 호기심이 아닌 '문화적 통찰'을 보여라"**
  - (Bad) "외교관이 되어 세계 평화에 기여하고 싶습니다." (막연한 구호)
  - (Good) "각국의 문화적 차이(역사, 종교, 관습)가 외교 분쟁의 근본 원인임을 깨닫고, '상호 문화 이해'를 위한 구체적인 중재 방안을 탐구했습니다." (본질적 접근)

## 3) 필승 공략법: 합격을 부르는 3단계 배치 공식

이 전략을 여러분의 자소서에 그대로 대입해 보세요. 가장 논리적이고 강력한 구성이 됩니다.

- **[1단계] 자기주도학습 (700~800자): '2-Track' 전략으로 승부하라**
  - 외고 입시의 필승 공식은 [전공어 심화] + [진로 탐구]의 결합입니다.
  - 트랙 1 (진로 깊이): 자신의 진로(경제, 법, 미디어 등)와 관련된 사회적 이슈나 이론을 깊이 있게 탐구한 경험을 배치합니다. (약 400자)
  - 트랙 2 (언어 확장): 트랙 1의 탐구 과정에서 부딪힌 한계를 '외국어(영어 원서, 해외 자료)'를 통해 해결하고 확장한 경험을 연결합니다. (약 400자)
  - 효과: "이 학생은 어학 실력도 뛰어난데, 그걸 활용해서 전공 분야까지 깊게 파고들 줄 아는

구나!”라는 인상을 줍니다.

- **[2단계] 지원동기 및 진로계획 (300~400자): 학교의 ‘커리큘럼’을 핀포인트로 저격하라**
  - Dream (꿈): 거창한 직업명 대신, “데이터로 국제 분쟁을 해결하는 전문가”처럼 구체적인 ‘역할’을 정의합니다.
  - Connection (연결): 그 역할을 수행하기 위해 왜 이 학교가 필요한지, 학교의 특색 프로그램을 ‘고유 명사’로 언급하며 연결합니다.
    - 예시: “저의 꿈을 위해 대원외고의 ‘국제 문화 심화 토론’과 ‘모의국제기구’는 필수적인 과정입니다.”
  - 효과: “우리 학교에 대해 정말 많이 조사하고 준비했구나”라는 진정성을 보여 줍니다.

- **[3단계] 인성 영역 (300~400자): ‘글로벌 리더’의 품격을 보여라**
  - 단순한 봉사 시간이나 착한 행동 나열은 금물입니다. ‘문화적 갈등’이나 ‘의견 대립’을 ‘소통’과 ‘존중’으로 해결한 사례를 S.A.R.L. 공식으로 보여 주세요.
  - Tip: 다문화 가정 봉사, 외국인과의 교류, 토론 동아리에서의 갈등 조정 등 다양성을 존중하는 모습이 외고 인재상에 잘 부합합니다.

## 2. 국제고등학교

- **분석 대상**: 서울국제고, 동탄국제고, 고양국제고, 청심국제고

### 1) 전형 특징: “어학을 넘어 ‘세상을 보는 관점’을 묻다”

국제고 입시는 외고와 마찬가지로 1,500자 표준 양식(경기/서울권 공통)을 따르지만, 평가의 포인트가 다릅니다. 외고가 ‘언어적 깊이’를 본다면, 국제고는 ‘사회 현상에 대한 통찰력’과 ‘공익적 가치관’을 핵심적으로 검증합니다.

- 넓은 스펙트럼: 어문학에 국한되지 않고 국제 정치, 경제, 사회, 환경, 인권 등 거시적인 글로벌 이슈를 다루어야 합니다.
- Glocal 시각의 필수: 단순히 '세계적인 것(Global)'만 좇는 것이 아니라, 그것이 '우리 사회(Local)'에 미치는 영향까지 연결하는 입체적인 사고력을 요구합니다.
- 청심국제고의 특수성: 사립 국제고인 청심은 학교 고유의 인재상(ACG)과 교육과정(IB 등)이 매우 뚜렷하므로, 학교 홈페이지의 커리큘럼을 자소서에 적극적으로 반영해야 합니다.

## 2) 핵심 키워드 구체화: 추상적인 '글로벌'을 '나만의 해법'으로 바꿔라

많은 학생들이 '글로벌 리더'라는 말을 남발합니다. 합격생은 '어떤 리더'인지 구체적인 문제 해결 과정을 통해 증명합니다.

- 키워드 1: Glocal (Global + Local) → "세계의 문제를 나의 문제로 가져왔는가?"
  - (Bad) "국제기구의 수장이 되어 전 세계의 평화와 환경 문제를 해결하고 싶습니다." (너무 거창하고 막연함)
  - (Good) "전 지구적 기후 위기(Global)가 우리 지역 농가의 작물 지도에 미치는 영향(Local)을 데이터로 분석하고, '지역 맞춤형 대응 정책'을 고민했습니다." (구체적 연결)

- 키워드 2: 공익성 (Public Value) → "나의 성공이 아닌 '우리의 성장'을 꿈꾸는가?"
  - (Bad) "국제 변호사가 되어 승소율 높은 유능한 법조인이 되어 명성을 떨치겠습니다." (개인적 성공)
  - (Good) "법의 사각지대에 있는 '환경 난민'의 지위를 법적으로 보장하는 연구를 통해, 국제 사회의 정의를 실현하는 변호사가 되겠습니다." (사회적 기여)

## 3) 필승 공략법: 합격을 부르는 3단계 배치 공식

국제고 합격 자소서는 '사회과학적 탐구'와 '가치관'이 조화를 이뤄야 합니다.

● **[1단계] 자기주도학습 (800자): '이슈(Issue)'를 '인사이트(Insight)'로 바꿔라**

　○ 소재 선정: 뉴스에서 본 단순한 사건(Fact)에서 시작하되, 그 이면에 숨겨진 구조적 원인(정치/경제/사회적 배경)을 파고드세요.

　○ 전개 방식: 국내 언론 기사만 보지 말고, '해외 원문 리포트(해외 언론, 국제기구 보고서)'를 직접 독해하며 다양한 시각을 비교 분석했음을 보여 주세요. 이는 '영어 역량'과 '탐구 깊이'를 동시에 증명합니다.

　■ 예시: "미·중 무역 전쟁 기사를 보고, 양국의 입장 차이를 담은 'Foreign Affairs' 기고문을 번역·비교하며 패권 다툼의 본질을 탐구했습니다."


● **[2단계] 지원동기 및 진로계획 (300자): '공익적 전문가'의 로드맵을 제시하라**

　○ Dream (꿈): 단순한 직업명이 아니라, "○○○ 문제를 해결하는 ○○○ 전문가"라는 미션(Mission) 중심의 비전을 제시하세요.

　○ Connection (연결): 이 꿈을 위해 국제고의 '국제 정치/경제 심화 과정', '모의국제기구/학술제', 'IB 디플로마(청심/경기 등)'가 왜 필수적인지 논리적으로 연결합니다.


● **[3단계] 인성 영역 (400자): '다양성'을 포용하는 리더십을 보여라**

　○ 국제고는 기숙사 생활과 다양한 배경의 친구들이 모이는 곳입니다. '내 주장'만 고집하는 리더가 아니라, '다른 의견'을 경청하고 조율하는 '중재자(Mediator)'로서의 모습을 보여 주는 것이 유리합니다.

　○ Tip: 토론 동아리에서의 의견 조율, 기숙사 생활 규칙 제정 등 '갈등을 합리적으로 해결한 사례'가 높은 평가를 받습니다.


## 3. 과학고등학교

● 분석 대상: 한성과학고, 세종과학고, 경기북과학고

최근 과학고 입시의 핵심은 '탐구 과정의 집요함'입니다. 단순히 선행 학습을 많이 해서 어려운 문제를 풀 수 있다는 것을 자랑하는 자소서는 탈락합니다. 입학사정관은 결과가 아닌 과정(Process)을 봅니다.

- 3,000자(경기)와 2,400자(서울)의 압도적 분량: 과학고는 교육청 표준 양식이 아닌 학교 고유 양식을 사용하며, 수학/과학/인성 등을 합쳐 약 3,000자와 2,400자 이내를 작성해야 합니다. 이는 단순 나열로는 절대 채울 수 없는 분량이며, 하나의 주제를 깊게 파고든 '에피소드'가 필수적입니다.

- 수학·과학의 분리: '자기주도학습'을 뭉뚱그려 쓰지 않고, [수학 탐구]와 [과학 탐구] 문항이 명확히 분리되어 있습니다. 각 분야에서 자신만의 '연구 경험'이 있어야 합니다.

- 결론: "경시대회에서 상을 탔다"는 중요하지 않습니다. "왜 그런 가설을 세웠고, 오차를 줄이기 위해 실험을 어떻게 재설계했으며, 그 결과 어떤 결론을 얻었는가?"라는 '논문(Paper)'의 형식을 갖춘 글이어야 합니다.

## 2) 핵심 키워드 구체화: 추상적인 '재능'을 '연구 역량'으로 바꿔라

과학고가 원하는 '수학/과학적 재능'은 문제 풀이 능력이 아닙니다. 합격생은 이를 '연구자적 태도'로 증명합니다.

- **키워드 1: 수·과 탐구 역량 → "교과서의 '마침표'를 '물음표'로 바꿨는가?"**
  - (Bad) "물리를 좋아해서 『하이탑 물리Ⅱ』를 독학하고 심화 문제를 많이 풀었습니다." (학습 기록 나열)
  - (Good) "교과서의 등가속도 공식이 실제 빗방울 낙하에는 적용되지 않는 점에 의문을 품고, '공기 저항'을 변수로 넣은 미분방정식을 세워 실제 낙하 속도를 계산했습니다." (기존 지식에 대한 도전과 검증)

● 키워드 2: 융합 사고력 → "수학은 과학의 언어임을 증명하라"

　　○ (Bad) "수학도 잘하고 과학도 잘해서 융합 인재가 되고 싶습니다." (단순 병렬)

　　○ (Good) "생명과학 실험 중 발생한 데이터의 오차가 우연인지 필연인지 검증하기 위해, '통계적 기법(카이제곱 검정)'을 도입하여 유의미한 결론을 도출했습니다." (도구로서의 수학 활용)

## 3) 필승 공략법: 합격을 부르는 3단계 배치 공식

과학고 자소서는 '연구 보고서'의 요약본과 같아야 합니다.

● [1단계] 수학/과학 탐구 영역 (각 1,000자): '7단계 진화 공식'의 끝판왕을 보여라

　　○ 과학고 자소서의 승부처입니다. 4장에서 배운 '7단계 진화 공식'을 가장 충실하게 따라야 합니다.

　　○ Focus (심화): 특히 4~5단계(어려움/극복 노력)에 전체 분량의 50%를 할애하세요. 실험이 실패했을 때 포기하지 않고 '변수'를 통제하거나 '새로운 방식'을 도입한 과정이 입학사정관이 가장 보고 싶어 하는 부분입니다.

　　○ Tip: '나만의 실험 설계도', '사용한 분석 프로그램(파이썬, 엑셀 등)', '참고한 논문' 등을 구체적으로 언급하여 전문성을 높이세요.

● [2단계] 지원동기 및 진로계획 (500자): '연구 시설'과 '프로그램'을 선점하라

　　○ Dream (꿈): 막연한 '과학자'가 아니라, "신재생 에너지 효율을 극대화하는 화학공학자"처럼 구체적인 연구 분야를 제시합니다.

　　○ Connection (연결): 일반고에는 없는 과학고만의 '정교한 실험 기자재(SEM, HPLC 등)'와 'R&E(연구 활동) 프로그램'을 명확히 언급하며, "내 연구를 완성하기 위해 이 학교의 장비와 시스템이 반드시 필요하다"는 논리를 펼쳐야 합니다.

　　○ 효과: "이 학생은 우리 학교에 오면 바로 연구실로 달려가겠구나"라는 확신을 줍니다.

● [3단계] 인성 영역 (500자): '고독한 천재'가 아닌 '협력하는 연구자'를 보여라

　　○ 과학고의 모든 연구는 팀 프로젝트입니다. 독불장군 천재는 환영받지 못합니다.

○ '지적 갈등'의 해결: 친구와 싸우고 화해한 이야기보다는, 실험 과정에서 의견이 대립했을 때 '데이터'와 '논리'로 합의점을 찾은 사례나, 팀원의 실수를 비난하지 않고 함께 수습하여 성과를 낸 사례를 S.A.R.L. 공식으로 보여 주세요. 이는 '동료 연구자'로서의 자질을 증명합니다.

## 4. 영재학교

● 분석 대상: 서울과학고, 경기과학고, 한국과학영재학교(KSA), 대전과학고

### 1) 전형 특징: "정답을 맞힌 학생이 아니라, 질문을 던지는 연구자를 뽑는다"

최근 영재학교 입시의 핵심은 '영재성의 증명'입니다. 단순히 선행 학습을 많이 해서 어려운 문제를 풀 수 있다는 것을 자랑하는 자소서는 탈락합니다. 입학사정관은 결과가 아닌 과정(Process)과 그 안에서 번뜩이는 창의성을 봅니다.

● 압도적인 분량과 고유 문항: 교육청 표준 양식이 아닌 학교별 고유 양식을 사용합니다. 수학/과학 탐구, 인문/예술 융합, 인성 등을 합쳐 약 3,000~4,000자에 달하는 방대한 분량을 작성해야 합니다.

● 실패의 기록을 환영함: 영재학교는 성공한 실험 결과보다, 실패했을 때 어떻게 대처했는지를 더 중요하게 봅니다. 끈질긴 과제 집착력(Task Commitment)을 보여 줄 수 있는 최고의 재료이기 때문입니다.

● 결론: "경시대회에서 상을 탔다"는 한 줄로 요약될 수 있는 내용은 자소서감이 아닙니다. "왜 그런 가설을 세웠고, 오차를 줄이기 위해 실험을 어떻게 재설계했으며, 그 결과 어떤 나만의 결론을 얻었는가?"라는 '미니 논문'의 형식을 갖춰야 합니다.

### 2) 핵심 키워드 구체화: 추상적인 '재능'을 '연구 역량'으로 바꿔라

영재학교가 원하는 '수학/과학적 영재성'은 문제 풀이 능력이 아닙니다. 합격생은 이를 '연구자적

태도'로 증명합니다.

- **● 키워드 1: 창의성(Creativity) → "남들이 당연하게 여기는 것에 '왜?'를 던졌는가?"**
  - ○ (Bad) "물리를 좋아해서 물리II를 독학하고 심화 문제를 많이 풀었습니다." (단순 선행 학습)
  - ○ (Good) "교과서의 등가속도 공식이 실제 빗방울 낙하에는 적용되지 않는 점에 의문을 품고, '공기 저항'을 변수로 넣은 미분방정식을 직접 세워 실제 낙하 속도를 계산해 보았습니다." (기존 지식에 대한 도전과 재해석)

- **● 키워드 2: 융합 사고력 → "과학자에게도 '철학'이 있음을 증명하라"**
  - ○ (Bad) "수학뿐만 아니라 과학도 잘하고, 실험을 좋아하고 책도 많이 읽는 융합 인재입니다." (단순 병렬)
  - ○ (Good) "유전자 가위 기술의 원리를 탐구하던 중 윤리적 딜레마에 부딪혀, 『멋진 신세계』를 읽으며 기술이 인간 존엄성에 미치는 영향을 고찰하고 '나만의 과학 윤리 강령'을 세웠습니다." (과학과 인문의 화학적 결합)

## 3) 필승 공략법: 합격을 부르는 3단계 배치 공식

영재학교 자소서는 여러분의 '연구 노트'를 정제해서 보여 주는 것이라 생각해야 합니다.

- **● [1단계] 수학/과학 탐구 영역 (각 800~1,000자): '7단계 진화 공식'의 끝판왕을 보여라**
  - ○ 영재학교 자소서의 승부처입니다. 4장에서 배운 '7단계 진화 공식'을 가장 집요하게 적용해야 합니다.
  - ○ Focus (심화): 특히 4~5단계(어려움/극복 노력)에 전체 분량의 50% 이상을 할애하세요. 실험이 실패했을 때 포기하지 않고 '변수'를 통제하거나 '대학 전공 서적/논문'을 찾아보며 새로운 방식'을 도입한 과정이 입학사정관이 가장 보고 싶어 하는 '영재성'입니다.
  - ○ Tip: '나만의 실험 설계도', '사용한 분석 프로그램(파이썬, 매스매티카 등)', '참고한 논문 제목' 등을 구체적으로 언급하여 전문성을 높이세요.

- **[2단계] 융합 및 인문 영역 (500~600자): '괴짜'가 아닌 '리더'임을 보여라**
  - Balance (균형): 수학/과학에만 미쳐 있는 '괴짜'가 아니라, 사회와 소통할 수 있는 '리더'임을 보여 줘야 합니다.
  - Connection (연결): 과학적 난제를 인문학적 상상력으로 해결하거나(예: 노자의 사상에서 물리학적 영감을 얻음), 자신의 과학 기술을 사회 문제 해결(예: 적정 기술, 환경 문제)에 적용하려는 '따뜻한 과학자'의 비전을 제시하세요.

- **[3단계] 인성 영역 (500~600자): '협력하는 연구자'를 보여라**
  - 영재학교의 연구는 대부분 팀 프로젝트입니다. 독불장군 천재는 환영받지 못합니다.
  - '지적 갈등'의 해결: 친구와 싸우고 화해한 감정적인 이야기보다는, 실험 과정에서 의견이 대립했을 때 '데이터'와 '논리'로 합의점을 찾은 사례나, 팀원의 실수를 비난하지 않고 함께 수습하여 더 좋은 성과를 낸 사례를 S.A.R.L. 공식으로 보여 주세요. 이는 '동료 연구자'로서의 자질을 증명합니다.

## 5. 전국 단위 자사고

- 분석 대상: 외대부고(용인), 하나고, 상산고, 민족사관고(민사고), 북일고, 하늘고

### 1) 전형 특징: "학교의 DNA와 나의 DNA를 일치시켜라"

최근 전국 자사고 입시의 핵심은 '철저한 학교별 맞춤 전략'입니다. 외고나 국제고가 '계열'의 특성을 본다면, 전국 자사고는 '우리 학교의 색깔'에 맞는 학생인지를 최우선으로 평가합니다.

- 극과 극의 서류 양식: 학교별로 요구하는 자소서 양식이 완전히 다릅니다.
  - 표준형 (1,500자): 외대부고, 하나고, 북일고, 하늘고 등은 경기/서울 교육청의 표준 양식을 따릅니다. (자기주도 + 지원동기 + 인성)

○ 독자형 (2,000자~3,000자): 민사고(독서, 민족주체성 포함), 상산고(독서 포함)는 학교 고유의 문항을 사용하여 훨씬 방대한 분량을 요구합니다.

● 면접의 고도화: 서류 내용을 바탕으로 하되, 꼬리 질문이 매우 집요합니다. 특히 외대부고나 하나고의 경우, 자소서에 쓴 탐구 내용을 바탕으로 '학업적 깊이'를 검증하는 면접 난이도가 상당히 높습니다.

● 결론: "복붙(복사 + 붙여넣기)"은 절대 불가능합니다. 지원하려는 학교의 건학 이념과 특색 프로그램을 뼈대 삼아 자소서를 처음부터 '그 학교 전용'으로 기획해야 합니다.

## 2) 핵심 키워드 구체화: 추상적인 단어를 '나만의 행동'으로 바꿔라

전국 자사고는 '공부 잘하는 학생'을 넘어, 학교의 문화를 이끌어 갈 '리더'를 원합니다.

● 키워드 1: 학교별 인재상 (Fit) → "나는 당신들이 찾던 바로 그 학생입니다"
　○ (Bad) "열심히 공부해서 학교를 빛내는 인재가 되겠습니다." (모든 학교에 쓸 수 있는 문장)
　○ (Good) (민사고 지원 시) "우리 역사를 영어로 번역하여 세계에 알리는 활동을 통해, '민족주체성'을 갖춘 글로벌 리더로서의 자질을 키웠습니다." (학교 핵심 가치 반영)

● 키워드 2: 학업적 수월성 (Excellence) → "교과서를 넘어선 '지적 모험'을 했는가?"
　○ (Bad) "수학 문제집을 3권 풀며 심화 문제를 마스터했습니다." (양적 학습)
　○ (Good) "통계 단원을 배우며 여론조사의 표본 오차에 의문을 갖고, '직접 설문조사 및 SPSS 분석'을 수행하며 데이터 왜곡의 가능성을 검증했습니다." (질적 탐구)

## 3) 필승 공략법: 합격을 부르는 3단계 배치 공식

이 전략은 학교마다 양식이 달라도 통용되는 '합격의 본질'입니다.

● [1단계] 자기주도학습 (800~1,000자): '심화(Depth)'와 '융합(Convergence)'을 동시에

○ 전국 자사고는 문/이과의 경계가 없는 융합 교육을 지향합니다.

○ 전략: 하나의 주제를 깊게 파고든 '심화 탐구(Depth)' 에피소드 하나와, 서로 다른 분야(예: 수학 + 사회, 과학 + 예술)를 연결한 '융합 탐구(Convergence)' 에피소드 하나를 배치하세요.

○ 효과: "이 학생은 하나를 가르치면 열을 알 뿐만 아니라, 지식을 연결할 줄 아는구나!"라는 인상을 줍니다.

● **[2단계] 지원동기 및 진로계획 (300~500자): 학교의 '시그니처 프로그램'을 선점하라**

○ Targeting (조준): 학교 홈페이지를 샅샅이 뒤져 그 학교만 가진 '시그니처 프로그램'을 찾아내야 합니다.

○ Connection (연결)

■ 예시 (외대부고): "저의 진로인 뇌과학 연구를 위해 귀교의 유리프와 'R&E 프로그램'은 대체 불가능한 기회입니다."

■ 예시 (하나고): "귀교의 '1인 2기(체육/예술)' 활동을 통해, 건강한 신체와 감성을 겸비한 융합형 인재로 성장하겠습니다."

○ 효과: 학교에 대한 애정도와 준비 정도를 가장 강력하게 어필할 수 있습니다.

● **[3단계] 인성 영역 (400~600자): '기숙사 생활'의 적합성을 증명하라**

○ 전국 자사고는 대부분 전원 기숙사 생활을 합니다. 따라서 '공부만 잘하는 이기적인 학생'은 기피 대상 1순위입니다.

○ 전략: 혼자서 착한 일을 한 '봉사'보다는, 공동체 생활(수련회, 기숙사 체험, 동아리 합숙 등) 속에서 발생한 '갈등'을 '소통과 규칙 준수'로 해결한 사례를 쓰세요. "나는 룸메이트와 갈등이 생겨도 지혜롭게 풀 수 있는 사람"임을 증명하는 것이 합격의 숨은 열쇠입니다.

● 분석 대상: (서울) 세화고, 휘문고, 중동고, 보인고, 배재고, 현대고, 세화여고, 이화여고 등

## 1) 전형 특징: "표준 양식이라는 같은 무대, '깊이'로 압도하라"

최근 서울권 광역 자사고 입시의 핵심은 '상향 평준화된 경쟁 속에서의 차별화'입니다. 1,200자 표준 양식을 따르지만, 이과 최상위권 학생들이 대거 지원하기 때문에 '학업적 깊이'를 증명하지 못하면 평범한 자소서로 묻히기 쉽습니다.

● 1,200자 양식의 통일: '자기주도학습'과 '인성'을 중요시합니다.
● 내신 성적 우수자들의 각축장: 지원자 대부분이 주요 교과 A등급입니다. 따라서 성적표로는 변별력이 없습니다. 자소서에서 '교과서 수준을 뛰어넘는 심화 탐구 역량'을 보여 주는 것만이 합격의 열쇠입니다.
● 결론: "성실하게 공부했다"는 태도 강조는 부족합니다. "어떤 주제를, 얼마나 깊이 있게(논문, 서적, 실험 등), 자기주도적으로 파고들었는가?"를 구체적인 에피소드로 증명해야 합니다.

## 2) 핵심 키워드 구체화: 추상적인 '우수성'을 '탐구의 결과물'로 바꿔라

광역 자사고는 학교마다 색깔이 뚜렷하지만, 공통적으로 원하는 것은 '대학 진학 역량'을 갖춘 인재입니다.

● **키워드 1: 학업적 수월성 → "공부의 '양'이 아닌 '질'을 보여라"**
  ○ (Bad) "수학 문제집을 3권 풀고 오답노트를 만들어 성적을 올렸습니다." (양적 학습/단순 성실성)
  ○ (Good) "미적분 수업 중 '변화율'에 호기심을 갖고, 이를 '전염병 확산 모델(SIR)'에 적용하여 미분방정식으로 감염 추이를 예측하는 보고서를 작성했습니다." (질적 탐구/응용 능력)

● **키워드 2: 학교별 인재상(건학 이념) → "학교의 '정신'과 나의 '가치관'을 일치시켜라"**
  ○ (Bad) "귀교의 우수한 면학 분위기 속에서 공부하고 싶습니다." (누구나 쓸 수 있는 말)
  ○ (Good) (배재/이화여고 등) "학교의 건학 이념인 '섬김과 나눔'에 깊이 공감합니다. 지식을 나만의 것으로 소유하지 않고, '교육 봉사 동아리'를 통해 친구들과 나누며 함께 성장하는 인재가 되겠습니다." (학교 특색 반영)

## 3) 필승 공략법: 합격을 부르는 3단계 배치 공식

이 전략을 여러분의 자소서에 그대로 대입해 보세요. 가장 경쟁력 있는 구성이 됩니다.

● **[1단계] 자기주도학습 (500자): '심화(Depth)'와 '융합(Convergence)'으로 승부하라**
  ○ 광역 자사고, 특히 이과 성향이 강한 학교(세화, 휘문, 중동 등)는 수학/과학 탐구 역량을 보여 주는 것이 유리합니다.
  ○ 트랙 1 (전공 적합성): 희망 전공(의대, 공대 등)과 관련된 교과 개념을 하나 선정하여, '꼬리에 꼬리를 무는 탐구' 과정을 보여 주세요. (약 250자)
  ○ 트랙 2 (융합 역량): 문/이과 구분 없이, 서로 다른 분야를 연결한 경험을 배치합니다. (예: 수학적 원리로 사회 현상 분석, 문학 작품 속 과학적 오류 탐구) (약 250자)
  ○ 효과: "이 학생은 하나를 가르치면 열을 알고, 지식을 연결할 줄 아는구나!"라는 인상을 줍니다.

● **[2단계] 지원동기 및 진로계획 (300자): 'Why This School?'에 답하라**
  ○ Dream (꿈): "신약 개발 연구원", "도시 재생 전문가" 등 구체적인 진로를 제시합니다.
  ○ Connection (연결): 그 꿈을 이루는 데 있어 왜 하필 이 학교여야 하는지, 학교의 특색 프로그램을 '고유 명사'로 언급하며 연결합니다.
    ■ 예시: "저의 꿈을 위해 세화고의 '칼럼 읽기 프로그램'과 '심화 과학 캠프'는 대체 불가능한 기회입니다."
  ○ 효과: 학교에 대한 애정도와 입학 후의 구체적인 그림을 보여 줍니다.

● **[3단계] 인성 영역 (400자): '협력하는 인재'임을 증명하라**

   ○ 치열한 경쟁 속에서도 친구들을 경쟁자가 아닌 '동반자'로 인식한다는 것을 보여 주어야 합니다.

   ○ '지적 나눔'이나 갈등 중재 사례가 좋습니다. 혼자 1등 한 이야기보다는, "어려워하는 친구에게 멘토링을 해 주며 나도 성장했다"거나 "조별 과제에서 무임승차하는 친구를 다독여 함께 완성했다"는 S.A.R.L. 스토리가 훨씬 높은 점수를 받습니다.

# 유형은 달라도, 본질은 하나입니다

지금까지 외고, 국제고, 과학고, 영재학교, 전국 및 광역 자사고까지, 6가지 고교 유형별 핵심 입시 트렌드를 살펴보았습니다. 학교마다 문항이 다르고, 글자 수가 다르고, 강조하는 인재상이 달라 보여 혼란스러울 수도 있습니다.

하지만 이 모든 다양성을 관통하는 단 하나의 본질을 기억해야 합니다. 입학사정관이 여러분에게 확인하고 싶은 것은 복잡한 것이 아닙니다. 결국 다음 세 가지 질문에 대한 답입니다.

1. "스스로 성장할 줄 아는 학생인가?" (자기주도학습)
2. "우리 학교를 제대로 알고 지원했는가?" (지원동기)
3. "함께 생활하고 싶은 따뜻한 학생인가?" (인성)

이 장에서 분석한 '학교별 경향'은 여러분이 이 세 가지 질문에 답하기 위해 사용하는 '언어'와 '그릇'일 뿐입니다.

- 외고는 '어학'이라는 그릇에
- 과학고는 '실험'이라는 그릇에
- 자사고는 '건학 이념'이라는 그릇에 여러분의 성장 스토리를 담기를 원할 뿐입니다.

따라서 흔들리지 마십시오. 2부에서 배운 '핵심 전략'으로 여러분의 내실을 다지고, 이 장의 분석을 나침반 삼아 그 학교가 가장 좋아하는 언어로 여러분의 이야기를 들려주십시오. 그것이 합격으로 가는 가장 확실한 길입니다.

# 10장

# [학교 사례] 핀포인트 합격 자소서
## — 주요 학교별 완벽 해부

**'막연한 우수함'을 '확실한 합격'으로 바꾸는 핀포인트 전략**

"자소서는 잘 쓴 것 같은데, 과연 우리 학교 스타일일까?" 자소서를 거의 다 완성해 갈 즈음, 모든 지원자의 마음속에는 이런 불안감이 피어오릅니다. 글쓰기 실력도 좋고 소재도 훌륭하지만, 지원하려는 학교가 원하는 '결'과 맞지 않으면 합격을 장담할 수 없기 때문입니다.

제10장은 바로 그 불안감을 해소하기 위한 '학교별 맞춤 공략집'입니다. 전국 41개 주요 특목·자사고의 '최신 전형 분석'과 '인재상', 그리고 그 학교에 합격한 선배들의 핀포인트 합격 자소서'를 공개합니다.

**[이 사례집을 200% 활용하는 3가지 원칙]**

**1. '학교의 의도'를 먼저 파악하십시오**

예시를 읽기 전, 각 학교별 '전형 분석'과 '핵심 공략 전략'을 먼저 정독하십시오. "왜 이 학교는 이런 인재를 원할까?", "왜 이 학생은 이런 소재를 선택했을까?"를 고민하며 읽을 때, 비로소 출제자(입학사정관)의 눈을 갖게 될 것입니다.

**2. 문장이 아닌 '논리'를 훔치십시오**

여기에 실린 예시들은 훌륭한 모범 답안입니다. 하지만 문장을 그대로 베끼는 것은 독이 됩니다. 대신, '구조(Structure)'를 훔치십시오. 어떻게 호기심을 학교 프로그램과 연결했는지, 어떻게 갈등을 학교 인재상에 맞춰 해결했는지 그 '논리의 뼈대'를 벤치마킹해야 합니다.

## 3. 나만의 '편포인트'를 대입하십시오

예시를 보며 감탄만 하지 마십시오. 이제 펜을 들고 여러분의 생활기록부를 펼치세요. 그리고 예시 속 합격생처럼, 여러분의 경험 중 우리 학교가 가장 매력적으로 느낄 '결정적 한 방'을 찾아내, 여러분만의 이야기로 바꿔 쓰십시오.

*(※ 단, 학교마다 학과 구성, 자소서 문항, 특색 프로그램은 매년 변동될 수 있으니, 반드시 지원 전 학교 홈페이지에서 최신 요강을 확인해야 합니다.)*


## [유형 1] 외국어고등학교

### [1] 대원외국어고등학교 전형 분석

Theme: "언어는 도구일 뿐, 우리는 그 너머의 '통찰력'을 본다"

### 1. 전형 기본 정보

- 글자 수 및 문항: 총 1,500자 이내 (띄어쓰기 제외)/서울시교육청 공통 양식
    - [영역 1] 자기주도학습 (꿈과 끼): 학습을 위해 주도적으로 수행한 목표 설정-계획-학습-결과-평가 과정.
    - [영역 2] 지원동기 및 진로계획 (꿈과 끼): 학교 특성과 연계된 지원 동기, 입학 후 활동 및 졸업 후 진로 계획.
    - [영역 3] 인성 영역: 배려, 나눔, 협력, 갈등 관리 등 실천 사례 및 느낀 점.

### 2. 인재상 및 핵심 가치

- 핵심 슬로건: '지(知)·인(仁)·용(勇)'을 갖춘 글로벌 리더
    - 지(知 ─ Wisdom): 현상의 본질을 꿰뚫어 보는 지혜로운 사고력.
    - 인(仁 ─ Virtue): 타인을 존중하고 공동체에 기여하는 따뜻한 인성.

- ○ 용(勇 — Courage): 세계를 무대로 두려움 없이 나아가는 도전 정신.
- 3C 정신: Creativity(창의), Consideration(배려), Challenge(도전)
- [입시 키워드]: 대원외고는 '영어 잘하는 학생'을 뽑는 것이 아닙니다. 외국어 능력을 기본 장착하고, 그것을 도구 삼아 인문학, 사회과학, 자연과학 등 다양한 분야를 섭렵할 수 있는 '지적 호기심'이 충만한 학생을 원합니다.

## 3. 필승 공략 전략

### 1) '언어'를 '도구'로 격하시켜라

- 많은 학생들이 "영어를 얼마나 잘하는지"를 자랑합니다. 하지만 합격생들은 "영어로 무엇을 연구했는지"를 보여 줍니다.
- [전략] 기능적인 어학 학습 과정(Bad)을 나열하기보다, 언어를 도구 삼아 특정 주제를 분석한 심화 탐구 사례(Good)를 작성하십시오.
  - ○ [Bad] "미드를 보며 쉐도잉을 해서 프리토킹이 가능해졌습니다."
  - ○ [Good] "영문 기사를 통해 서구 언론이 아시아 문화를 바라보는 '오리엔탈리즘'적 시각을 비판적으로 분석했습니다."

### 2) '문·이과 융합'으로 차별화하라

- 외고라고 해서 영어/국어 이야기만 할 필요는 없습니다. 대원외고는 융합형 인재를 선호합니다.
- [전략] 자기주도학습 영역(약 800자 권장)을 구성할 때, 메인 소재는 '전공어 심화 탐구'로 잡되, 서브 소재로 '수학적 통계 분석'이나 '과학적 논리 추론' 과정을 보여 주십시오. 이는 "편식하지 않는 지식인"이라는 강력한 인상을 줍니다.

### 3) 학교 프로그램(지·인·용)에 나를 대입하라

- 지원동기에서 막연히 "좋은 학교라서"라고 쓰는 것은 설득력이 떨어집니다.
- [전략] 대원외고만의 특색 프로그램인 대원아카데미, 인문학 특강, GLP(Global Leadership Program), 각종 디베이트 동아리를 구체적으로 언급하며, 나의 진로(꿈)가 이 프로그램들을 통해 어떻게 완성될지 '논리적 연결 고리'를 만드십시오.

## 4. 면접 대비 핵심

- **No Common Question**: 공통 질문이 없습니다. 이는 생기부와 자소서를 현미경처럼 뜯어보며 **개별 검증**하겠다는 뜻입니다.
- **자소서 질문 대비(즉문즉답)**: 질문당 1분 정도의 답변이 가능하도록 준비하셔야 합니다.
- 자기주도학습 2문항, 지원동기 및 진로계획 1문항, 인성 1문항을 2개의 면접실에서 진행합니다.
- 자소서에 쓴 단어 하나, 개념 하나에 대해 "그게 정확히 무슨 뜻인가?", "반대 의견은 무엇인가?" 를 묻습니다. 겉멋으로 쓴 문장은 면접장에서 반드시 들통납니다.

## [★] 입학사정관의 시선

"대원외고 지원자들의 내신 성적은 모두 최상위권입니다. 변별력은 성적이 아니라 '생각의 깊이'에서 나옵니다. 남들이 번역을 할 때, **번역 뒤에 숨은 문화적 차이를 탐구한 학생**이 합격합니다."

## [사례 1] 융합형 인재: "영어는 '이론'을, 수학은 '증명'을 담당했다"

- **지원 전형**: 일반 전형(스페인어과)
- **희망 진로**: 개발협력 전문가 (ODA 전문가)
- **핵심 컨셉**: 경제학적 난제를 원서로 이해하고, 수학으로 검증하는 '문·이과 융합형' 인재

### 자기주도학습 영역: 빈곤의 문제를 수학으로 증명하다

(글감 1: 영어 + 진로) 아비지트 배너지의 『가난한 사람이 더 합리적이다(Poor Economics)』를 원서로 읽으며 '빈곤의 덫(Poverty Trap)'이라는 개념을 접했습니다. 번역본에서는 단순히 '가난의 악순환'으로 이해했던 것이, 원문에서는 'S-shape curve'라는 경제학적 모델로 설명되는 것을 보고 지적 충격을 받았습니다. 저는 "왜 빈곤 탈출에는 임계점이 필요한가?"라는 질문을 품게 되었습니다.

(글감 2: 수학) 이 S자 곡선의 원리를 수학적으로 증명하고 싶었습니다. 수학 시간에 배운 '함수의 기울기(미분)' 개념을 적용해 보았습니다. 소득($x$)이 미래 소득($y$)으로 이어질 때, 기울기가 1보다 큰 구간과 작은 구간이 존재함을 그래프로 그렸습니다. 이를 통해 초기 자본이 특정 임계점

(Threshold)을 넘지 못하면 기울기가 낮아져 영원히 빈곤에 머문다는 사실을 수학적 모델링으로 확인했습니다. 이 탐구를 통해 개발도상국 지원은 단순한 자선이 아니라, 임계점을 넘기게 해 주는 '초기 투자의 함수값'을 높이는 일임을 깨달았습니다.

## 지원동기 및 진로계획: 데이터를 다루는 전문가

국제기구에서 데이터에 기반한 원조 정책을 펼치고 싶습니다. 대원외고의 'GLP(Global Leadership Program)'와 '경제경영 동아리'는 경제 이론을 원어로 토론하며 저의 분석력을 키울 최적의 장소입니다. 입학 후, 개발도상국의 경제 데이터를 통계적으로 분석하는 R&E를 수행하고, 졸업 후에는 개발경제학을 전공하여 실효성 있는 ODA 정책을 설계하는 전문가가 되겠습니다.

## 인성 영역: 비교우위로 만든 팀워크

통계 포스터 대회에서 팀원 간 역할 분담 문제로 갈등이 생겼습니다. 저는 감정적 대립 대신 '비교우위론'을 적용하자고 제안했습니다. 각자가 가장 적은 시간 비용으로 잘할 수 있는 일(자료조사 vs. 그래프 제작)을 맡는 것이 팀 전체의 효용을 높인다는 점을 논리적으로 설득했습니다. 합리적 조율 덕분에 효율이 올라 만족할 만한 성과를 거두었고, 이성적 설득이 최고의 배려임을 배웠습니다.

## [★] 입학사정관의 선택:"문과생의 수학은 가장 강력한 차별화 무기다."

1. 뻔한 영어가 아닌, '도구'로서의 수학 (Tool): 대원외고 지원자들은 누구나 영어를 잘합니다. 하지만 영문 텍스트에서 얻은 지식을 '수학적 그래프(미분)'로 치환해서 증명하는 학생은 상위 1%입니다. 이는 "이 학생은 편협하지 않은 '진정한 융합 인재'구나"라는 강한 인상을 심어 줍니다.

2. 면접관을 유혹하는 '구체적 탐구' (Detail): 단순히 "책을 읽고 감명받았다"가 아닙니다. 'S-shape curve'와 '임계점'이라는 구체적인 개념을 제시했습니다. 면접관은 반드시 이렇게 물을 것입니다.

    ○ *"빈곤의 덫 그래프에서 기울기가 1보다 작아지는 구간의 경제적 의미는 무엇인가?"*

    ○ *"수학적 모델링을 하면서 느꼈던 한계점은 없었나?"*

⇒ 학생은 이미 이 질문에 대한 답변을 준비하고 들어가는 셈입니다.

## [사례 2] 사회 참여형: "언어로 세상의 문제를 해결하다"

● 지원 전형: 일반 전형(중국어과)
● 희망 진로: 국제 환경 운동가/그린피스 활동가
● 핵심 컨셉: 외국어 능력을 도구로 글로벌 이슈(환경)를 해결하려는 '실천가'

### 자기주도학습 영역: 중국의 황사, 데이터를 넘어 정책을 읽다

(글감 1: 사회 문제) 매년 반복되는 미세먼지의 원인을 찾던 중, 중국발 요인이 크다는 뉴스를 보았습니다. 하지만 국내 언론은 비난에만 집중할 뿐, 중국 내부의 사정은 다루지 않았습니다. 저는 '중국 정부의 환경 백서' 원문을 직접 읽어 보기로 했습니다.

(글감 2: 언어 + 분석) 한자 사전을 찾아가며 2020년 중국 환경 정책 보고서를 독해했습니다. 놀랍게도 중국은 '석탄 난방 금지' 등 강력한 정책을 펴고 있었지만, 지방 정부의 집행 과정에서 격차가 있음을 알게 되었습니다. 이를 통해 환경 문제는 국가 간 비난이 아니라, '정책의 실행력'과 '기술 협력'으로 풀어야 함을 깨달았습니다. 막연한 편견을 '원문 독해'를 통해 객관적 사실로 바로잡은 경험이었습니다.

### 지원동기 및 진로계획

국경 없는 환경 문제를 해결하는 활동가가 꿈입니다. 대원외고의 '환경 동아리'와 '중국어 심화 과정'을 통해, 동북아 환경 협력체를 구상해 보고 싶습니다. 졸업 후에는 국제환경법을 전공하여 실질적인 국가 간 협약을 이끌어 내겠습니다.

### 인성 영역

교내 쓰레기 분리배출 캠페인을 주도했지만 참여율이 저조했습니다. 저는 잔소리 대신 '넛지(Nudge)' 효과를 이용했습니다. 쓰레기통을 농구 골대 모양으로 바꾸고, "3점 슛을 넣어 주세요"라는 문구를 붙였습니다. 작은 아이디어로 친구들의 행동을 긍정적으로 변화시키며, 즐거운 참여가 진정한 변화를 만든다는 리더십을 배웠습니다.

**[★] 입학사정관의 선택: "비판적 사고력이 돋보이는 '행동하는 지성'이다."**

1. 팩트 체크의 힘: 언론의 보도를 그대로 믿지 않고, '원문(Original Text)'을 찾아 직접 검증한 태도가 훌륭합니다. 대원외고는 수동적인 모범생보다, 이렇게 스스로 정보를 검증하고 대안을 찾는 능동적인 학생을 선발합니다.

2. 문제 해결의 구체성 (Solution): 단순히 "환경을 보호하자"고 외치는 것이 아니라, '정책의 실행력', '기술 협력' 등 구체적인 대안을 제시했습니다.

    ○ *"중국 정부의 환경 백서를 읽으면서 가장 인상 깊었던 정책은 무엇인가?"*

    ○ *"넛지 효과를 활용했을 때 친구들의 반응은 구체적으로 어땠나?"*

⇒ 면접관은 이런 질문을 통해 학생의 실질적인 문제 해결 능력을 확인하게 됩니다.


## [2] 대일외국어고등학교 전형 분석


Theme: "세 가지 박자가 완벽하게 맞아떨어지는 'D-Sign' 인재"


## 1. 전형 기본 정보

● 글자 수 및 문항: 총 1,500자 이내 (띄어쓰기 제외)/서울시교육청 공통 양식

    ○ [영역 1] 자기주도학습 (꿈과 끼): 주도적 학습 과정 및 느낀 점.

    ○ [영역 2] 지원동기 및 진로계획 (꿈과 끼): 학교 특성과 연계된 지원 동기, 입학 후/졸업 후 계획.

    ○ [영역 3] 인성 영역: 배려, 나눔, 협력, 타인 존중, 규칙 준수 사례.


## 2. 인재상 및 핵심 가치

● D-Sign (Daeil-Sign): 대일만의 특색 있는 인재 육성 프로그램이자 인재상.

    ○ Humanity (인성): 봉사와 나눔을 실천하는 리더.

    ○ Creativity (창의): 어학 능력에 논리적 사고를 더한 융합 인재.

    ○ Globalization (국제화): 세계 시민 의식을 갖춘 글로벌 리더.

● [입시 키워드]: 대일외고는 전통적으로 '다양한 동아리 활동(30여 개)'과 '어학 연극' 등이 활발합니다. 책상머리 공부만 하는 모범생보다는, 동아리나 단체 활동에서 에너지를 뿜어내는 '끼 있

는 리더'를 선호합니다.

## 3. 필승 공략 전략

### 1) '질문 거리'를 3등분하여 심어라

● 대일외고 면접의 특징을 고려할 때, 자소서의 특정 영역이 빈약하면 치명적입니다.

● [전략] 자기주도학습에 올인하느라 인성을 100자만 쓰거나, 진로 계획을 추상적으로 넘기지 마십시오. 세 영역의 비중을 4:3:3 또는 5:3:2 정도로 균형 있게 배분하고, 각 영역마다 면접관이 물어볼 수밖에 없는 '핵심 소재'를 하나씩 반드시 심어야 합니다.

### 2) 'D-Sign'에 맞춰 '활동성'을 증명하라

● "열심히 공부했다"는 서술만으로는 대일외고의 문화를 따라가기 벅차 보일 수 있습니다.

● [Tip] 지원동기나 입학 후 계획에서 '어학 연극 동아리(원어 뮤지컬)', '모의유엔', '과학 탐구(유레카)' 등 대일외고의 구체적인 활동 프로그램을 언급하며, 내가 그 안에서 주도적으로 활약할 수 있는 '활동형 인재'임을 보여 주십시오.

## 4. 면접 대비 핵심

● '1-1-1 법칙'의 즉문즉답: 대일외고 면접은 [학습 1문제, 진로 1문제, 인성 1문제]가 기계적으로 출제되며, 1개의 강의실에서 6분 정도 즉문즉답으로 진행합니다. (※ 공통 질문은 없으나 추가 질문이 나올 수 있습니다.)

● 대비법: 자소서를 다 쓴 후, 스스로 면접관이 되어 각 영역별로 질문을 하나씩 뽑아 보십시오. 만약 "인성 영역에서 물어볼 게 없는데?"라는 생각이 든다면, 그 자소서는 탈락 위기입니다. 질문할 거리가 생길 때까지 구체적인 에피소드를 보강해야 합니다.

## [★] 입학사정관의 시선

"대일외고는 '밸런스(Balance)'를 봅니다. 공부만 잘하는 학생보다, 공부도 잘하면서 연극 무대에도 서고 봉사도 열심히 하는 '육각형 인재'가 합격합니다. 자소서에서 그 '다재다능함'과 '에너지'를 보여 주세요."

## [사례 1] D-Sign 인재형: "철학을 '콘텐츠'로 번역하는 스토리텔러"

- **지원 전형**: 일반 전형(독일어과)
- **희망 진로**: 미디어 콘텐츠 기획자 (PD)
- **핵심 컨셉**: 난해한 인문학을 대중적인 콘텐츠로 풀어내는 '창의적 소통 능력'

### 자기주도학습: 니체의 초인을 카드 뉴스로 만들다

(글감: 독서 + 탐구) 니체의 『차라투스트라는 이렇게 말했다』를 접하고 '신은 죽었다'는 문장이 기존 가치관의 전복을 의미한다는 해석에 흥미를 느꼈습니다. 독일어 원문에서 '초인(Übermensch)'의 뉘앙스를 분석하며, 이것이 '슈퍼맨'이 아니라 '자신을 끊임없이 극복하는 인간'임을 알게 되었습니다. (심화 활동) 저는 이 철학적 메시지를 친구들이 쉽게 이해할 수 있도록 '카드 뉴스'로 제작하여 학교 SNS에 연재했습니다. 청소년의 성적 고민과 니체의 철학을 연결하자 큰 호응을 얻었습니다. 난해한 지식도 '대중의 언어'로 번역하면 강력한 콘텐츠가 됨을 깨닫고, 인문학적 소양을 갖춘 PD라는 꿈을 구체화했습니다.

### 지원동기 및 진로계획: LIEBE(리베)에서 꿈을 연출하다

대일외고의 자랑인 독일어 원어 연극 동아리 '리베(LIEBE)'는 저의 꿈을 위한 완벽한 무대입니다. 직접 대본을 각색하고 연기하며 언어의 입체감을 체득하고 싶습니다. 입학 후, '한국 전래동화의 독일어 영상화 프로젝트'를 기획하여 동영상 채널을 운영하겠습니다.

### 인성 영역: 리더십은 '편집'이다

방송반 국장으로 축제 영상을 제작할 때, '재미'와 '정보' 사이에서 팀원 간 의견이 갈렸습니다. 저는 대립이 아닌 '장르의 차이'라고 재정의하고, 영상을 1부(예능형)와 2부(다큐형)로 나누는 '옴니버스 구성'을 제안했습니다. 리더는 자기주장을 하는 사람이 아니라, 팀원의 개성을 적재적소에 '편집(Editing)'하여 최상의 결과물을 만드는 사람임을 배웠습니다.

**[★] 입학사정관의 선택: "면접관이 질문할 거리가 넘쳐 나는 '뷔페' 같은 자소서다"**

**1. 영역별 밸런스가 완벽하다 (Balance)**

대일외고의 면접 스타일(영역별 1질문)을 완벽하게 간파했습니다.

- ○ (학습) "니체의 '초인' 개념을 원어로 어떻게 해석했니?"

- ○ (진로) "동아리 '리베'에서 어떤 역할을 맡고 싶니?"

- ○ (인성) "방송반 갈등 해결 과정에서 가장 힘들었던 점은?"

⇒ 이렇게 각 영역마다 면접관이 반드시 물어보고 싶은 '미끼'를 확실하게 던져두었습니다.


**2. 학교의 자랑거리(동아리)를 정확히 공략했다**

대일외고가 자부심을 갖는 독일어 연극 동아리 '리베(LIEBE)'를 콕 집어 언급했습니다. 이는 "우리 학교에 대해 제대로 알아보고 지원했구나"라는 충성도(Loyalty) 점수에서 만점을 받게 합니다.


**3. 인성 소재의 참신함**

단순한 '봉사활동'이나 '착한 아이 코스프레'가 아닙니다. PD라는 진로에 맞춰 리더십을 '편집 (Editing)'이라는 키워드로 재해석했습니다. 진로와 인성이 유기적으로 연결된 고수의 전략입니다.


**[사례 2] 융합형 인재: "문과 학교에서 '과학'을 논하는 반전 매력"**


- ● 지원 전형: 일반 전형(프랑스어과)

- ● 희망 진로: 국제 보건 행정가 (보건에 관한 국제기구의 자문위원)

- ● 핵심 컨셉: 어학 능력에 '과학적 논리력'을 더해 국제 문제를 해결하는 인재


**자기주도학습: 언어로 전염병의 패턴을 읽다**

(글감: 영어 + 수학 융합) 영어 지문에서 '팬데믹 시대의 불평등'을 읽고, 이것이 실제 데이터로도 나타나는지 궁금했습니다. 보건에 관한 국제기구의 영문 보고서를 다운로드하여 국가별 백신 보급률과 치명률 데이터를 수집하고, 엑셀로 상관분석을 시도했습니다. (깨달음) 단순히 의료 기술의 문제가 아니라, '국가 간 정보 격차'와 '특허권 분쟁'이 불평등의 핵심 원인임을 알게 되었습니다. 문

과적 소양인 '국제법 이해'와 이과적 소양인 '통계 분석'이 합쳐질 때, 비로소 질병이라는 인류의 난제를 해결할 수 있음을 깨달았습니다.

## 지원동기 및 진로계획: 유레카(EUREKA)를 외치다

저는 대일외고의 유일한 과학 탐구 동아리 '유레카(EUREKA)'에서 문·이과 융합의 꿈을 이루고 싶습니다. 생명과학과 국제정치를 연결하는 융합 세미나를 개최하여 친구들과 다양한 시각을 나누겠습니다. 졸업 후에는 보건행정학을 전공하고, 보건에 관한 국제기구의 정책 자문위원이 되어 개발도상국에 맞는 방역 시스템을 설계하겠습니다.

## 인성 영역: 예외 없는 원칙 준수

기숙사 체험 캠프에서 친한 친구가 취침 시간 후 간식을 먹자고 제안했습니다. 분위기를 깨기 싫었지만, 단체 생활에서 '예외'를 허용하면 질서가 무너진다고 생각했습니다. 친구를 따로 불러 "우리가 먼저 규칙을 지켜야 한다"고 진심으로 설득했습니다. 원칙을 지키는 것이 진정한 우정임을 배웠으며, 대일외고 기숙사에서도 규율을 준수하는 모범이 되겠습니다.

## [★] 입학사정관의 선택: "희소성(Scarcity) 전략이 적중했다"

1. 남들이 안 하는 이야기를 한다 (Differentiation): 인문/어학 진로가 90%인 외고 입시에서 '보건/과학' 테마는 눈에 띌 수밖에 없습니다. 특히 대일외고의 유일한 과학 동아리 '유레카'를 언급하며, 자신이 학교의 다양성에 기여할 인재임을 어필했습니다.

2. 면접관이 검증하고 싶은 '논리력': 문과 학생이 통계 분석을 했다고 하면 면접관은 반드시 검증하고 싶어 합니다.

- "상관분석 결과 $r$값이 얼마가 나왔나? 그게 무슨 의미인가?"
- "정보 격차가 왜 백신 불평등으로 이어지는지 설명해 보라."

⇒ 이 질문들에 답할 수만 있다면, 이 학생은 최상위권 점수로 합격합니다.

3. 기숙사 생활에 딱 맞는 인성: 기숙사를 운영하는 대일외고 특성상, '규칙 준수'는 매우 중요한 평가 요소입니다. 친구를 설득해 규칙을 지킨 사례는 입학사정관에게 "이 학생은 기숙사에서도 문제를 일으키지 않겠구나"라는 큰 신뢰를 줍니다.

# [3] 한영외국어고등학교 전형 분석

Theme: "세계를 가슴에 품고, 미래를 향해 도전하는 '글로벌 인재'"

## 1. 전형 기본 정보

● 글자 수 및 양식: 총 1,500자 이내 (띄어쓰기 제외)/서울시교육청 공통 통합 양식.

　○ [영역 1] 자기주도학습 (꿈과 끼): 학습을 위해 주도적으로 수행한 목표 설정-계획-학습-결과-평가 과정.

　○ [영역 2] 지원동기 및 진로계획 (꿈과 끼): 학교 특성과 연계된 지원 동기, 입학 후 활동 및 졸업 후 진로 계획.

　○ [영역 3] 인성 영역: 배려, 나눔, 협력, 타인 존중, 규칙 준수 등 실천 사례 및 느낀 점.

## 2. 인재상 및 핵심 가치

● 육 목표: 지성(Intellect)과 인성(Character)을 겸비한 글로벌 인재

● 특색 프로그램 (HY-Five): 한영외고만의 5대 핵심 역량 강화 프로그램.

　○ 진로 탐색: 진로 심화 스터디, 진로 특강.

　○ 학술 심화: 영어 세미나, 영어 토론제, 모의유엔(HYMUN).

　○ 인성 함양: 1인 1기, 봉사활동.

● [입시 키워드]: 한영외고는 '토론(Debate)'과 '발표(Presentation)'가 일상화된 학교입니다. 단순히 지식을 암기하는 학생보다, 자신의 논리를 말과 글로 설득력 있게 표현하는 '소통형 인재'를 선호합니다.

## 3. 필승 공략 전략

1) '금지어'를 피해 '학술적 역량'을 과시하라 (Detour)

● '올림피아드', '경시대회', 'ㅇㅇ급수' 등 기재 금지어를 쓰면 0점 처리됩니다. 하지만 역량을 숨길 필요는 없습니다.

● [전략] '교과 심화 활동'으로 우회하십시오. "경시대회 금상" 대신 "동아리 세미나에서 심화 문제

를 출제하고 해설집을 만들었다"고 표현하면 규정은 지키면서 실력은 증명할 수 있습니다.

## 2) '진로'와 '교과'를 타이트하게 엮어라 (Alignment)

● 한영외고는 '진로 적합성'을 중요하게 봅니다.

● [전략] [교과 수업 → 호기심 발생 → 개인적 심화 탐구 → 진로 구체화]의 흐름을 따르십시오.
"영어 지문에서 환경 문제를 접하고(수업), 국제 환경법 조약을 원문으로 찾아봤다(탐구)"는 식
의 연결 고리가 필수입니다.

## 4. 면접 대비 핵심

● '질문지 사전 열람' 시스템: 한영외고 면접의 가장 큰 특징은 면접실에서 질문지를 받고 문항당
20초 정도 답변을 구상할 시간을 준다는 점입니다. (※ 학교 사정에 따라 변동 가능성 있음)

● 질문은 3문제(자기주도학습 1문제, 진로 1문제, 인성 1문제)이며 총6분(구상 시간 포함)입니다.
면접실을 2곳으로 운영하고 있습니다.

● 대비법: 구상 시간이 있다는 것은 "즉흥적인 순발력"보다 "완성도 높은 논리력"을 본다는 뜻입니
다. 따라서 답변을 준비할 때 [두괄식 결론 — 근거 1 — 근거 2 — 정리]의 완벽한 구조를 짜는
연습을 해야 합니다. 어설픈 답변은 용납되지 않습니다.

## [★] 입학사정관의 시선

"한영외고는 '논리적인 말하기'를 봅니다. 자소서에 화려한 스펙을 나열하기보다, 하나의 활동이라
도 '왜(Why)' 했고 그로 인해 '어떻게(How)' 성장했는지를 설득력 있게 풀어내는 학생이 면접에서
도 강합니다."

## [사례 1] 글로벌 소통형: "문화의 차이를 '언어'로 잇는 외교관"

● 지원 전형: 일반 전형(중국어과)

● 희망 진로: 공공외교 전문가

● 핵심 컨셉: 언어 능력을 바탕으로 문화적 갈등을 중재하는 '소통 전문가'

## 자기주도학습: 언어 속의 '문화'를 읽다

(교과 심화 활동) 중국어 시간에 '한 자녀 정책'에 대한 지문을 배우며, 정책 변화가 중국 사회에 미친 영향이 궁금했습니다. 교과서에는 나오지 않는 최근의 '세 자녀 정책' 전환 배경을 알기 위해, 중국 관영 매체의 사설(Editorial)을 사전과 번역기의 도움을 받아 독해했습니다. (깨달음) 단순히 인구 증가 목적이 아니라, '고령화'와 '노동력 부족'이라는 사회 구조적 문제를 해결하려는 시도임을 알게 되었습니다. 이를 사회 시간의 '저출산 고령화' 단원과 연결하여 〈한·중 인구 정책 비교〉 보고서를 작성해 발표했습니다. 언어는 문화를 이해하는 창이며, 진정한 외교는 상대국의 사회적 맥락을 이해하는 것에서 시작됨을 깨달았습니다.

## 지원동기 및 진로계획: 한영의 무대에서 토론하다

한영외고의 '한영 모의유엔(HYMUN)'과 '영어 토론제'는 미래 외교관에게 필수적인 협상 능력을 키울 최고의 환경입니다. 입학 후 중국어과 심화 수업을 통해 언어 장벽을 넘고, 국제 정치 동아리에서 동북아 평화 체제를 주제로 치열하게 토론하고 싶습니다.

## 인성 영역: 경청으로 만든 하모니

합창 대회 연습 중, 파트 간 박자가 맞지 않아 불협화음이 생겼습니다. 서로 "네가 틀렸다"며 비난하는 분위기였습니다. 저는 지휘를 자처하고, 말하는 대신 '녹음'을 제안했습니다. 우리의 노래를 녹음해서 들려주자, 친구들은 스스로 어디가 틀렸는지 깨달았습니다. 비난보다는 객관적인 사실 확인과 경청이 문제 해결의 지름길임을 배웠으며, 이 경험은 훗날 다자간 외교 협상에서도 갈등을 조율하는 밑거름이 될 것입니다.

## [★] 입학사정관의 선택: "교과서에서 출발한 탐구가 가장 강력하다"

1. 규정 준수: '경시대회'나 '토익 점수' 같은 금지어를 하나도 쓰지 않고도, '중국어 원문 독해'와 '사회 교과 연계'를 통해 탁월한 학업 역량을 증명했습니다.

2. 진로 연계성: '모의유엔'이라는 학교 특색 프로그램과 자신의 진로(외교관)를 자연스럽게 연결하여 지원 동기의 설득력을 높였습니다.

## [사례 2] 융합 탐구형: "데이터로 사회 문제를 해결하는 마케터"

- ● 지원 전형: 일반 전형(일본어과)
- ● 희망 진로: 글로벌 데이터 마케터
- ● 핵심 컨셉: 인문학적 감성에 '통계적 분석력'을 더한 융합 인재

### 자기주도학습: 편견을 깨는 데이터의 힘

(독서 연계) 『팩트풀니스』를 읽고 우리가 세상을 오해하고 있다는 사실에 충격을 받았습니다. 특히 '개발도상국은 여전히 가난하다'는 편견을 검증하고 싶어, 통계에 관한 공신력 있는 국가기관의 국가통계포털(KOSIS)을 활용해 동남아시아 국가들의 최근 10년 경제 성장률 데이터를 수집했습니다. (융합 탐구) 엑셀로 그래프를 그려 보니, 베트남과 인도네시아의 성장세가 선진국을 앞지르고 있었습니다. 이를 영어 수행평가 시간에 〈Emerging Markets〉라는 주제로 발표했습니다. 막연한 이미지가 아니라 '데이터'로 세상을 볼 때 정확한 마케팅 전략이 나옴을 깨닫고, 수학적 분석력을 갖춘 마케터라는 꿈을 확고히 했습니다.

### 지원동기 및 진로계획: 융합의 시너지를 내다

한영외고의 '진로 심화 스터디'에 참여하여 경영학에 관심 있는 친구들과 함께 글로벌 기업의 마케팅 성공 사례를 분석하고 싶습니다. 영어 에세이 쓰기를 통해 논리적 설득력을 기르고, 졸업 후에는 경영학과 통계학을 복수 전공하여 세계 시장을 분석하는 데이터 전문가가 되겠습니다.

### 인성 영역: 멘토링, 함께 성장하다

수학을 어려워하는 친구를 위해 점심시간 멘토링을 했습니다. 처음에는 제 방식대로만 설명해서 친구가 이해하지 못했습니다. 저는 친구의 눈높이에 맞춰 '그림'과 '예시'를 활용해 설명 방식을 바꿨습니다. 친구의 성적이 오른 것도 기뻤지만, 남을 가르치면서 저의 개념도 더 확실해지는 '교학상장(教學相長)'의 기쁨을 느꼈습니다. 나눔은 일방적인 시혜가 아니라 함께 성장하는 과정임을 배웠습니다.

**[★] 입학사정관의 선택: "금지된 선을 넘지 않으면서 '수학적 역량'을 뽐냈다"**

1. 영리한 우회 전략: '미적분'이나 '확률과 통계' 같은 고교 과목명을 직접 쓰는 대신, '데이터 수집', '그래프 분석'이라는 표현을 써서 선행학습 금지 규정을 피하면서도 수리적 역량을 충분히 어필했습니다.

2. 팩트 기반 탐구: 막연한 감상이 아니라 '공공 데이터(KOSIS)'를 활용한 탐구 과정은 자소서의 신뢰도를 급격히 높여 줍니다.

## [4] 명덕외국어고등학교 전형 분석

Theme: "세계를 움직이는 언어의 힘, 명덕에서 시작하다"

## 1. 전형 기본 정보

● 글자 수 및 양식: 총 1,500자 이내 (띄어쓰기 제외)/서울시교육청 공통 통합 양식.

  ○ [영역 1] 자기주도학습 (꿈과 끼): 학습 주도성 및 탐구 과정.

  ○ [영역 2] 지원동기 및 진로계획 (꿈과 끼): 학교 및 '전공어 선택 동기' 포함 필수.

  ○ [영역 3] 인성 영역: 배려, 나눔, 협력, 타인 존중, 규칙 준수 사례.

## 2. 인재상 및 핵심 가치

● 교육 목표: 높은 이상과 근면 성실한 생활 태도를 갖춘 글로벌 인재

● 특색 프로그램

  ○ 전공어 심화 교육: 전공어 원어민 회화, 전공어 경시대회, 전공어권 문화 체험 등 '언어 교육'의 비중과 강도가 매우 높음.

  ○ M-BEST (명덕 인재 인증제): 학업뿐 아니라 독서, 봉사, 외국어 능력을 종합적으로 평가.

● [입시 키워드]: 명덕외고는 "외국어고등학교"라는 본질에 가장 충실한 학교입니다. 입학 후 전공어 수업 시수가 많고 강도가 높기 때문에, 해당 언어와 문화에 대한 '구체적이고 명확한 흥미'가 없는 학생은 적용하기 어렵다고 판단합니다.

## 3. 필승 공략 전략



**1) 'Why This Language?'에 답하라 (Targeting)**

- 지원동기에서 단순히 "명덕외고가 좋아서"는 통하지 않습니다. "왜 하필 러시아어과인가?"에 대한 답이 있어야 합니다.
- [전략] 나의 진로(꿈)를 이루는 데 있어 '해당 언어'가 왜 필수적인 도구인지를 증명하십시오. (예: 우주 공학자가 되기 위해 러시아의 원천 기술을 원어로 읽어야 함)

**2) 진로의 '구체성'으로 승부하라 (Specificity)**

- 명덕외고의 진로 계획은 구체적일수록 좋습니다.
- [전략] 1학년 때는 전공어 기초를 다지고, 2학년 때는 원서 강독을 하며, 3학년 때는 해당 국가의 대학 논문을 분석하겠다는 식의 '단계별 로드맵'을 제시하십시오.

## 4. 면접 대비 핵심

- **공통 질문 없음 & 질문지에 개별 질문 4개, 준비 시간 부여**: 면접실 1곳 또는 2곳에서 자소서 기반의 개별 질문만 진행되며 질문지를 읽고 답변을 하면 되지만 총6분 안에 마쳐야 합니다. 따라서 생각할 시간은 문항당 10~20초가 적당해 보입니다. (타이머를 맞춰 놓기도 합니다.)
- **전공어 적합성 검증**: 면접관은 지원자가 해당 전공어를 공부할 '지속적인 열정(Grit)'이 있는지 확인하려 합니다. "그 언어를 배우다가 어려우면 어떻게 할 것인가?" 같은 질문에 대비해야 합니다.

## [★] 입학사정관의 시선

"명덕외고는 '전공어 사랑'이 남다른 학생을 뽑습니다. 단순히 성적 때문에 학과를 선택한 학생과, 자신의 꿈을 위해 이 언어가 반드시 필요한 학생은 자소서 한 줄만 읽어도 티가 납니다."

## [사례 1] 이공계 융합형: "러시아어는 우주로 가는 열쇠입니다"

- **지원 전형**: 일반 전형(러시아어과)
- **희망 진로**: 항공우주 공학자 (KARI 연구원)

● **핵심 컨셉**: 공학적 지식 습득을 위해 '러시아어 원전 독해'를 목표로 하는 뚜렷한 목적의식

## 자기주도학습: 물리의 법칙을 실험으로 증명하다

(교과 심화 활동) 과학 시간에 '운동량 보존 법칙'을 배우며, 이론이 실제 충돌에서도 완벽히 적용되는지 궁금했습니다. 이를 확인하기 위해 스마트폰의 고속 카메라 기능과 트래커 프로그램을 활용하여 '에어트랙 충돌 실험'을 설계했습니다. (탐구 과정) 오차를 줄이기 위해 마찰력을 최소화하고, 10회 반복 측정한 데이터를 엑셀로 분석했습니다. 그 결과 이론값과 98% 일치함을 확인했지만, 미세한 오차가 '공기 저항' 때문임을 알게 되었습니다. 이를 보정하기 위한 식을 유도해 보며, 공학은 오차와의 싸움임을 깨달았습니다.

## 지원동기 (150자): 왜 러시아어인가?

항공우주 공학자를 꿈꾸며, 우주 정거장 미르(Mir)와 소유즈 로켓 등 우주 기술의 원천이 러시아에 있음을 알게 되었습니다. 하지만 대부분의 자료가 영어로 중역되어 있어 기술의 디테일을 놓치기 쉬웠습니다. 저는 러시아 원천 기술 논문을 원어로 직접 독해하여 대한민국 우주 산업의 경쟁력을 높이고자 지원했습니다.

## 진로계획 (250자): 3년간의 로드맵

입학 후 러시아어의 격변화와 문법 기초를 탄탄히 다지겠습니다. 2학년 때는 '전공어 심화 탐구' 동아리에서 러시아의 기초과학 잡지인 '나우카(Nauka)' 기사를 번역하며 과학 러시아어 어휘를 익히겠습니다. 3학년 때는 톨코프스키의 '로켓 방정식' 관련 원문 논문을 분석하는 소논문을 작성하겠습니다. 졸업 후 항공우주공학과에 진학하여, 러시아와 기술 협력을 주도하는 엔지니어가 되겠습니다.

## 인성 영역: 안전을 위한 쓴소리

과학 실험 동아리 기장으로서 '로켓 발사 실험'을 준비하던 중, 부원들이 안전 고글 착용을 번거로워했습니다. 저는 실험을 즉시 중단하고 "안전은 타협할 수 없는 원칙"이라며 단호하게 설득했습니다. 잠시 분위기는 냉랭했지만, 실제 발사 시 파편이 튀는 사고가 발생했을 때 고글 덕분에 부상을 막을 수 있었습니다. 원칙을 지키는 용기가 동료를 지킨다는 리더십을 배웠습니다.

**[★] 입학사정관의 선택: "전공어 선택의 필연성(Inevitability)을 완벽하게 증명했다"**

1. 목적의 명확성: "그냥 러시아 문화가 좋아서"가 아닙니다. "우주 기술 원전을 읽기 위해서"라는 목적은 명덕외고 입학사정관이 가장 듣고 싶어 하는 대답입니다.

2. 구체적 로드맵: '나우카(Nauka) 잡지', '톨코프스키 논문' 등 구체적인 학습 대상을 언급하여 진로 계획의 신뢰도를 높였습니다.

## [사례 2] 인문 융합형: "독일의 '라인강의 기적'을 한국에 이식하다"

- 지원 전형: 일반 전형(독일어과)
- 희망 진로: 거시경제 정책 전문가 (기획재정부)
- 핵심 컨셉: 독일의 경제 시스템을 연구하여 한국형 복지 모델을 만들겠다는 '정책 전문가'

### 자기주도학습: 경제학, 교과서 밖으로 나오다

(교과 연계 탐구) 사회 시간에 '수정 자본주의'를 배우며, 국가의 개입이 어디까지 허용되어야 하는지 의문이 들었습니다. 이를 해결하기 위해 '독일의 사회적 시장경제' 모델을 탐구했습니다. (심화 활동) 독일 대사관에서 발간한 경제 보고서를 참고하여, 독일이 어떻게 '성장'과 '복지'라는 두 마리 토끼를 잡았는지 분석했습니다. 특히 노사 공동 결정 제도와 히든 챔피언(강소기업) 육성 정책이 핵심임을 알게 되었습니다. 이를 바탕으로 〈한국형 노동 시장 유연화 방안〉이라는 보고서를 작성하며, 경제학은 수식이 아니라 사람을 살리는 정책이어야 함을 깨달았습니다.

### 지원동기 (150자): 왜 독일어인가?

저성장과 양극화라는 한국 경제의 난제를 해결할 열쇠가 독일의 경제 철학에 있다고 확신합니다. 하지만 번역된 2차 자료로는 독일 정책의 미묘한 '사회적 합의' 과정을 이해하는 데 한계가 있었습니다. 저는 독일의 경제 정책 결정 과정을 원문으로 분석하고, 그들의 토론 문화를 직접 배우기 위해 지원했습니다.

## 진로계획 (250자): 정책 전문가로의 성장

1학년 때는 독일어 구문 독해력을 길러 경제 뉴스인 'Handelsblatt'의 기사를 읽겠습니다. 2학년 때는 '경제 경영 동아리'에서 '라인강의 기적'과 '한강의 기적'을 비교 분석하는 세미나를 개최하겠습니다. 3학년 때는 독일의 4차 산업혁명 전략인 'Industrie 4.0' 관련 원서를 읽고 한국 제조업의 혁신 방안을 모색하겠습니다. 졸업 후 경제학을 전공하여 한국 경제의 구조 개혁을 이끄는 정책가가 되겠습니다.

## 인성 영역: 경청이 만든 합의

교내 축제 예산 배분을 두고 댄스부와 밴드부가 갈등을 빚었습니다. 학생회장으로서 저는 양측의 주장을 '금액'이 아닌 '필요 물품' 리스트로 다시 받았습니다. 겹치는 장비는 공유하고, 불필요한 지출을 줄이는 '제로 베이스 예산안'을 제안했습니다. 서로 조금씩 양보하여 예산을 확정했고, 갈등 해결의 핵심은 상대방의 입장을 구체적으로 이해하는 경청임을 배웠습니다.

## [★] 입학사정관의 선택: "언어를 배워야 할 이유를 '사회적 가치'로 확장했다"

1. 논리적 지원동기: 독일어 학습을 개인의 스펙이 아니라, "한국 경제의 문제를 해결할 도구"로 격상시켰습니다. 이런 거시적인 시각은 면접관에게 큰 호감을 줍니다.
2. 실현 가능한 계획: 'Handelsblatt(경제지)', 'Industrie 4.0' 등 독일 관련 핵심 키워드를 적재적소에 사용하여 독일어 학습에 대한 진정성을 증명했습니다.

## [5] 이화여자외국어고등학교 전형 분석

Theme: "따뜻한 감성과 지성을 겸비한 '글로벌 여성 리더'"

## 1. 전형 기본 정보

- 글자 수 및 양식: 총 1,500자 이내 (띄어쓰기 제외)/서울시교육청 공통 통합 양식.
    - [영역 1] 자기주도학습 (꿈과 끼): 주도적 학습 과정 및 느낀 점.
    - [영역 2] 지원동기 및 진로계획 (꿈과 끼): 학교 특성 및 '전공어 선택 동기' 포함 필수.

○ [영역 3] 인성 영역: 배려, 나눔, 협력, 타인 존중, 규칙 준수 사례.

## 2. 인재상 및 핵심 가치

● 교육 목표: 자유·사랑·평화의 기독교 정신을 바탕으로 한 여성 지도자 양성.

● 학교 분위기: 성적 경쟁보다는 '더불어 사는 삶'과 '공동체 의식'을 매우 중요하게 여깁니다. 삭막한 입시 위주의 서술보다는, 친구들과 함께 성장한 따뜻한 에피소드가 잘 통하는 학교입니다.

● [입시 키워드]: 이화외고는 지적 능력만큼이나 '정서적 성숙도'와 '문화적 소양'을 봅니다. 딱딱한 논문 이야기만 나열하기보다, 자신의 학습이 타인에게 어떤 긍정적 영향을 주었는지 '관계 지향적'으로 서술하는 것이 유리합니다.

## 3. 필승 공략 전략

### 1) '섬김의 리더십(Servant Leadership)'을 보여라

● "내가 전교 1등이다", "내가 회장으로서 지시했다"는 식의 독선적인 리더십은 이화외고 스타일이 아닙니다.

● [전략] 뒤에서 묵묵히 친구들을 돕거나, 갈등 상황을 부드럽게 중재하는 '소통과 공감의 리더십'을 보여 주십시오.

### 2) 전공어와 '문화/예술'을 연결하라 (Soft Power)

● 이화외고는 문화 예술 활동이 활발합니다. 전공어 선택 이유를 설명할 때, 해당 언어권의 문학, 예술, 역사에 대한 깊은 관심을 진로와 연결하면 매력도가 상승합니다.

## 4. 면접 대비 핵심

● 꼼꼼한 서류 검증: 이화외고 면접은 자소서 구석구석을 꼼꼼하게 확인하는 것으로 유명합니다. 특히 '진정성'을 중요하게 보므로, 조금이라도 과장된 내용은 면접에서 집요한 질문을 받게 됩니다.

● 대비법: 화려한 용어보다는 투박하더라도 '내 목소리'가 담긴 솔직한 답변이 높은 점수를 받습니다.

## [★] 입학사정관의 시선

"이화외고는 '똑똑한데 착한 학생'을 찾습니다. 혼자만 잘난 척하는 학생보다는, '함께 무언가를 만들어 가는 과정'을 즐길 줄 아는 학생이 합격합니다."

### [사례] 문화 예술형: "프랑스어는 예술을 지키는 힘입니다"

- **지원 전형**: 일반 전형(프랑스어과)
- **희망 진로**: 큐레이터/문화재 반환 전문가
- **핵심 컨셉**: 예술적 감수성에 '언어 능력'을 더해 문화 주권을 지키는 전문가

### 자기주도학습: 인상파 화가들의 편지를 읽다

(독서 연계 탐구) 미술 시간에 '인상파'를 배우며, 당시 화가들이 왜 비주류 취급을 받았는지 궁금했습니다. 이를 이해하기 위해 반 고흐와 테오가 주고받은 서신집을 읽었습니다. 번역본의 어색한 문장을 보고, '원문의 뉘앙스'를 알고 싶어 프랑스어 사전을 찾아가며 주요 문장을 해석했습니다. (깨달음) '고뇌'로 번역된 단어가 원문에서는 '창조적 산통'에 가까운 의미임을 발견했습니다. 예술 작품의 진정한 이해는 작가의 언어를 이해하는 것에서 시작됨을 깨닫고, 언어와 예술을 연결하는 큐레이터의 꿈을 갖게 되었습니다.

### 지원동기 (150자): 왜 프랑스어인가?

세계적인 미술관과 문화재 반환 이슈의 중심에는 항상 프랑스가 있습니다. 하지만 외규장각 의궤 반환 과정에서 보듯, 언어적 협상력이 부족하면 문화 주권을 지키기 어렵습니다. 저는 프랑스어로 된 고문서와 협약서를 직접 독해하여, 우리 문화재의 가치를 세계에 알리는 전문 큐레이터가 되고자 지원했습니다.

### 진로계획 (250자): 문화 외교관으로의 성장

1학년 때는 프랑스어 기초를 다지며, 이화외고의 '세계 문화 유산 탐구' 활동을 통해 프랑스 박물관학의 기초 용어를 익히겠습니다. 2학년 때는 '프랑스어 원어 연극'에 참여하여 언어의 감수성을 체

득하고, 3학년 때는 약탈 문화재 반환 논리를 주제로 소논문을 쓰겠습니다. 졸업 후 예술경영을 전공하고, 유네스코나 루브르 박물관과 협상할 수 있는 문화재 전문가가 되겠습니다.

**인성 영역: 화음이 만든 기적**

합창 대회 알토 파트장으로서, 고음을 힘들어하는 친구들을 위해 점심시간마다 '1:1 맞춤 연습'을 도왔습니다. 제 연습 시간을 뺏기는 것이 아니라, 우리의 화음을 맞추는 과정이라 생각했습니다. "네 목소리가 있어서 내 소리가 더 빛나"라고 격려하며 자신감을 북돋아 주었고, 결국 완벽한 하모니로 대상을 받았습니다. 진정한 리더십은 남을 빛나게 해 주는 것임을 배웠습니다.

**[★] 입학사정관의 선택: "이화외고의 '예술적 학풍'을 정확히 저격했다"**

1. 감성적 접근: 딱딱한 사회과학이 아니라 '미술'과 '편지'라는 감성적 소재로 접근하여, 이화외고가 선호하는 인문학적 소양을 잘 보여 주었습니다.

2. 명분 있는 지원동기: 단순히 프랑스가 좋아서가 아니라, "문화 주권을 지키기 위해 언어가 필요하다"는 당위성은 면접관을 설득하기에 충분합니다.

## [6] 서울외국어고등학교 전형 분석

Theme: "진리, 평화, 창조의 정신으로 세계와 소통하는 '글로컬(Glocal) 리더'"

### 1. 전형 기본 정보

● 글자 수 및 양식: 총 1,500자 이내 (띄어쓰기 제외/통합 서식).

　○ [자기주도학습 영역]: 스스로 학습 계획을 세우고 실천한 과정 + 지원 동기(전공어 선택 동기 필수) 및 진로 계획 (배점 30점).

　○ [인성 영역]: 배려, 나눔, 협력, 타인 존중, 규칙 준수 등 공동체 생활 경험 (배점 10점).

● 전형 단계: 1단계(영어 내신 + 출결, 1.5배수) → 2단계(면접).

## 2. 인재상 및 핵심 가치

- 건학 이념: 진리(Truth), 평화(Peace), 창조(Creation).
  - 진리: 학문에 대한 순수한 열정과 깊이 있는 탐구심.
  - 평화: 갈등을 치유하고 인류 공영에 기여하는 '소통의 리더십'. (서울외고가 가장 차별화하는 가치)
  - 창조: 언어 능력을 바탕으로 새로운 가치를 만들어 내는 융합 능력.

- [입시 키워드]: '성실함'과 '전공어에 대한 낭확한 목표'
  - 서울외고는 화려한 스펙보다 학교생활의 성실함을 중요하게 봅니다. 또한, 전공어를 선택한 이유를 본인의 진로와 연결하여 작성하면 좋습니다.

## 3. 필승 공략 전략

### 1) '진리'와 '평화'를 자소서에 녹여라

- 학교의 건학 이념을 자신의 스토리로 해석해야 합니다.
- [전략]
  - 진리(학습): 단순히 "열심히 외웠다"가 아니라, "독일의 환경 정책 원문을 읽기 위해 단어장을 만들었다"는 식의 '탐구의 깊이'를 보여 주십시오.
  - 평화(인성): 동아리나 학급 내 갈등 상황에서 '나의 양보나 중재로 평화를 이끌어 낸 구체적 사례'를 제시하여, 학교가 찾는 '평화의 메신저'임을 증명하십시오.

### 2) 전공어 선택의 '필연성'을 어필하라

- 학과별 선발이므로 "왜 하필 이 언어인가?"에 대한 답이 명확해야 합니다.
- [전략] 막연한 동경보다는, "나의 진로(예: 국제법 전문가)를 이루기 위해 왜 이 언어(예: 프랑스어)가 필수적인 도구인지"를 논리적으로 연결해야 합니다.

## 4. 면접 대비 핵심

- 개별 3문항으로 서류 진위 검증: 면접 배점 40점 중 30점이 자기주도학습 영역(자기주도학습과

정 15점, 지원동기 및 진로계획 15점)입니다. 자소서에 작성한 학습법이나 활동이 실제 본인의 경험인지, 그 과정에서 무엇을 느꼈는지 꼬치꼬치 묻습니다.
● **인성 딜레마 질문**: 기숙사 생활이나 조별 과제 등에서 발생할 수 있는 현실적인 갈등 상황을 제시하고, 지원자의 대처 방식을 통해 '배려심'과 '공동체 의식'을 평가합니다.

## [★] 입학사정관의 시선

"자소서와 면접에서는 '혼자 빨리 가는 엘리트'보다, '함께 멀리 가는 평화의 리더'임을 보여 주십시오. 따뜻한 인성과 성실한 태도, 이것이 서울외고 합격의 마스터키입니다."

## [사례] 글로벌 나눔형: "언어는 나눔을 위한 가장 큰 그릇입니다"

● **지원 전형**: 일반 전형(프랑스어과)
● **희망 진로**: 국제개발협력가 (NGO 활동가)
● **핵심 컨셉**: 어학 능력을 개인의 성공이 아닌 '타인을 돕는 도구'로 활용하려는 '섬김의 리더'

## 자기주도학습: 빈곤의 현장에 질문을 던지다 (600자)

(탐구 동기) 장 지글러의 『왜 세계의 절반은 굶주리는가』를 읽고 기아 문제의 구조적 원인에 깊은 관심을 가졌습니다. 단순히 식량이 부족해서가 아니라, 국제 정치와 분배 시스템의 문제임을 확인하기 위해 국제기구의 '지속가능개발목표(SDGs)' 보고서(영문 요약)를 찾아보았습니다. (심화 활동) 보고서 중 '식량 안보'와 '교육'의 상관관계를 다룬 챕터를 집중적으로 독해했습니다. 모르는 단어는 문맥을 통해 유추하고 사전을 찾으며, 빈곤 탈출의 핵심은 단순한 식량 원조가 아니라 '자립을 위한 교육 인프라' 구축임을 알게 되었습니다. (결과) 이를 바탕으로 영어 수행평가 시간에 〈Education: The Best Aid〉라는 주제로 발표를 진행했습니다. "물고기를 주는 것보다 잡는 법을 가르쳐야 한다"는 내용을 통계 자료와 함께 제시하여 친구들의 공감을 얻었으며, '교육이 최고의 구호'라는 저만의 확고한 신념을 갖게 되었습니다.

## 지원동기: 왜 영어인가? (220자)

세계의 소외된 이들을 돕기 위해서는 그들의 고통을 세상에 알리고, 국제사회의 협력을 이끌어 낼 '호소력 있는 언어'가 필요합니다. 감정에 호소하는 것이 아니라, 정확한 데이터와 논리로 세상을 설득해야 합니다. 저는 서울외고의 '글로벌 리더십 프로그램'을 통해 국제 사회를 움직일 수 있는 논리적이고 세련된 영어 구사력을 기르고자 지원했습니다.

## 진로계획: 섬김의 리더로 성장하다 (280자)

1학년 때는 영어 토론 동아리에서 국제 분쟁 이슈에 대한 비판적 시각을 기르겠습니다. 2학년 때는 '영자신문반' 기자가 되어 공정무역과 아동 노동 문제를 심층 취재하고, 교내 캠페인을 주도하여 학생들의 인식 변화를 이끌겠습니다. 졸업 후 국제학을 전공하고 NGO에 진출하여, 개발도상국 아이들에게 '교육의 기회'를 선물하는 실천가가 되겠습니다.

## 인성 영역: 나의 재능을 나누다 (400자)

지역 아동센터에서 초등학생들에게 영어 그림책을 읽어 주는 봉사를 했습니다. 알파벳을 모르는 아이들이 책에 집중하지 못하고 산만해지자 고민에 빠졌습니다. 저는 아이들의 눈높이에 맞추기 위해 책 내용을 '인형극'으로 바꿔서 보여 주기로 결심했습니다. 양말 인형을 직접 만들고 목소리를 변조해 연기하자, 아이들은 눈을 반짝이며 영어를 따라 하기 시작했습니다. "선생님, 영어가 재미있어요!"라는 말을 들었을 때, 나눔은 일방적으로 주는 것이 아니라 상대방의 입장에서 소통하는 것임을 깨달았습니다. 서울외고에서도 제가 가진 재능을 기꺼이 나누며 친구들과 함께 성장하는 '밀알' 같은 존재가 되겠습니다.

## [★] 입학사정관의 선택: "서울외고가 찾는 '착한 인재'의 표본이다"

1. 가치관의 일치: 종교적 색채를 직접 드러내지 않으면서도 '섬김', '밀알', '나눔' 같은 단어로 학교의 건학 이념(기독교 정신)을 세련되게 녹여 냈습니다.

2. 인성의 구체성: 봉사활동에서 아이들의 눈높이를 맞추기 위해 '인형극'을 기획한 과정은, 이 학생이 가진 '따뜻한 공감 능력'과 '창의적 문제 해결력'을 동시에 증명합니다.

Theme: "세계를 가슴에 품고 지역을 변화시키는 '실천적 지성인'"

## 1. 전형 기본 정보
● 글자 수 및 양식: 총 1,500자 이내 (띄어쓰기 제외)/경기권 외고 공통 양식.
　○ [영역 1] 자기주도학습 영역: 학습을 위해 주도적으로 수행한 목표 설정-계획-학습-결과-평가 과정 + 지원동기 및 진로계획.
　○ [영역 2] 인성 영역: 배려, 나눔, 협력, 타인 존중, 규칙 준수 사례.

## 2. 인재상 및 핵심 가치
● 교육 목표: 미래를 주도하는 창의적 인재 (Future-oriented Creative Talent)
● [입시 키워드]: '글로컬(Glocal) 액티비스트'
　○ 고양외고는 책상에 앉아 공부만 하는 학생보다, 배운 지식을 활용해 현실의 문제(환경, 인권, 지역사회 등)에 참여하고 행동하는 학생을 좋아합니다.
　○ GYFL-MUN(모의유엔)이나 지오마당(지리/사회 탐구) 같은 특색 프로그램이 활발하므로, '토론'과 '발표'를 즐기는 성향이 유리합니다.

## 3. 필승 공략 전략
### 1) '지식'을 '행동'으로 연결하라 (Action)
● 단순히 "책을 읽고 지식을 쌓았다"에서 끝내지 마십시오.
● [전략] "원서를 읽고 환경 문제의 심각성을 깨달아, 교내 플라스틱 줄이기 캠페인을 기획했다"는 식으로 [지식 습득 → 문제 의식 → 실제 행동]의 3단계를 보여 주는 것이 고양외고 합격의 정석입니다.

### 2) 학교 프로그램에 대한 '구체적 로열티'를 보여라 (Detail)
● 고양외고는 학생 자치 프로그램이 매우 다양합니다.

- [전략] 지원동기에서 막연히 "글로벌 인재가 되기 위해"라고 쓰지 말고, "고양외고의 '5품제' 중 봉사품을 통해 진정한 나눔을 배우고 싶다"거나 "영어과 학술 동아리에서 영미 문학 비평을 하고 싶다"는 등 학교 정보를 깊이 있게 파악했음을 티 내야 합니다.

### 4. 면접 대비 핵심

- 서류 기반의 '논리적 압박' 면접: 공통 질문과 개별 서류 확인 질문이 주를 이룹니다.
- 꼬리 질문 대비: "이 활동에서 본인의 역할은 구체적으로 무엇이었나?", "그 캠페인의 실질적인 효과는 수치로 얼마였나?" 등 활동의 진정성과 구체성을 파헤치는 질문이 들어오므로, 자신의 활동을 육하원칙으로 정리해 두어야 합니다.

### [★] 입학사정관의 시선

"고양외고는 '에너지'가 있는 학생을 뽑습니다. 면접장에 들어올 때의 당당한 태도, 그리고 자소서 곳곳에 묻어나는 '스스로 일을 벌이고 해결해 본 경험'이 합격의 열쇠입니다."

### [사례] 글로컬(Glocal) 실천형: "쓰레기 문제를 데이터로 해결한 환경 정책가"

- 지원 전형: 일반 전형(영어과)
- 희망 진로: 환경 정책 전문가 (GCF, 녹색기후기금 연구원)
- 핵심 컨셉: 영어 실력을 도구로 선진국의 환경 정책을 벤치마킹하여, 우리 학교의 문제를 해결한 '행동하는 지성'

### 자기주도학습: 넛지(Nudge), 학교를 바꾸다 (700자)

(탐구 동기) 『넛지(Nudge)』를 읽고, 강요가 아닌 부드러운 개입이 행동을 바꿀 수 있다는 점에 매료되었습니다. 마침 교내 분리배출장이 항상 엉망인 것을 보고, 잔소리 대신 '행동 경제학적 설계'로 문제를 해결해 보고 싶었습니다. (심화 탐구) 영국의 환경 단체 'Hubbub'의 캠페인 사례를 벤치마킹하기 위해 영문 보고서를 직접 번역하며 연구했습니다. 그들이 쓰레기통을 '투표함'처럼 만들어 참여를 유도한 사례(Ballot Bin)에 착안했습니다. (적용 및 결과) 저도 학교 쓰레기통에 "민트초

코 호 vs. 불호"라는 투표 칸을 만들고, 쓰레기로 투표하게 하는 실험을 설계했습니다. 그 결과, 쓰레기 무단 투기가 획기적으로 줄고 분리배출 참여율이 40% 이상 증가했습니다. 이를 〈행동 경제학을 적용한 교내 환경 개선 보고서〉로 작성하며, 정책은 거창한 구호가 아니라 인간 심리에 대한 이해에서 시작됨을 깨달았습니다.

### 지원동기 및 진로계획: 고양의 무대에서 세계를 꿈꾸다 (400자)

저의 꿈은 대한민국의 환경 정책을 세계적 수준으로 끌어올리는 것입니다. 이를 위해 고양외고의 'GYFL-MUN(모의유엔)' 환경 위원회에서 각국의 탄소 중립 정책을 원어로 토론하며 협상력을 기르고 싶습니다. 입학 후 영어과 심화 수업을 통해 환경 관련 전문 어휘를 익히고, 2학년 때는 '지오마당(사회탐구 동아리)'에서 고양시의 생태 하천 보전 방안을 연구하겠습니다. 졸업 후 환경 정책학을 전공하고 녹색기후기금(GCF)에 진출하여, 개발도상국에 실질적인 도움이 되는 지속 가능한 환경 모델을 설계하겠습니다.

### 인성 영역: 갈등을 데이터로 설득하다 (400자)

환경 동아리 부장으로서 축제 때 '일회용품 금지'를 제안했지만, 부원들은 "설거지가 힘들다"며 반대했습니다. 저는 감정적으로 호소하는 대신 '데이터'를 준비했습니다. 지난 축제 때 배출된 쓰레기 양과 처리 비용, 그리고 텀블러 대여 시 절약되는 예산을 엑셀로 정리해 보여 주었습니다. 또한, 설거지 당번에게 봉사시간을 부여하는 '인센티브 제도'를 함께 제시했습니다. 객관적인 자료와 합리적인 대안을 보자 부원들도 흔쾌히 동의했습니다. 리더는 목소리가 큰 사람이 아니라, 합리적인 근거로 구성원의 자발적 동의를 이끌어 내는 사람임을 배웠습니다.

### [★] 입학사정관의 선택: "지식, 실행력, 학교 적합성의 삼박자가 완벽하다"

1. 지식의 실천 (Action): 고양외고가 가장 좋아하는 포인트입니다. 단순히 『넛지』를 읽고 독후감을 쓴 것이 아니라, 영국의 사례를 '원문'으로 벤치마킹하고, 실제로 '학교 쓰레기통'을 바꾸는 실험까지 수행했습니다. [독서-영어탐구-실행]의 프로세스가 완벽합니다.

2. 구체적인 학교 로열티 (Loyalty): 'GYFL-MUN'과 '지오마당'이라는 고양외고의 핵심 프로그램을 정확히 언급하며, 자신의 진로(환경 정책)와 연결했습니다. 이는 "입학 후 학교생활을 주도적으로

할 학생"이라는 확신을 줍니다.

3. 세련된 리더십 (Data-driven Leadership): 인성 영역에서 "내가 다 치웠다"는 식의 뻔한 희생 스토리 대신, '데이터'와 '인센티브'로 갈등을 해결한 사례를 제시했습니다. 이는 학생의 스마트한 문제 해결 능력을 돋보이게 합니다.

## [8] 경기외국어고등학교 전형 분석

Theme: "세계 표준(Global Standard)으로 생각하고 질문하는 'IB형 인재'"

### 1. 전형 기본 정보

● 글자 수 및 양식: 총 1,500자 이내 (띄어쓰기 제외)/경기권 외고 공통 양식.
  ○ [영역 1] 자기주도학습 영역: 학습 과정 및 지원동기, 진로계획 (약 1,100자 권장).
  ○ [영역 2] 인성 영역: 배려, 나눔, 협력, 갈등 관리 등 (약 400자 권장).

### 2. 인재상 및 핵심 가치

● 교육 목표: 세계 인류를 위해 봉사하는 글로벌 리더
● [입시 키워드]: '탐구하는 지성(Inquirer)'
  ○ 경기외고는 국내 외고 중 유일하게 IB DP(International Baccalaureate) 과정을 운영합니다. (※ 일반 과정 학생도 IB식 교육 문화의 영향을 받음)
  ○ 정해진 답을 외우는 학생보다, "왜?"라고 질문하고(Ask), 자료를 찾아 분석하며(Analyze), 자신의 생각을 글로 쓰는(Write) 학생을 극도로 선호합니다.

### 3. 필승 공략 전략

1) 'IB 스타일'의 학습법을 보여라 (Process)

● IB 교육의 핵심은 '비판적 사고'와 '에세이'입니다.
● [전략] 자소서 소재를 정할 때, 단순 지식 습득보다는 〈주제 선정 → 다양한 관점 비교(찬/반) → 나만의 결론 도출 → 보고서/에세이 작성〉이라는 '탐구 사이클'이 완벽하게 드러나도록 서술하

십시오.

## 2) '봉사'의 스케일을 키워라 (Service)

● 경기외고는 '봉사'를 매우 강조합니다.

● [전략] 단순히 시간을 채우는 봉사가 아니라, '자신의 재능(언어, 지식)'을 활용해 공동체에 기여한 경험을 쓰십시오. (예: 지역사회 영어 멘토링, 번역 재능 기부 등)

## 4. 면접 대비 핵심

● 공통 질문과 개별 맞춤형 심층 면접: 공통 질문 1개와 서류 내용을 바탕으로 깊이 있는 개별 질문이 나옵니다. 공통질문과 개별질문은 다른 면접실입니다. (면접실 2개 운영)

● '꼬리에 꼬리를 무는' 질문: "이 보고서에서 가장 핵심적인 결론은 무엇인가?", "그 결론에 대해 반대하는 의견은 없었나?" 등 학생의 논리적 사고력을 끝까지 테스트합니다.

## [★] 입학사정관의 시선

"경기외고는 '스스로 생각하는 힘'을 봅니다. 학원이나 부모님이 만들어 준 매끈한 자소서보다, 투박하더라도 자신만의 질문을 가지고 치열하게 고민해 본 흔적이 있는 학생을 합격시킵니다."

## [사례] IB 탐구형: "AI 시대의 윤리를 묻는 디지털 법학자"

● 지원 전형: 일반 전형(영어과)

● 희망 진로: 국제 IT 전문 변호사

● 핵심 컨셉: 기술 발전과 법 제도의 괴리를 탐구하며 '비판적 사고력'을 증명한 사례

## 자기주도학습: 기술과 법의 딜레마를 파고들다 (700자)

(탐구 동기 — 질문하기) 챗GPT가 창작한 그림의 저작권 논란 기사를 보며, "AI가 만든 창작물의 주인은 누구인가?"라는 근원적인 질문이 생겼습니다. 현행법으로는 명확한 기준이 없다는 사실을 알고, 해외 사례는 어떤지 궁금해졌습니다. (심화 탐구 — 분석하기) EU의 '인공지능법(AI Act)' 초

안과 미국의 관련 판례를 영어 원문 기사로 찾아 비교 분석했습니다. EU는 '위험 관리'에 초점을 맞추는 반면, 미국은 '혁신'을 중시한다는 차이점을 발견했습니다. 저는 단순한 규제가 아니라, 창작자의 권리와 기술 발전의 균형을 맞추는 '가이드라인'이 필요하다고 생각했습니다. (결과물 ─ 표현하기) 이를 바탕으로 〈AI 창작물과 저작권의 미래〉라는 영어 에세이를 작성했습니다. 기술은 국경이 없으므로 법 또한 국제적 공조가 필요함을 주장하며, 단편적인 지식을 넘어 현상을 다각도로 분석하는 비판적 사고력을 길렀습니다.

## 지원동기 및 진로계획: GAFL에서 논리를 완성하다 (400자)

기술과 인문학을 융합하는 법조인이 되기 위해 경기외고의 'GAFL 학술제'와 'R&E 프로그램'은 필수적인 과정입니다. 특히 IB 교육과정의 핵심인 '지식론(TOK)'적 사고방식을 배우며, 하나의 정답이 아닌 다양한 해법을 모색하는 유연한 사고를 기르고 싶습니다. 입학 후 영어 토론 동아리에서 '데이터 주권'을 주제로 토론하고, 졸업 후에는 로스쿨에 진학하여 글로벌 IT 기업 간의 분쟁을 중재하는 국제 변호사가 되겠습니다.

## 인성 영역: 규칙보다 강력한 '약속'의 힘 (400자)

영자신문 동아리 부장으로서 마감일을 자주 어기는 부원들 때문에 갈등이 있었습니다. 벌점을 주자는 의견도 있었지만, 저는 강제보다는 '자율'을 택했습니다. 부원들과 회의를 열어 우리가 신문을 만드는 이유를 다시 공유하고, '마감 3일 전 중간 점검'이라는 우리만의 약속(Ground Rule)을 정했습니다. 또한, 힘들어하는 부원은 제가 초안 작성을 도와주며 부담을 덜어 주었습니다. 스스로 정한 약속이자 서로 돕는 분위기가 형성되자 마감 준수율은 100%가 되었습니다. 리더십은 통제가 아니라 자발적 동의를 이끌어 내는 과정임을 배웠습니다.

## [★] 입학사정관의 선택: "경기외고가 찾는 'IB형 인재'의 전형이다"

1. 탐구의 깊이 (Inquiry): 단순히 신문 기사를 읽고 끝낸 것이 아니라, [질문 발생 → 원문(EU 법안) 비교 분석 → 에세이 작성]으로 이어지는 탐구 과정이 매우 논리적입니다. 이는 경기외고가 강조하는 IB 학습자상(Inquirer, Thinker)과 정확히 일치합니다.

2. 명확한 지원 동기 (Fit): 막연한 동경이 아니라, 'GAFL 학술제', 'R&E', '지식론(TOK)' 등 경기외고

만의 커리큘럼이 자신의 성장에 왜 필요한지를 설득력 있게 제시했습니다.

3. 성숙한 갈등 해결 (Communicator): 벌점이라는 쉬운 방법 대신, '합의(Ground Rule)'와 '조력'을 통해 문제를 해결한 모습에서 성숙한 시민 의식을 볼 수 있습니다.

## [9] 안양외국어고등학교 전형 분석

Theme: "스스로 길을 여는, 따뜻한 가슴을 지닌 '개척자(Pioneer)'"

## 1. 전형 기본 정보

● 글자 수 및 양식: 총 1,500자 이내 (띄어쓰기 제외)/경기권 외고 공통 양식.

　○ [영역 1] 자기주도학습 영역: 학습 주도성 및 지원동기, 진로계획 (약 1,100자 권장).

　○ [영역 2] 인성 영역: 배려, 나눔, 협력, 타인 존중 사례 (약 400자 권장).

## 2. 인재상 및 핵심 가치

● 교육 목표: 미래 사회를 주도할 자율적이고 창의적인 글로벌 인재

● [입시 키워드]: '학습 공유자 (Knowledge Sharer)'

　○ 안양외고는 전통적으로 선후배, 동기 간의 멘토링과 스터디 그룹이 활발합니다.

　○ 나만 잘하는 학생보다는, 자신이 가진 지식을 친구들과 나누며 시너지를 내는 학생을 선호합니다.

　○ 특색 프로그램인 'W-E-H 프로젝트'(Wisdom, Eco, Humanism)에 맞춰 지혜, 환경, 인성의 조화를 강조합니다.

## 3. 필승 공략 전략

### 1) '과정' 중심의 탐구력을 보여라 (Depth)

● 결과(점수)만 나열하지 말고, 지적 호기심의 발전 과정을 쓰십시오.

● [전략] 꼬리에 꼬리를 무는 학습법이 잘 통합니다. [교과서 의문 → 관련 도서 독서 → TED 강연 시청 → 소논문/보고서 작성]의 흐름으로 학구열을 증명하십시오.

### 2) '함께' 성장한 경험을 어필하라 (Together)

- 인성 영역에서 '단순 봉사'보다는 '학습 멘토링'이나 '지식 나눔' 사례가 안양외고의 학풍과 잘 맞습니다.
- [전략] 친구에게 수학 문제를 가르쳐 주거나, 동아리에서 부원들과 함께 프로젝트를 완수하며 겪은 구체적인 에피소드를 통해 '협업 능력'을 보여 주십시오.

## 4. 면접 대비 핵심

- 서류 기반 진위 확인: 자소서에 쓴 활동의 진정성을 집요하게 묻습니다.
- 공통질문 2개(3분, 각각 1분 30초 이내), 개별질문 1개(2분)가 출제됩니다.
- 학업 역량 검증: "이 책에서 저자가 말한 핵심 주장이 무엇이며, 그에 대한 본인의 반박 논리는 무엇인가?"처럼 학생의 '비판적 사고력'을 테스트하는 질문이 자주 나옵니다.

## [★] 입학사정관의 시선

"안양외고는 '즐겁게 공부하는 학생'을 뽑습니다. 억지로 시켜서 하는 공부가 아니라, 앎의 즐거움을 알고 그 즐거움을 주변 친구들과 나눌 줄 아는 '오픈 마인드'의 인재가 합격합니다."

## [사례] 융합 탐구형: "K-콘텐츠에 날개를 다는 글로벌 마케터"

- 지원 전형: 일반 전형(중국어과)
- 희망 진로: 글로벌 콘텐츠 마케터 (CJ ENM 등)
- 핵심 컨셉: 인문학적 감성에 '데이터 분석 능력'을 더해 한류의 현지화 전략을 제시하는 인재

## 자기주도학습: 데이터로 읽는 문화의 흐름 (700자)

(탐구 동기) 국어 시간에 『춘향전』을 배우며, 한국의 고전이 해외에서도 통할지 궁금했습니다. 특히 중국 시장에서의 반응을 알아보기 위해 중국의 대표 SNS인 '웨이보'와 '샤오홍슈'의 해시태그 데이터를 분석해 보기로 했습니다. (심화 탐구) 번역기의 도움을 받아 현지 반응을 키워드로 추출해 보니, 중국인들은 한국 콘텐츠의 '스토리'는 좋아하지만 '번역의 어색함'에 불만이 많음을 알

게 되었습니다. 단순히 언어를 바꾸는 번역(Translation)을 넘어, 문화적 맥락을 입히는 '현지화(Localization)'가 필수임을 깨달았습니다. (결과) 이를 바탕으로 〈K-Webtoon의 중국 시장 진출을 위한 번역 전략〉이라는 보고서를 작성했습니다. 한국의 유행어를 중국의 인터넷 용어로 치환하는 예시를 직접 만들어 발표했고, 선생님과 친구들에게 "마케터로서의 자질이 보인다"는 평가를 받았습니다. 막연한 감이 아닌 '데이터'와 '문화적 이해'가 결합될 때 콘텐츠가 힘을 얻음을 배웠습니다.

## 지원동기 및 진로계획: 안양의 개척자가 되다 (400자)

콘텐츠로 국경을 넘는 마케터가 되기 위해 안양외고의 '전공어 심화 탐구'와 '인문학 아카데미'는 필수적인 토양입니다. 입학 후 중국어과 친구들과 '한중 트렌드 분석 동아리'를 만들어 양국의 최신 이슈를 비교 분석하는 주간 리포트를 발행하고 싶습니다. 졸업 후에는 미디어커뮤니케이션학을 전공하고, 글로벌 콘텐츠 기업에서 아시아 시장을 선도하는 전략가가 되어 안양외고의 이름을 빛내는 '개척자(Pioneer)'가 되겠습니다.

## 인성 영역: 질문하는 멘토링 (400자)

점심시간 수학 멘토링을 진행하며, 답만 알려 달라는 멘티 친구 때문에 고민했습니다. 저는 물고기를 잡아 주는 대신 낚시하는 법을 알려 주기로 했습니다. "이 공식이 왜 나왔을까?"라고 역질문(Reverse Questioning)을 던지며 친구가 스스로 생각하도록 유도했습니다. 처음에는 힘들어하던 친구도 점차 원리를 깨우치며 성적이 올랐고, 저 또한 설명하는 과정에서 개념을 더 확실히 다질 수 있었습니다. 진정한 배려란 당장의 편함을 주는 것이 아니라 스스로 설 수 있는 힘을 길러 주는 것임을 깨달았습니다.

## [★] 입학사정관의 선택: "학업적 깊이와 인성적 따뜻함이 완벽한 조화를 이뤘다"

1. 차별화된 탐구 소재 (Data Literacy): 어문 계열 지원자임에도 불구하고 'SNS 데이터 분석'이라는 최신 트렌드를 접목했습니다. 이는 단순한 어학 특기자가 아니라, 시대의 흐름을 읽을 줄 아는 '융합형 인재'라는 강력한 인상을 줍니다.

2. 안양외고 맞춤형 인성 (Teaching): 안양외고가 가장 좋아하는 '멘토링' 소재를 활용했습니다. 특히 단순히 가르쳐 준 것이 아니라 '역질문'이라는 구체적인 교육 방식을 통해 친구의 자립을 도운

점은 '최상위권의 인성 점수'를 받기에 충분합니다.

3. 명확한 비전 (Vision): '번역'과 '현지화'의 차이를 구분하고, 이를 자신의 진로인 '마케터'와 연결한 논리는 매우 설득력이 높습니다.

## [10] 과천외국어고등학교 전형 분석

Theme: "언어로 소통하고 가슴으로 공감하는 '따뜻한 글로벌 리더'"

### 1. 전형 기본 정보

● 글자 수 및 양식: 총 1,500자 이내 (띄어쓰기 제외)/경기권 외고 공통 양식.

● 작성 방식: 통합 서술형 (문항 구분 없음)

　　○ [영역 1] 자기주도학습 영역: 학습 과정 및 지원동기, 진로계획 (약 1,100자 권장).

　　○ [영역 2] 인성 영역: 배려, 나눔, 협력, 타인 존중 사례 (약 400자 권장).

### 2. 인재상 및 핵심 가치

● 교육 목표: 지성(Intelligence)과 덕성(Virtue)을 겸비한 세계 시민

● [입시 키워드]: '문화 번역가 (Cultural Translator)'

　　○ 과천외고는 단순히 단어를 바꾸는 번역이 아니라, 언어 속에 담긴 상대방의 문화와 정서를 이해하는 능력을 높이 평가합니다.

　　○ 전공어만 잘하는 학생보다는, 그 언어를 도구로 역사, 철학, 사회 문제 등 인문학적 소양을 쌓으려 노력하는 학생을 선호합니다.

### 3. 필승 공략 전략

1) '과정의 진정성'에 목숨 걸어라 (Authenticity)

● 과천외고 면접은 서류 내용을 현미경처럼 검증하기로 유명합니다.

● [전략] 남들이 다 읽는 베스트셀러나 유명한 이론을 겉핥기로 언급하는 것은 금물입니다. 투박하더라도 "내가 왜 이 주제에 관심을 가졌고, 꼬리에 꼬리를 물고 어떤 자료까지 찾아봤는지" 그

'집요한 탐구 동선'을 보여 주십시오.

## 2) '공감 능력'을 지적인 언어로 표현하라 (Empathy)

● 인성 영역에서 단순히 "착한 일 했다"는 것은 변별력이 없습니다.
● [전략] 갈등 상황에서 상대방의 입장을 '분석'하고, 감정이 아닌 '논리'와 '배려'로 중재한 경험을 쓰십시오. 과천외고가 말하는 '따뜻한 리더'는 무조건 양보하는 사람이 아니라, 소통으로 문제를 해결하는 사람입니다.

## 4. 면접 대비 핵심

● 철저한 서류 기반 면접: 공통 질문 없이 자소서와 생기부에서 100% 출제됩니다.
● 활동의 구체화: "동아리에서 만든 보고서의 결론이 무엇이었나?", "그 활동을 통해 본인의 생각이 어떻게 바뀌었나?" 등 활동의 전후 맥락과 내적 성장을 묻는 질문이 많으므로, 자소서에 쓴 모든 문장에 대해 '3줄 요약 답변'을 준비해야 합니다.

## [★] 입학사정관의 시선

"과천외고는 '성실함의 깊이'를 봅니다. 요령을 피우거나 과장된 스펙으로 포장한 학생은 면접에서 금방 드러납니다. 조금 서툴러도 자신만의 언어로 진솔하게 쓴 자소서가 결국 승리합니다."

## [사례] 문화 외교형: "역사의 간극을 메우는 '공공외교 전문가'"

● 지원 전형: 일반 전형(일본어과)
● 희망 진로: 공공외교 전문가 (외교부 문화교류직)
● 핵심 컨셉: 한일 양국의 역사 인식 차이를 '언어'와 '문화'의 관점에서 분석하고 해결책을 모색하는 인재

## 자기주도학습: 단어 하나에 숨은 역사를 읽다 (700자)

(탐구 동기) 역사 시간에 개항기를 배우며, 같은 사건을 두고 한국과 일본의 시각차가 왜 이렇게 큰

지 의문이 들었습니다. 단순히 정치적 입장의 차이인지, 아니면 문화적 배경의 차이인지 알고 싶어 〈한일 역사 인식의 언어적 배경〉을 주제로 탐구를 시작했습니다. (심화 탐구) 일본의 역사 교과서 번역본과 한국 교과서를 비교 분석했습니다. 특히 '진출'과 '침략'처럼, 동일한 사건을 묘사하는 '서술어의 차이'에 주목했습니다. 더 나아가 루스 베네딕트의 『국화와 칼』을 읽으며, 일본의 '메이와쿠(민폐) 문화'와 집단주의가 역사 서술에 미친 영향을 인문학적으로 고찰했습니다. (깨달음) 갈등 해결의 열쇠는 무조건적인 비난이 아니라, 상대방이 사용하는 '언어의 프레임'을 이해하고 그 논리 안에서 설득하는 것임을 깨달았습니다. 이를 통해 진정한 외교관은 유창한 회화 실력을 넘어, 상대국의 문화적 코드를 해독하는 능력을 갖춰야 함을 확신했습니다.

## 지원동기 및 진로계획: 과천에서 시작하는 문화 외교 (400자)

경직된 한일 관계를 풀기 위해서는 정치 외교를 넘어선 '공공외교'가 필요합니다. 과천외고의 '일본어 원어 연극'과 '한일 문화 교류 프로그램'은 언어 속에 녹아 있는 일본인의 정서를 체득할 최적의 기회입니다. 입학 후 일본어 실력을 키워 '아사히 신문' 사설을 비판적으로 독해하고, 2학년 때는 동아리에서 양국의 청소년들이 공감할 수 있는 '역사 화해 콘텐츠'를 기획해 보고 싶습니다. 졸업 후 외교학과에 진학하여, 문화적 이해를 바탕으로 동북아 평화에 기여하는 외교관이 되겠습니다.

## 인성 영역: 다름을 인정하는 토론 (400자)

사회 토론 수행평가에서 '난민 수용'을 주제로 팀원과 의견 대립이 있었습니다. 반대 측 팀원이 감정적인 단어를 사용하며 흥분하자, 토론 진행이 어려워졌습니다. 저는 그 친구의 말을 끊지 않고 끝까지 경청한 뒤, "네가 걱정하는 것은 치안 문제구나"라며 핵심 의도를 요약해 주었습니다. 자신의 의견이 존중받았다고 느끼자 친구도 방어적인 태도를 풀었고, 우리는 '단계적 수용'이라는 합의점을 도출할 수 있었습니다. 리더십은 상대를 이기는 것이 아니라, 상대방의 불안을 읽어 주고 공통분모를 찾아가는 과정임을 배웠습니다.

## [★] 입학사정관의 선택: "과천외고가 지향하는 '실용적 지성'의 모범 답안이다"

1. 소재의 깊이 (Insight): 단순히 일본어를 배우고 싶다는 차원을 넘어, '단어의 프레임'과 '역사 인식'을 연결한 점이 매우 훌륭합니다. 이는 과천외고가 선호하는 인문학적 통찰력을 잘 보여 줍니다.

2. 구체적인 해결책 (Solution): "외교관이 되겠다"는 막연한 꿈을 '공공외교'와 '역사 화해 콘텐츠 기획'이라는 구체적인 수단으로 발전시켰습니다.

3. 소통의 기술 (Skill): 인성 영역에서 보여 준 '핵심 의도 요약' 기술은 면접관에게 "이 학생은 정말로 소통할 줄 아는구나"라는 강한 신뢰를 줍니다.

## [11] 수원외국어고등학교 전형 분석

Theme: "성실함으로 빚어낸 실력, 세계와 소통하는 'SAWLian'"

### 1. 전형 기본 정보

● 글자 수 및 양식: 총 1,500자 이내 (띄어쓰기 제외)/경기권 외고 공통 양식.

　○ [영역 1] 자기주도학습 영역: 학습 과정 및 지원동기, 진로계획 (약 1,100자 권장).

　○ [영역 2] 인성 영역: 배려, 나눔, 협력, 타인 존중 사례 (약 400자 권장).

### 2. 인재상 및 핵심 가치

● 교육 목표: 글로벌 역량을 갖춘 창의 · 융합형 인재

● [입시 키워드]: '능동적 융합 인재 (Active Integrator)'

　○ 수원외고는 교과 지식뿐만 아니라 동아리, 학생회, 봉사 등 학교 활동 전반에 적극적으로 참여하는 학생을 선호합니다.

　○ 언어 능력을 기초로 사회, 문화, 과학 등 다양한 분야를 넘나드는 유연한 사고를 가진 학생이 높은 평가를 받습니다.

### 3. 필승 공략 전략

1) '공립'의 미덕, '학교 충실도'를 보여라 (Sincerity)

● 화려한 외부 스펙보다 교과 수업과 교내 활동에 얼마나 충실했는지가 중요합니다.

● [전략] 자소서 소재를 선택할 때, 학원이나 외부 캠프에서 한 활동보다는 "학교 수행평가에서 시작된 호기심"이나 "교내 동아리에서 주도한 프로젝트"를 최우선으로 배치하십시오.

## 2) '질문'하고 '토론'하는 과정을 담아라 (Debate)

● 수원외고는 토론 문화가 발달해 있습니다.

● [전략] 혼자 책만 읽고 끝내는 것이 아니라, "친구들과 스터디 그룹을 만들어 토론했다"거나 "선생님께 질문하여 심화 학습으로 이어 갔다"는 식의 상호작용(Interaction)이 드러나야 합니다.

## 4. 면접 대비 핵심

● 공통 질문과 개별 맞춤형 심층 면접: 공통 질문과 자소서 내용을 바탕으로 날카로운 질문이 들어옵니다.

● '진짜'인지 검증: "보고서에서 인용한 A이론의 핵심이 무엇인가?", "토론에서 반대 측 논거는 무엇이었고 어떻게 반박했나?" 등 활동의 디테일을 집요하게 묻습니다. 겉치레로 쓴 활동은 면접장에서 100% 탄로 납니다.

## [★] 입학사정관의 시선

"수원외고는 '학교 안에서 성장한 학생'을 좋아합니다. 사교육의 냄새가 나는 세련된 자소서보다, 조금 투박하더라도 학교 수업과 활동을 통해 치열하게 고민하고 성장한 흔적이 보이는 학생을 합격시킵니다."

## [사례] 사회 융합형: "데이터로 사회 갈등을 치유하는 '디지털 사회학자'"

● 지원 전형: 일반 전형(영어과)

● 희망 진로: 데이터 사회학자 (소셜 빅데이터 분석가)

● 핵심 컨셉: 영어 능력을 도구로 '혐오 표현'과 '사회 갈등'의 원인을 데이터로 분석하고 대안을 제시하는 인재

## 자기주도학습: 댓글 창에서 사회를 읽다 (700자)

(탐구 동기) 국어 시간에 '언어의 사회성'을 배우며, 인터넷 댓글 창의 혐오 표현이 갈수록 심해지는 원인이 궁금했습니다. 단순히 개인의 인성 문제인지, 아니면 집단 심리의 발현인지 알아보기 위해

〈온라인 익명성과 언어 폭력의 상관관계〉를 주제로 탐구를 시작했습니다. (심화 탐구) 해외 사례 비교를 위해 미국의 심리학 저널인 'Psychology Today'의 관련 기사(The Psychology of Trolling)를 번역하며 읽었습니다. 이를 통해 '탈억제 효과(Disinhibition Effect)'라는 개념을 알게 되었고, 혐오 표현이 특정 집단에 대한 편견에서 비롯됨을 확인했습니다. (실천 및 결과) 이론에 그치지 않고, 교내 친구 100명을 대상으로 설문조사를 진행하여 데이터를 엑셀로 분석했습니다. 그 결과, 상대방에 대한 정보가 부족할수록 공격성이 높아진다는 유의미한 상관관계를 발견했습니다. 이를 영어 에세이로 작성하여, "정보의 투명성이 혐오를 줄인다"는 결론을 도출했습니다. 언어는 사회를 비추는 거울이며, 데이터를 통해 그 이면을 볼 때 진정한 해결책이 나옴을 깨달았습니다.

## 지원동기 및 진로계획: SAWL에서 데이터 리터러시를 키우다 (400자)

사회 현상을 정확히 진단하기 위해서는 영어 원문을 해독하는 능력과 데이터를 다루는 통찰력이 동시에 필요합니다. 수원외고의 '융합 인재 아카데미'와 '영어 토론 동아리'는 저의 이런 갈증을 채워 줄 최적의 장소입니다. 입학 후 영어과 심화 수업을 통해 사회학 전문 용어를 익히고, 2학년 때는 'SAWL 학술제'에서 '청소년의 디지털 리터러시'를 주제로 심층 보고서를 발표하고 싶습니다. 졸업 후 사회학과 통계학을 융합 전공하여, 데이터로 우리 사회의 갈등을 진단하고 치유하는 사회학자가 되겠습니다.

## 인성 영역: 경청, 마음을 여는 열쇠 (400자)

학급 회의 때 체육대회 반티(단체복) 선정 문제로 남녀 학생 간의 의견 차이가 좁혀지지 않았습니다. 서로 "디자인이 별로다", "가격이 비싸다"며 불만만 쏟아 냈습니다. 저는 각자의 주장을 칠판에 적는 대신, '익명 포스트잇'으로 각자가 원하는 가격대, 재질, 디자인의 우선순위를 적어 붙이게 했습니다. 시각화된 의견을 보니, 남녀 모두 '편안함'을 1순위로 원한다는 공동점을 발건했습니다. 이를 바탕으로 중재안을 제시하여 만장일치로 옷을 선정했습니다. 갈등 상황에서 리더의 역할은 내 주장을 관철하는 것이 아니라, 숨겨진 공통분모를 찾아 연결해 주는 것임을 배웠습니다.

## [★] 입학사정관의 선택: "공립 외고가 선호하는 '교과 연계 탐구'의 정석이다"

1. 교과서에서 시작된 탐구 (Starting Point): 거창한 외부 활동이 아니라, 국어 시간 '언어의 사회성'

수업에서 호기심을 시작했습니다. 이는 "학교 수업을 정말 열심히 듣는 학생이구나"라는 인상을 심어 주어 공립 외고 평가자들의 호감을 십분 삽니다.

2. 데이터 기반의 논리 (Logic): 단순히 "악플은 나쁘다"는 도덕적 주장이 아니라, '해외 저널(영어)'과 '설문 데이터(통계)'를 근거로 논리를 전개했습니다. 수원외고가 찾는 '융합형 인재'의 모습입니다.

3. 스마트한 갈등 해결: 인성 영역에서 목소리 큰 리더가 아니라, '익명 포스트잇'이라는 도구를 활용해 합리적으로 합의점을 도출했습니다. 이는 면접관에게 학생의 유연한 사고방식을 증명하는 좋은 사례입니다.

## [12] 성남외국어고등학교 전형 분석

Theme: "세상과 소통하며 미래를 여는 '창의적 글로벌 리더'"

## 1. 전형 기본 정보

- 글자 수 및 양식: 총 1,500자 이내 (띄어쓰기 제외)/경기권 외고 공통 양식.
- 작성 방식: 통합 서술형 (문항 구분 없음)
    - [영역 1] 자기주도학습 영역: 학습 주도성, 지원동기, 진로계획 (약 1,100자 권장).
    - [영역 2] 인성 영역: 배려, 나눔, 협력, 타인 존중 사례 (약 400자 권장).

## 2. 인재상 및 핵심 가치

- 교육 목표: 인격과 실력을 겸비한 글로벌 인재 (Humanity & Competence)
- [입시 키워드]: '협력적 문제 해결자 (Collaborative Solver)'
    - 성남외고는 나 혼자 뛰어난 천재보다, 공동체의 문제를 인식하고 친구들과 '협력'하여 해결책을 찾아내는 학생을 높이 평가합니다.
    - 외국어 능력은 기본이고, 이를 활용해 사회에 긍정적인 영향력을 끼치려는 '공공의 가치'를 중요하게 여깁니다.

### 3. 필승 공략 전략

**1) '교과 융합' 능력을 보여라 (Convergence)**

- 성남외고는 문과 학교지만, 과학, 기술, 환경 등 다양한 분야에 호기심을 가진 융합형 인재를 선호합니다.
- [전략] 어문 계열 진로라 하더라도, 탐구의 소재를 '과학 지문'이나 '기술 트렌드'에서 가져오면 차별화가 됩니다. (예: AI 번역기의 원리를 언어학적 관점에서 분석)

**2) '진정성(Sincerity)'이 최고의 무기다**

- 공립 외고 면접관들은 사교육의 코칭 흔적을 매우 싫어합니다.
- [전략] 유려한 문장력보다 조금 투박하더라도 '학생다운 호기심'과 '학교생활에 대한 충실함'이 드러나는 것이 유리합니다. 학원 숙제가 아닌, 학교 수행평가를 하다가 생긴 의문을 파고든 경험을 쓰십시오.

### 4. 면접 대비 핵심

- 공통 질문과 개별 질문을 질문지로 제공하고 구상할 시간을 부여.
- 철저한 진위 여부 확인: 자소서에 적힌 활동을 정말 본인이 주도했는지 검증합니다.
- 가치관 검증: "리더로서 효율성과 민주적 절차 중 무엇이 더 중요한가?"와 같이 학생의 가치관과 인성을 묻는 질문이 자주 출제됩니다.

### [★] 입학사정관의 시선

"성남외고는 '기본기'가 튼튼한 학생을 원합니다. 교과 공부에 충실하면서도, 주변 친구들과 더불어 성장할 줄 아는 '따뜻하고 스마트한 학생'이 합격합니다."

### [사례] 융합 탐구형: "의료 불평등을 언어로 치유하는 '글로벌 보건 행정가'"

- 지원 전형: 일반 전형(영어과)
- 희망 진로: 국제 보건 행정가 (WHO 정책관)

● 핵심 컨셉: 과학적 지식(백신)과 인문학적 소양(언어/정책)을 융합하여 국제 사회 문제를 해결
  하려는 인재

### 자기주도학습: 백신, 과학이 아닌 '분배'의 문제 (700자)

(탐구 동기) 과학 시간에 '백신의 원리'를 배우며, 기술이 있어도 저개발국가에는 왜 질병이 만연한지 의문이 들었습니다. 단순히 비용 문제인지 알아보기 위해 국제기구의 '세계 말라리아 보고서' 영문 요약본을 찾아 읽었습니다. (심화 탐구) 보고서를 독해하며 핵심 원인이 치료제 부족이 아니라, 현지의 열악한 도로 사정과 전력난으로 인한 '콜드체인(저온 유통)의 부재'임을 알게 되었습니다. 또한, 현지 언어로 된 올바른 보건 교육 자료가 부족하다는 점도 큰 문제였습니다. (결과) 이를 바탕으로 영어 수행평가 시간에 ⟨Health for All: Beyond Technology⟩라는 주제로 발표했습니다. 적정 기술을 활용한 백신 운송 아이디어와 현지어 그림책 보급의 필요성을 제안하며, 질병 퇴치는 의학을 넘어선 '국제적 소통과 정책'의 영역임을 깨달았습니다.

### 지원동기 및 진로계획: 성남에서 세계를 잇다 (400자)

국제 보건 문제를 해결하기 위해서는 의학적 지식뿐만 아니라, 국가 간의 이해관계를 조율할 수 있는 '고도의 영어 협상 능력'이 필수적입니다. 성남외고의 '글로벌 인재 아카데미'와 '영어 토론반'은 저의 논리력을 완성할 최적의 무대입니다. 입학 후 영어 심화 독해를 통해 국제 보건법을 원문으로 공부하고, 2학년 때는 동아리에서 '감염병 시대의 국가 간 협력'을 주제로 모의 회의를 주최하고 싶습니다. 졸업 후 보건행정학을 전공하여, 의료 소외 계층에게 실질적인 도움을 주는 정책 전문가가 되겠습니다.

### 인성 영역: 박자보다 중요한 것은 '듣기' (400자)

교내 오케스트라 동아리에서 첼로 파트장을 맡았을 때, 박자가 자꾸 빨라지는 후배 때문에 합주가 엉망이 되었습니다. 다들 후배를 탓하며 연습에서 배제하려 했습니다. 하지만 저는 후배를 따로 만나 연주를 들어 보았고, 긴장하면 호흡이 빨라진다는 것을 알게 되었습니다. 저는 비난 대신 '메트로놈'을 켜두고 함께 호흡을 맞추는 연습을 제안했습니다. "틀려도 괜찮으니 내 소리를 듣고 따라와"라고 격려하자, 후배도 안정을 찾았고 우리는 완벽한 하모니로 축제 무대를 마쳤습니다. 진정한

협력은 실력을 따지는 것이 아니라, 서로의 소리에 귀 기울이며 보조를 맞추는 것임을 배웠습니다.

**[★] 입학사정관의 선택: "공립 외고가 선호하는 '융합형 인재'의 모범 사례다"**

1. 똑똑한 융합 (Smart Convergence): 문과(외고) 지원자지만 '백신', '콜드체인' 같은 과학적 소재를 가져와 '국제 정책(영어)'으로 연결했습니다. 이는 성남외고가 찾는 창의·융합형 인재임을 증명하는 강력한 포인트입니다.

2. 원전 탐구 능력 (Original Text): 막연한 인터넷 검색이 아니라, 'WHO 보고서'를 직접 찾아 읽었다는 점에서 자기주도학습 능력과 영어 실력을 동시에 입증했습니다.

3. 따뜻한 리더십 (Supportive Leadership): 실수하는 후배를 비난하지 않고, '원인 분석(긴장)' 후 '구체적 해결책(메트로놈, 호흡)'을 제시하여 함께 성장한 사례는 인성 평가에서 만점을 받을 수 있는 요소입니다.


## [유형 2] 국제고등학교

### [1] 서울국제고등학교 전형 분석

Theme: "서울을 넘어 세계를 품는 '공공성(Public Value)을 갖춘 글로벌 리더'"

**1. 전형 기본 정보**

- 글자 수 및 양식: 총 1,500자 이내 (띄어쓰기 제외)/서울시교육청 공통 통합 양식.
  - [영역 1] 자기주도학습: 꿈과 끼를 키우기 위한 주도적 학습 과정.
  - [영역 2] 지원동기 및 진로계획: 학교 특성(국제 전문 교과)과 연계된 지원 동기 및 계획.
  - [영역 3] 인성 영역: 배려, 나눔, 협력, 타인 존중, 규칙 준수 사례.

**2. 인재상 및 핵심 가치**

- 교육 목표: 지(知)·덕(德)·체(體)를 겸비한 행복한 글로벌 리더.

- **특징**: 서울 유일의 공립 국제고로서, 사립 외고보다 '공공성(Public Mind)'과 '사회적 책임'을 매우 강조합니다.
- **[입시 키워드]**: '사회과학 탐구자 (Social Scientist)'
  - 외고가 '어학 인재'를 뽑는다면, 국제고는 '사회과학 인재'를 뽑습니다.
  - 국제 정치, 국제법, 국제 경제 등 거시적인 주제에 관심을 갖고, 이를 논리적으로 분석할 줄 아는 학생을 선호합니다.

## 3. 필승 공략 전략

### 1) '언어'를 자랑하지 말고 '사회'를 논하라 (Subject)

- "미드를 보며 영어를 익혔다"는 외고에서도 식상하지만, 국제고에서는 더더욱 감점 요소입니다.
- **[전략]** 언어 학습 과정보다는 사회 현상(인권, 환경, 경제, 외교 등)에 대한 탐구 과정을 메인으로 내세우십시오. 영어는 그 탐구를 위한 '도구'로 자연스럽게 언급되어야 합니다.

### 2) '공익적 가치'를 증명하라 (Public Interest)

- 서울국제고는 세금으로 운영되는 공립 학교입니다. "나 혼자 성공하겠다"는 엘리트주의는 환영받지 못합니다.
- **[전략]** 나의 진로가 개인의 영달을 넘어, 국가와 사회, 그리고 인류에게 어떻게 기여할 것인지 비전을 제시하십시오. (예: 난민 인권, 기후 정의 실현 등)

## 4. 면접 대비 핵심

- **공통 질문 + 개별 질문**: 서울국제고는 논리적 사고력을 묻는 공통 질문이 출제됩니다. (사회 현상에 대한 제시문을 주고 해결 방안 묻기 등)
- **사회 이슈 민감성**: 최근의 국제 정세나 사회 문제에 대해 본인의 명확한 견해가 있어야 합니다. 정답을 맞히는 것이 아니라, 자신의 주장을 논리적으로 방어하는 과정을 평가합니다.

## [★] 입학사정관의 시선

"서울국제고는 '세상을 바꿀 체인지메이커(Changemaker)'를 원합니다. 영어 점수보다 중요한 것은 '이 사회의 문제점이 무엇이라고 생각하는가?'에 대한 학생만의 날카로운 통찰력입니다."

**[사례] 국제 정책형: "기후 정의(Climate Justice)를 법으로 세우는 변호사"**

● 지원 전형: 일반 전형
● 희망 진로: 국제 환경 전문 변호사
● 핵심 컨셉: 환경 문제를 과학이 아닌 '국제법'과 '정의(Justice)'의 관점에서 해결하려는 인재

### 자기주도학습: 침몰하는 섬, 법은 어디에 있는가 (700자)

(탐구 동기) 뉴스에서 해수면 상승으로 수몰 위기에 처한 '투발루'의 외교 장관이 수중 연설을 하는 모습을 보고 충격을 받았습니다. 단순히 안타까운 감정을 넘어, "국가가 사라지면 국민의 권리는 어떻게 되는가?"라는 법적 의문이 생겼습니다. (심화 탐구) 이를 해결하기 위해 1951년 난민 협약 원문을 찾아 읽었습니다. 놀랍게도 현행 국제법상 '기후 난민'은 난민으로 인정받지 못한다는 '법의 사각지대'를 발견했습니다. 저는 이 문제를 더 파고들기 위해 UN의 관련 보고서를 분석하고, 〈기후 난민의 법적 지위 보장을 위한 국제법 개정 제안〉이라는 에세이를 작성했습니다. (깨달음) 과학 기술이 환경을 지킬 수는 있지만, 사람을 지키는 것은 결국 '법과 제도'임을 깨달았습니다. 저는 막연한 봉사가 아니라, 법적 논리로 약소국의 주권을 변호하는 것이 진정한 글로벌 리더의 역할이라 생각했습니다.

### 지원동기 및 진로계획: 서울에서 정의를 배우다 (400자)

국제 사회의 복잡한 이해관계를 조율하기 위해서는 '국제 정치'와 '국제법'에 대한 전문적인 식견이 필요합니다. 서울국제고의 체계적인 '국제 계열 전문 교과'와 'GLP(Global Leadership Program)'는 저의 꿈을 실현할 유일한 배움터입니다. 입학 후 '국제법 탐구 동아리'를 만들어 투발루와 같은 기후 위기 국가를 위한 모의 재판을 열어 보고 싶습니다. 졸업 후에는 로스쿨에 진학하여, 환경 파괴에 대한 선진국의 책임을 묻고 기후 정의를 실현하는 국제 변호사가 되겠습니다.

### 인성 영역: 감정이 아닌 '원칙'으로 중재하다 (400자)

교내 토론 동아리 부장으로서 '원전 확대' 주제를 다룰 때, 찬반 측이 서로의 말을 끊고 감정적으로

비난하는 상황이 벌어졌습니다. 토론이 싸움으로 변질되려 하자 저는 잠시 중단을 요청했습니다. 저는 누구의 편도 들지 않고, '발언권 카드' 제도 도입을 제안했습니다. 카드를 가진 사람만 3분간 말할 수 있고, 상대방은 절대 끼어들 수 없다는 '절차적 규칙'을 세웠습니다. 공정한 규칙이 생기자 아이들은 경청하기 시작했고, 토론은 논리 대결로 돌아왔습니다. 리더는 갈등을 피하는 사람이 아니라, 공정한 시스템을 통해 갈등을 생산적인 에너지로 바꾸는 설계자임을 배웠습니다.

### [★] 입학사정관의 선택: "국제고가 지향하는 '사회과학적 소양'이 완벽하다"

1. 소재의 적합성 (International Studies): 환경 문제를 다루면서도 과학(이과)으로 빠지지 않고, '국제법'과 '난민 협약'이라는 사회과학적 주제로 풀어냈습니다. 이는 국제고의 설립 취지에 100% 부합하는 접근입니다.

2. 문제 의식의 깊이 (Public Mind): 단순히 영어를 잘해서가 아니라, "사라지는 국가의 국민은 누가 보호하는가?"라는 공공의 문제 의식에서 출발했습니다. 서울국제고가 찾는 '공공적 리더'의 모습입니다.

3. 시스템적 해결 (Systemic Solution): 인성 영역에서 감정에 호소하는 화해 대신, '발언권 카드'라는 규칙(Rule)을 만들어 문제를 해결했습니다. 이는 장차 법조인이 될 학생의 논리적인 성향을 잘 보여 줍니다.

## [2] 동탄국제고등학교 전형 분석

Theme: "지역(Local)에서 세계(Global)를 보는 '통찰력 있는 리더'"

## 1. 전형 기본 정보

- 글자 수 및 양식: 총 1,500자 이내 (띄어쓰기 제외)/경기권 특목고 공통 양식.
    - [영역 1] 자기주도학습 영역: 학습 과정, 지원동기, 진로계획 (약 1,100자 권장).
    - [영역 2] 인성 영역: 배려, 나눔, 협력, 타인 존중 사례 (약 400자 권장).

## 2. 인재상 및 핵심 가치

- 교육 목표: 세상을 가슴에 품고 세계를 향해 비상하는 글로벌 인재

● [입시 키워드]: '글로컬(Glocal) 탐구자'

  ○ 동탄국제고는 단순히 영어를 잘하는 학생보다, '우리 주변의 문제(Local)'를 '세계적인 시각 (Global)'으로 해석하고 해결하려는 학생을 선호합니다.

  ○ 독서 교육을 매우 중시하므로, 자소서에 깊이 있는 인문/사회과학 서적 탐독 경험이 드러나면 아주 좋습니다.


## 3. 필승 공략 전략

### 1) '인문학적 깊이'로 승부하라 (Deep Reading)

● 동탄국제고는 얕은 지식의 나열을 싫어합니다.

● [전략] "영어 단어를 몇 개 외웠다"는 식의 기능적 서술은 피하십시오. 대신 [사회 현상 발견 → 관련 원서/인문학 서적 독서 → 비판적 에세이 작성]의 흐름으로 자신의 사고력(Thinking Power)을 과시해야 합니다.


### 2) '말하기'를 좋아하는 성향을 보여라 (Discussion)

● 토론과 발표 수업이 일상인 학교입니다.

● [전략] 혼자 공부한 이야기만 쓰면 '학교 적응력'에서 의구심을 살 수 있습니다. "친구들과 독서 토론 클럽을 만들어 논쟁했다"거나 "모의유엔에서 국가 대표로서 협상했다"는 등 타인과 지적으로 교류하는 모습을 보여 주십시오.


## 4. 면접 대비 핵심

● 공통 질문 + 개별 질문 면접: 공통 질문은 준비실에서 제공하며 5분간 답변을 구상합니다. 이후 면접실로 이동하여 5~6분간 공통 질문과 개별 질문 2문항을 답변합니다. 개별 질문은 학생이 제출한 서류(자소서, 생기부)를 바탕으로 심층 질문을 던집니다.

● 독서 검증 강화: 자소서나 생기부에 기재된 책에 대해 "그 책의 저자가 말한 핵심 주장이 무엇이며, 현재 우리 사회에 적용한다면 어떤 시사점이 있는가?"와 같이 책의 내용을 현실 문제와 연결하는 응용 질문이 자주 나옵니다.

## [★] 입학사정관의 시선

"동탄국제고는 '책 읽고 생각하기를 즐기는 학생'을 뽑습니다. 화려한 활동명보다, 한 권의 책이라도 얼마나 깊게 파고들었는지, 그리고 그 생각이 얼마나 논리적으로 정리되어 있는지가 합격의 기준입니다."

### [사례] 글로컬 도시재생형: "도시의 상처를 치유하는 '국제 도시계획가'"

- 지원 전형: 일반 전형
- 희망 진로: 국제 도시계획가 (UN-Habitat 연구원)
- 핵심 컨셉: 자신이 사는 지역의 '젠트리피케이션' 문제를 국제적인 도시 사회학 이론으로 분석한 '글로컬(Glocal) 인재'

### 자기주도학습: 우리 동네에서 세계를 읽다 (700자)

(탐구 동기) 제가 사는 동네에 예쁜 카페가 늘어나는 것을 보며 좋아했지만, 뉴스에서 원주민이 내몰리는 '젠트리피케이션(Gentrification)' 현상임을 알게 되었습니다. 우리 동네만의 문제인지, 해결책은 없는지 궁금해 탐구를 시작했습니다. (심화 탐구) 제인 제이콥스의 『미국 대도시의 죽음과 삶』을 읽으며 도시의 다양성이 파괴되는 과정을 이해했습니다. 더 나아가 영국의 도시 재생 성공 사례를 담은 영문 아티클(Urban Regeneration in London)을 찾아 독해했습니다. 영국은 철거 대신 '보존'과 '커뮤니티 회복'에 중점을 둔다는 사실을 알게 되었습니다. (결과) 이를 바탕으로 〈지속 가능한 도시를 위한 포용적 성장 방안〉이라는 영어 에세이를 작성했습니다. 도시 계획은 건물을 짓는 공학이 아니라, 사람과 문화를 잇는 인문학이어야 함을 깨달았습니다. 지역의 문제를 세계적 이론으로 분석해 보며, 세상을 보는 시야가 확장되는 지적 희열을 느꼈습니다.

### 지원동기 및 진로계획: 동탄에서 UN을 꿈꾸다 (400자)

세계 각국의 도시 문제를 연구하고 국제적인 표준을 만드는 'UN-Habitat'의 연구원이 꿈입니다. 이를 위해 동탄국제고의 '국제 정치·경제 심화 과정'과 '영어 토론 동아리' 활동은 필수적입니다. 입학 후 1학년 때는 국제법 동아리에서 '주거권'에 대한 국제 협약을 공부하고, 2학년 때는 'DGHS 학술제'에서 개발도상국의 슬럼가 개선 모델을 주제로 소논문을 발표하겠습니다. 졸업 후 도시사회학을 전공하여, 사람이 소외되지 않는 따뜻한 도시를 설계하는 글로벌 리더가 되겠습니다.

### 인성 영역: 만장일치보다 값진 '소수 의견' (400자)

사회 수행평가 조별 과제에서 주제 선정을 두고 다수결로 결정하자는 의견이 지배적이었습니다. 하지만 저는 소외되는 친구 없이 모두가 몰입해야 좋은 결과가 나온다고 생각했습니다. 저는 투표를 미루고, '라운드 테이블' 방식을 제안했습니다. 모든 조원이 돌아가며 자신이 하고 싶은 주제와 그 이유를 1분씩 이야기하게 했습니다. 그 과정에서 말이 없던 친구가 '환경' 분야에 깊은 지식이 있음을 알게 되었고, 기존 주제와 환경을 융합한 새로운 주제를 도출했습니다. 다수결은 빠르지만, 경청과 융합은 완벽하다는 것을 배웠습니다.

### [★] 입학사정관의 선택: "가장 '국제고다운' 접근 방식을 보여 주었다"

1. 글로컬(Glocal) 시각의 정석: 거창한 국제 이슈가 아니라 '내가 사는 동네(Local)'의 현상에서 출발해 '국제적 이론(Global)'으로 확장했습니다. 동탄국제고가 가장 선호하는 '생활 밀착형 탐구'의 모범 답안입니다.

2. 인문학적 통찰 (Humanities): 도시 계획을 공학적 접근(건물 짓기)이 아닌, '사람과 문화'의 관점에서 해석했습니다. 사회과학을 중점적으로 배우는 국제고의 교육 과정과 결이 완벽하게 맞습니다.

3. 성숙한 민주적 절차 (Democracy): 인성 영역에서 흔한 '다수결'을 거부하고, '라운드 테이블(전원 발언)'이라는 민주적 절차를 도입해 소수의 의견까지 살려 낸 점은 차세대 리더로서의 자질을 훌륭하게 증명합니다.

## [3] 고양국제고등학교 전형 분석

Theme: "문화의 경계를 넘어 세계와 소통하는 '글로벌 브릿지(Bridge)'"

### 1. 전형 기본 정보

● 글자 수 및 양식: 총 1,500자 이내 (띄어쓰기 제외)/경기권 특목고 공통 양식.

○ [영역 1] 자기주도학습 영역: 학습 과정, 지원동기, 진로계획 (약 1,100자 권장).

○ [영역 2] 인성 영역: 배려, 나눔, 협력, 타인 존중 사례 (약 400자 권장).

## 2. 인재상 및 핵심 가치

● 교육 목표: 세계인과 더불어 살아가는 글로벌 인재

● [입시 키워드]: '문화적 소통가 (Cultural Communicator)'

○ 고양국제고는 단순히 영어를 유창하게 하는 것보다, 타 문화에 대한 '개방성(Open-mindedness)'과 '수용 능력'을 더 높이 평가합니다.

○ 나의 주장만 펼치는 것이 아니라, 나와 다른 생각이나 문화를 가진 사람과 어떻게 조화를 이룰 것인가를 고민하는 학생을 선호합니다.

## 3. 필승 공략 전략

### 1) '소프트 파워(Soft Power)'에 주목하라

● 국제고라고 해서 꼭 무거운 '정치/외교'만 다룰 필요는 없습니다.

● [전략] 고양국제고는 문화 예술 활동이 활발합니다. 'K-컬처', '문화적 상대주의', '미디어 소통' 등 문화와 사회를 연결하는 주제로 접근하면 학교의 색깔과 아주 잘 맞습니다.

### 2) '지역(Goyang)'과 '세계(Global)'를 연결하라

● 고양시는 '꽃 박람회', '방송 영상 밸리' 등 문화 콘텐츠가 풍부한 도시입니다.

● [전략] 자신이 살고 있는 지역의 문화적 자산을 분석하고, 이를 어떻게 세계화할 것인지 고민한 흔적을 보여 주십시오. "내 주변의 소재를 국제적 시각으로 해석하는 능력"이 핵심입니다.

## 4. 면접 대비 핵심

● 공통 질문 + 개별 질문 면접: 공통 질문과 제출한 서류를 바탕으로 심층 질문이 이어집니다.

● '다각적 사고' 검증: "지원자가 제시한 해결책이 만약 A라는 문화권에서는 거부당한다면 어떻게 할 것인가?"처럼, 문화적 맥락에 따른 유연한 대처 능력을 묻는 질문이 자주 출제됩니다.

## [★] 입학사정관의 시선

"고양국제고는 '유연한 학생'을 뽑습니다. 정해진 정답을 고집하기보다, '틀림이 아니라 다름'을 인정하고 그 안에서 새로운 가치를 만들어 낼 줄 아는 말랑말랑한 사고를 보여 주세요."

### [사례] 문화 외교형: "K-콘텐츠로 세계의 마음을 얻는 '문화 외교관'"

- 지원 전형: 일반 전형
- 희망 진로: 공공외교 전문가 (문화체육관광부 사무관)
- 핵심 컨셉: K-팝 열풍을 단순한 오락이 아닌 '소프트 파워'와 '문화 외교'의 관점에서 학술적으로 분석한 인재

### 자기주도학습: BTS 현상을 '학문'으로 읽다 (700자)

(탐구 동기) 전 세계가 K-팝에 열광하는 현상을 보며, 이것이 단순한 유행인지 아니면 대한민국의 강력한 외교 자산인지 궁금했습니다. 이를 분석하기 위해 조지프 나이의『소프트 파워(Soft Power)』를 읽고, 문화가 가진 힘이 군사력보다 강력할 수 있음을 깨달았습니다. (심화 탐구) 더 깊이 있는 분석을 위해 하버드 비즈니스 리뷰(HBR)의 〈K-Pop's Global Success〉 아티클을 찾아 원문으로 독해했습니다. 서구 언론은 K-팝의 성공 요인을 '디지털 팬덤'과 '혼종성(Hybridity)'에서 찾고 있었습니다. 하지만 저는 일방적인 문화 수출이 '문화 제국주의'로 오해받을 수 있다는 비판적 시각도 갖게 되었습니다. (결과) 이를 바탕으로 〈지속 가능한 한류를 위한 쌍방향 문화 교류 전략〉이라는 보고서를 작성했습니다. 진정한 문화 강국은 우리 것을 알리는 것을 넘어, 타 문화를 존중할 때 완성된다는 결론을 내렸습니다. 덕질을 '학술적 탐구'로 발전시키며, 문화를 보는 눈을 뜨게 되었습니다.

### 지원동기 및 진로계획: 고양에서 문화의 다리를 놓다 (400자)

문화적 소양을 갖춘 외교관이 되기 위해, 다양한 국제 교류 프로그램과 '비판적 사고와 토론' 수업이 특화된 고양국제고는 저에게 대체 불가능한 학교입니다. 입학 후 1학년 때는 '비교 문화 탐구 동아리'에서 다양한 문화권의 금기(Taboo)를 연구하여 문화적 감수성을 키우겠습니다. 2학년 때는 고양시의 'MICE 산업'을 벤치마킹하여, '청소년 국제 문화 포럼'을 직접 기획해 보고 싶습니다. 졸업

후 국제학을 전공하고 문화체육관광부에 진출하여, 대한민국의 매력을 세계의 언어로 번역하는 문화 행정가가 되겠습니다.

### 인성 영역: 번역기가 할 수 없는 '마음의 번역' (400자)

다문화 가정 자녀 멘토링 봉사 중, 멘티가 "한국말이 서툴러서 친구들이 놀린다"며 의기소침해 있었습니다. 저는 단순히 한국어를 가르치는 것만으로는 부족하다고 생각했습니다. 저는 멘티의 어머니 나라(베트남) 전래동화를 한국어로 함께 번역하여 반 친구들에게 들려주는 시간을 마련했습니다. 친구들이 "베트남에도 우리랑 비슷한 이야기가 있네?"라며 흥미를 보이자, 멘티는 주인공이 되어 자신감을 되찾았습니다. 언어는 기술적인 도구가 아니라, 서로의 다름을 이해하고 마음을 이어 주는 다리임을 배웠습니다.

### [★] 입학사정관의 선택: "가장 트렌디하면서도 깊이 있는 '문화적 접근'이다"

1. 소재의 재해석 (Insight): 흔한 'K-팝' 소재를 『소프트 파워』 이론과 'HBR 아티클(영어 원문)'을 통해 학술적으로 승화시켰습니다. "노는 것도 공부로 연결하는" 탁월한 자기주도성을 보여 줍니다.

2. 쌍방향 소통의 가치 (Communication): 자기주도학습(문화 제국주의 경계)과 인성 영역(다문화 멘토링)을 관통하는 주제가 '쌍방향 소통'입니다. 이는 고양국제고가 추구하는 '문화적 개방성'과 완벽하게 일치합니다.

3. 구체적인 지역 연계 (Glocal): 고양시의 특화 산업인 'MICE 산업'을 언급하며 교내 활동(포럼 기획)과 연결한 점은, 학교와 지역 사회에 대한 높은 이해도를 증명합니다.

### [4] 청심국제고등학교 전형 분석

Theme: "세계를 움직이는 세 가지 힘, 'ACG'를 갖춘 융합 리더"

### 1. 전형 기본 정보

● 글자 수 및 양식: 총 1,500자 이내 (띄어쓰기 제외)/경기권 특목고 공통 양식.

   ○ [영역 1] 자기주도학습 영역: 꿈과 끼를 키우기 위한 학습 과정, 지원동기, 진로계획 (약

1,100자 권장).

   ○ [영역 2] 인성 영역: 배려, 나눔, 협력, 타인 존중 사례 (약 400자 권장).

## 2. 인재상 및 핵심 가치

● 교육 목표: ACG 교육 철학을 갖춘 글로벌 리더 양성.

   ○ A (Altruistic Mind): 이타적 품성 (배려, 나눔).

   ○ C (Creative Knowledge): 창의적 지식 (융합, 비판적 사고).

   ○ G (Global Leadership): 글로벌 리더십 (문화 수용, 소통).

● [입시 키워드]: '학술적 탐험가 (Academic Explorer)'

   ○ 청심국제고는 교사가 지식을 주입하는 것이 아니라, 학생 스스로 '연구 주제'를 정하고 답을 찾아가는 탐구형 인재를 원합니다.

   ○ 자소서에서 가장 중요한 것은 '지적 깊이(Depth)'입니다. 얕은 경험의 나열보다는 하나의 주제를 끈질기게 파고든 경험이 합격의 열쇠입니다.

## 3. 필승 공략 전략

### 1) 'ACG'를 자소서에 이식하라 (Core Value)

● 청심의 언어인 'ACG'를 직접적으로 언급하지 않더라도, 그 내용이 녹아 있어야 합니다.

● [전략]

   ○ C(창의): 서로 다른 교과(예: 윤리 + 생명과학)를 융합하여 새로운 시각을 제시하십시오.

   ○ A(이타) + G(글로벌): 나의 지식이 개인의 성공이 아니라, 세계의 문제를 해결하는 데 쓰이길 바란다는 '공공의 비전'을 보여 주십시오.

### 2) '토론'과 '연구' 역량을 과시하라 (Research)

● 청심의 수업은 대부분 토론과 발표로 이루어집니다.

● [전략] "교과서 내용을 암기했다"는 절대 금물입니다. "교과서의 한계를 느껴 원서를 찾아 읽고, 친구들과 반박 토론을 하며 나만의 소논문(에세이)을 썼다"는 흐름이 가장 이상적인 '청심 스타일'입니다.

## 4. 면접 대비 핵심

- **심층 개별 질문**: 청심국제고는 논리적 사고력을 묻는 고난도 심층 질문이 출제될 가능성이 높습니다.
- **압박 면접**: 꼬리에 꼬리를 무는 질문을 통해 학생의 논리적 허점을 파고듭니다. 정답을 맞히는 것보다, 자신의 논리를 끝까지 방어하는 '지적 끈기'를 보여 줘야 합니다.

## [★] 입학사정관의 시선

"청심국제고는 '지적 호기심이 폭발하는 학생'을 찾습니다. 시켜서 하는 공부가 아니라, 궁금해서 미칠 것 같아 밤을 새워 책을 읽고 토론해 본 경험이 있는 '진짜 덕후'가 합격합니다."

## [사례] ACG 융합형: "인공지능에도 '인권'이 있는가? — AI 윤리학자"

- **지원 전형**: 일반 전형
- **희망 진로**: AI 윤리 정책가 (UNESCO AI 윤리 분과 위원)
- **핵심 컨셉**: 기술(AI)과 인문학(윤리)을 융합하여 미래 사회의 기준을 만드는 '창의적 지식인(C)'

### 자기주도학습: 트롤리 딜레마, 자율주행차를 만나다 (700자)

(탐구 동기 — Creative Knowledge) 도덕 시간에 '트롤리 딜레마'를 배우며, 이것이 자율주행차의 알고리즘 설계에서 현실적인 문제가 됨을 깨달았습니다. "AI가 사고 직전, 탑승자를 살릴 것인가 보행자를 살릴 것인가?"라는 질문에 답을 찾기 위해 미국 대학교의 '모럴 머신(Moral Machine)' 프로젝트 결과 보고서(영문)를 분석했습니다. (심화 탐구) 전 세계 230만 명의 데이터를 분석한 결과, 문화권마다 생명을 구하는 우선순위(동양: 노인 존중/서양: 아이 보호)가 다르다는 충격적인 사실을 발견했습니다. 이를 통해 윤리는 절대적인 것이 아니라 문화적 맥락(Context)에 따라 달라짐을 알게 되었습니다. (결과 및 확장) 저는 〈문화적 상대성을 고려한 AI 윤리 가이드라인 제안〉이라는 영어 에세이를 작성했습니다. 기술은 보편적이지만 윤리는 지역적일 수 있기에, '글로벌 합의'를 이끄는 것이 미래 리더의 역할임을 깨달았습니다.

**지원동기 및 진로계획: 청심에서 미래의 기준을 세우다 (400자)**

기술 만능주의 시대에 필요한 것은 기술을 통제할 '철학적 기준'입니다. 청심국제고의 '철학·윤리 심화 과정'과 '과제 연구(Research)' 프로그램은 저의 융합적 사고를 완성할 유일한 곳입니다. 입학 후 '알고리즘 편향성'을 주제로 심층 연구를 진행하고, 모의유엔(CSIAMUN)에서 AI 무기 규제 협약을 주도해 보고 싶습니다. 졸업 후에는 융합학부에 진학하여 기술과 인문학을 아우르는 시각으로, UNESCO에서 '인류를 위한 AI 윤리 헌장'을 제정하는 정책가가 되겠습니다.

**인성 영역: 이타성(A)으로 만든 '지식 나눔' (400자)**

교내 코딩 동아리 부장으로서, 코딩을 어려워하는 문과 성향 친구들을 위해 '문과생을 위한 코딩 교실'을 열었습니다. 단순히 코드를 외우게 하는 대신, 친구들이 좋아하는 '소설 쓰기'나 '역사 연표 만들기'를 코딩으로 구현하게 했습니다. "코딩이 이렇게 재밌는지 몰랐어"라는 친구의 말을 들으며, 지식은 나 혼자 가질 때보다 나눌 때 더 큰 가치(Altruistic Mind)가 됨을 느꼈습니다. 서로 다른 재능을 가진 친구들이 협력할 때 더 창의적인 결과물이 나온다는 'ACG 정신'을 청심에서도 실천하겠습니다.

**[★] 입학사정관의 선택: "청심의 교육 철학(ACG)을 완벽하게 체화한 사례다"**

1. 완벽한 융합(Convergence): '도덕(트롤리 딜레마)'과 '기술(자율주행차)', 그리고 '영어(MIT 보고서)'를 하나의 논리로 엮어 냈습니다. 청심국제고가 가장 선호하는 '창의적 지식(C)'의 전형입니다.

2. 수준 높은 탐구 자료: 단순한 뉴스 기사가 아니라, 'MIT 모럴 머신 데이터'를 분석했다는 점에서 남다른 학술적 깊이(Academic Depth)를 증명했습니다.

3. 청심 맞춤형 인성: 자신의 재능(코딩)을 친구들과 나누며 '이타성(A)'을 실천하고, 이를 통해 시너지를 내는 모습은 청심이 추구하는 '따뜻한 엘리트'의 모습 그 자체입니다.

## [1] 한성과학고등학교 전형 분석

Theme: "과학적 깊이와 따뜻한 인성을 겸비한, '진정성(Sincerity) 있는 융합 영재'"

### 1. 전형 기본 정보

● 학교 유형: 과학고등학교 (서울 서대문구 소재/공립/남녀공학).

● 전형 단계

　○ 1단계 (서류평가 + 출석면담): 학교생활기록부, 자기소개서, 교사추천서를 바탕으로 입학담당관이 지원자와 직접 면담 실시 → 모집 정원의 1.5배수 내외 선발.

　○ 2단계 (소집면접): 중학교 교육과정을 바탕으로 과학·수학에 대한 창의적 사고력, 인성 등을 종합 평가 → 최종 합격자 선발.

● 자소서 규격: 총 2,400자 (띄어쓰기 포함).

　○ [문항 1] 과학 탐구: 주제, 동기, 과정, 결과, 배운 점 (800자).

　○ [문항 2] 수학 탐구: 주제, 동기, 과정, 결과, 배운 점 (800자).

　○ [문항 3] 인성: 배려, 나눔, 협력, 갈등관리, 리더십 실천 사례 (400자).

　○ [문항 4] 진로 및 역경: 진로탐색활동, 입학 후 계획, 꿈을 이루는 과정에서 예상되는 역경 (400자).

● 특이사항

　○ 모집 인원: 140명 (일반 112명, 사회통합 28명) 규모가 작아 경쟁이 치열함.

　○ 내신 반영: 최종 합격자 선발 시 3학년 2학기 성적까지 반영되므로 끝까지 내신 관리가 필수.

　○ 출석면담: 1단계에서 지원자 대부분을 대상으로 면담을 진행하므로 서류의 진위 확인이 매우 중요함.

### 2. 인재상 및 핵심 가치

● 교육 목표: 창의(Creativity)·인성(Character)·융합(Convergence)을 갖춘 과학 인재.

- [입시 키워드]: '과정의 진정성' & '구체적 역경 극복 의지'

    ○ 한성과고는 "무엇을 했는가(Result)"보다 "왜 했으며, 어떻게 문제를 해결했는가(Process)"를 집요하게 봅니다.

    ○ 특히 4번 문항에 '꿈을 이루는 과정에서 예상되는 역경'을 묻는 것은, 장밋빛 미래만 꿈꾸는 몽상가가 아니라, 연구의 현실적 어려움을 인지하고 돌파할 각오가 된 학생을 뽑겠다는 의도입니다.


## 3. 필승 공략 전략

### 1) 1, 2번(800자): '백화점식 나열' 금지, '원 포인트 딥다이브(One-Point Deep Dive)'

- 800자는 깊이를 보여 주기에 빠듯한 분량입니다. 여러 활동을 나열하면 탈락입니다.

- [전략] 가장 자신 있는 단 하나의 주제를 선정하여, [동기 10% — 가설 및 설계 30% — 수행 및 오류 수정 40% — 결과 및 배운 점 20%] 비율로 실험 보고서처럼 구체적으로 서술하십시오. 특히 '실패했던 경험과 그 원인을 분석해 수정한 과정'이 핵심입니다.


### 2) 4번(400자): '역경'을 구체적인 '연구 난제'로 정의하라

- 단순히 "공부가 어려울 것 같다"는 식상한 내용은 피해야 합니다.

- [전략] 본인의 희망 진로(예: 로봇공학)에서 필연적으로 마주칠 기술적 한계(배터리 효율, AI 윤리 등)나 연구 방법론적 난관(데이터 편향성 등)을 '역경'으로 제시하고, 이를 한성과고의 인프라와 동료 협업으로 극복하겠다는 논리를 펴십시오.


### 3) 출석면담 대비: 자소서는 '면접 대본'이다

- 1단계 출석면담에서 입학사정관은 자소서 내용을 현미경 검증합니다.

- [전략] 자소서에 쓴 공식, 이론, 실험 원리는 교과서 범위를 넘어서더라도 완벽하게 설명할 수 있어야 합니다. (예: "여기에 쓴 베르누이 정리의 한계가 구체적으로 무엇인가?")


## 4. 면접 대비 핵심

- 꼬리 물기 검증: "이 실험에서 변인 통제는 어떻게 했나?", "결괏값이 이론값과 달랐을 텐데, 그

이유는 무엇이라 생각하나?" 등 탐구의 진정성을 파고드는 질문이 쏟아집니다.

● 수·과학 융합 사고: 2단계 소집면접에서는 정답이 없는 열린 문항을 통해 수학적 논리력과 과학적 창의성을 동시에 봅니다.

## [★] 입학사정관의 시선

"한성과고는 화려한 스펙으로 포장된 학생보다, 투박하더라도 스스로 질문을 던지고 답을 찾아 헤맨 '땀 냄새 나는 학생'을 원합니다.

자소서 4번 문항의 '예상되는 역경'은 여러분이 진로에 대해 얼마나 진지하게 고민했는지를 보여주는 척도입니다. 연구자의 길은 꽃길이 아님을 알고, 그럼에도 불구하고 도전하겠다는 단단한 마음가짐을 보여 주십시오."

## [사례] 물리·수학 심화형: "비행의 원리를 수학으로 증명하는 '항공우주 공학자'"

● 희망 진로: 항공우주 공학자
● 작성 전략: 물리(유체역학) 실험의 한계를 수학(그래프 이론)적 사고로 보완하며 융합 역량 강조.

## 1. 과학 탐구 (800자)

(베르누이 정리를 넘어선 드론 날개의 효율성 탐구)

[동기] 교과서에서 배운 베르누이 정리가 실제 비행체의 양력을 온전히 설명하지 못한다는 '긴 경로 이론의 오류'에 의문을 품었습니다. 이를 해결하기 위해 점성과 공기 저항을 고려한 날개 효율성을 직접 탐구하고 싶었습니다.

[과정] 3D 프린터로 '에어포일(Airfoil)' 형태가 다른 3가지 날개를 제작하고, 폼보드와 드라이아이스를 이용해 간이 풍동 실험 장치를 만들었습니다. 처음에는 난류 발생으로 데이터가 불규칙하게 측정되는 실패를 겪었습니다. 이를 해결하기 위해 빨대를 잘라 공기 흐름을 펴주는 '격자(Grid)'를 설치하자 오차가 10% 이내로 줄었습니다.

[결과] 받음각(Angle of Attack)이 15°를 넘어가면 공기 흐름이 날개에서 떨어져 나가는 '박리(Separation)' 현상으로 양력이 급감함을 확인했습니다.

[배운 점] 교과서 지식을 넘어 실제 유체 현상의 복잡성을 실험으로 제어해 보며, 변인 통제와 오차 보정이라는 연구자의 기본 태도를 깊이 있게 배웠습니다.

## 2. 수학 탐구 (800자)

(오일러 경로를 활용한 학교 물류 최적화)

[동기] 매점 물류 트럭이 학교 내 여러 건물을 비효율적으로 이동하는 것을 보고, 수학적 모델링을 통해 최단 이동 경로를 찾고 싶었습니다.

[과정] 학교 지도를 '그래프(Graph)'로 모델링하여 각 건물을 정점(Vertex), 도로를 간선(Edge)으로 정의했습니다. 모든 간선을 한 번씩만 지나가는 오일러 회로가 성립하려면 '홀수점'이 0개여야 하는데, 우리 학교는 홀수점이 4개라 불가능했습니다. 이를 해결하기 위해 '중국인 우체부 문제' 알고리즘을 적용했습니다. 홀수점 사이의 최단 거리를 계산하여 중복 이동해야 하는 간선을 최소화하는 방식을 고안하고, 엑셀을 이용해 경로별 가중치(거리)를 계산했습니다.

[결과] 기존 경로보다 이동 거리를 약 15% 단축할 수 있는 모델을 완성하여 행정실에 제안했습니다.

[배운 점] 추상적인 수학 이론(그래프 이론)이 현실의 비용 문제를 해결하는 강력한 도구가 됨을 깨닫고 수학의 실용성에 매료되었습니다.

## 3. 인성 (400자)

(데이터로 설득하고 경청으로 화합하다)

물로켓 대회 준비 중, 발사 각도를 두고 조원 간 의견이 대립했습니다. 45°가 이론적 최적이라는 의견과 바람을 고려해 각도를 낮추자는 의견이 맞섰습니다. 저는 말싸움 대신 "직접 쏴 보고 결정하자"고 제안했습니다. 운동장에 나가 각도별로 10회씩 발사하여 데이터를 엑셀로 정리해 보여 주었습니다. 객관적 수치를 본 친구들은 감정 소모 없이 바람의 영향을 고려한 40° 발사에 합의했습니다. 리더십은 목소리 크기가 아니라, 합리적인 근거로 구성원을 납득시키고 공통의 목표로 이끄는 힘임을 배웠습니다.

## 4. 진로 및 역경 극복 (400자)

(실패를 연료 삼아 우주로)

저는 차세대 발사체 엔진을 개발하는 항공우주 공학자를 꿈꿉니다. 입학 후 심화 R&E를 통해 연소 불안정 문제를 해결하는 엔진 냉각 시스템을 연구할 계획입니다.

하지만 연구 과정에서 수백 번의 시뮬레이션 실패와 데이터 발산이라는 현실적 역경에 부딪힐 것입니다. 그때마다 저는 풍동 실험에서 난류를 잡기 위해 격자를 설치했던 끈기를 기억하겠습니다. 혼자 끙끙대기보다 동료들과 데이터를 공유하고 토론하며, 실패의 원인을 분석해 '오답 노트'를 만드는 자세로 연구 난제라는 역경을 돌파하겠습니다.


**[★] 입학사정관의 선택: "도구의 유연함과 실험의 정교함이 돋보인다"**

1. [과학적 깊이] 교과서 이론의 한계를 지적하고, 이를 직접 제작한 장비(풍동)와 심화 이론(박리 현상)으로 검증한 과정이 매우 인상적입니다.

2. [수학적 응용] 그래프 이론을 단순 문제 풀이가 아닌 '현실 문제(물류) 해결'에 적용하여 수학적 효용성을 증명했습니다.

3. [구체적 역경] 4번 문항에서 연구자가 겪을 필연적 실패(시뮬레이션 오류)를 예상하고, 이를 협업과 분석으로 풀겠다는 태도가 성숙합니다.


## [2] 세종과학고등학교 전형 분석

Theme: "독서로 다져진 인문학적 깊이, 과학으로 펼치는 창의적 날개"


### 1. 전형 기본 정보

● 학교 유형: 과학고등학교 (서울 구로구 소재/공립/남녀공학).

● 전형 단계

　○ 1단계 (서류평가 + 출석면담): 제출 서류 및 입학담당관 면담 → 모집 정원의 1.5배수 내외 선발.

　○2단계 (소집면접): 창의적 문제해결력, 인성 등을 종합 평가 → 최종 합격자 선발.

● 자소서 규격: 총 5개 문항 (띄어쓰기 포함).

　○ [문항 1] 진로: 꿈과 끼를 살리기 위한 진로 탐색 활동 및 계획 (400자).

○ [문항 2] 과학 탐구: 자기주도적으로 수행한 탐구 사례 (주제, 동기, 과정, 결과, 영향) (800자).

○ [문항 3] 수학 탐구: 자기주도적으로 수행한 탐구 사례 (주제, 동기, 과정, 결과, 영향) (800자).

○ [문항 4] 인성: 배려, 나눔, 협력, 타인 존중, 규칙 준수 등 실천 사례 (400자).

○ [문항 5] 독서: 의미 있게 읽은 도서 3권 (각 도서별 지은이, 책 제목, 핵심 단어 3개).

● 특이사항

○ 모집 인원: 160명 (일반 128명, 사회통합 32명)으로 서울권 과고 중 최대 규모.

○ 문항 구성: 타 과고와 달리 1번이 '진로', 5번이 '독서'로 구성되어 있어 진로의 명확성과 인문학적 소양을 특히 강조함.

## 2. 인재상 및 핵심 가치

● 교육 목표: 바른 인성, 창의적 사고, 자기주도적 학습 능력을 갖춘 융합 과학 인재.

● [입시 키워드]: '융합적 소양(Consilience)' & '독서의 힘'

○ 세종과고는 별도의 독서 문항을 통해 '책 읽는 과학자'를 선발하고자 합니다. 과학적 지식뿐만 아니라 인문·철학적 깊이까지 갖춘 융합 인재를 선호합니다.

○ 자소서 1번 문항이 '진로'로 시작한다는 점은, 입학 전부터 뚜렷한 목표 의식(Vision)을 가진 학생을 뽑겠다는 강력한 의지입니다.

## 3. 필승 공략 전략

### 1) 1번(진로 400자): '꿈의 선명도'를 높여라

● 첫 문항부터 진로를 묻습니다. 막연히 "과학자가 되고 싶다"는 통하지 않습니다.

● [전략] "어떤 분야(What)를 연구하여 어떤 사회적 가치(Why)를 실현하고 싶은지"를 구체적으로 서술하십시오. (예: "양자 컴퓨터로 신약 개발 기간을 단축하여 의료 불평등을 해소하는 양자 정보과학자")

### 2) 5번(독서): '편식'하지 말고 '큐레이션'하라

● 단순히 어려운 과학책 3권을 쓰는 것은 하수입니다.

● [전략] [전공 심화 서적 1권 + 연구 윤리/철학 서적 1권 + 융합/인문 서적 1권]의 황금 비율을 추

천합니다. '핵심 단어 3개'는 면접관이 질문할 미끼(Hook)이므로, 책 내용과 본인의 생각을 연결할 수 있는 키워드로 신중하게 선정하십시오.

### 3) 2, 3번(수·과학 800자): '동기'에서 차별화하라

- 탐구 주제만큼이나 중요한 것이 "그 주제를 왜(Why) 선택했는가"입니다.
- [전략] 일상 속의 사소한 의문이나 뉴스에서 접한 사회 문제, 혹은 독서 중에 생긴 호기심 등 '나만의 고유한 동기'를 시작점에 배치하여 진정성을 확보하십시오.

### 4. 면접 대비 핵심

- 독서 기반 심층 면접: "이 책에서 가장 인상 깊었던 구절은?", "이 책의 저자와 본인의 생각이 다른 점은?" 등 독서 문항에 대한 검증이 집요하게 들어옵니다.
- 창의 사고력 문제: 2단계 소집면접에서는 정해진 답이 없는 개방형 질문(예: 특정 상황에서의 최적화 문제)을 통해 논리적 전개 과정을 평가합니다.

### [★] 입학사정관의 시선

"세종과학고는 '책상 앞의 공부벌레'보다 '세상을 읽는 독서가'를 원합니다.

자소서 5번 독서 문항은 여러분의 지적 세계가 얼마나 넓고 깊은지를 보여 주는 지도입니다. 베스트셀러를 따라 쓰지 말고, 진짜 내 가슴을 뛰게 했거나 내 머리를 깨트린 '인생의 책'을 적어 주십시오."

### [사례] 화학·환경 융합형: "분자의 세계에서 지구의 해법을 찾는 '그린 케미스트'"

- 희망 진로: 친환경 소재 연구원
- 작성 전략: 일상 속 환경 문제(미세플라스틱)를 화학적 원리로 해결하며 '실천하는 지성' 강조.

### 1. 진로 탐색 (400자)

(화학, 지구를 치유하는 연금술)

플라스틱 쓰레기로 고통받는 해양 생물 다큐멘터리를 보며 죄책감을 느꼈습니다. 편리함을 위해 만든 물질이 재앙이 되는 것을 보며, 분해 속도를 조절할 수 있는 친환경 고분자 소재를 개발하고 싶어졌습니다. 세종과고에서 유기화학을 깊이 있게 공부하여, 자연으로 100% 환원되는 '생분해성 바이오 플라스틱'을 만드는 그린 케미스트(Green Chemist)가 되어 지속 가능한 지구를 만드는 데 일조하고 싶습니다.

## 2. 과학 탐구 (800자)

(전분과 글리세린 비율에 따른 바이오 플라스틱의 물성 변화)

[동기] 옥수수 전분으로 플라스틱을 만들 수 있다는 기사를 보고, 실제 상용 플라스틱만큼의 강도를 낼 수 있을지 궁금해 직접 제작에 도전했습니다.

[과정] 전분, 물, 식초, 글리세린을 혼합하여 가열하는 방식으로 플라스틱 필름을 만들었습니다. 핵심 변인은 가소제 역할을 하는 '글리세린의 양'이었습니다. 글리세린 비율을 2mL부터 10mL까지 2mL 간격으로 달리하여 5가지 샘플을 제작했습니다. 건조 후 인장 강도와 유연성을 비교 실험했습니다.

[결과] 글리세린이 적으면 잘 부러지고, 많으면 너무 끈적거렸습니다. 반복 실험 끝에 전분 10g당 글리세린 4mL일 때 최적의 물성을 보임을 찾아냈습니다.

[영향] 단순히 섞는 것이 아니라, 분자 간의 결합 구조(수소 결합)를 이해하고 비율을 정밀하게 조절해야 원하는 물성을 얻을 수 있다는 화학 공학의 기초를 체득했습니다.

## 3. 수학 탐구 (800자)

(비눗방울의 표면장력과 페르마의 점 탐구)

[동기] 비눗방울이 서로 만날 때 항상 120°의 각도를 이루는 것을 보고, 그 속에 숨겨진 기하학적 원리가 궁금했습니다.

[과정] 두 투명 아크릴 판 사이에 기둥을 세우고 비눗물을 묻혀 막이 형성되는 형태를 관찰했습니다. 3개의 기둥을 연결하는 비눗막은 한 점(페르마의 점)에서 만나며, 각 기둥까지의 거리의 합이 최소가 되는 지점임을 알게 되었습니다. 이를 수학적으로 증명하기 위해 좌표평면에 세 점을 찍고, 거리의 합 함수 $f(x, y)$를 세워 지오지브라(GeoGebra)로 최솟값을 시각화했습니다.

[결과] 자연은 에너지를 최소화하는 방향(최소 작용의 원리)으로 형태를 잡으며, 그것이 수학적으

로는 '거리의 합의 최소화'로 나타남을 확인했습니다.

[영향] 자연 현상의 아름다움 뒤에는 엄밀한 수학적 법칙이 존재함을 깨닫고 기하학에 매료되었습니다.

### 4. 인성 (400자)

(실험 폐기물, 내 손으로 치우다)

과학 동아리 활동 후 남은 시약이나 실험 폐기물을 귀찮아하며 하수구에 버리려는 부원들이 있었습니다. 저는 "우리가 환경을 연구한다면서 환경을 오염시키면 안 된다"며 말렸습니다. 제가 먼저 폐수 통을 가져와 종류별(유기/무기/산/염기)로 분류하여 수거하는 시범을 보였습니다. 번거로운 일이었지만 제가 솔선수범하자 부원들도 하나둘 동참했고, 결국 '실험실 폐기물 처리 매뉴얼'을 만들어 학교 전체에 배포했습니다. 작은 원칙을 지키는 것이 진정한 과학자의 양심임을 배웠습니다.

### 5. 독서 (3권)

1. 『침묵의 봄』(레이첼 카슨) — #DDT #생태계 #과학자의책임

2. 『화학으로 이루어진 세상』(K. 메데페셀헤르만) — #분자 #반응 #생활화학

3. 『파인만의 여섯 가지 물리 이야기』(리처드 파인만) — #호기심 #본질 #쉽게설명하기

### [★] 입학사정관의 선택: "윤리적(Ethics) 고민이 담긴 연구 주제가 인상적이다"

1. [진정성 있는 동기] 1번과 4번 문항에서 환경 오염에 대한 부채감을 언급하고, 이를 해결하기 위해 진로를 정하고 행동(폐기물 처리)한 일관성이 돋보입니다.

2. [실험의 정교함] 2번 문항에서 '글리세린 비율'이라는 변인을 정밀하게 통제하며 최적점을 찾아가는 과정이 과학적입니다.

3. [기하학적 통찰] 3번 문항에서 비눗방울이라는 자연 현상을 '페르마의 점'이라는 기하학적 원리로 해석한 시각이 탁월합니다.

## [3] 경기북과학고등학교 전형 분석

Theme: "과학적 깊이와 인문학적 넓이를 아우르는 '통섭형(Consilience) 인재'"


### 1. 전형 기본 정보

● 학교 유형: 과학고등학교 (경기도 의정부 소재/공립/남녀공학).

● 전형 단계

  ○ 1단계 (서류평가 + 개별면담): 학교생활기록부, 자기소개서 등을 바탕으로 입학담당관이 지원자와 개별 면담 실시 → 모집 정원의 1.5배수 내외 선발.

  ○ 2단계 (소집면접): 창의적 사고력, 인성 등을 종합 평가 → 최종 합격자 선발.

● 자소서 규격: 총 6개 문항 (띄어쓰기 포함).

  ○ [문항 1] 진로: 진로 희망 및 본교 진학 후 학업 계획 (500자).

  ○ [문항 2] 의미 있는 활동: 수학·과학·정보 분야 활동 중 가장 의미 있는 활동, 역할, 성장한 점 (600자).

  ○ [문항 3] 몰입 활동: 수학·과학·정보 분야에서 호기심을 갖고 지속적으로 몰입한 탐구 전 과정 (600자).

  ○ [문항 4] 융합 탐구: 수·과·정 개념을 인문학적 시각(철학, 역사 등)과 비교·대조한 경험 (600자).

  ○ [문항 5] 공동체: 기숙사/모둠 활동 등에서 예상되는 어려움과 극복 계획 (500자).

  ○ [문항 6] 독서: 가장 의미 있게 읽은 책 1권과 이유 (200자).

● 특이사항

  ○ 모집 인원: 100명 (일반 80명, 사회통합 20명)으로 소수 정예 선발.

  ○ 문항의 독특성: 타 과학고에는 없는 '인문학적 융합(4번)'과 '기숙사 생활의 어려움(5번)'을 묻는 문항이 있어 학교의 선발 의도가 매우 명확함.


### 2. 인재상 및 핵심 가치

● 교육 목표: 창의·융합·인성을 겸비한 과학 인재 육성.

- [입시 키워드]: '인문학적 융합(Consilience)' & '공동체 리더십'

   ○ 경기북과고의 킬러 문항은 4번(인문학적 융합)입니다. 과학적 지식을 기술적으로만 접근하지 않고, 사회적·윤리적·철학적 맥락에서 해석할 수 있는 '생각하는 과학자'를 원합니다.

   ○ 5번 문항에서 '기숙사 생활의 어려움'을 콕 집어 묻는 것은, 단체 생활에서의 현실적인 갈등 관리 능력을 매우 중요하게 본다는 뜻입니다.


## 3. 필승 공략 전략

### 1) 4번(600자): 과학에 '인문학'의 옷을 입혀라

- "과학 실험을 했습니다"는 2, 3번에 쓰십시오. 4번은 과학적 현상을 사회 현상에 빗대거나, 철학적 질문을 던지는 공간입니다.

- [전략] 엔트로피 증가 법칙을 사회 무질서도와 연결하거나, 유전자 가위 기술(CRISPR)을 보며 생명 윤리를 고민한 경험 등 '과학 기술의 사회적 영향력'을 논하십시오.


### 2) 2번 vs. 3번: '협력'과 '집요함'의 역할 분담

- 2번은 "자신의 역할"을 묻습니다. 여기서는 '팀 프로젝트에서의 기여도(협력)'를 강조하십시오.

- 반면, 3번은 "지속적으로 몰입한 활동"을 묻습니다. 여기서는 '개인적인 지적 탐구(집요함)'를 보여 주십시오. 두 문항의 성격을 확실히 구분해야 합니다.


### 3) 5번(500자): '착한 척' 말고 '현실적 대안'을

- "서로 양보하며 잘 지내겠습니다"는 너무 뻔합니다.

- [전략] 기숙사 생활의 구체적인 갈등 상황(예: 수면 패턴 차이, 소음 문제)을 예상하고, 이를 해결할 '구체적인 규칙(Rule)'이나 '소통 방식'을 제안하십시오.


## 4. 면접 대비 핵심

- 개별면담의 강도: 경기북과고는 1단계 개별면담에서 자소서 내용을 매우 꼼꼼하게 확인합니다. 특히 4번 융합 문항에 대해 "그렇게 생각하게 된 계기는?", "관련된 다른 책은?" 식의 꼬리 물기 질문이 들어옵니다.

● 인성 면접: 기숙사 룸메이트와의 갈등 상황을 주고 대처법을 묻는 롤플레잉 질문이 자주 출제됩니다.

## [★] 입학사정관의 시선

"경기북과고는 '과학만 아는 바보'를 가장 경계합니다.

자소서 4번 문항은 여러분이 '과학 기술자'를 넘어 '철학을 가진 과학자'가 될 자질이 있는지를 보는 리트머스 종이입니다. 공식 암기가 아니라, 그 공식이 세상과 어떻게 연결되는지 고민한 흔적을 보여 주십시오."

## [사례] 생명 · 윤리 융합형: "생명의 가치를 고민하는 '바이오 에시스트(Bio-Ethicist)'"

● 희망 진로: 뇌과학자/신경 윤리학자
● 컨셉: 뇌과학 연구(과학)와 윤리적 고민(인문)을 결합하여 기술의 사회적 책임을 강조.

## 1. 진로 및 학업 계획 (500자)

인간의 의식과 기억이 뇌의 어떤 작용으로 일어나는지 규명하는 뇌과학자가 되고 싶습니다. 특히 퇴행성 뇌 질환을 치료하는 신경 보철 기술에 관심이 많습니다. 경기북과학고에 진학하여 생명과학 심화 과정과 정보과학을 융합해 뇌 신호를 해석하는 알고리즘을 연구하고 싶습니다. 기술 개발뿐만 아니라 그 기술이 사회에 미칠 윤리적 영향까지 고려하는 균형 잡힌 과학자로 성장하겠습니다.

## 2. 의미 있는 활동 (600자)

식물의 굴광성 실험과 영상 분석 프로그램 제작

식물이 빛을 향해 굽어 자라는 굴광성 실험을 하면서, 굽은 각도를 육안으로 측정하는 것이 부정확하다고 느꼈습니다. 저는 정보 교과 시간에 배운 파이썬을 활용해 '이미지 각도 분석 프로그램'을 만들자고 제안했습니다. 식물 사진을 찍어 업로드하면 줄기의 휘어진 각도를 자동으로 계산해 주는 코드를 짰습니다. 이 프로그램을 활용해 조원들은 100개가 넘는 샘플을 빠르고 정확하게 분석할 수 있었습니다. 기술(SW)을 활용해 연구의 효율성을 높이고 동료들을 도운 경험을 통해, 과학자는 혼자 연구하는 사람이 아니라 '도구를 만들어 공유하는 사람'임을 배웠습니다.

## 3. 몰입 활동 (600자)

### 카페인에 따른 물벼룩 심박수 변화와 신경 전달 물질 탐구

시험 기간에 에너지 음료를 마시고 심장이 뛰는 것을 느끼며, 카페인이 신경계에 미치는 영향이 궁금해졌습니다. 투명한 물벼룩을 현미경으로 관찰하며 카페인 농도별 심박수를 측정했습니다. 농도가 높을수록 심박수가 빨라지다가 일정 수준을 넘으면 오히려 불규칙해지며 폐사하는 것을 확인했습니다. 단순 관찰에 그치지 않고, 아세틸콜린과 같은 신경 전달 물질의 작용 기작을 관련 논문에서 찾아보며, 카페인이 아데노신 수용체를 차단하여 각성 효과를 낸다는 생물학적 원리를 규명할 때까지 집요하게 파고들었습니다.

## 4. 융합 탐구 (600자)

### 프랑켄슈타인과 뇌 오가노이드 연구의 윤리

『프랑켄슈타인』을 읽고, 최근 화제가 된 '뇌 오가노이드(미니 뇌)' 연구의 윤리적 쟁점을 비교해 보았습니다. 소설 속 빅터 프랑켄슈타인은 생명을 창조했지만 그에 대한 책임을 지지 않아 비극을 초래했습니다. 저는 뇌 오가노이드가 실험실에서 배양되다가 어느 순간 '의식'을 갖게 된다면, 그것을 실험 도구로만 볼 수 있을지 고민했습니다. 과학 기술은 "할 수 있는가(Can)"를 넘어 "해도 되는가(Should)"를 끊임없이 질문해야 합니다. 저는 뇌과학 연구를 하되, 기술의 발전 속도에 맞춰 윤리적 가이드라인을 제시하는 '따뜻한 과학자'가 되어야겠다고 다짐했습니다.

## 5. 공동체 (500자)

### 청소 당번표, 공정함의 알고리즘

기숙사 청소 당번을 정할 때, "누가 더 힘든 구역을 맡느냐"로 갈등이 생길 수 있습니다. 저는 감정에 호소하기보다 '순환식 당번표'를 엑셀로 만들어 공정함을 확보하겠습니다. 화장실, 샤워실, 방 청소 등 구역별 난이도 점수를 매기고, 매주 역할을 로테이션하여 한 학기 동안 모두가 공평한 점수의 노동을 하도록 설계하겠습니다. 불만이 생기면 언제든 규칙을 수정할 수 있는 '자치 회의'를 제안하여, 갈등을 대화로 푸는 문화를 만들겠습니다.

## 6. 독서 (200자)

『멋진 신세계 (올더스 헉슬리)』

유전 공학으로 통제된 완벽한 사회가 과연 행복한가에 대한 질문을 던진 책입니다. 기술 발전이 인간의 존엄성을 해치지 않도록 경계하는 과학자의 윤리 의식을 배웠습니다.

**[★] 입학사정관의 선택: "기술적 역량과 윤리적 성찰을 겸비한, 준비된 연구자다"**

1. [도구 활용 능력]: 2번 문항에서 파이썬으로 '이미지 분석 프로그램'을 직접 제작해 연구 효율을 높인 점은 정보 역량과 문제 해결력을 동시에 보여 줍니다.

2. [윤리적 성찰]: 4번 문항에서 문학 작품(『프랑켄슈타인』)과 최신 과학 이슈(오가노이드)를 연결하여 과학 윤리를 논한 점이 경기북과고의 인재상에 완벽히 부합합니다.

## [유형 4] 영재학교

### [1] 서울과학고등학교 전형 분석

Theme: "미지의 영역에 도전(Challenge)하여, 인류의 내일을 여는 '창의적 혁신가'"

### 1. 전형 기본 정보

- 학교 유형: 과학영재학교 (전국 모집/정원 내 120명)
- 전형 단계
    - 1단계(학생기록물 평가: 탐구역량/자기주도성/인성).
    - 2단계(영재성 및 사고력 검사, 창의성·문제해결력 검사).
    - 3단계(영재성 캠프).
- 자소서 규격: 총 1,800자 (띄어쓰기 포함).
    - [문항 1] 지원 동기 및 진로: 500자 이내.
    - [문항 2] 수학·과학적 특기/잠재력 (★핵심): 800자 이내.

○ [문항 3] 가장 특별한 경험: 500자 이내.

● 특이 사항: 의약학 계열 진학 희망자 지원 불가 (지원 시 불이익 및 각종 제재 동의 필수).

## 2. 인재상 및 핵심 가치

● 교육 목표: 인류 사회에 공헌할 창의적인 인재 양성.

● [입시 키워드]: '3C (Challenge, Creativity, Collaboration)'

　　○ 도전(Challenge): 자신감과 열정을 바탕으로 미지의 영역에 적극적으로 도전하는 학생.

　　○ 창의(Creativity): 깊은 지식과 비판적 사고를 바탕으로 창의적 혁신을 이루는 학생.

　　○ 협력(Collaboration): 다양성에 대한 이해와 존중을 바탕으로 협력적 리더십을 발휘하는 학생.

## 3. 필승 공략 전략

### 1) '깊은 지식(Deep Knowledge)'을 800자에 응축하라

● 서울과고는 '깊은 지식' 을 명시적으로 요구합니다. 800자라는 제한된 공간(문항 2)은 나열이 불가능한 분량입니다.

● [전략] 여러 활동을 나열하는 '백화점식 서술'을 버려야 합니다. 가장 자신 있는 단 하나의 탐구 (One Point Deep-dive)를 선정하여, 동기-과정(시행착오)-결과-심화 확장을 고밀도로 서술해야 합니다. 특히 수학적 모델링이나 원리 규명 과정이 반드시 포함되어야 합니다.

### 2) '도전(Challenge)'의 대상을 명확히 하라

● 인재상인 'Challenge'는 단순히 어려운 문제를 풀었다는 뜻이 아닙니다. "미지의 영역"에 대한 도전이어야 합니다.

● [전략] 교과서에 없는 내용, 선행 연구가 부족한 주제, 혹은 실패 가능성이 높은 실험에 뛰어들어 '스스로 길을 만든 경험'을 문항 2번이나 3번에 배치하십시오.

### 3) '의대'를 지우고 '인류 공헌'을 그려라

● 의약학 계열 지원 시 강력한 제재(장학금 환수, 생활기록부 미제공 등)가 있습니다.

● [전략] 생명과학을 선택하더라도 '치료/임상' 키워드는 금물입니다. 대신 교육 목표인 "인류 사회

공헌"에 맞춰, 기초 과학 연구나 공학적 혁신을 통해 세상에 기여하겠다는 거시적인 비전을 제시해야 합니다.

### 4. 면접 및 캠프 대비 핵심

- **과정의 복원**: 자소서 분량이 짧아 생략된 탐구의 구체적 과정(데이터값, 실패 원인, 참고 문헌 등)을 면접에서 집요하게 묻습니다.
- **영재성 검증**: 1단계 서류 평가가 "영재성이 높다고 판단되는 자"를 선발하므로, 자소서에 기술된 내용이 단순 선행 학습인지, 본인의 창의적 사고인지를 확인합니다.

### [★] 입학사정관의 시선

"서울과학고는 '과학 기술로 세상을 바꿀 야망'을 가진 학생을 원합니다. 1,800자라는 짧은 글 속에 폭발적인 잠재력을 숨겨 두십시오. 화려한 스펙 나열보다는, 하나의 현상을 끝까지 파고드는 집요함(Creativity)과 실패를 두려워하지 않는 배짱(Challenge)이 합격의 열쇠입니다."

### [사례] 물리·천문 심화형: "빛의 데이터를 해독하는 '분광 분석학자'"

- **희망 진로**: 천체물리학자
- **컨셉**: 직접 제작한 장비(Challenge)와 수학적 데이터 분석(Creativity)을 결합하여 '깊이'를 증명.

### 1. 지원 동기 및 진로 (500자)

밤하늘의 별빛이 단순한 점이 아니라 우주의 역사를 담은 데이터임을 깨닫고 천체물리학자를 꿈꾸게 되었습니다. 서울과학고의 심화 천문 기기를 활용하여 퀘이사(Quasar)의 스펙트럼을 관측하고, 적색 편이를 수학적으로 계산해 우주 팽창 모델을 연구하고 싶습니다. 저의 연구로 인류의 우주관을 확장하는 데 기여하는 순수 과학자가 되겠습니다.

## 2. 수학·과학적 특기 및 잠재력 (800자)

(간이 분광기 제작과 태양 스펙트럼의 정량적 분석)

교과서의 이론을 넘어 실제 태양의 구성 원소를 제 손으로 밝혀내고 싶어 도전을 시작했습니다. 고가의 장비 대신 회절격자 필름(1,000 lines/mm)과 웹캠을 이용해 '간이 분광기'를 직접 제작했습니다. 정밀한 파장 계산을 위해 격자 방정식 $d(sin\,\theta_m - sin\,\theta_i) = m\lambda$를 적용하여 입사각과 회절각을 통제하는 설계를 고안했습니다.

단순 관측에 그치지 않고, 촬영된 스펙트럼 이미지를 'ImageJ'로 분석해 픽셀 밝기(Intensity) 데이터를 추출했습니다. 이를 엑셀로 옮겨 파장별 세기 그래프를 그렸고, 그래프가 급격히 하강하는 흡수선 구간을 찾아냈습니다. 분석된 파장값을 NIST 데이터베이스와 대조하여 $589.0nm$(Na), $656.3nm$ (Hα) 등의 '프라운호퍼 선'을 정확히 식별했습니다. 이론을 현실의 데이터로 증명해 낸 이 경험을 통해, 물리적 현상을 수학적으로 모델링하고 분석하는 연구자로서의 깊은 잠재력을 확인했습니다.

## 3. 가장 특별한 경험 (500자)

(추위를 녹인 협력의 리더십)

천체 관측 동아리 부장으로서 겨울철 심야 관측을 주도했을 때입니다. 영하 10도의 혹한에 장비가 얼어붙고 부원들이 지쳐 포기하려 했습니다. 저는 "한 사람이라도 졸면 중요한 유성우를 놓친다"며 먼저 핫팩을 나눠 주고, 언 손으로 망원경 미세 조정을 도맡았습니다. 저의 솔선수범에 부원들도 다시 힘을 냈고, 우리는 교대 관측 시스템을 짜서 성공적으로 유성우 데이터를 기록했습니다. 위대한 발견은 한 명의 천재가 아니라, 서로를 지지하는 '협력적 팀'이 만든다는 서울과학고의 가치를 몸소 체험한 특별한 경험이었습니다.

## [★] 입학사정관의 선택: "요강이 원하는 '3C'를 1,800자에 완벽히 녹여 냈다"

1. [Challenge & Creativity] 기성품 없이 장비를 직접 제작하고, 격자 방정식으로 데이터를 분석한 과정에서 서울과고가 요구하는 '미지의 영역에 대한 도전'과 '깊은 지식'이 드러납니다.

2. [Identity] 철저히 물리학적 도구(분광분석)를 사용하여 의약학 이슈를 원천 차단했습니다.

# [2] 경기과학고등학교 전형 분석

Theme: "코드로 과학을 증명하고, 연구로 세계와 소통하는 '글로벌 융합 인재'"

## 1. 전형 기본 정보

● 학교 유형: 과학영재학교 (전국 모집/정원 내 120명, 정원 외 12명 이내).

● 전형 단계:

1. 1단계(서류 평가) → 2단계(영재성 검사 I, II) → 3단계(영재성 캠프).

2. [특이사항] 추천관찰전형 (SW-AI 분야): 정원 내 120명 중 10명 내외 선발. 2단계에서 '영재성 검사 II' 대신 '대면 관찰 평가'를 실시함.

● 자소서 규격 (최근 양식 기준, 총 5개 항목)

1. [독서] 인상 깊은 책 3권 선정 후 1권에 대해 영향 기술 (400자).

2. [영재성] 수학·과학·정보 분야의 영재성/잠재력 구체적 사례 (800자).

3. [인성] 타인과 공동체를 위해 노력한 경험과 배운 점 (600자).

4. [자기주도] 자기주도적 학습 능력을 갖춘 근거 사례 (600자).

5. [지원동기] 선발해야 하는 이유와 키워드 제시 (600자).

## 2. 인재상 및 핵심 가치

● 교육 비전: 세계를 품은 과학영재, 미래 과학의 중심.

● [입시 키워드]: '실용적 융합(Pragmatic Convergence)' & 'SW 역량'

○ 경기과고는 전통적인 수학/과학뿐만 아니라 정보(Informatics) 역량을 매우 강조합니다. 일반전형 지원자라도 코딩이나 모델링 능력을 보여 주면 강력한 가산점이 됩니다.

○ 연구 중심: 입학 후 R&E 활동이 매우 활발하므로, '스스로 연구 주제를 잡고 끝까지 파고든 경험(Self-directed)'을 높게 평가합니다.

## 3. 필승 공략 전략

1) 문항 2번(800자): '하나의 프로젝트'를 '끝까지' 보여 줘라

- 가장 배점이 높은 항목입니다. 여러 활동 나열은 금물입니다. [동기 — 이론 학습 — 실험/제작 — 결과 분석 — 확장]의 흐름을 갖춘 단 하나의 강력한 탐구를 배치하십시오. 경기과고 특성상, 수학적 이론을 코딩으로 시뮬레이션한 사례가 매우 유리합니다.

### 2) 문항 5번(600자): '나만의 키워드'로 브랜딩하라

- 단순히 "뽑아 주세요"가 아니라, "나는 [키워드]한 사람이다"라고 정의해야 합니다.
- [전략] 키워드는 추상적인 단어(열정, 노력)보다 구체적이고 융합적인 단어(예: 데이터 연금술사, 우주 건축가, 알고리즘 세프)를 사용하여 입학사정관의 뇌리에 박히게 하십시오.

### 3) SW-AI 역량의 간접적 노출

- 일반전형이라도 문항 2번이나 3번(자기주도학습)에서 파이썬, C ++ , 매트랩 등을 활용해 데이터를 분석한 경험을 녹여 내면, 학교의 'SW-AI 강조' 기조와 맞아떨어집니다.

## 4. 면접 및 캠프 대비 핵심

- 3단계 영재성 캠프: 탐구 활동, 면접, 관찰 등 다양한 방법으로 평가합니다. 특히 자신의 탐구 활동에 대해 "왜 이 방법을 썼는가?", "다른 변수는 고려했는가?" 같은 연구 방법론적 질문이 쏟아집니다.

## [★] 입학사정관의 시선

"경기과학고는 '연구자(Researcher)'를 뽑고 싶어 합니다. 교과서 문제를 잘 푸는 학생은 2단계 시험에서 가려내면 됩니다. 자소서에서는 '스스로 문제를 정의하고, 자신만의 도구(수학/SW)로 해결책을 만들어 낸 경험'이 있는지를 봅니다. '키워드' 하나로 설명되는 명확한 캐릭터를 보여 주십시오."

## [사례] 물리 · 정보 융합형: "보이지 않는 공기의 길을 코드로 여는 '전산 유체 역학자'"

- 차별화 전략: 기존의 역학(진자 운동) 대신 '유체 역학(CFD)'이라는 고난도 분야를 선택하여, 파이썬 시뮬레이션 역량을 극대화.

● 핵심 키워드: [디지털 트윈 (Digital Twin)]

## 1. 독서 기록 (400자)

● 선정 도서: 『비행의 시대 (장조원)』

● 이유 및 영향

비행기가 뜨는 원리가 단순히 '베르누이 정리'만으로 설명되지 않음을 알게 해 준 책입니다. 날개 끝 와류(Vortex)나 경계층 박리 같은 복잡한 유체 현상이 실제 비행 효율을 결정한다는 사실에 매료되었습니다. 이를 계기로 눈에 보이지 않는 공기의 흐름을 수학적으로 계산하고 시각화하는 '전산 유체 역학(CFD)'이라는 분야에 관심을 갖게 되었고, 직접 코드를 짜서 나만의 가상 풍동 실험실을 만드는 목표를 세웠습니다.

## 2. 영재성 및 잠재력 (800자)

(나비에-스토크스 방정식의 수치 해석과 카르만 와류 시뮬레이션)

교과서에서 배운 '유선(Streamline)'은 너무나 매끄러웠지만, 현실의 공기는 불규칙하게 흐릅니다. 저는 장애물 뒤에서 발생하는 소용돌이인 '카르만 와류(Kármán Vortex Street)'를 컴퓨터로 재현해 보고 싶었습니다. 유체의 움직임을 기술하는 '나비에-스토크스 방정식(Navier-Stokes Equations)'을 탐구했으나, 비선형 편미분방정식이라 해석적 해를 구할 수 없었습니다.

이를 해결하기 위해 공간을 격자로 쪼개어 근사해를 구하는 '유한 차분법(FDM)'을 공부하고, 파이썬(Python)으로 구현했습니다. 속도장($u, v$)과 압력($P$)을 변수로 설정하고 반복 연산을 수행했으나, 초기에는 값이 발산하여 시뮬레이션이 터지는 실패를 겪었습니다. 원인을 분석한 결과 시간 간격($\Delta t$)이 너무 크면 계산이 불안정해진다는 'CFL 조건(Courant-Friedrichs-Lewy Condition)'을 알게 되었습니다. 이를 코드에 반영하여 $\Delta t$를 조절하자, 원형 실린더 뒤로 교차하며 떨어져 나가는 소용돌이 패턴을 선명하게 시각화하는 데 성공했습니다. 복잡한 자연 현상을 수식과 코드로 제어할 수 있다는 자신감을 얻었습니다.

## 3. 인성 및 공동체 (600자)

(오픈 소스 정신으로 성장한 코딩 동아리)

교내 코딩 동아리 부장으로서, 부원들이 각자 짠 코드를 공유하기 꺼리는 분위기를 감지했습니다. 경쟁보다는 '집단 지성'이 실력을 키운다는 것을 보여 주고 싶어, '코드 리뷰(Code Review)' 시간을 도입했습니다.

제 스파게티 코드(엉킨 코드)를 먼저 화면에 띄우고 비효율적인 부분을 지적해 달라고 요청했습니다. 제가 먼저 부끄러움을 무릅쓰고 피드백을 수용하자, 부원들도 점차 마음을 열고 서로의 알고리즘을 개선해 주기 시작했습니다. 특히 한 후배가 메모리 누수 문제를 겪을 때, 제 코드를 참고하여 해결하도록 도왔습니다. "내 코드"가 아닌 "우리 코드"가 될 때 더 강력한 프로그램이 탄생함을 배웠습니다.

## 4. 자기주도적 학습 능력 (600자)

### 행렬, 데이터의 지도가 되다

시뮬레이션 격자 수가 늘어날수록 연산 속도가 기하급수적으로 느려지는 한계에 부딪혔습니다. 이를 해결하려면 반복문(for)을 줄이고 '행렬 연산'을 써야 함을 깨달았습니다. 고교 수학의 '행렬' 단원을 넘어 선형대수학의 '행렬 곱'과 '벡터화(Vectorization)' 개념을 K-MOOC 강의로 독학했습니다. NumPy 라이브러리를 활용해 데이터를 다차원 배열(Tensor)로 처리하는 방식으로 코드를 전면 수정했습니다. 그 결과 연산 속도가 50배 이상 빨라졌습니다. 수학적 지식이 단순한 문제 풀이가 아니라, 공학적 효율성을 결정하는 핵심 도구임을 깨닫고 수학 공부에 더욱 매진하게 되었습니다.

## 5. 선발 이유 및 키워드 (600자)

### 키워드: 디지털 트윈 크리에이터

경기과학고는 현실의 문제를 과학으로 해결하는 곳입니다. 저는 물리적 세계를 가상 공간에 쌍둥이처럼 복제하여 실험하는 '디지털 트윈(Digital Twin) 크리에이터'입니다.

유체 역학 시뮬레이션을 구현하며 기른 수치 해석 능력과 컴퓨팅 사고력은, 향후 경기과학고에서 '도심 빌딩풍 예측'이나 '초음속 비행체 공력 설계'와 같은 거시적 연구를 수행하는 기초 체력이 될 것입니다. 실험실의 시공간적 제약을 코드로 뛰어넘어, 가장 효율적이고 안전한 미래를 설계하는 연구자가 되겠습니다.

**[★] 입학사정관의 선택: "학부 수준의 난제(Navier-Stokes)를 '코딩'으로 정면 돌파한 압도적 실력이다"**

1. [차별화된 소재]: 흔한 역학 실험 대신, 학부 수준에서도 어려운 '나비에-스토크스 방정식'과 'CFD'를 다루며 압도적인 [수리·정보 심화 역량]을 증명했습니다.

2. [실패와 극복]: 시뮬레이션 발산(오류)의 원인인 'CFL 조건'을 찾아낸 과정은 단순 코딩이 아니라 수학적 원리를 깊이 이해했음을 보여 줍니다.

3. [명확한 진로]: '디지털 트윈'이라는 트렌디한 키워드로 본인의 강점(물리 + 코딩)을 브랜딩했습니다.


## [3] 한국과학영재학교 전형 분석

Theme: "KAIST로 직행하는 연구 중심 영재, '증명 가능한(Provable)' 실력을 보여라"


### 1. 전형 기본 정보

● 학교 유형: 과학영재학교 (부산 소재/KAIST 부설/전국 모집/정원 내 90명 내외).

● 전형 단계: 1단계(서류) → 2단계(창의적 문제해결력 평가) → 3단계(영재성 다면 평가).

● 제출 서류: 입학원서, 자기소개서, 자기소개서 증빙자료(선택, 3건), 추천서 A/B, 학교생활기록부 II.

● 자소서 규격

  1. [선발 이유] KSA가 본인을 선발해야 하는 이유 (500자).

  2. [환경] 현재의 나를 소개하는 데 도움이 되는 가정/학교/지역 환경 (500자).

  3. [수학·과학적 재능(★)] 재능이 있다고 생각하게 된 계기나 경험 (1,000자).

  4. [인문·예술·기타] 수학/과학 이외의 지속적인 활동 (500자).

  5. [관계·봉사] 교우/사제 관계 및 의미 있는 봉사활동 (500자).


### 2. 인재상 및 핵심 가치

● 교육 목표: Creativity(창의), Passion(열정), Service(봉사).

● [입시 키워드]: '연구 역량(Research Capability)' & '증빙(Evidence)'

○ 한과영은 고교 과정이라기보다 'Pre-KAIST' 과정에 가깝습니다. 문제 풀이 선수보다는 자신의 가설을 세우고 입증해 본 '연구자'를 선호합니다.

○ 증빙자료 3건: 자소서에 쓴 내용을 눈으로 확인할 수 있는 '보고서, 사진, 코드, 논문 요약' 등을 제출할 수 있는 유일한 학교입니다. 이것이 합격의 50%를 좌우합니다.

## 3. 필승 공략 전략

### 1) '문항 3번(1,000자)'과 '증빙자료'를 한 몸처럼 연결하라

● 한과영 합격의 핵심은 [자소서 3번 문항 + 증빙자료] 콤비네이션입니다.

● [전략] 3번 문항에서 서술한 탐구 활동의 결과물(그래프, 설계도, 코드)이 반드시 증빙자료로 첨부되어야 합니다. "열심히 연구했습니다"라고 쓰고, 증빙자료로 그 연구의 핵심 데이터를 보여주면 신뢰도가 폭발적으로 상승합니다.

### 2) 문항 2번(환경): '극복' 혹은 '활용'의 서사를 만들어라

● 단순한 가정형편 서술이 아닙니다.

● [전략] 열악한 환경이라면 '결핍을 성장의 동력으로 삼은 이야기'를, 평범하거나 좋은 환경이라면 '주어진 인프라를 얼마나 주도적으로 활용했는지'를 적어야 합니다. (예: "지방 소도시라 학원이 없었기에, 오히려 해외 원서와 K-MOOC를 파고들며 자기주도성을 길렀습니다.")

### 3) 문항 4번(기타 활동): '융합적 소양을 보여라'

● KAIST는 괴짜 공학도를 좋아하지만, 소통 불가능한 너드는 원하지 않습니다.

● [전략] 악기 연주, 운동, 인문학 독서 등을 통해 '연구 스트레스를 관리하는 법'이나 '인문학적 통찰을 과학에 접목하려는 시도'를 보여 주십시오.

## 4. 면접 및 캠프 대비 핵심

● 증빙자료 검증: 면접관이 제출된 증빙자료(보고서 등)를 보며 매우 날카로운 질문을 던집니다. ("이 데이터의 오차 범위는 왜 이렇게 나왔나?", "이 코드는 본인이 짠 것이 맞는가?")

## [★] 입학사정관의 시선

"한과영은 '보여 줄 것이 있는 학생'을 뽑습니다. 백 마디 말보다 한 장의 설계도, 직접 찍은 실험 사진, 스스로 짠 알고리즘 코드가 더 강력합니다. 자소서 3번과 증빙자료를 통해 '나는 이미 연구를 시작했다'는 것을 증명하십시오."

## [사례] 수학·정보 융합형: "세상의 난제를 암호로 푸는 '보안 수학자'"

### ● 제출 증빙자료 (가상 설정)

1. RSA 암호화 알고리즘 구현 코드 및 소수 생성 속도 비교 그래프.

2. '나머지 연산과 군론(Group Theory)' 탐구 보고서 요약본.

3. 수학 멘토링 활동 일지 및 수업 자료.

### 1. 선발 이유 (500자 이내)

디지털 시대의 가장 강력한 방패는 '수학'이라고 믿습니다. 저는 정수론의 아름다움을 정보보안 기술로 승화시키는 '보안 수학자'가 되고 싶습니다. 양자 컴퓨터의 등장으로 기존 암호 체계가 위협받는 상황에서, KSA의 심화된 정보과학 커리큘럼을 통해 '포스트 양자 암호(PQC)'를 연구하고 싶습니다. 수학적 깊이와 프로그래밍 능력을 겸비하여, 국가 안보와 개인 정보를 지키는 화이트 해커이자 암호학자로 성장하기 위해 지원했습니다.

### 2. 현재의 '나'를 소개하는 환경 (500자 이내)

도서관 사서이신 어머니 덕분에 어릴 때부터 수많은 책 속에서 '암호'와 '퍼즐' 관련 서적을 접했습니다. 셜록 홈즈의 '춤추는 사람 그림' 암호를 풀며 희열을 느꼈던 경험은 저를 수학의 세계로 이끌었습니다. 학원보다는 혼자 책을 파고드는 것을 좋아하는 저에게, 지역 도서관은 최고의 연구실이었습니다. 스스로 가설을 세우고 책에서 답을 찾는 습관은 자기주도적인 연구 태도를 길러 주었고, 이제는 KSA라는 더 넓은 도서관에서 동료들과 토론하며 성장하고 싶습니다.

## 3. 수학·과학적 재능과 계기 (1,000자 이내)

### 거대 소수와 RSA 암호의 원리 탐구

"인터넷 뱅킹은 어떻게 안전하게 숫자를 주고받을까?"라는 호기심에서 출발하여 공개키 암호 시스템인 'RSA 알고리즘'을 파고들었습니다. 핵심 원리인 '오일러의 정리($a^{\phi(n)} \equiv 1\ (mod\ n)$)'와 소인수분해의 난해함을 이해하기 위해 대학 정수론 강의를 찾아보며 '페르마의 소정리'와 '모듈러 연산'을 독학했습니다. (증빙자료 2)

### 알고리즘 효율성 개선 도전

이론을 넘어 실제로 저만의 암호 시스템을 구현해 보고 싶었습니다. 파이썬으로 두 개의 거대 소수 $(p, q)$를 생성하고 키를 만드는 코드를 짰는데, 숫자가 커질수록 연산 속도가 기하급수적으로 느려지는 문제를 발견했습니다. 이를 해결하기 위해 단순한 나눗셈 대신 확률적 소수 판별법인 '밀러-라빈 판별법(Miller-Rabin Test)'을 도입했습니다. 그 결과 100자리 이상의 소수 생성 속도를 기존 대비 50배 이상 단축했습니다. 수학적 정리가 알고리즘의 효율성을 결정짓는 핵심 열쇠임을 깨닫고, 순수 수학이 현실의 보안 기술로 이어지는 강력한 연결 고리를 경험했습니다. (증빙자료 1)

## 4. 수학·과학 외 관심 활동 (500자 이내)

(역사 속의 암호 전쟁)

수학 못지않게 역사, 특히 '전쟁사'에 관심이 많습니다. 제2차 세계대전 당시 독일의 암호 기계 '에니그마'를 앨런 튜링이 해독해 낸 과정을 탐구하며, 암호학이 역사의 물줄기를 바꿀 수 있음을 알게 되었습니다. 인문학적 통찰은 기술의 '목적'을 고민하게 합니다. 기술 그 자체보다 그것이 사회에 미칠 영향력을 고려하는 윤리적 암호학자가 되기 위해, 기술과 사회를 연결하는 독서를 꾸준히 하고 있습니다.

## 5. 관계 및 봉사활동 (500자 이내)

(함께 푸는 수학의 즐거움)

교내 수학 멘토링 동아리에서 수학을 어려워하는 친구들을 가르쳤습니다. 공식을 무작정 외우게 하는 대신, "우리 둘만의 비밀 쪽지 만들기"라는 암호 게임을 통해 소인수분해의 원리를 설명했습니다. 친구들이 수학에 흥미를 느끼고 성적이 오르는 것을 보며, 지식은 나눌수록 그 깊이가 더해진다는 것을 배웠습니다. 또한, 제가 짠 코드를 친구들에게 검토받는 '코드 리뷰' 시간을 가지며, 혼자서는 찾지 못했던 버그를 찾아내는 협업의 힘을 경험했습니다.

**[★] 입학사정관의 선택: "Pre-KAIST 학생다운 수학적 깊이와 코딩 실력을 증명했습니다"**

1. [명확한 정체성]: 정수론(수학)과 암호학(정보)을 결합하여, KAIST가 강점을 가진 '전산학/수학' 분야에 최적화된 인재임을 어필했습니다.

2. [문제 해결력]: 단순히 알고리즘을 구현한 것을 넘어, '밀러-라빈 판별법'을 통해 속도를 개선한 과정(Optimization)은 영재학교가 찾는 연구 역량의 핵심입니다.

## [4] 대전과학고등학교 전형 분석

Theme: "도전 · 창의 · 열정(CCP)으로 완성하는 '스스로(Self-directed)'의 미학"

### 1. 전형 기본 정보

● 학교 유형: 과학영재학교 (전국 모집/정원 내 90명, 정원 외 9명 이내).

● 전형 단계

1단계(학생기록물 평가) → 2단계(창의적 문제해결능력 평가) →3단계(영재성 다면 평가).

※ 3단계 특징: 영재성, 탐구역량, 인성뿐만 아니라 SW · AI 핵심역량(정보 소양, 컴퓨팅 사고력)도 평가함.

● 자소서 규격: 총 2,500자 (띄어쓰기 포함).

1. [지원동기/진로] 지원 동기와 희망 진로 연계 (500자).

2. [탐구 역량(★)] 수학 · 과학(정보 포함) 분야에서 도전 · 창의 · 열정을 발휘한 경험 (1,000자).

3. [자기주도성] 가정/학교 환경에서 자기주도 능력을 키우기 위한 노력과 성장 (1,000자).

### 2. 인재상 및 핵심 가치

● 교육 목표: 스스로 탐구하여 세상을 더 이롭게 하는 창의적 과학 인재.

- [입시 키워드]: 'CCP (Challenge, Creativity, Passion)' & 'SW 역량'

  ○ 대전과고는 자소서 문항에 대놓고 '도전·창의·열정'을 묻습니다. 어려운 문제에 매달리는 과제집착력(Passion)과 남다른 해결책을 찾는 창의성(Creativity)이 핵심입니다.

  ○ 정보(Information) 명시: 2번 문항에 "과학(정보 포함)"이라고 명시되어 있으며, 3단계 캠프에서도 SW 역량을 봅니다. 코딩이나 알고리즘 역량을 어필하는 것이 매우 유리합니다.

## 3. 필승 공략 전략

### 1) 문항 2번(1,000자): '정보(SW)'를 무기로 삼아라

- 수학/과학 탐구 경험을 쓰되, 데이터 분석(Python, R)이나 시뮬레이션 과정을 포함하면 학교가 추구하는 '미래형 인재'에 부합합니다.

- [전략] 1,000자는 상당히 긴 분량입니다. 단편적인 에피소드 나열보다는 [호기심 발단 → 심화 학습(이론) → 가설 설정 및 실험/구현 → 오류 해결 → 결론 및 확장]의 소논문급 서사를 완성하십시오.

### 2) 문항 3번(1,000자): '환경'을 해석하는 '태도'

- "자기주도 능력을 키우기 위한 노력"을 묻습니다. 단순히 "열심히 했다"가 아니라, "나의 환경(가정/학교)적 한계를 어떻게 극복했는가?" 혹은 "주어진 환경을 어떻게 200% 활용했는가?"를 보여 줘야 합니다.

- [전략] 메타인지(Meta-cognition) 능력을 보여 주십시오. 자신의 학습 습관을 분석하고, 약점을 보완하기 위해 '나만의 학습 전략(시스템)'을 구축한 구체적 사례가 필요합니다.

### 3) 의약학 계열 원천 봉쇄

- 입학원서 단계에서부터 '의·약학 계열 지원 시 불이익 감수 서약서'를 받습니다. '뇌과학'이나 '생명공학'을 쓰더라도 철저히 공학적/기초과학적 접근을 유지해야 합니다.

## 4. 면접 및 캠프 대비 핵심

- 3단계 SW 평가: 별도의 코딩 테스트나 컴퓨팅 사고력 문제가 출제될 수 있으므로, 기본적인 알

고리즘(정렬, 탐색 등)이나 논리적 문제 해결 연습이 필요합니다.

## [★] 입학사정관의 시선

"대전과학고는 '안전한 길을 거부하는 학생'을 뽑습니다. 남들이 다 아는 실험을 실수 없이 따라 한 학생보다는, 실패할 확률이 높은 어려운 주제(Challenge)에 뛰어들어 집요하게 매달려 본(Passion) 학생에게 점수를 줍니다. 자소서 2번 문항에서 '성공했다'는 결과보다, '어떤 난관에 부딪혔고, 그것을 넘기 위해 얼마나 기발한 생각(Creativity)을 했는가?'를 보여 주십시오. 그것이 대전과고가 찾는 CCP 정신입니다."

## [사례] 정보·수학 융합형: "세상의 비효율을 최적화하는 '알고리즘 설계자'"

- 희망 진로: AI 연구원/최적화 전문가
- 핵심 전략: 문항 2번에서 '강화학습'이라는 고난도 주제를 다루고, 문항 3번에서 '오픈소스 커뮤니티'를 활용한 자기주도성을 강조.

## 1. 지원 동기 및 진로 (500자)

(세상을 이롭게 하는 코드)

알파고의 등장을 보며, 인공지능이 인간을 이기는 것이 아니라 인간을 도와 난제를 해결할 수 있다는 희망을 보았습니다. 저는 수학적 최적화 이론을 바탕으로 교통 체증, 에너지 낭비 등 사회적 비효율을 해결하는 AI 연구원이 되고 싶습니다. 대전과학고의 심화된 정보과학 커리큘럼과 3단계 SW 역량 평가를 준비하며 기른 컴퓨팅 사고력을 바탕으로, 이론에 머무르지 않고 실제 세상을 바꾸는 알고리즘을 설계하고자 지원했습니다.

## 2. 도전·창의·열정 경험 (1,000자)

(신호등 체계 최적화를 위한 강화학습 도전)

학교 앞 사거리에서 불필요한 대기 시간이 발생하는 것을 보고, "교통량에 따라 신호가 바뀌는 지능형 시스템"을 만들고 싶다는 도전 의식이 생겼습니다. 기존의 정해진 주기(Rule-based) 방식으로는 해결이 어렵다고 판단하여, 스스로 환경과 상호작용하며 학습하는 '강화학습(Reinforcement Learning)'을 도입하기로 했습니다.

가장 큰 난관은 수학적 모델링이었습니다. 상태(State), 행동(Action), 보상(Reward)을 정의하기 위해 '마르코프 결정 과정(MDP)'을 독학했습니다. 차량 대기 수와 대기 시간을 '상태'로, 신호 변경을 '행동'으로, 통과 차량 수의 증가를 '보상'으로 설정했습니다. 파이썬과 PyTorch를 이용해 'DQN(Deep Q-Network)' 에이전트를 구현했으나, 초기에는 학습이 수렴하지 않고 발산하는 문제가 발생했습니다.

포기하지 않고 원인을 분석한 결과(과제집착력), 데이터 간의 연관성이 학습을 방해한다는 것을 알게 되었습니다. 이를 해결하기 위해 '경험 리플레이(Experience Replay)' 기법을 적용하여 데이터를 무작위로 추출해 학습시키자 에이전트가 안정화되었습니다. 시뮬레이션 결과, 기존 신호 체계 대비 평균 대기 시간을 20% 단축하는 성과를 얻었습니다. 수학적 이론을 코드로 구현하여 현실 문제를 해결한 이 경험을 통해, 데이터가 흐르는 길을 만드는 창의적 엔지니어로서의 확신을 얻었습니다.

## 3. 자기주도 능력과 성장 (1,000자)

(결핍을 성장의 기회로: 나만의 온라인 멘토링)

제가 사는 지역은 IT 관련 심화 교육을 받을 곳이 부족했습니다. 하지만 저는 이러한 환경을 탓하기보다, 인터넷이라는 거대한 도서관을 활용하는 자기주도적 전략을 세웠습니다.

처음에는 혼자 코딩을 하며 쏟아지는 에러 메시지에 좌절하기도 했습니다. 이를 극복하기 위해 'Stack Overflow'와 'GitHub' 같은 개발자 커뮤니티를 적극 활용했습니다. 단순히 코드를 베끼는 것이 아니라, 제 코드의 문제점을 영어로 질문하고 전 세계 개발자들의 피드백을 받으며 수정했습니다. 또한, K-MOOC에서 대학 수준의 선형대수학 강의를 찾아 들으며, 행렬 연산이 AI의 핵심임을 깨닫고 수학 공부의 목적을 재정립했습니다.

이 과정에서 얻은 지식을 나누기 위해 교내 SW 동아리를 만들었습니다. 부원들과 함께 '백준 온라인 저지' 문제를 풀며 서로의 코드를 리뷰해 주는 문화를 정착시켰습니다. 주어진 환경에 안주하지 않고 스스로 스승을 찾아 나선 노력 덕분에, 저는 어디서든 배울 수 있고 누구와도 성장할 수 있는 '학습하는 개발자'로 거듭났습니다.

**[★] 입학사정관의 선택: "SW/AI 역량을 평가하는 대전과고의 의도를 정확히 타격했다"**

1. [전문성 어필]: 문항 2번에서 '강화학습(DQN)', 'MDP' 등 구체적인 기술 용어와 해결 과정(경험 리플레이)을 상세히 기술하여 정보 영재로서의 깊이를 증명했습니다.

2. [환경 극복]: 문항 3번에서 사교육 인프라 부족을 '온라인 커뮤니티'와 '원서/MOOC' 활용으로 극복한 스토리는 자기주도성의 가장 모범적인 답안입니다.


## [유형 5] 전국 단위 자사고


### [1] 용인한국외대부고 전형 분석

Theme: "형식을 파괴하고 본질을 꿰뚫는, '자율적 융합 탐구인'"


### 1. 전형 기본 정보

● 학교 유형: 전국 단위 자율형 사립고 (경기도 용인시 소재/남녀공학).

● 전형 단계

　○ 1단계: 교과성적(40점) + 출결(감점)→ 2배수 선발. (다만, 경쟁률이 높고 동점자가 많아서 더 많이 선발됨)

　○ 2단계: 1단계 성적(40점) + 면접(60점) → 최종 선발.

● 자소서 규격: 총 1,500자 (띄어쓰기 제외/통합 문항).

　○ [통합 문항] 꿈·끼·인성: ①자기주도학습 과정, ②지원동기(건학이념 연계), ③입학 후 활동 및 진로계획, ④인성(배려·나눔 등).

● 특이사항

　○ 서술 방식의 자유: 서술형뿐만 아니라 개조식(Bullet point) 작성이 가능하며, 경어체(~했습니다)가 아닌 평어체(~함, ~이다) 사용도 허용됩니다. 이는 글자 수 효율을 높여 '정보의 밀도'를 높이라는 뜻입니다.

　○ 면접 비중: 면접 점수(60점)가 교과 성적(40점)보다 높습니다. 사실상 면접에서 모든 것이 결

정됩니다. 또한, 내신에서 감점이 있는 경우 1단계 통과가 어려우므로, 사실상 면접 대상자들의 교과 성적은 모두 만점(40점)이라고 생각하셔야 합니다.

## 2. 인재상 및 핵심 가치

- 건학 이념: 인성(Humanity), 창의성(Creativity), 자율성(Autonomy)을 겸비한 세계 시민 육성.
- [입시 키워드]: '학문적 깊이(Depth)' & '연계성(Connectivity)'
  - One-Point Deep Dive: 여러 활동을 나열하기보다, 하나의 주제를 얼마나 깊게 팠는지(책 → 논문 → 실험 → 확장)를 봅니다.
  - 건학이념 연계: 지원동기 작성 시 학교가 추구하는 '진리, 평화, 창조' 또는 '세계 인류 공영'이라는 가치와 본인의 꿈을 반드시 연결해야 합니다.

## 3. 필승 공략 전략

### 1) 형식의 파괴: '개조식'을 두려워 마라

- 1,500자 안에 학습, 동기, 계획, 인성을 모두 담기에 부족합니다. 미사여구를 뺀 개조식이나 보고서 형태의 기술은 가독성을 높이고 '팩트'를 더 많이 담을 수 있는 무기입니다.
- [전략] 서술형으로 쓰더라도, 문단을 명확히 나누어 입학사정관이 내용을 한눈에 파악하게 하십시오.

### 2) 학습 과정(꿈과 끼): 'Why'와 'How'의 집요함

- "~을 열심히 했다"는 통하지 않습니다.
- [전략] [호기심의 발단(Why)→ 심화 탐구 과정(How: 원서, 논문, MOOC 등 활용) → 지적 확장(Result)]의 흐름을 유지하되, 이 과정에서 '본인만의 독창적인 탐구 방법'이 드러나야 합니다.

### 3) 면접 대비: 자소서는 '면접 대본'이다

- 외대부고 면접은 자소서 기반 심층 면접으로 악명이 높습니다.
- [전략] 자소서에 쓴 단어 하나, 개념 하나까지 완벽하게 설명할 수 있어야 합니다. "칸트"를 썼다면 칸트의 철학을, "유전자 가위"를 썼다면 그 원리와 최신 이슈까지 꿰뚫고 있어야 합니다.

## 4. 면접 대비 핵심

● **검증형 질문**: "자소서에 ~라고 썼는데, 구체적으로 어떤 원리인가?", "그 활동에서 가장 큰 한계점은 무엇이었고, 어떻게 보완했는가?"

● **기본 2문항과 이후 추가 질문**: 질문지를 배부한 후 구상 시간을 준 후 하나의 질문에 학생이 충분히 길게 대답하면(구상 시간을 포함하여 5분 정도), 그 대답에서 다시 논리적 허점을 찾아 파고들어 추가 질문을 (2~3분 정도) 합니다. (15분 내외, 2문항(2025년부터, 이전 3문항))

● **논리적 방어력**: 정답을 맞히는 것보다, 자신의 주장을 논리적으로 방어해 내는 과정을 봅니다.


## [★] 입학사정관의 시선

"외대부고는 '완성된 학생'보다 '스스로 성장할 줄 아는 학생'을 원합니다. 화려한 스펙 나열보다는, 단 하나의 탐구라도 '왜 이 공부를 시작했고, 어디까지 미치도록 파고들어 봤는지'를 보여 주십시오. 자소서의 문체(개조식/평어체)는 중요하지 않습니다. 그 안에 담긴 '치열한 고민의 흔적'만이 합격을 결정합니다."


## [사례] 의학 · 생명 계열: "미생물의 언어를 번역하는 '바이오 인포매틱스 연구원'"

*(전략: 깊이 있는 서술형 문장으로 탐구의 집요함 강조)*

● **희망 진로**: 생명정보학자/감염내과 전문의


## 나의 꿈과 끼, 인성 (1,500자)

### 보이지 않는 세계, 코드로 시각화하다

생명과학 시간에 '쿼럼 센싱(Quorum Sensing, 미생물 간의 신호 전달)'을 배우며, 미물인 박테리아가 어떻게 집단의 밀도를 감지하고 동시에 공격을 개시하는지 강한 호기심을 느꼈습니다. 교과서의 설명만으로는 신호 물질의 확산 속도와 농도 변화를 이해하기 어려워, 직접 배양 실험을 시도했습니다. 하지만 학교 실험실의 장비로는 실시간 농도 변화를 정량적으로 측정하는 데 한계가 있어 실패했습니다.

여기서 포기하지 않고, 실험 대신 '컴퓨터 시뮬레이션'으로 방향을 선회했습니다. 미분방정식인 '확산 방정식'을 공부하여 물질의 퍼짐을 수학적으로 이해하고, 이를 NetLogo 프로그램을 이용해 에이전트 기반 모델링(ABM)으로 구현했습니다. 코딩 과정에서 변수 설정 오류로 시뮬레이션이 멈추는 시행착오를 겪었지만, 해외 포럼을 뒤지며 코드를 수정했습니다. 그 결과, 박테리아 개체 수가 임계점에 도달했을 때 신호 물질 농도가 급격히 상승하며 특정 유전자가 발현되는 패턴을 시각적으로 구현해 낼 수 있었습니다. 생명 현상이 수학적 알고리즘으로 설명될 수 있음을 깨닫고 전율을 느꼈으며, 생명과학과 정보과학을 융합하는 '바이오 인포매틱스'라는 진로를 확신하게 되었습니다.

### 인류 공영을 위한 창조적 도전

외대부고의 건학이념인 '창조'는 저에게 단순한 발명이 아니라, 인류를 위협하는 질병을 정복하는 새로운 방법을 의미합니다. 외대부고에 입학하여 생명과학 심화 과정과 인공지능 기초 수업을 수강하며, 저의 모델링 역량을 더욱 발전시키고 싶습니다.

특히, 교내 학술 동아리에서 '항생제 내성균의 유전자 네트워크'를 분석하고, AI를 활용한 신약 후보 물질 탐색 프로젝트를 진행할 계획입니다. 졸업 후에는 감염내과 전문의이자 연구자가 되어, 팬데믹과 같은 인류의 위기 상황에서 데이터를 기반으로 가장 빠르고 정확한 치료법을 제시하는 세계 시민이 되겠습니다.

### 실패를 공유하는 용기

교내 과학 탐구 대회에서 우리 팀은 실험 설계의 치명적 오류로 예선 탈락의 위기를 맞았습니다. 팀원들은 서로를 탓하며 분위기가 냉랭해졌습니다. 저는 팀장으로서 "최종 검토를 소홀히 한 내 책임이 가장 크다"고 먼저 사과하고, 심사위원들에게 '실패 보고서' 제출을 제안했습니다. 우리가 왜 실패했는지, 어떤 변수를 통제하지 못했는지를 철저히 분석하여 제출했습니다.

심사위원들은 "실패 원인을 분석한 논리성과 정직함"을 높이 평가하여 패자부활전 기회를 주셨습니다. 이후 우리는 변수를 완벽히 통제하여 본선에서 은상을 수상할 수 있었습니다. 진정한 협력은 성공의 기쁨을 나눌 때가 아니라, 실패의 책임을 함께 지고 다시 일어설 때 단단해짐을 배웠습니다. 외대부고 기숙사 생활에서도 갈등을 피하지 않고, 정직한 소통으로 문제를 해결하는 든든한 룸메이트가 되겠습니다.

**[★] 입학사정관의 선택: "한계를 기술로 돌파하는 '문제 해결력(Problem Solving)'이 압도적이다"**

1. [자기주도적 해결]: 실험 장비 부족이라는 현실적 '어려움'을 시뮬레이션(NetLogo)이라는 새로운 방법으로 '극복'한 과정이, 학교가 찾는 자기주도적 인재상과 정확히 부합합니다.

2. [건학이념의 체화]: '질병 정복'을 학교의 이념인 '인류 공영(창조)'과 연결하여, 개인의 성공이 아닌 공동체 기여를 목표로 삼고 있음을 진정성 있게 보여 주었습니다.

## [2] 하나고등학교 전형 분석

Theme: "체력과 지성, 그리고 따뜻한 인성을 겸비한 '전인적 리더'"

### 1. 전형 기본 정보

● 학교 유형: 전국 단위 자율형 사립고 (서울 은평구 소재/남녀공학).

　○ 주의: 모집 대상은 서울 거주자가 원칙이나, 전국 단위 모집은 '군인자녀(전국)', '다문화가정자녀(전국)' 전형만 해당됩니다. 일반전형은 서울 지역 모집입니다.

● 전형 단계

　○ 1단계: 교과 성적(40점) + 출결(감점) → 2배수 이내 선발.

　○ 2단계: 서류(20점) + 면접(40점) + 체력검사 → 최종 선발.

　○ 체력검사: 윗몸일으키기 & 오래달리기(남 1.5km, 여 1.2km) 필수. 기준 미달 시 감점.

● 자소서 규격: 총 1,500자 이내(띄어쓰기 제외/통합 문항).

　○ [통합 문항]: ① 자기주도학습 과정 및 느낀 점, ② 건학이념 연계 지원동기, ③ 입학 후 활동 및 진로계획, ④ 인성(배려·나눔 등).

● 특이사항

　○ '체덕지' 철학: 체력검사가 점수화되어 있지는 않지만(기준 미달 시 감점), 학교생활기록부의 '체육 활동'이나 자소서의 '체력 관리 경험'을 긍정적으로 평가합니다.

　○ 면접의 비중: 1단계 성적 변별력이 낮아(All A가 기본), 면접(40점)과 서류(20점)에서 합불이 갈립니다.

## 2. 인재상 및 핵심 가치

- 교육 목표: 지성(Intellect), 덕성(Virtue), 체력(Health)을 갖춘 세계 시민.
- [입시 키워드]: '1인 2기(예체능)' & '자기주도적 심화 학습'
  - ○ 1인 2기: 하나고의 상징적인 프로그램입니다. 학업뿐만 아니라 악기 하나, 운동 하나를 즐길 줄 아는 '멋'을 아는 학생을 원합니다.
  - ○ 심화 탐구: 교과서 내용을 뛰어넘어, 스스로 주제를 정하고 연구한 경험(과제 연구, 보고서 등)을 높이 평가합니다.

## 3. 필승 공략 전략

### 1) 자소서(1,500자): '체력'을 '학습 동력'으로 연결하라

- 하나고 자소서에는 '체력' 이야기가 한 줄이라도 들어가는 것이 좋습니다.
- [전략] "공부가 힘들 때마다 운동(1인 2기 준비)으로 스트레스를 풀고 다시 책상에 앉았다"는 식의 서술은 '자기 관리 능력'을 보여 주는 강력한 무기가 됩니다.

### 2) 학습 과정: '과제 연구(R&E)' 스타일로 써라

- 하나고는 수동적인 교과 성적 향상보다, 스스로 문제를 찾고 파고드는 학업적 주도성을 높이 평가합니다.
- [전략] 단순히 "성적을 올렸다"가 아니라, [탐구 주제 선정 → 가설 설정 → 검증(실험/조사) → 결론]의 논리적 흐름을 갖춘 탐구 활동을 메인 소재로 삼으십시오.

### 3) 면접 대비: '꼬리 질문'의 끝판왕

- 하나고 면접은 자소서와 생기부 내용을 현미경처럼 검증합니다.
- [전략] 자소서에 쓴 탐구 활동에 대해 "왜 그런 결론이 나왔나?", "다른 변수는 고려했나?", "그 이론의 반대 사례는 무엇인가?" 등 예상 질문 50개를 뽑아 훈련해야 합니다.

## 4. 면접 대비 핵심

- 꼬리 질문의 끝판왕: 15분 면접 시간 동안 10~15개의 질문이 나옵니다. 하나의 질문에 학생이

대답하면, 그 대답에서 다시 논리적 허점을 찾아 파고듭니다.

- **진위 여부 검증**: "자소서에 쓴 ○○이론을 지금 이 자리에서 설명해 보라", "그 책의 저자가 비판받는 지점은 무엇인가?" 등 팩트 체크가 매우 살벌합니다.
- 교과 성적에 들어가지 않는 과목의 경우에도 성적이 좋지 않았다면 왜 안 좋았는지에 대해서도 질문을 하는 등 생기부도 점검해야 합니다.
- **창의 융합 질문**: 서로 다른 두 가지 개념을 연결하거나, 시사 문제에 대한 자신의 철학을 논리적으로 방어해야 합니다.
- **인성 면접**: 기숙사 생활에서 발생할 수 있는 갈등 상황(룸메이트와의 불화 등)을 제시하고 대처법을 묻습니다.

## [★] 입학사정관의 시선

"하나고는 '책상 앞의 공부벌레'를 가장 싫어합니다.

밤새워 토론하고, 운동장에서 땀 흘리며 뛰고, 악기를 연주할 줄 아는 '낭만 있는 인재'를 원합니다. 자소서에서 여러분의 '뜨거운 열정(체력/예술)'과 '차가운 지성(학업)'이 어떻게 조화를 이루고 있는지 보여 주십시오. 그것이 합격의 열쇠입니다."

## [사례] 융합형(경영 + IT): "데이터로 기업의 윤리를 증명하는 'ESG 경영 컨설턴트'"

- **희망 진로**: 빅데이터 경영 컨설턴트
- **핵심 전략**: 1인 2기(농구) 경험을 체력 관리와 팀워크로 연결하고, 수학적 통계 역량 강조.

## 나의 꿈과 끼, 인성 (1,500자)

### 1. 학습 과정: 기업의 착한 행동, 숫자로 증명하다

사회 시간에 '기업의 사회적 책임(CSR)'을 배우며, "착한 기업이 정말 돈도 잘 벌까?"라는 의문을 가졌습니다. 이를 증명하기 위해 코스피 상장 기업 50곳의 ESG 등급과 영업이익률 데이터를 수집했습니다. 단순 비교로는 상관관계를 찾기 어려워, 수학 시간에 배운 '산점도와 상관계수' 개념을 적용했습니다. 엑셀로 데이터를 분석한 결과, 초기 비용 때문에 단기적으로는 이익률이 낮지만, 3년 이상 장기

데이터에서는 양의 상관관계(r=0.6)가 나타남을 확인했습니다. 이를 통해 '윤리 경영'이 비용이 아니라 투자임을 통계적으로 입증했고, 이 과정을 보고서로 작성해 교내 사회 탐구 대회에서 금상을 받았습니다.

## 2. 건학이념 및 지원동기: 지덕체를 갖춘 리더를 꿈꾸며

하나고의 '지덕체 합일' 정신은 저의 가치관과 일치합니다. 중학교 3년 내내 농구 동아리 주장을 맡으며 체력을 길렀고, 이는 시험 기간 밤샘 공부를 버티는 원동력이 되었습니다. 하나고의 '1인 2기' 프로그램을 통해 체력과 감성을 더욱 키우고, 심화된 '경제 수학' 수업을 통해 경영학적 통찰력을 기르고자 지원했습니다.

## 3. 입학 후 계획: 데이터 기반 창업 동아리

입학 후, 빅데이터 분석 동아리를 만들어 학교 매점의 판매 데이터를 분석하고, 재고 관리를 최적화하는 프로젝트를 실행하겠습니다. 졸업 후에는 경영학과와 통계학을 융합 전공하여, 데이터로 기업의 지속 가능성을 진단하는 ESG 전문 컨설턴트가 되겠습니다.

## 4. 인성: 농구 코트에서 배운 '패스의 미학'

농구반 주장으로서 교내 리그 결승전을 앞두고, 에이스인 친구가 독단적인 플레이를 해 팀워크가 깨졌습니다. 저는 그 친구를 비난하는 대신, 경기 영상을 함께 분석하며 "네가 수비를 끌어 주고 패스할 때 득점 확률이 2배 높아진다"는 데이터를 보여 주었습니다. 객관적 수치에 납득한 친구는 이타적인 플레이를 했고, 우리는 우승했습니다. 리더십은 강요가 아니라, 객관적 근거로 상대를 설득하고 빛나게 해 주는 것임을 배웠습니다.

## [★] 입학사정관의 선택: "체력과 지성, 리더십의 삼박자가 완벽하다"

1. [체력과 학업의 시너지]: '농구' 경험을 단순 취미가 아닌 '학업 지구력'과 '리더십 훈련장'으로 해석하여 하나고의 인재상을 정확히 공략했습니다.

2. [실증적 탐구]: 문과 지망생임에도 '상관계수(r)'라는 수학적 도구를 활용해 사회 현상을 분석한 점이 융합적 역량을 돋보이게 합니다.

# [3] 상산고등학교 전형 분석

Theme: "수학적 이성(Reason)과 인문학적 성찰(Reflection)이 만나는 '지성의 용광로'"

## 1. 전형 기본 정보

● 학교 유형: 전국 단위 자율형 사립고 (전북 전주시 소재/남녀공학/의약학 계열 최다 배출).

● 전형 단계

　○ 1단계: 교과성적(300점) + 출결(감점) → 2배수 내외 선발.

　○ 2단계: 1단계 성적(300점) + 면접(100점) → 최종 선발.

● 자소서 규격: 총 2,400자 (띄어쓰기 제외).

　○ [문항 1] 학습경험: 계획-실천-성취감, 학업 노력 및 배우고 느낀 점 (1,000자).

　○ [문항 2] 인성: 배려, 나눔, 협력, 타인 존중, 규칙 준수 사례 (500자).

　○ [문항 3] 독서: 의미 있게 읽은 책 3권 (동기 및 소감) (각 300자, 총 900자).

● 특이사항

　○ 3-2 성적 미반영: 2학년 1학기, 2학년 2학기, 3학년 1학기 성적만 반영합니다. 즉, 3학년 1학기 성적이 사실상 당락의 1차 관문입니다.

　○ 독서의 중요성: 독서 문항이 별도로 존재하며, 면접에서도 '인성&독서' 파트가 따로 있을 만큼 비중이 큽니다.

## 2. 인재상 및 핵심 가치

● 교육 목표: 지성, 인성, 야성을 겸비한 지도자.

● [입시 키워드]: '창의 융합 사고력' & '독서의 생활화'

　○ 창의 융합: 수학과 과학이 융합된 문제, 혹은 사회 현상을 수리적으로 해석하는 능력을 요구합니다.

　○ 독서: 단순한 줄거리 요약은 금물이며(지양함 명시), 책을 통해 변화된 '생각의 지평'을 보여줘야 합니다.

## 3. 필승 공략 전략

1) 문항 1번(1,000자): '깊이'로 승부하라

● 1,000자는 한 가지 주제를 깊게 파고들기에 충분한 분량입니다.

● [전략] 여러 과목을 나열하지 마십시오. [수학적 호기심 → 과학/사회 현상 연결 → 심화 탐구(증명, 실험) → 결론 및 확장]의 구조로, 하나의 '소논문' 같은 깊이를 보여 줘야 합니다.


2) 문항 3번(독서): 면접을 위한 '미끼'를 던져라

● 면접관은 여기서 질문을 만듭니다.

● [전략] 3권을 [전공 심화], [인문 철학], [과학사/방법론]으로 배분하십시오. 특히 '동기'와 '소감'에서 책의 내용이 현재 자신의 가치관 형성에 어떤 결정적 영향을 미쳤는지 서술해야 합니다.


3) 면접(100점): '시간'과의 싸움에 대비하라

● 창의융합(60점): 준비 20분/면접 10분. 수학·과학 융합형 문제(예: 육십갑자 계산)가 출제됩니다.

● 인성&독서(40점): 준비 10분/면접 10분. 여러 제시문을 읽고 공통된 주제나 바람직한 태도를 도출해야 합니다.


## 4. 면접 대비 핵심

● 창의융합 면접: 정답을 맞히는 것보다, 답을 도출하는 과정의 논리성을 봅니다. 칠판을 활용해 설명할 수도 있으므로 판서하며 설명하는 연습이 필요합니다.

● 독서 인성 면접: 제시문 3개의 공통점과 차이점을 빠르게 파악하고, 이를 자소서에 쓴 자신의 독서 경험과 연결 지어 답변하는 훈련이 필요합니다.


## [★] 입학사정관의 시선

"상산고는 '책 읽는 수학자', '철학하는 과학자'를 원합니다.

자소서 1번에서는 여러분의 '지적 집요함'을, 3번 독서에서는 '사고의 유연함'을 보여 주십시오. 면접장에서는 난해한 제시문 앞에서도 당황하지 않고, 자신이 아는 지식을 총동원해 논리적인 해법을 찾아내는 '문제 해결사'의 모습을 기대합니다."

## [사례] 의학·생명 계열: "수학적 모델링으로 생명의 질서를 해석하는 '의과학자'"

- **희망 진로**: 의사/전염병 연구원
- **핵심 전략**: 전염병 확산이라는 생명과학 이슈를 수학(확률/수열)으로 해석하여 '창의 융합' 역량 강조.

### 1. 학습 경험 (1,000자)

(전염병의 확산, 수식으로 제동을 걸다)

코로나19 팬데믹 당시, "왜 마스크 쓰기와 거리 두기가 과학적 해법인가?"라는 질문을 가졌습니다. 이를 수학적으로 증명하기 위해 전염병 확산 모델인 'SIR 모델'을 탐구했습니다.

미분방정식이 포함된 SIR 모델을 중학교 수준에서 이해하기 위해, 이를 이산적인 '점화식(수열)' 형태로 변환하여 엑셀 시뮬레이션을 진행했습니다. 감염 재생산지수($R_0$)가 감염률($\beta$)과 회복률($\gamma$)에 의해 결정됨을 파악하고, 마스크 착용이 $\beta$ 값을 어떻게 낮추는지 수치로 확인했습니다. 시뮬레이션 결과, $\beta$ 값을 0.2만 낮춰도 감염자 정점(Peak) 도달 시간이 2주 이상 늦춰짐을 확인하며 '플래튼 더 커브(Flatten the curve)'의 수학적 의미를 깨달았습니다.

여기서 멈추지 않고, '무증상 감염자'라는 변수를 추가한 'SEIR 모델'로 확장을 시도했습니다. 잠복기($E$)군을 설정하자 기존 모델보다 실제 확산 양상에 더 근접한 그래프를 얻을 수 있었습니다. 생명 현상이 무질서해 보이지만, 그 이면에는 엄밀한 수학적 질서가 있음을 깨닫고, 수학을 도구로 질병을 통제하는 의과학자가 되겠다는 목표를 확고히 했습니다.

### 2. 인성 (500자)

(실험실의 안전지킴이, 원칙을 지키다)

과학 동아리 부장으로서 해부 실험을 진행할 때, 일부 부원들이 보호 장구 착용을 답답해하며 벗으려 했습니다. 저는 "안전은 타협의 대상이 아니다"라고 단호히 말하며 실험을 잠시 중단시켰습니다. 분위기가 경직되었지만, 저는 과거 실험실 사고 사례를 보여 주며 안전 수칙이 왜 필요한지 설득했습니다. 그리고 쉬는 시간을 늘려 부원들이 땀을 식힐 수 있도록 배려했습니다. 이후 부원들은 자발적으로 보안경과 장갑을 착용했고, 무사히 실험을 마쳤습니다. 리더십은 인기를 얻는 것이 아니라, 구성원의 안전을 위해 원칙을 고수하면서도 불편함을 헤아리는 것임을 배웠습니다.

## 3. 독서 (각 300자)

### 1) 『수학의 쓸모 (닉 폴슨)』

[동기] 수학이 교과서 밖 현실에서 어떻게 쓰이는지 궁금해 읽었습니다.

[소감] 넷플릭스의 추천 알고리즘이나 자율주행차의 경로 탐색에 '조건부 확률'과 '베이지안 통계'가 쓰인다는 점이 흥미로웠습니다. 불확실한 미래를 예측하는 가장 확실한 도구가 수학임을 깨닫고, 통계적 사고방식을 일상에 적용하는 계기가 되었습니다.

### 2) 『페스트 (알베르 카뮈)』

[동기] 전염병을 다룬 고전을 통해 의사의 태도를 고민하고자 읽었습니다.

[소감] 재앙 앞에서 영웅적인 행동이 아니라, 각자 자신의 자리에서 맡은 바(성실성)를 다하는 것이 진정한 저항임을 배웠습니다. 의사 리유처럼 절망적인 상황에서도 인간에 대한 연민을 잃지 않고 묵묵히 치료하는 의사가 되겠다고 다짐했습니다.

### 3) 『이기적 유전자 (리처드 도킨스)』

[동기] 유전자의 관점에서 생명을 바라보는 새로운 시각을 접하고 싶었습니다.

[소감] 인간이 유전자의 생존 기계라는 주장에 처음에는 거부감이 들었지만, '밈(Meme)' 개념을 통해 문화적 유전의 힘을 강조한 부분에서 인간의 주체성을 재확인했습니다. 생물학적 본능을 넘어 이성과 문화를 통해 진화하는 인간상에 대해 깊이 성찰했습니다.

**[★] 입학사정관의 선택: "수학적 도구로 생명 현상을 해석해 낸 융합적 역량이 탁월하다"**

1. [학습의 심화]: 문항 1번에서 SIR 모델을 '점화식'으로 변환하고 'SEIR 모델'로 확장한 과정은 상산고가 요구하는 창의 융합 역량(수학 + 과학)의 정석입니다.

2. [면접 대비형 독서]: 문학(『페스트』), 과학철학(『이기적 유전자』), 수학응용(『수학의 쓸모』)을 골고루 배치하여, 면접관이 어떤 질문(가치관, 과학지식)을 던져도 답변할 수 있는 방어 기제를 구축했습니다.

## [4] 민족사관고등학교 전형 분석

Theme: "민족의 얼을 품고 세계로 나아가는 '가슴 따뜻한 천재'"

### 1. 전형 기본 정보

● 학교 유형: 전국 단위 자율형 사립고 (강원 횡성 소재/남녀공학).

● 전형 단계

  ○ 1단계: 교과 성적(100점) + 출결(감점) → 2배수 이내 선발.

  ○ 2단계: 서류/면접(100점) + 체력검사(Pass/Fail) → 최종 선발.

  ○ 특이사항: 체력검사(오래달리기)가 필수입니다. (공부만 잘하는 약골은 사절한다는 의미)

● 자소서 규격: 총 2,400자 내외 (띄어쓰기 제외).

  ○ [문항 1] 학습 및 진로: 자기주도학습 과정(성장, 어려움 극복) + 학업/활동 계획 (1,000자).

  ○ [문항 2] 인성: 리더십(배려, 나눔, 협력, 규칙 준수) 실천 사례 (500자).

  ○ [문항 3] 독서: 학교 교육 목표(민족주체성, 영재, 세계적 지도자)와 관련된 책 3권 선정 이유 및 소감 (영문 도서 가능함, 각 300자, 총 900자).

● 특이사항

  ○ 독서 문항의 까다로움: 단순히 감명 깊은 책이 아니라, '민족주체성', '영재교육', '세계적 지도자'라는 키워드와 연결해야 합니다.

  ○ 심층 면접: 국어, 영어, 수학, 선택(사/과), 인성 등 5개 영역을 20분씩 총 100분간 면접 보는 '면접의 끝판왕'입니다.

### 2. 인재상 및 핵심 가치

● 교육 목표: 민족주체성 교육과 영재교육을 통한 창의적 세계 지도자 양성.

● [입시 키워드]: '한국적 정체성(Korean Identity)' & '지적 탁월성'

  ○ 민족 주체성: 영어만 잘하는 학생보다, 우리 문화와 역사에 대한 깊은 이해를 바탕으로 세계와 소통할 수 있는 인재를 원합니다.

  ○ 융합적 사고: 문·이과 구분이 없으며, 국악과 태권도가 필수인 학교입니다. 학업뿐만 아니

라 예체능과 인성을 고루 갖춘 '전인적 인재'를 선호합니다.


## 3. 필승 공략 전략

### 1) 문항 3번(독서): 'KMLA 코드'를 맞춰라

- 이 문항이 민사고 자소서의 핵심입니다. 3권을 아무 책이나 쓰면 안 됩니다.
- [전략] [1권: 민족/역사] (한국인의 정체성), [2권: 전공 심화] (지적 수월성), [3권: 철학/리더십] (세계 시민 의식)으로 포트폴리오를 구성하십시오.


### 2) 문항 1번(1,000자): '학자'의 면모를 보여라

- 1,000자는 상당히 긴 분량입니다. 단순한 성적 상승기가 아니라, '하나의 주제를 깊게 파고들어 (몰입) 나만의 이론을 정립해 본 경험'을 써야 합니다.
- [전략] 실패와 극복 과정을 반드시 포함해야 하며(문항 요구사항), 입학 후 계획에서는 민사고의 특색 프로그램(IR, 계열 탐색 등)을 구체적으로 언급하십시오.


### 3) 면접 대비: '체력'과 '토론'

- 면접 시간이 길고 질문 수준이 대학 전공 기초에 육박합니다. 15분 동안 4문제를 물어봅니다 (2024년부터). 예전에는 5과목을 20분씩 총 100분 동안 물어봤습니다.
- [전략] 중학교 교과 개념을 완벽하게 숙지한 상태에서, 이를 현실 문제에 적용하여 설명하는 '구술 훈련'이 필수입니다. (예: "조선시대 붕당정치를 현대 정당정치와 비교하여 장단점을 논하시오.")


## 4. 면접 대비 핵심

- 우리말 토론: 사회적 이슈에 대해 논리적으로 토론하는 면접이 진행됩니다.
- 영어 면접: 원어민 수준의 유창함보다는, 자신의 생각을 영어로 논리 정연하게 표현할 수 있는 지(Communication)를 봅니다.


## [★] 입학사정관의 시선

"민사고는 '출세할 사람'이 아니라 '세상을 구할 사람'을 뽑습니다.

공부만 잘해서 의대에 가려는 학생보다는, 우리 민족의 문화를 세계에 알리고 인류 공영에 이바지하겠다는 '거창한 꿈'을 가진 학생을 좋아합니다. 자소서 3번 독서 문항에서 여러분의 가치관과 학교의 철학이 얼마나 일치하는지를 증명하십시오."

## [사례] 인문·사회 계열: "한국의 정신으로 세계의 갈등을 중재하는 '국제 분쟁 전문가'"

● **희망 진로**: 국제기구 활동가/외교관
● **핵심 전략**: '민족 주체성'을 바탕으로 세계 문제를 해결하겠다는 논리 전개.

## 1. 학습 및 진로 (1,000자, 띄어쓰기 제외)

### 역사의 이면을 읽는 비판적 사고, 외교의 길을 열다

역사 교과서 속 '병자호란'을 배우며, "왜 우리는 청나라의 부상을 예측하지 못했을까?"라는 의문을 가졌습니다. 이를 탐구하기 위해 『조선왕조실록』 원문 번역본을 찾아 당시 척화파와 주화파의 상소를 비교 분석했습니다. 그 결과, 단순한 명분론이 아니라 국제 정세에 대한 정보 부재가 패착이었음을 깨달았습니다. 이러한 깨달음은 '정보 분석력'을 키우는 학습으로 이어졌습니다. 영문 뉴스(CNN, BBC)와 국내 뉴스를 비교하며 동일한 사건(예: 우크라이나 전쟁)을 바라보는 시각차를 분석하는 스크랩북을 만들었습니다. 초기에는 복잡한 외교 용어 때문에 해석의 어려움을 겪었지만, 국제법 개론서를 독학하고 모의유엔 동아리를 창설해 친구들과 토론하며 극복했습니다. 민사고에 입학하여 '국제 정치와 법' 심화 수업을 듣고, IR(개인 연구) 프로젝트로 '동북아 평화 체제를 위한 한국의 중재자 역할'을 연구하고 싶습니다. 나아가 한국의 고유한 '화쟁(和諍) 사상'을 현대 외교학에 접목하여 갈등 해결의 새로운 모델을 제시하는 외교관이 되겠습니다.

## 2. 인성 (500자, 띄어쓰기 제외)

### 경청으로 깨드린 편견의 벽

다문화 가정 자녀 멘토링 봉사 중, 한국말이 서툰 멘티가 친구들과 어울리지 못하고 겉도는 것을 보았습니다. 저는 멘티의 문제가 언어가 아니라 '자신감 부족'이라 생각했습니다. 멘티가 그림 그리기에 재능이 있다는 것을 발견하고, 역사 수업 시간에 '역사 만화 그리기' 프로젝트를 제안해 멘티를 메인 작가로 추천했습니다. 처음에는 주저하던 멘티도 저의 꾸준한 격려와 팀원들의 칭찬 속에 마음을 열었고, 완성된 만화는 학급 게시판에서 큰 호응을 얻었습니다. 리더십은 앞에서 끌고 가는 것이 아니라, 구성원이 가진 보석 같은 재능을 발견해 빛나게 해 주는 것임을 배웠습니다.

## 3. 독서 (각 300자, 띄어쓰기 제외)

### 1) 『백범일지 (김구)』

(민족주체성) "네 소원이 무엇이냐"는 질문에 서슴없이 "독립"이라 답했던 김구 선생의 결기를 보며 가슴이 뜨거워졌습니다. 진정한 세계화는 우리 것을 버리는 것이 아니라, 가장 우리다운 것을 지킬 때 가능하다는 '문화 강국론'에 깊이 공감했습니다. 저 또한 한국인의 정체성을 잃지 않는 단단한 뿌리를 가진 리더가 되겠습니다.

### 2) 『총, 균, 쇠 (재레드 다이아몬드)』

(세계적 지도자) 문명의 불평등이 인종적 차이가 아닌 환경적 차이에서 비롯되었다는 통찰은 저에게 충격을 주었습니다. 세계의 빈곤과 갈등 문제를 해결하기 위해서는 편견을 버리고 구조적 원인을 파악해야 함을 배웠습니다. 인류의 보편적 가치를 지향하는 글로벌 리더의 시각을 갖게 해 준 책입니다.

### 3) 『침묵의 봄 (레이첼 카슨)』

(영재교육/융합) 과학 기술의 발전이 생태계에 미치는 영향을 문학적 필치로 고발한 이 책을 통해, 지식인의 사회적 책무를 고민했습니다. 과학적 사실(Fact)과 인문학적 윤리(Value)가 결합될 때 세상을 바꾸는 힘이 생긴다는 것을 깨닫고, 융합적 사고의 중요성을 되새겼습니다.

**[★] 입학사정관의 선택: "가장 한국적인 것이 가장 세계적임을 증명하는 서사다"**

1. [민족과 세계의 조화]: 『조선왕조실록』 분석(민족)과 '국제 뉴스' 스크랩(세계)을 연결하여, 민사고가 추구하는 '민족 주체성을 갖춘 세계인'이라는 인재상을 완벽하게 구현했습니다.
2. [독서의 정석]: 김구(민족), 재레드 다이아몬드(세계), 레이첼 카슨(융합/책임)으로 이어지는 도서 선정은 민사고의 3대 교육 목표에 정확히 부합하는 모범 답안입니다.

# [5] 북일고등학교 전형 분석

Theme: "질문 앞에 주저함이 없는, '준비된 글로벌 리더'"

## 1. 전형 기본 정보

● 학교 유형: 전국 단위 자율형 사립고 (충남 천안시 소재/남자고등학교).

● 전형 단계

 ○ 1단계: 교과성적(160점) + 출결(감점) → 1.5배수 선발.

 ○ 2단계: 1단계 성적(160점) + 면접(40점) →최종 선발.

● 자소서 규격: 총 1,600자 (띄어쓰기 제외).

 ○ [문항 1] 학습 및 진로: 지원동기 + 자기주도학습 과정 + 입학 후 학업계획 (800자).

 ○ [문항 2] 인성 및 꿈: 인성 사례 + 꿈을 키우기 위해 활동한 경험 (800자).

● 특이사항

 ○ 면접 스타일: '최대 8분, 5~7문항, 즉문즉답'. 대기실에서 문제를 미리 보여 주지 않고, 면접실에 들어가자마자 질문을 듣고 바로 대답해야 합니다. 순발력이 매우 중요합니다.

 ○ 문항 구성: 1번 문항은 지원동기, 자기주도학습 과정, 입학 후 학업계획을 2:5:3 정도로 나누어서 작성하고, 2번 문항에서 인성과 진로 활동(꿈을 키운 경험)을 5:5 혹은 4:6 비율로 섞어서 써야 합니다.

## 2. 인재상 및 핵심 가치

● 교육 목표: 애국하는 사람, 능력 있는 사람, 건강한 사람.

● [입시 키워드]: '순발력 있는 논리' & '실천적 인성'

 ○ 즉문즉답: 북일고가 원하는 인재는 외운 답을 말하는 학생이 아니라, 어떤 상황(질문)에서도 자신의 생각을 논리적으로 즉각 구성해 낼 수 있는 학생입니다.

 ○ 꿈을 향한 활동: 2번 문항에서 단순한 '착한 행동'만 쓰면 안 됩니다. 자신의 진로와 관련된 동아리, 봉사, 독서 활동이 인성과 어떻게 연결되는지 보여 줘야 합니다.

## 3. 필승 공략 전략

### 1) 1번(800자): '학습법'에 엣지(Edge)를 줘라

- 지원동기와 학업계획도 중요하지만, 핵심은 '학습 과정'입니다. 단순히 "열심히 했다"가 아니라, "어떤 교재로, 어떤 방식을 써서, 어떤 심화 단계까지 공부했는가"가 구체적으로 드러나야 합니다.
- [전략] 남학생 특유의 투박함을 버리고, [호기심 → 자기주도적 탐구(구체적 방법) → 성취 결과]의 디테일을 살려야 합니다.

### 2) 2번(800자): '인성'과 '진로'의 하이브리드 전략

- 이 문항이 북일고 자소서의 승부처입니다. 인성과 진로를 위한 노력을 작성하며 이 중 진로를 위한 노력 부분에 조금 더 많은 분량을 할애하는 것을 권유합니다.
- [전략] 두 가지 에피소드로 구성하십시오.
    - Ep 1 (인성): 기숙사 생활이나 팀 프로젝트에서의 갈등 관리/배려.
    - Ep 2 (꿈): 진로 동아리나 탐구 활동에서 보여 준 열정과 리더십.
    - *Tip:* 가능하다면, "진로 활동(꿈)을 하던 중에 발생한 갈등을 인성으로 해결했다"는 식으로 연결하면 가장 좋습니다.

### 3) 면접 대비: '두괄식'으로 말하는 습관

- 질문을 듣고 생각할 시간이 없습니다. 우물쭈물하면 감점입니다.
- [전략] 질문이 끝나자마자 "결론부터 말씀드리면 ~입니다. 그 이유는~"이라고 말하는 훈련을 해야 합니다.

## 4. 면접 대비 핵심

- 속도전: 8분 동안 5~7문항이면 한 문제당 답변 시간이 1분 내외입니다. 장황한 설명은 금물입니다.
- 생활기록부 구석구석: 자소서에 없는 내용이라도 생기부에 적힌 독서, 세특 내용을 기습적으로 물어봅니다.

## [★] 입학사정관의 시선

"북일고는 '머뭇거리지 않는 학생'을 뽑습니다. 면접실 문을 열고 들어와 질문을 받는 그 순간, 눈빛이 흔들리지 않고 자신의 논리를 펼치는지가 중요합니다. 자소서 2번 문항에서 '꿈을 향한 열정'과 '따뜻한 인성'을 동시에 보여 주십시오. 공부만 잘하는 학생보다는, 가슴이 뜨거운 리더를 원합니다."

## [사례] 공학·IT 계열: "세상을 최적화하는 '알고리즘 엔지니어'"

- 희망 진로: 컴퓨터 공학자/AI 개발자
- 핵심 전략: 1번에서 수학/정보 역량을 강조하고, 2번에서 동아리 활동(꿈)과 멘토링(인성)을 연결.

## 1. 지원동기 및 학습계획 (800자)

### 오류를 넘어서는 끈기, 북일에서 완성하다

초등학교 때 우연히 접한 코딩에서, 복잡한 문제를 단 몇 줄의 코드로 해결하는 효율성에 매료되어 컴퓨터 공학자를 꿈꾸게 되었습니다. 북일고의 체계적인 정보과학 커리큘럼과 '아다지오(IT동아리)' 활동을 통해 알고리즘 설계 능력을 극대화하고 싶어 지원했습니다.

중학교 시절, 수학적 사고력이 코딩의 기초임을 깨닫고 저만의 '백지 증명 학습법'을 실천했습니다. 공식을 외우는 대신, 교과서의 증명 과정을 백지에 처음부터 끝까지 유도해 보며 논리적 흐름을 익혔습니다. 특히 '피타고라스 정리'를 유클리드 기하학적으로 증명하는 과정에서 도형의 넓이와 대수적 식의 관계를 깊이 이해했고, 이를 코딩의 좌표 평면 개념에 적용하여 게임 엔진을 직접 구현해 보기도 했습니다.

입학 후에는 미적분과 확률 통계를 심도 있게 공부하여 인공지능의 기초가 되는 '손실 함수'와 '데이터 분포'를 이해하겠습니다. 또한, 파이썬을 활용해 교내 급식 잔반 데이터를 분석하여 잔반을 줄이는 AI 모델을 개발하는 등, 기술로 공동체에 기여하는 공학자가 되겠습니다.

## 2. 인성 및 꿈을 키운 활동 (800자)

함께 성장하는 코드, 오픈소스 리더십

꿈을 키운 경험: 자율주행 RC카 제작

AI 개발자라는 꿈을 구체화하기 위해 '자율주행 RC카 제작 프로젝트'를 기획했습니다. 초음파 센서와 카메라 모듈을 활용해 장애물을 회피하는 알고리즘을 짜는 것이 목표였습니다. 하지만 센서의 반응 속도가 느려 차가 벽에 부딪히는 문제가 발생했습니다. 저는 혼자 고민하기보다 해외 개발자 포럼(Stack Overflow)에 질문을 올리고, 친구들과 센서 데이터 처리 방식을 '인터럽트 방식'으로 바꾸는 아이디어를 냈습니다. 수십 번의 시행착오 끝에 RC카가 트랙을 완주했을 때, 협업이 기술적 난제를 해결하는 열쇠임을 배웠습니다.


인성 사례: 지식 나눔 멘토링

교내 코딩 멘토링 봉사단장으로서, 코딩을 어려워하는 후배들을 도왔습니다. 한 후배가 "코딩은 너무 어렵다"며 포기하려 할 때, 저는 정답을 알려 주는 대신 후배가 좋아하는 '축구'를 예로 들어 변수와 함수를 설명해 주었습니다. "패스를 받는 선수가 변수, 골을 넣는 과정이 함수"라고 비유하자 후배의 눈이 반짝였습니다. 그 후배가 기말 과제에서 만점을 받았을 때, 나만의 지식을 타인의 언어로 통역해 전달하는 '배려의 소통'이 진정한 리더십임을 깨달았습니다.


**[★] 입학사정관의 선택: "기술적 역량과 소통 능력이 균형 잡힌 인재다"**

1. [학습법의 구체성]: 1번 문항에서 '백지 증명 학습법'을 통해 수학적 원리를 코딩(게임 엔진)으로 연결한 과정이 매우 논리적입니다.

2. [문항 의도 적중]: 2번 문항에서 'RC카 제작(꿈)'과 '멘토링(인성)'을 명확히 구분하면서도, 두 활동 모두에서 '소통과 협업'이라는 키워드를 일관되게 보여 주었습니다.

## [6] 인천하늘고등학교 전형 분석

Theme: "세계의 하늘을 품고 비상하는 '글로벌 리더의 산실'"

### 1. 전형 기본 정보

● 학교 유형: 전국 단위 자율형 사립고 (인천광역시 중구 영종도 소재/남녀공학).

● 전형 단계

  ○ 1단계: 교과성적(240점) + 출결(감점) → 2배수 선발.

  ○ 2단계: 1단계 성적(240점) + 면접(80점) → 최종 선발.

● 자소서 규격: 총 1,500자 (띄어쓰기 제외).

  ○ [문항 1] 꿈과 끼 영역: 자기주도학습 과정 + 지원동기 및 진로계획 (글자 수 지정 없음, 통합 작성).

  ○ [문항 2] 인성 영역: 배려, 나눔, 협력, 타인 존중, 규칙 준수 등 (글자 수 지정 없음).

● 특이사항

  ○ 내신 반영: 2학년 40%, 3학년 60% 반영. 과목별 가중치는 수학(60점) 〉 국/영(50점) 〉 과/사 (40점) 순으로 수학 비중이 가장 높음.

  ○ 면접 배점: 면접이 80점으로 상당히 높으며, 자소서 기반 면접과 공통 문항 면접이 함께 진행됨.

### 2. 인재상 및 핵심 가치

● 교육 목표: Global Leader, Creative Thinker, Happy Learner.

● [입시 키워드]: '수학적 사고력' & '융합적 문제해결력'

  ○ 수학 중시: 교과 성적 배점에서 수학 가중치가 가장 높고, 면접에서도 논리적 사고력을 요하는 질문이 자주 출제됩니다.

  ○ 전형의 복잡성: 지원 자격(거주 기간, 부모 재직 여부 등)이 매우 까다로우므로, 자신이 해당하는 전형을 정확히 파악하는 것이 우선입니다.

## 3. 필승 공략 전략

### 1) 전국전형(25명): '올킬(All-Kill)' 전략

- 전국전형은 모집 인원이 극소수라 'All A'는 기본이고, 면접에서 결판이 납니다.
- [전략] 자소서에서 남들과 다른 '압도적인 깊이'를 보여 줘야 합니다. 교과서 수준을 넘어선 심화 탐구(논문 분석, 원서 독해, 프로그래밍 구현 등)를 통해 학업적 수월성을 증명하십시오.

### 2) 자소서(1,500자): '꿈과 끼'에 1,100자를 투자하라

- 문항별 글자 수가 지정되어 있지 않지만, 학업 역량을 보여 줄 수 있는 '꿈과 끼' 영역에 비중을 두는 것이 유리합니다.
- [전략] [꿈과 끼 1,100자: 인성 400자] 비율을 추천합니다. 특히 '자기주도학습 과정'에서 [동기-심화학습-확장-진로연결]의 논리적 흐름을 완벽하게 구축해야 합니다.

### 3) 면접(80점): '창의 융합' 질문에 대비하라

- 인천하늘고 면접은 자소서 확인뿐만 아니라, 창의적 사고를 요하는 공통 질문이 나옵니다.
- [전략] "정보의 비대칭성 문제를 해결할 방안을 수학적/사회적 관점에서 제시하시오"와 같이 교과 지식을 현실 문제에 적용하는 연습을 해야 합니다.

## 4. 면접 대비 핵심

- 심층 꼬리 물기: 자소서에 쓴 탐구 활동에 대해 "그 이론의 한계점은 무엇인가?", "다른 조건이었다면 결과가 어떻게 바뀌었겠는가?" 등 비판적 사고력을 검증합니다.
- 공통 문항: 짧은 제시문을 읽고 자신의 의견을 논리적으로 개진하는 형태이며, 답변 준비 시간이 짧으므로 순발력이 요구됩니다.

## [★] 입학사정관의 시선

"인천하늘고는 '좁은 문을 뚫을 실력자'를 찾습니다. 특히 전국전형 지원자라면, 전국의 영재들과 경쟁해도 밀리지 않을 '한 방(Killer Contents)'이 있어야 합니다. 내신 만점은 입장권일 뿐입니다. 면접장에서 교과 지식을 넘어선 '통찰력'을 보여 주는 학생만이 최종 합격증을 거머쥘 수 있습니다."

# [7] 김천고등학교 전형 분석

Theme: "민족의 혼을 품고, 미래의 길을 여는 '송설(松雪)의 리더'"

## 1. 전형 기본 정보

● 학교 유형: 전국 단위 자율형 사립고 (경북 김천시 소재/남자고등학교).

● 전형 단계

　○ 1단계: 교과 성적(250점) + 출결(감점) → 2배수 선발.

　■ 반영 과목: 국어, 영어, 수학, 역사, 과학 (5개 과목).

　■ 반영 학기: 2학년 1학기~3학년 2학기 (4개 학기).

　○ 2단계: 1단계 성적(250점) + 면접(60점) → 최종 선발.

● 자소서 규격: 총 1,500자 (띄어쓰기 제외).

　○ [구성]: 3개의 단락으로 나누어 작성해야 함.

　1. [학습 및 지원동기] 자기주도학습 과정 + 건학이념과 연계한 지원동기.

　2. [활동 및 진로] 입학 후 활동 계획 + 졸업 후 진로 계획.

　3. [인성] 배려, 나눔, 협력, 타인 존중, 규칙 준수 등.

## 2. 인재상 및 핵심 가치

● 건학 이념: "영위사학 함양민족정신(永爲私學 涵養民族精神)"

　○ "길이 사학을 경영하여 민족 정신을 함양하라." 설립자 최송설당 여사의 구국 정신을 계승하는 인재를 원합니다.

● 교육 목표: 학력, 체력, 인성을 겸비한 '송설인(松雪人)'.

● [입시 키워드]: '논리적 사고력' & '애국/공동체 정신'

　○ 논리력: 면접에서 '케인스 경제학', '인구 감소 문제' 등 사회적 난제를 다루는 제시문이 출제됩니다. 단순 암기가 아닌 '자신만의 논리로 해결책을 제시하는 능력'이 핵심입니다.

　○ 건학 이념 연결: 자소서에서 설립자의 뜻을 어떻게 현대적으로 해석하여 자신의 꿈과 연결하느냐가 합격의 관건입니다.

## 3. 필승 공략 전략

### 1) 문항 1번: '최송설당'의 정신을 나의 언어로 재해석하라

- 김천고 자소서의 가장 큰 특징은 '건학 이념과의 연계'를 묻는다는 점입니다.
- [전략] "설립자의 뜻을 받들어…" 식의 진부한 표현은 피하십시오. 설립자가 전 재산을 털어 학교를 세운 '노블레스 오블리주' 정신이나, 구국을 위한 '인재 양성'의 의지를 본인의 진로(예: 공익 변호사, 친환경 에너지 연구원 등)와 연결하여 "현대 사회에서 내가 실천할 민족 정신"으로 정의해야 합니다.

### 2) 면접 대비: '신문 사설'이 교과서다

- 김천고 공통 면접은 대기실에서 16분간(A형 8분, B형 8분) 제시문을 분석할 시간을 줍니다 [제공 파일]. 이는 대학 입시의 논술이나 심층 면접과 유사합니다. 이후 A와 B 개별면접실로 이동하여 각 면접실에서 공통 + 개별(1~2문제) 질문에 대해서 4분간 답변합니다.
- [전략] 평소 신문의 사설이나 칼럼을 읽고 [현상 분석 → 문제점 도출 → 나만의 해결책 제시]의 3단 논법으로 말하는 훈련을 해야 합니다. 특히 '찬반 토론' 주제(AI 발전, 환경 보전 vs. 개발 등)에 강해야 합니다.

### 3) 자소서 구조: 3개의 '독립적이지만 연결된' 에피소드

- 양식에서 '3개 단락으로 나누어 작성'하라고 명시했습니다.
- [전략] 통글로 쓰지 말고, 소제목을 활용하거나 문단을 명확히 나누어 가독성을 높이십시오.
  - ○ 단락 1: 학업 역량 + 건학 이념(동기).
  - ○ 단락 2: 심화 탐구 활동 + 구체적 진로 로드맵.
  - ○ 단락 3: 기숙사 생활(남학교)에서의 갈등 관리 및 협력.

## 4. 면접 대비 핵심

- 제시문 심층 면접: "인구 감소에 따른 사회적 문제와 해결 방안", "리더의 자격" 등 정답이 없는 사회 이슈에 대해 논리적인 근거를 들어 주장을 펼쳐야 합니다
- 꼬리 질문: 2개 면접실을 돌며 진행되는데, 답변에 대해 "그렇게 생각한 근거는 무엇인가?", "반

대 의견에 대해서는 어떻게 생각하는가?" 등 압박 질문이 들어옵니다.

**[★] 입학사정관의 시선**

"김천고는 '시대를 고민하는 지성인'을 원합니다. 우리 학교의 뿌리인 '민족 정신'을 잊지 않으면서도, AI나 경제 위기 같은 '현대의 난제'를 해결할 수 있는 논리적 사고력을 갖춘 학생을 선발합니다. 면접장에서 여러분의 대답은 단순한 지식의 나열이 아니라, '세상을 바라보는 여러분만의 통찰'이어야 합니다."

## [8] 포항제철고등학교 전형 분석

Theme: "수학적 사고와 과학적 탐구로 미래를 제련하는 '이공계 리더'"

### 1. 전형 기본 정보

● 학교 유형: 전국 단위 자율형 사립고 (경북 포항시 소재/남녀공학).

● 전형 단계

　○ 1단계: 교과 성적(160점) + 출결(10점, 감점 방식) → 2배수 선발.

　○ 2단계: 1단계 성적(170점) + 면접(30점) → 최종 선발.

● 자소서 규격: 총 1,500자 (띄어쓰기 제외).

　○ [문항 1] 지원동기 및 진로: (400자).

　○ [문항 2] 자기주도학습 과정: 학업역량을 심화시킨 활동 2가지 선정하여 기술 (700자).

　○ [문항 3] 인성: 봉사, 배려, 협력 등 활동 실적 및 느낌 점 (400자).

● 특이사항

　○ 수학 내신 비중 30%: 반영 비율이 수학(30%) > 국어/영어(25%) > 과/사(10%) 순으로 수학이 절대적입니다.

　○ 자소서 활동 분류 필수: 2번 문항 작성 시, 활동 영역을 [수학], [과학], [융합] 중에서 반드시 선택하여 표기해야 합니다. 이는 타 자사고와 구별되는 포철고만의 특징입니다.

## 2. 인재상 및 핵심 가치

- 교육 목표: 자주인, 도덕인, 창의인 (자주, 자립, 창의).
- [입시 키워드]: '수·과학 심화 역량' & '실증적 탐구'
  - ○ 자소서 양식에서 대놓고 수학/과학/융합을 선택하라고 요구합니다. 즉, 인문 계열 지원자라 하더라도 논리적(수학적) 사고력이나 융합적 사고를 보여 주는 것이 유리합니다.
  - ○ 1단계 성적 비중(170점)이 면접(30점)보다 압도적으로 높아 보이지만, 1단계 통과자들의 성적은 조밀하므로 면접 변별력이 상당합니다.

## 3. 필승 공략 전략

### 1) 문항 2번(700자): '수학' 하나, '융합' 하나로 승부하라

- 700자에 2가지 활동을 써야 하므로, 한 활동당 350자 내외입니다. 군더더기 없이 [동기-과정(심화)-결과]만 써야 합니다.
- [전략] 이공계 지망생이라면 활동 1은 [수학], 활동 2는 [과학] 또는 [융합]으로 구성하는 것이 정석입니다. 특히 수학 활동은 단순 문제 풀이가 아니라, '현실 문제를 수학적으로 모델링'한 경험을 쓰십시오.

### 2) 문항 1번(400자): 포스코(POSCO)의 유산을 활용하라

- 학교의 설립 배경인 포스코(철강, 신소재, 에너지)와 관련된 진로를 어필하면 학교의 인재상과 공명할 수 있습니다.
- [전략] 꼭 제철 관련이 아니더라도, '기초 과학의 중요성'이나 '공학적 끈기'를 강조하며 학교의 커리큘럼(R&E, 전문교과)과 연결하십시오.

### 3) 면접(30점): '30점'의 숫자에 속지 마라

- 배점은 작지만, 실제 합불을 가르는 '뒤집기 한 판'입니다.
- [전략] 자소서 2번 문항에 기재한 수/과/융합 활동에 대해 "그 이론의 기본 원리가 무엇인가?", "다른 변수를 적용하면 결과가 어떻게 바뀌는가?" 같은 심층 질문이 나옵니다. 전공 지식을 철저히 방어해야 합니다.

## 4. 면접 대비 핵심

● 영역별 꼬리 질문: 본인이 [수학] 영역으로 체크한 활동에 대해서는 교과서 심화 개념까지 묻습
  니다.
● 공통 질문 2문제(인문, 자연)를 주고 구상 시간을 준 후에 면접실로 이동하여 공통 질문과 개별
  질문에 10~15분 동안 답변을 합니다.
● 서류 진위 확인: 700자라는 짧은 분량 때문에 자소서에 다 담지 못한 '구체적인 실험 데이터'나
  '오류 수정 과정'을 면접에서 물어볼 확률이 매우 높습니다.

## [★] 입학사정관의 시선

"포항제철고는 자소서 양식에서부터 '당신의 수학, 과학적 무기는 무엇입니까?'라고 묻고 있습니
다. 2번 문항에서 [수학], [과학], [융합] 중 무엇을 선택했는지가 첫인상을 결정합니다. 남들 다 하
는 뻔한 실험 말고, 자신만의 호기심을 수학적 도구로 증명해 낸 학생을 선발합니다."

## [9] 광양제철고등학교 전형 분석

Theme: "제철(製鐵)보국의 정신을 잇는, 가슴 따뜻한 '창의적 융합 인재'"

## 1. 전형 기본 정보

● 학교 유형: 전국 단위 자율형 사립고 (전남 광양시 소재/남녀공학).
● 전형 단계
  ○ 1단계: 내신 성적(160점) + 출결(감점) → 1.5~2배수 선발.
  ○ 2단계: 1단계 성적(160점) + 면접(40점) → 최종 선발.
● 자소서 규격: 총 1,500자 (띄어쓰기 제외).
  ○ [자기주도학습 영역] (1,200자)
  1. 지원동기 및 진로계획.
  2. 자기주도학습 과정 (목표-계획-실행-평가).
  3. 독서 활동 (삶에 끼친 영향).

○ [인성 영역] (300자): 배려, 나눔, 협력, 타인 존중, 규칙 준수 사례.

● 특이사항

○ 수학 비중 압도적: 1단계 내신 반영 비율에서 수학이 30%로 가장 높고, 국어(25%), 영어(20%), 과학(15%), 사회(10%) 순입니다.

○ 독서의 명시화: 자소서 자기주도학습 영역에 '독서 활동'이 별도 항목으로 명시되어 있어, 독서가 평가의 핵심 요소임을 보여 줍니다.


## 2. 인재상 및 핵심 가치

● 교육 목표: 자율(Autonomy), 창의(Creativity), 인성(Personality)을 갖춘 따뜻한 지성인.

● [입시 키워드]: '수리적 논리성' & '독서의 내면화'

○ 수리·과학 역량: 포스코 그룹의 이공계 기반을 배경으로 하기에, 수학과 과학에 대한 심도 있는 탐구 능력을 선호합니다.

○ 독서 능력: 단순한 다독(Quantity)보다는 한 권을 읽더라도 자신의 가치관이나 진로에 어떤 구체적인 변화(Impact)를 주었는지 서술해야 합니다.


## 3. 필승 공략 전략

### 1) 1단계: '수학'에 사활을 걸어라

● 광양제철고 내신 산출에서 수학은 30%의 비중을 차지합니다.

● [전략] 1단계 커트라인 근처에서는 수학 성적이 당락을 가릅니다. 자소서에서도 본인의 수학적 사고력이나 문제 해결 과정을 은연중에 드러내는 것이 유리합니다.


### 2) 자소서(1,200자): '독서'를 '연결 고리'로 사용하라

● 1,200자 안에 지원동기, 학습과정, 독서를 모두 넣어야 합니다. 이 세 가지가 따로 놀면 안 됩니다.

● [전략] [호기심 발생(학습) → 심화 탐구(학습) → 한계 봉착 → 독서를 통한 해답 발견 → 진로 구체화]의 흐름으로 구성하여, 독서가 학습의 도구이자 성장 동력이었음을 보여 주십시오.

3) 인성(300자): '임팩트' 있는 한 장면

- 300자는 매우 짧습니다. 상황 설명하느라 분량을 낭비하지 마십시오.
- [전략] "갈등 상황→ 나의 행동 → 결과 및 깨달음"을 군더더기 없이 기술하되, 착한 행동보다는
  '공동체의 문제를 해결한 리더십'이나 '원칙을 지킨 소신'을 보여 주는 것이 좋습니다.

## 4. 면접 대비 핵심

- 서류 기반 심층 면접: 자소서에 작성한 탐구 활동의 원리, 독서 내용의 핵심 및 저자의 의도, 그
  리고 그것이 지원자의 삶에 미친 영향을 꼼꼼하게 묻습니다.
- 공통 문항: 창의적 사고력을 묻는 문항이 출제될 수 있으므로, 평소 사회 현상이나 과학적 이슈
  에 대해 논리적으로 말하는 연습이 필요합니다.

## [★] 입학사정관의 시선

"광양제철고는 '기본기가 탄탄한 학생'을 선호합니다. 화려한 선행 학습보다는 교과 과정 내 심화
탐구를 통해 다져진 수학적 논리력과, 독서를 통해 길러진 인문학적 소양이 조화를 이룰 때 합격의
문이 열립니다. 특히 독서 영역은 여러분의 '생각의 깊이'를 측정하는 척도이니, 베스트셀러를 피하
고 '진짜 나를 바꾼 책'을 이야기하십시오."

## [10] 현대청운고등학교 전형 분석

Theme: "불굴의 의지와 창의적 사고로 도전하는 '현대판 정주영'"

## 1. 전형 기본 정보

- 학교 유형: 전국 단위 자율형 사립고 (울산광역시 소재/남녀공학).
- 전형 단계
  - 1단계: 교과성적(200점) + 출결(감점) → 2배수 내외 선발.
  - 2단계: 서류평가(30점) + 면접평가(70점) → 최종 선발.
- 자소서 규격: 총 1,500자 (띄어쓰기 제외).

○ [문항 1-1] 진로 및 학습: 지원동기, 활동계획, 자기주도적 학습경험 (800자).

○ [문항 1-2] 건학이념: 지원자가 생각하는 '정주영 정신' (200자).

○ [문항 2] 인성: 배려, 나눔, 협력, 타인존중, 규칙준수 등 (500자).

## 2. 인재상 및 핵심 가치

● 교육 목표: 창조적 실천인, 건전한 인격인, 능동적 세계인.

● [입시 키워드]: '정주영 정신' & '압도적 면접 역량'

○ 정주영 정신: "이봐, 해 봤어?"로 대표되는 불굴의 도전정신과 창의적 사고를 구체적으로 요구합니다. 자소서 1-2번 문항이 이를 증명합니다.

○ 학업 역량: 이공계우수인재전형을 별도로 둘 만큼 수·과학 심화 역량을 갖춘 학생을 선호하지만, 면접에서는 인문/사회/수리 통합형 제시문이 출제되기도 합니다.

## 3. 필승 공략 전략

### 1) 1-2번(200자): '어록'을 앵무새처럼 읊지 마라

● 200자는 매우 짧습니다. 정주영 회장의 업적을 나열하거나 "할 수 있다"는 구호만 외치면 탈락입니다.

● [전략] 자신의 삶에서 겪었던 '가장 큰 실패나 난관'을 언급하고, 그것을 '어떤 마음가짐(창의성 or 끈기)'으로 극복했는지를 정주영 정신과 연결하여 정의하십시오.

● (예: "저에게 정주영 정신은 '99번의 실패를 1번의 성공을 위한 데이터로 보는 것'입니다.")

### 2) 2단계 면접(70점): 당락은 여기서 결정된다

● 서류평가(30점)보다 면접(70점) 비중이 2배 이상 높습니다. 서류가 완벽해도 면접을 못 보면 뒤집힙니다.

● [전략] '별도의 제시문'을 활용할 수 있다고 명시되어 있습니다. 생활기록부 확인 면접뿐만 아니라, 논리적 사고력과 창의적 문제해결력을 묻는 공통 문항에 대비해야 합니다.

3) 1-1번(800자): '학습의 깊이'를 증명하라

● 가장 큰 성취감을 느꼈던 학습 경험을 묻습니다.

● [전략] 교과서 내용을 심화시켜 '꼬리에 꼬리를 무는 탐구'를 보여 주십시오. 단순 성적 향상기가 아니라, 지적 호기심을 해결하기 위해 논문을 찾아보거나, 실험을 설계하거나, 코딩으로 구현해 본 '자기주도적 액션'이 필수입니다.

## 4. 면접 대비 핵심

● 제시문 면접: 사회적 이슈나 윤리적 딜레마, 혹은 수리적 논리력을 요하는 제시문을 읽고 자신의 생각을 논리적으로 말하는 연습이 필요합니다.

● 진위 여부 확인: 자소서에 쓴 '정주영 정신'과 실제 학생의 태도가 일치하는지, 기숙사 생활(전원 기숙사)에서 발생할 갈등을 어떻게 해결할지 묻습니다.

## [★] 입학사정관의 시선

"현대청운고는 '온실 속의 화초'보다는 '비바람을 이겨낸 야생화'를 원합니다.

1-2번 문항에서 여러분이 정의한 '정주영 정신'이 1-1번의 학습 과정과 2번의 인성 영역에서 실제 행동으로 증명되고 있는지 봅니다. 면접 점수가 70점이라는 것은, 말만 잘하는 학생이 아니라 '생각의 힘'이 단단한 학생을 뽑겠다는 강력한 의지입니다."

## [유형 6] 광역 단위 자사고

### [1] 세화고등학교 전형 분석

Theme: "실력과 인성, 그리고 건강한 신체를 갖춘 '자율형 창의 인재'"

## 1. 전형 기본 정보

● 학교 유형: 광역 단위 자율형 사립고 (서울 서초구 소재/남자고등학교).

- **전형 단계**
  - 1단계: 추첨으로 1.5배수 선발 (성적 제한 없음).
    - 단, 지원율에 따라 면접 생략 가능 (*100% 이하 전원 합격, 120% 이하 면접 생략 추첨, 150% 이하 추첨 생략 면접*).
  - 2단계: 면접(100점)으로 최종 선발.
- **자소서 규격**: 총 1,200자 (띄어쓰기 제외/4개 영역 통합).
  - [교양인] 지원동기 및 진로계획 (25점).
  - [실력인] 자기주도학습 과정 (25점).
  - [봉사인] 배려·나눔 실천 경험 (25점).
  - [건강인] 건강한 삶의 주도적 관리 경험 (25점).
- **특이사항**
  - 성적 미반영: 1단계가 '성적 제한 없는 추첨'이므로, 내신 성적보다 '운(추첨)'과 '면접(자소서)'이 합격의 열쇠입니다.
  - '건강인' 문항: 타 자사고에는 없는 세화고만의 고유 문항으로, 신체적/정신적 건강 관리 능력을 묻습니다.


## 2. 인재상 및 핵심 가치

- **교육 목표**: 교양인, 실력인, 봉사인, 건강인 육성.
- **[입시 키워드]**: '구체적 진로 로드맵' & '자기 관리 능력'
  - 진로 구체성: 자소서 1번(교양인)에서 학교 건학이념과 연계하여 왜 세화고여야만 하는지를 명확히 밝혀야 합니다.
  - 자기 관리: '건강인' 항목을 통해 학업 스트레스를 스스로 조절하고, 체력을 관리할 줄 아는 '단단한 내면'을 가진 학생을 원합니다.


## 3. 필승 공략 전략

### 1) [건강인] 영역: '운동' 그 이상을 보여라

- 단순히 "축구를 좋아해서 체력을 길렀다"는 1차원적 서술은 피하십시오.

● [전략] 운동이나 취미 활동을 통해 '스트레스 관리 능력', '슬럼프 극복 의지', '규칙적인 생활 습관'
을 길렀음을 보여 주며, 이것이 곧 '학업 지구력'으로 연결됨을 강조하십시오.

### 2) [실력인] 영역: '사교육' 냄새를 지워라

● 요강에 "사교육의 도움이 아닌 자기주도적 학습"이라고 명시되어 있습니다.
● [전략] 학원 선행학습 이야기는 절대 금물입니다. "혼자 공부하다가 막혔을 때 어떻게 해결했는
지(교과서 정독, 선생님 질문, 관련 도서 탐독 등)" 그 치열한 '고군분투기'를 쓰십시오.

### 3) 면접(100점): '생기부'와 '자소서'의 일치성

● 세화고 면접은 '개별 질문' 중심입니다. 자소서와 생기부 내용을 완벽하게 숙지해야 합니다.
● [전략] 자소서에 쓴 활동이 생기부의 어느 부분(세특, 동아리, 행특)에 근거하고 있는지 '연결 고
리'를 찾아 두고, 예상 질문을 만들어 답변하는 연습을 하십시오.

## 4. 면접 대비 핵심

● 개별 맞춤형 질문: "자소서에 쓴 ○○ 실험에서 가장 어려웠던 점은?", "건강 관리법으로 조깅을
썼는데, 구체적으로 언제 얼마나 했나?" 등 '진위 확인'과 '구체성'을 파고듭니다.
● 인성 검증: 남학교 특성상 친구 관계나 단체 생활에서의 갈등 해결 능력을 중요하게 봅니다.

## [★] 입학사정관의 시선

"세화고는 '스스로 공부할 줄 아는 건강한 학생'을 뽑습니다.

내신 성적은 보지 않습니다. 오로지 면접과 자소서로 승부합니다. 특히 '건강인' 항목은 세화고가
얼마나 학생의 '기초 체력'과 '멘탈 관리'를 중요하게 여기는지 보여 줍니다. 공부만 잘하는 약골보
다는, 운동장에서 땀 흘리고 다시 책상에 앉을 수 있는 '에너지 넘치는 학생'을 원합니다."

## [사례] 공학·IT 계열: "코딩으로 세상을 최적화하고, 러닝으로 나를 최적화하는 '알고리즘 설계자'"

● 희망 진로: 소프트웨어 엔지니어/AI 개발자

● 핵심 전략: '실력인'에서 코딩 역량을, '건강인'에서 꾸준한 러닝(달리기)을 통한 자기 조절 능력을 강조.

## 나의 꿈과 끼, 인성 (1,200자)

### 1. 교양인 (지원동기 및 진로계획)

"세상을 버그 없이, 최적화된 코드로 만들다"

어릴 적부터 복잡한 문제를 가장 효율적인 코드로 해결하는 프로그래밍의 매력에 빠졌습니다. 세화고의 '정보 영재 학급'과 심화된 수리·과학 커리큘럼은 저의 알고리즘 설계 능력을 극대화할 최적의 환경이라 확신하여 지원했습니다. 입학 후 코딩 동아리 'S-Code'를 만들어 교내 급식 잔반 데이터를 분석해 잔반을 줄이는 AI 모델을 개발하고 싶습니다. 졸업 후에는 인공지능 윤리를 고려한 알고리즘을 개발하여, 기술이 인간을 소외시키지 않고 돕는 세상을 만드는 따뜻한 소프트웨어 엔지니어가 되겠습니다.

### 2. 실력인 (자기주도학습 과정)

"오답 노트가 아닌 '오답 코드'를 만들다"

수학 문제를 풀 때, 단순히 답을 맞히는 것에 그치지 않고 풀이 과정을 코드로 구현해 보는 저만의 학습법을 개발했습니다. '피타고라스 정리'를 파이썬 코드로 짜보며 $a^2 + b^2 = c^2$의 관계를 수많은 난수로 검증했고, 이 과정에서 예외 처리(Exception Handling)의 중요성을 깨달았습니다. 또한, 물리 시간에 배운 '등가속도 운동'을 게임 엔진(Unity)에서 시뮬레이션해 보며, 마찰 계수 변수에 따라 물체의 움직임이 어떻게 달라지는지 눈으로 확인했습니다. 교과서의 이론을 코드로 변환하며 추상적인 지식을 구체적인 논리로 체화하는 과정은 저에게 '진짜 실력'을 만들어 주었습니다.

### 3. 봉사인 (배려·나눔 실천)

"지식의 오픈소스, 나눌수록 커지다"

교내 코딩 멘토링 봉사단장으로서, 코딩을 어려워하는 후배들을 도왔습니다. 한 후배가 "변수와 함수가 헷갈린다"며 포기하려 할 때, 저는 정답을 알려 주는 대신 후배가 좋아하는 '요리'를 예로 들어 설명해 주었습니다. "변수는 재료, 함수는 요리법"이라고 비유하자 후배의 눈이 반짝였습니다. 그 후배가 기말 과제에서 만점을 받았을 때, 나만의 지식을 타인의 언어로 통역해 전달하는 것이 진정한 배려임을 깨달았습니다.

## 4. 건강인 (건강한 삶의 주도적 관리)

"매일 아침 5km, 나를 이기는 습관"

중학교 2학년 때, 급격히 어려워진 수학 성적 때문에 슬럼프가 왔습니다. 무기력함을 이겨 내기 위해 매일 아침 6시에 일어나 5km를 달리기 시작했습니다. 처음에는 숨이 차고 힘들었지만, '딱 전봇대 하나만 더 가자'는 마음으로 버텼습니다.

달리기는 저에게 두 가지를 가르쳐 주었습니다. 첫째, '심폐지구력'이 곧 '학업 집중력'이라는 사실입니다. 체력이 좋아지자 책상에 오래 앉아 있어도 지치지 않았습니다. 둘째, '작은 성취의 힘'입니다. 매일 아침 완주하는 성취감은 "수학 문제도 풀 수 있다"는 자신감으로 이어졌고, 결국 성적 향상이라는 결과를 만들었습니다. 세화고에서도 '아침 러닝'을 계속하며, 어떤 난관에도 지치지 않는 강인한 체력과 정신력을 유지하겠습니다.

**[★] 입학사정관의 선택: "세화고가 찾는 '건강한 지성인'의 표본이다"**

1. **[문항 의도의 정확한 파악]**: 세화고만의 독특한 문항인 '건강인' 영역에서, 단순한 운동(러닝)을 '학업 슬럼프 극복'과 '자기 조절 능력'으로 연결한 논리가 매우 탁월합니다.

2. **[실력의 구체화]**: [실력인] 영역에서 수학/물리 개념을 '코딩'으로 구현해 본 학습법은, 사교육이 만들어 줄 수 없는 지원자만의 '자기주도적 심화 역량'을 확실하게 증명합니다.

3. **[개별 질문 유도]**: "요리로 비유한 코딩 설명"이나 "5km 러닝의 구체적 변화" 등은 면접관이 호기심을 갖고 질문을 던지게 만드는 매력적인 소재들입니다.

## [2] 휘문고등학교 전형 분석

Theme: "짧고 굵게 증명하라, 실력으로 압도하는 '큰 사람(Big Man)'"

## 1. 전형 기본 정보

● 학교 유형: 광역 단위 자율형 사립고 (서울 강남구 대치동 소재/남자고등학교).

- 전형 단계

  ○ 1단계: 추첨으로 1.5배수 선발 (성적 제한 없음).

  ○ 2단계: 면접(100점)으로 최종 선발.

- 자소서 규격: 총 1,200자 (띄어쓰기 제외/통합 문항).

  ○ [구성]: ① 자기주도학습 과정, ② 진로계획 및 지원동기(건학이념 연계), ③ 인성(활동 실적 및 느낀 점).

  ○ 특이사항: 1,200자 안에 학습, 진로, 인성을 모두 담아야 하므로 글자 수 압박이 심합니다.

- 면접 방식: 개별 2문항, 총 4분.

  ○ 질문당 답변 시간이 2분입니다. 서론-본론-결론을 갖춘 답변 능력이 필수입니다.

## 2. 인재상 및 핵심 가치

- 교육 목표: '큰 사람(Big Man)' 육성. (학력 신장, 인성 함양, 창의성 계발).

- [입시 키워드]: '탁월한 학업 역량' & '직관적 논리성'

  ○ 탁월한 학업 역량: 교육 특구(대치동)의 중심에 위치한 만큼, 치열한 내신 경쟁을 견뎌 낼 수 있는 탄탄한 기초 학업 역량을 최우선으로 봅니다. 특히 이공·의학 계열 진학을 목표로 하는 학생들의 수학/과학 심화 학습 깊이를 중요하게 평가합니다.

  ○ 직관적 논리성: 4분이라는 짧은 면접 시간은 학생의 언변보다는 '생각의 정수(Essence)'를 보겠다는 의도입니다. 장황한 배경 설명보다는, 핵심을 꿰뚫는 명료한 답변 능력과 두괄식 논리 전개가 합격의 열쇠입니다.

## 3. 필승 공략 전략

1) 자소서(1,200자): '군더더기'를 제거하라

- 학습(500자), 진로/동기(350자), 인성(350자) 정도의 황금 비율을 추천합니다.

- [전략] "계기가 되었습니다", "노력했습니다" 같은 뻔한 서술어를 줄이고, '활동명', '이론명', '결과 수치' 등 팩트 위주로 채워야 면접관의 눈길을 끕니다.

2) 학습 과정: '남학교' 특유의 '덕후 기질'을 보여라

● 휘문고는 한 분야에 미친 듯이 파고드는 '덕후'를 좋아합니다.

● [전략] 단순히 전 과목을 잘하는 모범생보다는, '운동 역학을 분석하는 스포츠 의학도'나 '주식 시장을 모델링하는 수학도'처럼 뚜렷한 색깔을 보여 주십시오.


3) 면접(4분): 자소서는 '질문 유도용 미끼'다

● 4분 동안 생기부 전체를 검증할 수 없습니다. 면접관은 자소서에 적힌 '가장 궁금한 키워드' 2개를 찍어 물어볼 것입니다.

● [전략] 자소서에 자신이 가장 자신 있는 심화 활동(예: 베르누이 정리 증명, 의료 데이터 분석 등)을 배치하여 질문을 유도해야 합니다.


## 4. 면접 대비 핵심

● 타임 어택: 답변이 길어지면 면접관이 말을 끊습니다. "결론은 ○○입니다. 그 이유는~" 화법이 필수입니다.

● 개별 문항 올인: 공통 질문 없이, 학생이 제출한 서류(자소서/생기부) 기반으로만 2문항이 나옵니다. 자소서에 쓴 내용은 대학 전공 서적 수준까지 방어 논리를 준비해야 합니다.


## [★] 입학사정관의 시선

"휘문고 입시는 '4분의 승부'입니다. 1,200자의 자소서는 면접관에게 '나에게 이것을 물어보세요'라고 건네는 초대장과 같습니다. 화려한 미사여구는 필요 없습니다. 남학교 특유의 '직관적이고 힘 있는 문체'로 여러분의 '학문적 호기심'과 '실력'을 증명하십시오."


## [사례] 의학·공학 융합형: "인체라는 정교한 기계를 분석하는 '스포츠 의공학자'"


● 희망 진로: 정형외과 의사/재활 공학 전문가

● 핵심 전략: 남학교에서 선호하는 '스포츠(축구)' 소재와 '의학/물리' 지식을 결합하여 차별화.

## 나의 꿈과 끼, 인성 (1,200자)

### 1. 자기주도학습 과정: 십자인대 파열, 물리학으로 해석하다

축구 동아리 활동 중 친구가 '전방십자인대 파열' 부상을 당하는 것을 보고, 부상의 원인을 과학적으로 규명하고 싶었습니다. 이를 위해 생명과학 교과서의 골격근 구조와 물리 교과의 '돌림힘(Torque)' 개념을 연결하여 탐구했습니다. 무릎 관절을 지렛대 모델로 도식화하고, 급격한 방향 전환 시 무릎에 가해지는 회전력을 계산해 보았습니다. 친구의 부상 당시 영상과 논문 데이터를 대입해 본 결과, 스터드(축구화 뽕)와 잔디 사이의 마찰력이 과도할 때 발생하는 비틀림 모멘트가 인대 인장 강도를 초과함을 확인했습니다. 이를 바탕으로 '부상 방지를 위한 최적의 스터드 형태'에 대한 보고서를 작성했습니다. 교과 지식이 실제 인체의 움직임을 해석하는 강력한 도구임을 깨닫고, 의학에 공학적 원리를 접목하는 '의공학'의 매력에 빠졌습니다.

### 2. 진로계획 및 지원동기: 휘문의 르네상스인을 꿈꾸며

휘문고의 건학 이념인 '사람을 크게 키운다'는 것은, 한 분야의 전문가이면서도 타 분야를 포용하는 융합 인재를 의미한다고 생각합니다. 휘문고의 '의학 논술 동아리'와 심화 과학 커리큘럼은 저의 융합적 사고를 의학적 전문성으로 발전시킬 최적의 토양입니다. 입학 후 '인체 역학 탐구반'을 만들어 3D 프린팅으로 맞춤형 재활 보조기를 제작해 보고 싶습니다. 졸업 후에는 의공학을 전공하여, 선수들의 부상을 예방하고 일반인들의 재활을 돕는 스마트 웨어러블 기기를 개발하는 의사과학자가 되겠습니다.

### 3. 인성 영역: 주장이 아닌 '데이터'로 설득하다

학급 체육대회 축구 예선전 엔트리를 짤 때, 서로 공격수를 하겠다고 나서는 바람에 갈등이 생겼습니다. 체육부장으로서 저는 감정적인 중재 대신 '데이터 기반 선발전'을 제안했습니다. 점심시간마다 슈팅 유효율, 50m 달리기 기록, 패스 성공 횟수를 측정하여 엑셀로 정리했습니다. 객관적인 수치를 보여 주며 "너는 스피드가 빠르니 윙어가 좋겠다", "너는 패스 정확도가 높으니 미드필더가 적합하다"고 배분했습니다. 친구들은 데이터에 승복했고, 각자 장점에 맞는 포지션에서 활약하여 우승을 차지했습니다. 리더십은 큰 목소리가 아니라, 모두가 납득할 수 있는 '합리적 기준'을 제시하는 데서 나온다는 것을 배웠습니다.

**[★] 입학사정관의 선택: "짧은 시간 안에 '의학적 소양'과 '리더십'을 강렬하게 각인시켰다"**

1. [소재의 적합성]: '축구 부상'이라는 남학생다운 소재를 '돌림힘(Torque)'과 '인장 강도'라는 학술적 개념으로 풀어내어, 의대 진학을 목표로 하는 학생의 기초 과학 역량을 효과적으로 드러냈습니다.

2. [면접 유도형 서술]: "최적의 스터드 형태가 무엇인가?", "데이터 기반 선발전의 구체적 지표는 무엇이었나?" 등 면접관이 4분이라는 짧은 시간 동안 질문하기 딱 좋은 '구체적 떡밥'을 잘 배치했습니다.

3. [합리적 인성]: 갈등 상황에서 감정이 아닌 '데이터(Data)'로 문제를 해결한 모습은, 휘문고가 선호하는 '이성적이고 합리적인 리더십'의 전형입니다.


## [3] 중동고등학교 전형 분석


Theme: "100년 역사의 자부심, 스스로 알을 깨고 나오는 '자율적 리더'"


### 1. 전형 기본 정보

● 학교 유형: 광역 단위 자율형 사립고 (서울 강남구 일원동 소재/남자고등학교).

● 전형 단계

  ○ 1단계: 추첨으로 1.5배수 선발 (성적 제한 없음).

  ○ 2단계: 면접(100점)으로 최종 선발.

● 자소서 규격: 총 1,200자 (띄어쓰기 제외/통합 문항).

  ○ [단일 문항]: 꿈과 끼(자기주도학습 + 지원동기 + 진로계획) + 인성(활동 + 느낀 점).

  ○ 전략적 분량 배분: 항목별 글자 수 제한이 없으므로, [학습 800자 : 인성 400자] 구성을 추천합니다. 중동고는 공통질문에서 학업 및 진로와 연계된 심층 질문 비중이 높기 때문에, 학습 영역에 더 많은 지면을 할애하여 면접 답변의 근거를 마련해 두는 것이 효율적입니다.

● 면접 방식: 공통질문 2개 + 개별질문 2개 (총 5분).

  ○ 주의: 개별 질문이 단 2개뿐이므로, 자소서에 면접관이 반드시 물어볼 수밖에 없는 '매력적인 키워드(Killer Content)'를 심어야 합니다.

## 2. 인재상 및 핵심 가치

● 교육 목표: 창의적 지성인, 정의로운 시민, 자율적 세계인.

● [입시 키워드]: '회복 탄력성(Resilience)' & '논리적 문제해결력'

  ○ 실수와 극복: 중동고 면접 기출(실수, 후회 등)을 보면, 완벽해 보이는 학생보다는 자신의 부족함을 인정하고 이를 극복해 낸 단단한 내면을 가진 학생을 선호합니다.

  ○ 논리적 접근: 감정적인 호소보다는 인과관계가 명확한 논리적 해결책을 제시하는 학생을 높게 평가합니다.


## 3. 필승 공략 전략

### 1) 자소서(1,200자): '실패'를 '자산'으로 기록하라

● 성공한 경험만 나열하면 면접에서 할 말이 없어집니다.

● [전략] 학습 과정이나 동아리 활동에서 겪었던 구체적인 시행착오(오류, 실패, 갈등)를 기록하고, 그것을 어떻게 기술적/정신적으로 극복했는지를 상세히 적으십시오. 이것이 면접관이 가장 듣고 싶어 하는 이야기입니다.


### 2) 인성 영역: '감성'보다 '논리'로 승부하라

● 중동고 면접은 감정적 호소보다 논리적 해결책을 선호합니다.

● [전략] 친구의 잘못을 무조건 감싸 주거나 대신해 주는 '착한 리더십'보다는, 그 친구의 특성을 파악해 적절한 역할을 찾아 주는(적재적소) 등 현실적이고 전략적인 문제 해결 능력을 보여 주십시오.


### 3) 면접(5분): '두괄식'이 합격을 부른다

● 4문항을 5분 안에 소화해야 하므로 답변 시간은 1분 남짓입니다.

● [전략] 서론을 길게 말하면 중간에 끊깁니다. 질문을 받자마자 "결론은 ○○입니다. 그 이유는~"으로 시작하는 속도감 있는 답변 훈련이 필수입니다.


## 4. 면접 대비 핵심

● 공통 질문 대비: "왜 다른 학교가 아닌 중동고인가?"라는 질문에 대비해, 학교의 건학이념 및 교

육 목표, 인재상 그리고 특화 프로그램(S-Line, 인문학 특강 등)을 본인의 진로와 연결해 구체적으로 답변해야 합니다.

● 진로 구체성: "입학 후 꿈을 이루기 위해 어떤 노력을 할 것인가?"라는 질문에는 자소서에 쓴 내용보다 한 단계 더 들어간 실행 계획(읽을 책 제목, 만들 동아리 이름 등)을 준비해야 합니다.

## [★] 입학사정관의 시선

"중동고는 '위기에 강한 학생'을 원합니다. 1단계가 추첨인 만큼, 2단계 면접에서는 학생의 '내공'을 검증하려 합니다. '실수'나 '후회'를 묻는 것은 그 학생의 '회복 탄력성'을 보겠다는 뜻입니다. 자소서에서 너무 완벽해 보이려 애쓰지 말고, 치열하게 고민하고 깨지며 성장한 흔적을 솔직하게 보여 주십시오."

## [사례] 공학 · 로봇 계열: "오류(Error)를 데이터로 치환하여 성장하는 '로봇 시스템 설계자'"

● 희망 진로: 로봇 공학자/시스템 엔지니어
● 핵심 전략: 면접 기출(실수/후회, 불성실한 친구)을 자소서 소재로 활용하여 면접과의 연계성 강화.

## 나의 꿈과 끼, 인성 (1,200자)

### 1. 자기주도학습: 자율주행, 센서의 오차를 수학으로 잡다

로봇 동아리에서 '라인 트레이서(Line Tracer)'를 제작할 때, 로봇이 곡선 구간에서 경로를 이탈하는 문제가 반복되었습니다. 처음에는 모터 성능 문제라 생각하고 고성능 모터로 무작정 교체했지만, 문제는 해결되지 않았습니다. 이는 저의 '가장 뼈아픈 실수'였습니다. 하드웨어 스펙만 믿고 소프트웨어적 제어를 간과했기 때문입니다. 원인을 처음부터 다시 분석한 결과, 적외선 센서의 반응 속도와 모터 출력 간의 미세한 시차(Time-lag) 때문임을 알게 되었습니다. 이를 해결하기 위해 수학 시간에 배운 미분 개념을 적용한 'PID 제어(비례-적분-미분 제어)' 알고리즘을 독학했습니다. 오차(P)뿐만 아니라 오차의 누적값(I)과 변화량(D)을 계산하여 모터 속도를 미세하게 조절하는 코드를 짰습니다. 수십 번의 계수 조절 끝에 로봇이 부드럽게 곡선을 주행하는 것을 보며, 공학은 장비 탓을 하는 것이 아니라 수학적 논리로 문제를 해결하는 과정임을 깨달았습니다. 중동고의 '과학 중점 과정'과 심화 물리 수업을 통해, 하드웨어와 소프트웨어를 아우르는 로봇 시스템 설계자로 성장하고 싶어 지원했습니다.

## 2. 인성: 불성실함이 아니라 '부적합함'이다

교내 '창의력 챔피언 대회' 준비 중, 한 팀원이 아이디어 회의에 계속 늦고 참여가 저조해 팀 분위기가 나빠졌습니다. 다른 친구들은 그를 팀에서 제외하자고 했지만, 저는 리더로서 그 친구를 관찰했습니다. 그 결과 그 친구가 말로 하는 토론은 힘들어하지만, 평소 프라모델 조립처럼 손으로 하는 활동에는 높은 집중력을 보인다는 점을 발견했습니다. 저는 그 친구와 따로 만나 "아이디어 회의 부담은 줄여 줄 테니, 우리가 구상한 구조물을 실제로 만드는 '제작 팀장'을 맡아 달라"고 제안했습니다. 역할이 바뀌자 그 친구는 누구보다 열정적으로 재료를 손질하고 정교한 모형을 만들어 왔습니다. 덕분에 우리 팀은 '가장 완성도 높은 구조물'이라는 평가를 받으며 은상을 수상했습니다. 이 경험을 통해, 공동체 활동에서 '쓸모없는 사람'은 없으며, 리더의 역할은 팀원을 비난하는 것이 아니라 각자의 '장점에 맞는 적절한 역할(R&R)'을 찾아 주는 것임을 배웠습니다.

**[★] 입학사정관의 선택: "면접관이 묻고 싶은 질문에 대한 답이 이미 자소서에 있다"**

1. [약점을 강점으로 승화]: 면접에서 자주 묻는 '실수 경험'을 자소서 소재(모터 교체 실수)로 먼저 제시하고, 이를 PID 제어라는 심화 학습으로 극복한 과정을 보여 줌으로써 '전화위복의 능력'을 증명했습니다.

2. [논리적이고 전략적인 리더십]: 갈등 상황에서 감정적인 호소나 무조건적인 희생이 아니라, '역할 재분배(적재적소)'라는 매우 현실적이고 전략적인 해결책을 제시했습니다. 이는 중동고 면접이 선호하는 '논리적 문제 해결 능력'을 잘 보여 주는 사례입니다.

## [4] 보인고등학교 전형 분석

Theme: "날로 새로워지는 혁신과 바른 인성을 겸비한 '실천적 인재'"

## 1. 전형 기본 정보

● 학교 유형: 광역 단위 자율형 사립고 (서울 송파구 오금동 소재/남자고등학교).

- 전형 단계
    - ○ 1단계: 추첨으로 1.5배수 선발 (성적 제한 없음).
    - ○ 2단계: 면접(100점)으로 최종 선발.
- 자소서 규격: 총 1,200자 (띄어쓰기 제외/통합 문항).
    - ○ [단일 문항]: 꿈과 끼(자기주도학습 + 지원동기 + 진로계획) + 인성(활동 + 느낀 점).
    - ○ 특이사항: 항목별 분량 지정은 없으나, 모든 항목이 포함되어야 함.
- 면접 기출 경향
    - ○ 2024년: 교훈("날로 새롭게") 실천 사례, 생활 규정과 내 생각이 다를 때 대처법.
    - ○ 2023년: 학원 vs. 자습 갈등 상황, 퇴계 이황 일화 해석(양심).
    - ○ 2020년: 비교과 영역 실천 경험, 교훈("바르게 살자, 베풀며 살자") 실천.

## 2. 인재상 및 핵심 가치

- 교훈: 날로 새롭게(日新), 바르게 살자, 베풀며 살자.
- [입시 키워드]: '규범 준수(Integrity)' & '자기 갱신(Self-Renewal)'
    - ○ 엄격한 생활지도: 면접 질문에서 "생활 규정이 자신의 생각과 다를 때"를 묻는 것으로 보아, 학교의 규칙을 존중하고 따를 수 있는 준법정신을 매우 중요하게 봅니다.
    - ○ 성장형 마인드셋: "날로 새롭게"라는 교훈을 지속적으로 강조합니다. 어제보다 나은 오늘을 만들기 위해 노력한 구체적인 개선 경험을 선호합니다.

## 3. 필승 공략 전략

### 1) 자소서에 '교훈'을 녹여라 (Keyword Matching)

- 보인고는 면접에서 대놓고 교훈 실천 사례를 묻습니다.
- [전략] 자소서 학습 과정에는 '날로 새롭게(혁신/개선)'를, 인성 영역에는 '바르게/베풀며 살자(정직/봉사)'를 키워드로 배치하여 면접 답변의 근거를 미리 마련해 두십시오.

### 2) 인성 영역: '딜레마'를 해결하는 '원칙'을 보여라

- 기출문제(학원 vs. 자습, 규칙 vs. 자유)를 보면, 갈등 상황에서 지원자가 어떤 기준을 가지고 선

택하는지를 봅니다.

- [전략] 단순히 착한 행동보다는, "원칙을 지키되(바르게), 친구를 돕는(베풀며) 방법"을 찾아낸 현명한 사례를 쓰십시오.


### 3) 학습 과정: '비교과'의 재발견

- 2019, 2020년 기출에서 '교과 외 비교과 영역'을 물었습니다.
- [전략] 책상 위 공부뿐만 아니라, 동아리, 운동, 독서 등 다양한 활동에서 배운 점을 어필하여 '폭넓은 소양'을 갖춘 인재임을 증명하십시오.


## 4. 면접 대비 핵심

- 가치관 검증: "퇴계 선생이 밤을 돌려준 이유" 같은 질문은 정답이 없습니다. 본인의 도덕적 기준을 논리적으로 설명해야 합니다.
- 압박 질문 방어: "학교 규정이 너무 엄격하다면 어떻게 할 것인가?"라는 질문에 감정적으로 반발하기보다, "규칙의 존재 이유를 먼저 생각하고, 건의 절차를 따르겠다"는 식의 성숙한 답변을 준비해야 합니다.


## [★] 입학사정관의 시선

"보인고는 '기본이 된 학생'을 원합니다. 여기서 기본이란 '성실함'과 '정직함'입니다. 1단계가 추첨이기에 성적보다 인성이 당락을 가를 수 있습니다. 특히 '날로 새롭게'라는 교훈처럼, 안주하지 않고 스스로를 발전시키는 학생, 그리고 엄격한 규칙 속에서도 자신의 색깔을 잃지 않는 단단한 학생을 선발합니다."


## [사례] 공학·에너지 계열: "원칙을 지키며 효율을 혁신하는 '에너지 시스템 엔지니어'"

- 희망 진로: 에너지 공학자/친환경 도시 설계가
- 핵심 전략: 학교 교훈인 '날로 새롭게(학습)'와 '바르게 살자(인성)'를 자소서 전체에 구현.

## 나의 꿈과 끼, 인성 (1,200자)

### 1. 자기주도학습: '날로 새롭게', 에너지 효율을 0.1%씩 높이다

과학 시간에 '에너지 보존 법칙'을 배우며, 버려지는 에너지를 다시 쓸 수는 없을까 고민했습니다. 이를 탐구하기 위해 '압전 소자(Piezoelectric Element)를 이용한 도로 발전 시스템' 모형을 제작했습니다. 초기 모델은 전압 생성량이 미미하여 LED 전구 하나 켜기 힘들었습니다. 포기하지 않고 '날로 새롭게'라는 마음으로 매일 변수를 하나씩 수정했습니다. 압전 소자의 배열을 직렬에서 병렬로 바꾸고, 진동을 증폭시키는 스프링 탄성계수를 조절하며 실험 데이터를 기록했습니다. 3주간의 시행착오 끝에, 소자 위에 가해지는 압력을 분산시키는 '샌드위치 구조'를 고안하여 발전 효율을 15% 이상 높이는 데 성공했습니다. 이 과정에서 공학이란 거창한 발명이 아니라, 어제보다 더 나은 효율을 위해 끊임없이 개선(Update)하는 과정임을 배웠습니다. 보인고의 과학 중점 과정을 통해 물리와 화학적 지식을 융합하여, 미래 도시의 에너지 자립을 돕는 공학자가 되고자 지원했습니다.

### 2. 인성 영역: '바르게'와 '베풀며'의 공존

과학 동아리에서 '투석기 만들기' 대회를 준비할 때, 팀원 한 명이 규정보다 탄성이 강한 고무줄을 몰래 사용하자고 제안했습니다. 우승하고 싶은 마음은 이해했지만, 저는 그것이 옳지 않다고 판단했습니다. 저는 팀원에게 "규정을 어겨서 얻은 1등은 우리 실력이 아니다. 대신 우리가 정정당당하게 이길 수 있는 방법을 찾자"고 설득했습니다. (바르게 살자) 친구가 무안해하지 않도록, 저는 밤을 새워 투석기의 발사 각도와 지렛대 비율을 수학적으로 계산하여 최적의 값을 찾아냈고, 그 데이터를 친구에게 공유하며 제작을 도왔습니다. (베풀며 살자) 결국 우리 팀은 규정 내에서 가장 멀리 날아가는 투석기를 만들어 정정당당하게 우승했습니다. 편법은 지름길 같지만 결국 막다른 길이며, 원칙을 지키며 함께 노력하는 것이 가장 빠른 길임을 깨달았습니다. 입학 후에도 엄격한 생활 규정을 준수하며, 학우들에게 긍정적인 영향을 주는 보인고 일원이 되겠습니다.

### [★] 입학사정관의 선택: "학교의 건학 이념을 학생의 언어로 완벽하게 체화했다"

1. [교훈의 구체적 실현]: 막연히 "열심히 했다"가 아니라, 실험 효율을 높이기 위해 매일 개선한 과정을 '날로 새롭게'와 연결하고, 부정행위의 유혹을 뿌리친 사례를 '바르게 살자'와 연결하여 면접관의 호감을 삽니다.

2. **[기출 문항의 선제적 방어]**: 2024년 기출(생활 규정 갈등)과 2023년 기출(양심)에 대한 답을 자소서 인성 파트(규정 준수와 설득)에 미리 제시함으로써, 면접에서 주도권을 잡을 수 있게 설계되었습니다.

3. **[균형 잡힌 인재상]**: 공학적 탐구 능력(지성)과 도덕적 용기(인성)를 균형 있게 보여 주어, 보인고가 찾는 '믿을 수 있는 리더'의 자질을 증명했습니다.

## [5] 배재고등학교 전형 분석

Theme: "섬김의 자세로 세상을 이끄는, 140년 전통의 '크고 바른 인재'"

## 1. 전형 기본 정보

● 학교 유형: 광역 단위 자율형 사립고 (서울 강동구 고덕동 소재/남자고등학교).

● 전형 단계

  ○ 1단계: 추첨으로 1.5배수 선발 (성적 제한 없음).

  ○ 2단계: 면접(100점)으로 최종 선발.

● 자소서 규격: 총 1,200자 (띄어쓰기 제외/통합 문항).

  ○ [단일 문항]: 꿈과 끼(자기주도학습 + 지원동기 + 진로계획) + 인성(활동 + 느낀 점).

  ○ 특이사항: 항목별 글자 수 제한이 없으므로, 지원자가 전략적으로 비중을 조절해야 합니다. (학습 700~800자, 인성 500~400자 추천).

● 면접 방식: 개별 2문항, 총 4분.

  ○ 공통 질문이 없으므로, 자소서에 쓴 내용이 면접 질문의 100%를 결정합니다. 질문을 유도하는 '미끼'를 잘 심어야 합니다.

## 2. 인재상 및 핵심 가치

● 교육 목표: '욕위대자 당위인역(欲爲大者 當爲人役)' (크고자 하거든 남을 섬기라).

● [입시 키워드]: '섬김의 리더십(Servant Leadership)' & '전인적 성장'

  ○ 섬김: 단순한 리더십이 아니라, 남을 돕고 희생하는 '서번트 리더십'을 가장 중요한 가치로 여

깁니다. 자소서 인성 영역에서 이 부분이 강조되어야 합니다.

○ **전통과 자부심**: 배재학당의 오랜 역사에 대한 이해와 자부심을 보여 주는 것이 좋습니다.

## 3. 필승 공략 전략

**1) 인성 영역: '봉사'를 넘어선 '섬김'을 보여라**

● 배재고의 핵심 가치인 '섬김'을 보여 주기 위해, 화려한 스펙보다는 꾸준하고 진정성 있는 봉사 활동이나 공동체를 위해 궂은일을 도맡은 경험을 쓰십시오.

● [전략] "리더로서 지시했다"는 내용보다, "가장 힘든 일을 먼저 했다"거나 "소외된 친구를 챙겼다"는 에피소드가 합격률을 높입니다.

**2) 학습 과정: '남학교' 감성의 '뚝심'을 보여라**

● 화려한 탐구보다는, 한 가지 주제를 끈기 있게 파고든(Grit) 경험을 선호합니다.

● [전략] 수학 문제 하나를 풀기 위해 일주일간 고민했거나, 실험 실패를 딛고 끝까지 성공시킨 '집요함'을 강조하십시오.

**3) 면접(4분): 답변은 '30초' 단위로 끊어라**

● 4분 동안 2문항을 하므로, 답변 하나당 1분 30초 내외입니다. 꼬리 질문까지 고려하면 핵심만 1분 정도도 말하는 연습이 필요합니다.

● [전략] 자소서에 쓴 활동의 '동기-과정-결과'를 3문장으로 요약해서 말하는 훈련을 하십시오.

## 4. 면접 대비 핵심

● **자기주도학습 검증**: "자소서에 쓴 ○○ 활동에서 본인의 역할은 구체적으로 무엇이었나?"와 같이 기여도를 묻는 질문이 많습니다.

● **인성 심층 질문**: "배재고의 교훈(욕위대자 당위인역)을 실생활에서 어떻게 실천할 것인가?"와 같은 가치관 질문에 대비해야 합니다.

## [★] 입학사정관의 시선

"배재고는 '가슴이 따뜻한 남자'를 원합니다. 똑똑하기만 하고 이기적인 학생은 사절합니다. 우리 학교의 교훈인 '섬김'을 이해하고, 공동체를 위해 헌신할 준비가 된 학생을 찾습니다. 자소서 1,200자 안에 여러분의 '땀'과 '정성'이 묻어나도록 작성하십시오."

**[사례] 공학 · 건축 계열: "사람을 위한 공간을 짓는 '휴머니즘 건축가'"**

- **희망 진로**: 친환경 건축가/도시 재생 전문가
- **핵심 전략**: 학교 교훈인 '섬김'을 건축학적 비전(사회적 약자를 위한 건축)과 연결하여 차별화.

## 나의 꿈과 끼, 인성 (1,200자)

### 1. 자기주도학습: 소외된 이웃을 위한 '적정 기술' 건축

기술 시간에 '적정 기술(Appropriate Technology)'을 배우며, 화려한 마천루보다 소외된 이웃을 위한 건축이 더 가치 있음을 깨달았습니다. 이를 구체화하기 위해 '페트병을 활용한 단열재 효율 연구'를 진행했습니다. 건축 폐자재나 저렴한 재료로 냉난방 효율을 높이는 방법을 찾고 싶었습니다. 스티로폼 박스 두 개를 준비하여 한쪽에는 빈 페트병을, 다른 쪽에는 물을 채운 페트병을 채워 넣고 열화상 카메라로 온도 변화를 측정했습니다. 실험 결과, 물의 비열 덕분에 물 채운 페트병이 외부 온도 변화에 더 느리게 반응하여 보온 효과가 20% 이상 높음을 확인했습니다. 이 과정에서 단순히 재료를 쌓는 것이 건축이 아니라, 그 안에 살 사람의 '삶의 질'을 고려하는 과학적 설계가 중요함을 배웠습니다. 또한, 3D 모델링 프로그램(Sketchup)을 독학하여 학교 옥상 정원의 그늘막을 설계해 보며, 태양의 고도에 따른 그림자 변화를 시뮬레이션했습니다. 배재고의 과학 중점 과정을 통해 구조 역학을 심도 있게 배우고, 사람과 환경이 공존하는 '제로 에너지 하우스'를 설계하는 건축가가 되고자 지원했습니다.

### 2. 인성: 땀 흘리는 리더십, '섬김'을 배우다

배재고의 교훈인 '욕위대자 당위인역(크고자 하거든 남을 섬기라)'은 저의 생활신조입니다. 중학교 2학년 때 학급 환경부장을 맡았을 때, 가장 큰 문제는 냄새나는 우유 급식 상자 처리였습니다. 당

번들이 서로 미루는 탓에 교실 뒤편은 항상 지저분했습니다. 저는 친구들을 탓하는 대신, 제가 먼저 매일 아침 남은 우유를 모아 버리고 상자를 씻어 말렸습니다. 처음에는 "왜 사서 고생하냐"던 친구들도, 2주가 지나자 깨끗해진 우유 상자를 보며 미안해하기 시작했습니다. 제가 감기에 걸려 결석한 날, 평소 청소를 싫어하던 친구가 대신 상자를 씻어 놓은 것을 보고 큰 감동을 받았습니다. 말 백 마디보다 '묵묵한 실천' 하나가 사람의 마음을 움직인다는 것을 배웠습니다. 140년 전통의 배재학당에서, 학업뿐만 아니라 럭비나 축구 같은 단체 운동을 통해 동료들과 땀 흘리며 협동하는 법을 배우고, 사회적 약자를 위해 가장 낮은 곳에서 헌신하는 따뜻한 리더로 성장하겠습니다.

**[★] 입학사정관의 선택: "학교의 건학 이념을 완벽하게 이해하고 실천한 인재다"**

1. [교훈의 진정성 있는 체화]: '우유 상자 청소'라는 매우 구체적이고 헌신적인 사례를 통해, 배재고가 추구하는 '섬김의 리더십'을 말이 아닌 행동으로 증명했습니다.

2. [따뜻한 공학도]: 건축이라는 진로를 단순히 건물을 짓는 기술이 아니라, '소외된 이웃을 위한 적정 기술'로 연결하여 인성(섬김)과 지성(건축)의 조화를 보여 주었습니다.

3. [면접 유도]: "물 채운 페트병의 보온 원리가 구체적으로 무엇인가?", "스케치업으로 설계한 그늘막의 특징은?" 등 면접관이 흥미를 가질 만한 탐구 소재를 적절히 배치했습니다.

## [6] 현대고등학교 전형 분석

Theme: "세상의 빛이 되는, 실력과 인성을 겸비한 '글로벌 리더'"

### 1. 전형 기본 정보

● 학교 유형: 광역 단위 자율형 사립고 (서울 강남구 압구정동 소재/남녀공학).

● 전형 단계

　○ 1단계: 추첨으로 1.5배수 선발 (성적 제한 없음).

　○ 2단계: 면접(100점)으로 최종 선발.

● 자소서 규격: 총 1,200자 (띄어쓰기 제외/통합 문항).

　○ [단일 문항]: 꿈과 끼(자기주도학습 + 지원동기 + 진로계획) + 인성(활동 + 느낀 점).

○ *특이사항*: 별도의 문항 구분 없이 1,200자 이내로 통합 작성해야 하므로, [학습 800자: 인성 400자] 정도의 비율 배분이 중요합니다.

## 2. 인재상 및 핵심 가치

● 교육 목표: LUX MUNDI (세상의 빛).

○ 기독교 정신을 바탕으로, 자신의 재능을 통해 세상에 긍정적인 영향을 미치는 인재를 원합니다.

● [입시 키워드]: '학업 심화 역량' & '다양성 존중'

○ 학업 역량: 강남권 자사고 특성상 치열한 내신 경쟁을 버틸 수 있는 단단한 기초 학력을 자소서에서 증명해야 합니다.

○ 다양성: 남녀공학 학교로서 이성 학우와의 협업, 다양한 가치관을 존중하는 개방적인 태도가 중요합니다.

## 3. 필승 공략 전략

### 1) 학습 과정: '결과'보다 '과정의 디테일'

● 1단계가 추첨이므로 성적표는 블라인드 처리됩니다. 자소서에서 본인의 실력을 증명해야 합니다.

● [전략] "수학 100점을 받았다"가 아니라, "오답의 원인이 '개념의 혼동'임을 발견하고, 백지 복습법으로 개념 지도를 그렸다"는 식의 구체적인 학습 노하우를 쓰십시오.

### 2) 지원동기: '왜 현대고인가?'에 답하라

● 현대고는 뚜렷한 목표 의식 없이 진학 실적만 보고 지원하는 학생을 지양하며, 학교에 대한 명확한 이해도를 요구합니다.

● [전략] 단순히 "대학 잘 보내서"가 아니라, 현대고만의 특색 프로그램(학술제, 자율 동아리 등)을 언급하며 나의 성장 가능성과 학교의 환경을 매칭하십시오.

### 3) 인성 영역: '공동체 기여'에 초점

● 현대고의 교훈인 '너희는 세상의 빛이라(LUX MUNDI)'는 자신의 재능으로 공동체에 긍정적인

영향을 미치는 이타적인 인재를 의미합니다.

● [전략] '세상의 빛'이라는 교훈에 맞게, 나 혼자 잘난 것이 아니라 나의 재능으로 친구들을 도운 경험(멘토링, 스터디 그룹 리더 등)을 쓰십시오.

## 4. 면접 대비 핵심

● 생기부 세특 기반 질문: 자소서에 쓰지 않았더라도 생기부 세특에 기록된 탐구 활동에 대해 물어볼 수 있습니다. 본인이 했던 모든 활동의 '동기-과정-결과'를 복기해야 합니다.

● 독서 질문: 자소서에 독서 항목은 없지만, 생기부 독서 목록을 보고 "가장 감명 깊은 책과 그 이유"를 묻는 경우가 많습니다.

## [★] 입학사정관의 시선

"현대고는 '함께 성장할 줄 아는 인재'를 원합니다. 1단계 추첨이라는 운을 뚫고 올라온 만큼, 면접에서는 '나는 운이 좋아서가 아니라, 실력이 있어서 여기 왔다'는 것을 증명해야 합니다. 혼자 공부하는 독불장군보다는, 지식을 나누고 친구들과 협력하여 시너지를 내는 '따뜻한 엘리트'의 모습을 보여 주십시오."

## [7] 세화여자고등학교 전형 분석

Theme: "지성(Logos)과 감성(Pathos), 의지(Votus)를 겸비한 '조화로운 여성 리더'"

## 1. 전형 기본 정보

● 학교 유형: 광역 단위 자율형 사립고 (서울 서초구 반포동 소재/여자고등학교).

● 전형 단계

  ○ 1단계: 추첨으로 1.5배수 선발 (성적 제한 없음).

  ○ 2단계: 면접(100점)으로 최종 선발.

● 자소서 규격: 총 1,200자 (띄어쓰기 제외/통합 문항).

  ○ [구성]: ① 자기주도학습 과정, ② 지원동기 및 진로계획, ③ 인성(활동 실적 및 느낀 점).

○ *특이사항:* 별도의 문항 구분 없이 1,200자 이내로 통합 작성해야 하므로, [학습 700자 : 인성 500자] 정도의 비율 배분이 중요합니다.

## 2. 인재상 및 핵심 가치

- 교육 목표: 자율적이고 창의적인 도덕인 육성.
- [입시 키워드]: '학업적 깊이' & '따뜻한 감성'
  ○ 지성(Logos): 1단계가 추첨인 만큼, 면접에서는 학생의 '진짜 실력'을 검증하려 합니다. 자소서 학습 영역에서 단순한 성적 상승이 아닌 '탐구의 깊이'를 보여 줘야 합니다.
  ○ 감성(Pathos)과 의지(Votus): 장학금 명칭(Logos, Pathos, Votus)에서 알 수 있듯, 학업뿐만 아니라 풍부한 감성과 실천 의지를 갖춘 균형 잡힌 인재를 선호합니다.

## 3. 필승 공략 전략

### 1) 학습 영역: '독서'를 통한 '심화'를 보여라

- 세화여고는 독서 교육을 강조합니다. 학습 과정에서 교과서 내용에 의문을 품고 관련 도서를 찾아 읽으며 개념을 확장한 경험을 쓰면 매우 유리합니다.
- [전략] [교과 의문 → 독서 탐구 → 심화 개념 이해 → 보고서/발표]의 흐름으로 구성하십시오.

### 2) 인성 영역: '공감'과 '배려'의 디테일

- 거창한 봉사보다는, 학교생활 속에서 친구의 어려움을 세심하게 관찰하고 도운 경험이 더 높은 점수를 받습니다.
- [전략] "친구를 도왔다"는 결과보다, "왜 그 친구가 힘들었는지(공감), 그래서 나는 어떤 구체적인 방법으로 다가갔는지(배려)" 그 과정의 섬세함을 보여 주십시오.

## 4. 면접 대비 핵심

- 개별 맞춤형 면접: 공통 질문에 대한 언급이 없으므로, 자소서와 생기부 기록을 바탕으로 학생 개인의 역량을 확인하는 맞춤형 면접이 진행될 확률이 높습니다.
- 꼬리 질문 방어: 자소서에 쓴 활동의 동기, 과정, 결과, 느낀 점을 완벽하게 숙지하고, 진위 여부

를 파고드는 꼬리 질문에 논리적으로 대답할 수 있도록 대비해야 합니다.

## [★] 입학사정관의 시선

"세화여고는 '스스로 빛나는 학생'을 원합니다.

1단계 추첨이라는 운을 뚫고 온 만큼, 면접에서는 '나는 운이 아니라 실력으로 여기에 어울리는 사람'임을 증명해야 합니다. 차가운 지성뿐만 아니라, 타인의 아픔에 공감할 줄 아는 '따뜻한 마음'을 가진 학생을 기다립니다."

## [8] 이화여자고등학교 전형 분석

Theme: "140년 역사의 긍지, 시대를 앞서가는 '자유 · 사랑 · 평화'의 여성 리더"

## 1. 전형 기본 정보

● 학교 유형: 광역 단위 자율형 사립고 (서울 중구 정동 소재/여자고등학교).

● 전형 단계

   ○ 1단계: 추첨으로 1.5배수 선발 (성적 제한 없음).

   ○ 2단계: 면접(100점)으로 최종 선발.

   ○ 특이사항: 지원율이 100% 이하면 전원 합격, 120% 이하면 면접 생략 추첨, 150% 이하면 추첨 생략 면접입니다. 경쟁률에 따라 전형 방식이 유동적입니다.

● 자소서 규격: 총 1,200자 (띄어쓰기 제외/통합 문항).

   ○ [단일 문항]: 꿈과 끼(자기주도학습 + 지원동기 + 진로계획) + 인성(활동 + 느낀 점).

   ○ 구성 전략: 별도 분량 제한이 없으므로, [학습 800자 : 인성 400자] 비율을 추천합니다.

## 2. 인재상 및 핵심 가치

● 교훈: 자유, 사랑, 평화.

● [입시 키워드]: '역사 의식' & '섬김의 리더십'

   ○ 역사적 정통성: 유관순 열사를 배출한 학교이자 한국 여성 교육의 발상지라는 점을 지원동

기에 녹여 내면 매우 유리합니다. 자신이 이화의 정신을 어떻게 계승할 것인지 보여 주십시오.

○ **따뜻한 공동체**: 경쟁보다는 '더불어 사는 삶'을 강조합니다. 나 혼자 잘한 것보다, 친구들과 함께 성장한 이야기를 선호합니다.

## 3. 필승 공략 전략

### 1) 지원동기: '역사'와 '미래'를 연결하라

- 단순히 "캠퍼스가 예뻐서", "대학 잘 가서"라는 이유는 금물입니다.
- [전략] "1886년 스크랜튼 여사가 뿌린 여성 교육의 씨앗을, 21세기에 ○○ 분야의 여성 리더가 되어 꽃피우겠다"는 식의 거시적이고 사명감 있는 포부를 밝히십시오.

### 2) 학습 과정: '인문학적 소양'을 곁들여라

- 이화여고는 인문학적 깊이를 중요하게 여깁니다. 이과 지망생이라도 과학 기술의 윤리적 측면이나 사회적 가치를 고민한 흔적을 보여 주는 것이 좋습니다.

### 3) 인성 영역: '사랑'과 '평화'의 구체적 실천

- 교훈인 '사랑'과 '평화'를 실천한 사례를 쓰십시오. 거창한 봉사가 아니더라도, 교내에서 소외된 친구를 챙기거나(사랑), 갈등을 부드럽게 중재한 경험(평화)이면 충분합니다.

## 4. 면접 대비 핵심

- 서류 기반 진위 확인: 자소서와 생기부에 기록된 활동의 진정성을 집요하게 묻습니다. "그 활동을 하면서 가장 힘들었던 점은?", "그 책을 읽고 본인의 생각이 어떻게 바뀌었는가?" 등을 준비해야 합니다.
- 학교 프로그램 이해도: 이화여고의 특색 프로그램(동아리, 합창 대회, 선교 활동 등)을 미리 파악하고, 자신이 입학 후 어떻게 기여할지 구체적으로 답변해야 합니다.

## [★] 입학사정관의 시선

"이화여고는 '향기 나는 사람'을 원합니다. 똑똑하기만 하고 차가운 학생보다는, 다소 투박하더라도 가

숲속에 뜨거운 꿈과 타인을 향한 배려가 있는 학생을 선발합니다. 1,200자의 자소서에서 여러분이 이화라는 140년의 거대한 숲속에서 어떤 나무로 자라나고 싶은지, 그 가능성과 인품을 보여 주십시오.”

[사례] 인문·사회(외교/역사): “역사를 기억하며 평화를 설계하는 ‘공공외교 전문가’”

● 희망 진로: 외교관/국제기구 활동가
● 핵심 전략: 학교의 역사적 배경(유관순 열사, 여성 교육)을 본인의 진로(외교/평화)와 완벽하게 링크.

## 나의 꿈과 끼, 인성 (1,200자)

### 1. 자기주도학습 및 지원동기: 역사의 ‘팩트’ 너머 ‘맥락’을 읽다

역사 시간에 ‘일제강점기 독립운동’을 배우며, 3.1 운동이 단순한 저항이 아니라 국제 정세의 변화를 읽어 낸 고도의 외교적 행위였음을 깨달았습니다. 교과서의 서술을 넘어 당시의 외교 문서를 직접 확인하고 싶어, 국사편찬위원회의 데이터베이스에서 ‘파리 강화 회의’ 관련 사료를 찾아 읽었습니다. 번역된 자료를 읽으며 김규식 선생의 청원서에 담긴 논리를 분석했고, 이를 바탕으로 ‘약소국의 독립 의지가 국제 사회에 미친 영향’이라는 보고서를 작성했습니다. 역사는 과거의 기록이 아니라 미래를 비추는 거울임을 깨닫고, 역사적 통찰력을 갖춘 외교관이라는 꿈을 갖게 되었습니다. 대한민국 여성 교육의 시작이자 유관순 선배님의 얼이 서린 이화여고는 제 꿈의 뿌리입니다. 이화의 교훈인 ‘자유, 사랑, 평화’를 가슴에 품고, 역사 동아리 활동과 모의유엔(MUN) 활동을 통해 국제 분쟁을 평화적으로 해결하는 ‘공공외교 전문가’로 성장하고 싶어 지원했습니다.

### 2. 학습 심화: 언어, 문화를 잇는 다리

외교관의 자질인 언어 능력을 키우기 위해 영어 뉴스를 활용한 ‘키워드 학습법’을 실천했습니다. 단순히 단어를 외우는 것이 아니라, ‘Sanction(제재)’, ‘Alliance(동맹)’ 같은 외교 용어가 실제 기사에서 어떤 뉘앙스로 쓰이는지 용례를 수집했습니다. 또한, 수행평가로 ‘문화 상대주의’를 탐구하며, 이슬람 문화권의 여성 인권 문제를 서구의 시각이 아닌 그들의 역사적 맥락에서 이해하려는 에세이를 영작해 보았습니다. 이를 통해 언어는 소통의 도구를 넘어 상대를 이해하는 ‘문화의 그릇’임을 배웠습니다.

교내 합창 대회 연습 당시, 파트장으로서 알토 파트를 맡았습니다. 소프라노 파트 친구들은 "돋보여야 한다"며 고음을 강조했고, 알토 파트는 "너무 높아서 못 따라가겠다"며 불만을 토로해 연습이 중단될 위기에 처했습니다. 저는 '평화'를 최우선으로 생각하고 중재에 나섰습니다. 점심시간에 소프라노 파트장과 따로 만나 "알토가 받쳐 주지 않으면 소프라노의 고음도 불안하게 들린다"고 설득하며 화음의 중요성을 강조했습니다. 그리고 알토 친구들에게는 "우리가 베이스를 든든하게 깔아 주어야 전체 곡이 웅장해진다"며 자부심을 심어 주었습니다. 양보와 조율 끝에 우리는 서로의 소리를 듣기 시작했고, 결국 대회에서 '최우수 화음상'을 수상했습니다. 리더십은 내 소리를 높이는 것이 아니라, 다른 사람의 소리가 잘 들리도록 볼륨을 조절해 주는 '조율(Tuning)'의 과정임을 깊이 깨달았습니다. 이화여고에서도 친구들의 다양성을 존중하며 평화로운 공동체를 만드는 '피스메이커(Peacemaker)'가 되겠습니다.

**[★] 입학사정관의 선택: "학교의 역사와 인재상을 완벽하게 이해한 준비된 인재다"**

1. [탁월한 지원동기]: 이화여고의 역사적 상징성(유관순, 여성 교육)을 본인의 진로(외교, 평화)와 자연스럽게 연결하여, "왜 반드시 이화여고여야 하는가"에 대한 답을 명쾌하게 제시했습니다.

2. [학습의 깊이]: 교과서 공부에 머물지 않고 '국사편찬위원회 사료 분석'이나 '영어 뉴스 용례 수집' 등 자기주도적으로 깊이 파고든 학습 태도가 돋보입니다.

3. [화합형 인성]: 합창 대회라는 평범한 소재를 '조율'과 '평화'라는 키워드로 풀어내어, 이화여고가 추구하는 공동체적 가치를 잘 실현할 학생임을 증명했습니다.

## 합격은 '기록'이 아니라 '해석'에서 온다

우리는 지금까지 대한민국을 이끄는 명문 고등학교들의 인재상 및 핵심 가치를 분석하고, 그에 맞는 [필승 공략 전략]을 세웠습니다. 서울과학고의 '깊이', 외대부고의 '확장', 하나고의 '투쟁심', 그리고 세화고의 '치열함'까지. 학교마다 원하는 인재의 색깔은 모두 달랐습니다.

하지만 이 모든 학교를 관통하는 단 하나의 진리가 있었습니다.

"최고의 스펙은 '점수'가 아니라, '나만의 이야기'다."

많은 학생이 생활기록부에 적힌 화려한 수상 실적과 내신 등급만이 합격의 열쇠라 착각합니다. 하지만 입학사정관은 '결과'보다 그 결과에 도달하기 위해 흘린 '땀방울의 과정'을 보고 싶어 합니다.

자기소개서는 생기부의 '요약본'이 아닙니다. 생기부의 '해설서'입니다.

- 영재학교에서는 공식을 외운 자랑이 아니라, "왜 이 공식이 성립할까?"를 고민하며 밤새워 증명해 본 '집요함'을 보여 주어야 합니다.
- 자사고에서는 전교 1등의 성적표가 아니라, "교과서의 한 줄을 읽고 세상의 문제를 해결하려 뛰어든" '도전 정신'을 증명해야 합니다.

우리가 10장에서 다룬 수십 개의 [Real Case]들은 단순한 예시가 아닙니다. 평범해 보이는 학교 활동(Fact)을 '학문적 호기심'과 '진로에 대한 확신'으로 재해석(Interpretation)했을 때, 얼마나 강력한 무기가 되는지를 보여 주는 증거입니다.

이제 펜을 드는 학생들에게 전합니다. 여러분의 생활기록부 어딘가에는, 아직 발견되지 않은 보석 같은 이야기가 숨어 있습니다. 화려한 미사여구나 남의 합격 자소서를 흉내 내지 마십시오.

- 가장 치열하게 고민했던 순간
- 가장 곤란했던 실패의 경험
- 그리고 가슴 뛰게 했던 호기심

그 '진짜(Authentic)' 이야기를 꺼내어, 우리가 분석한 [학교의 인재상]이라는 그릇에 담아내십시오.

그때 비로소 입학사정관은 서류 더미 속에서 여러분의 이름을 기억하게 될 것입니다.

이 책이 여러분의 '기록'을 '합격'으로 바꾸는 가장 지혜로운 가이드가 되기를 응원합니다.

# 11장

# [진로 사례] 합격의 전당
## — 10대 핵심 진로 1,500자 모범 답안

### 당신의 꿈을 합격으로 이끌 '롤모델'을 만나다

앞서 우리는 학교별 맞춤 공략법을 통해 '어디에' 지원할지에 대한 전략을 세웠습니다. 이제는 '무엇을' 쓸 것인가에 집중할 차례입니다.

"의사가 꿈인데, 어떤 책을 읽고 어떤 실험을 해야 매력적으로 보일까?" "PD가 되고 싶은데, 영상 제작 경험을 어떻게 글로 풀어내야 할까?"

막연한 꿈을 구체적인 합격 스토리로 바꾸는 과정은 결코 쉽지 않습니다. 그래서 준비했습니다. 이 장은 의사, 변호사, AI 개발자, CEO 등 학생들이 가장 선호하는 10가지 핵심 진로를 선정하여, 1,500자 자소서의 완벽한 모범 답안을 제시하는 '합격의 전당'입니다.

### 이 장을 200% 활용하는 3가지 원칙

#### 1. 나와 가장 닮은 '롤모델'을 찾으십시오.

인문/사회 계열과 자연/공학/의학 계열로 나누어진 10개의 사례 중, 여러분의 희망 진로와 가장 가까운 케이스를 찾아보세요. 만약 똑같은 직업이 없다면, '계열'이나 '탐구 스타일'이 비슷한 사례를 참고하면 됩니다.

#### 2. 베끼지 말고 '구조'를 훔치십시오.

여기에 실린 예시들은 훌륭한 모범 답안입니다. 문장을 그대로 가져다 쓰는 것은 표절의 위험이 있습니다. 대신, 글의 '구조(Flow)'를 훔치십시오. 호기심이 어떻게 심화 탐구로 이어지는지, 꿈과 학교 프로그램이 어떤 논리로 연결되는지 그 '뼈대'를 벤치마킹해야 합니다.


**3. '심층 분석'을 해설서로 활용하십시오.**

각 예시 뒤에는 이 글이 왜 합격할 수밖에 없는지를 설명하는 [심층 분석]이 붙어 있습니다. "이 문장에 '7단계 공식'이 이렇게 쓰였구나", "이 부분에서 '진로'와 '인성'이 연결되었구나"를 확인하며 읽을 때, 비로소 입학사정관의 눈을 갖게 될 것입니다.


## [사례 1] 인문·사회 계열: '공익 변호사' [청소년 노동 인권]

### 자기주도학습 과정 (약 800자)


'진로와 직업' 시간, "미래 사회의 법률가"라는 주제로 발표를 준비하며, 법이 단순히 범죄를 처벌하는 것이 아니라 사회의 약자를 보호하는 '방패'가 될 수 있음을 깨달았다. (1. 계기 — 학교 진로 활동) 특히, 아르바이트를 하는 청소년들이 부당한 대우를 받아도 법을 잘 몰라 제대로 대응하지 못하는 현실에 주목했다. '청소년 노동 인권'을 전문으로 다루는 공익 변호사가 되어야겠다고 다짐했다. (2. 계획)

'청소년 노동법의 사각지대'를 주제로 사회 탐구 보고서를 쓰기 시작했다. 법 조항만 나열하는 수준에 그쳤다. (3. 실천) 하지만 '법은 이미 존재하는데, 왜 친구들은 도움을 받지 못하는가?'라는 근본적인 의문이 생겼다. (4. 어려움/심화)

문제는 법 자체가 아니라, '법에 대한 접근성'임을 깨닫고, 탐구 방향을 '청소년을 위한 법률 서비스 전달 방식'으로 수정했다. '청소년 노동 인권과 관련된 협회'의 활동 사례를 분석하고, 법률구조기구의 자료를 찾아보며, 정보에서 소외된 청소년들에게 실질적인 도움을 주는 방법들을 연구했다. (5. 극복 노력) 또한, 복잡한 법률 용어를 중학생의 눈높이에 맞게 쉬운 단어와 인포그래픽으로 바꾸는 작업에 집중했다.

이 모든 과정을 종합하여, '청소년 노동인권 핵심 권리 원페이지 가이드북'을 제작했다. (6. 성과) 완성된 가이드북을 교내 축제 부스에서 배포하며, 친구들에게 "이거 한 장이면 되네!"라는 긍정적인 반응을 얻었다. 법이란 책상 위에 잠자는 문자가 아니라, 필요한 사람의 손에 쥐어졌을 때 비로소 살아 숨 쉬는 '무기'임을 깨달았다. (7. 느낀 점)

## 지원동기 (약 120자)

'정의로운 사회 구현'을 교육 이념으로 삼는 귀교(○○고)의 학풍은, '청소년 노동 인권'이라는 나의 진로 비전과 정확히 일치한다. 법률 지식을 넘어 '법의 사회적 역할'을 토론하는 '인문사회 심화 토론반'과 '학생 자치 법정'은, 나의 꿈을 심화시킬 최고의 환경이라 확신하여 지원했다.

## 진로계획 (약 280자)

- (고교 입학 후 활동 계획) '인문사회 심화 토론반'에서 '현행법상 청소년 노동의 사각지대'를 주제로 탐구하고, '학생 자치 법정'에 변호인단으로 참여하여 법의 해석과 적용 과정을 치열하게 훈련하겠다. 또한, 교내 '법률 봉사 동아리'를 조직하여, 직접 만든 가이드북을 지역 중학교에 배포하고 싶다. (140자)
- (고교 졸업 후 진로계획) 이 경험들은 대학에서 법률을 학습하는 데 튼튼한 밑거름이 될 것이다. 최종적으로는 법률 서비스에서 소외된 청소년들에게 직접 찾아가 도움을 주는 '법률 버스'를 기획하는 공익 변호사가 되어, 법의 보호를 받지 못하는 청소년들을 위한 무료 변론 활동을 펼치고 싶다. (140자)

## 인성 영역 (약 300자)

시사 토론 동아리 활동을 통해, 상대방의 논리를 깊이 존중할 때 나의 논리도 가장 단단해짐을 배웠다. (두괄식 계기/배움) '기본소득제 도입'을 주제로 찬반 토론을 준비할 때, 팀원 대부분이 반대 입장으로 쏠려 논리가 단조로워지는 문제에 부딪혔다. 팀의 논리를 강화하기 위해, 일부러 상대방인 '찬성' 측의 입장이 되어 그들의 핵심 논거와 자료를 도맡아 깊이 있게 탐구했다. (활동 내용/사례 — 151자) 이전에는 토론을 상대를 이기는 말싸움이라 생각했다. 하지만 상대의 논리를 진지하게 분석하며, 감정적인 반대가 아닌 데이터에 기반한 깊이 있는 반박 논리를 준비할 수 있었다. 이러한 역지사지의 태도는, 앞으로 양측의 입장을 모두 헤아려야 하는 공익 변호사의 꿈에 가장 중요한 자질이라고 확신한다. (느낀 점/변화/진로 연계 — 149자)

## [심층 분석] 합격의 결정적 요인은 무엇이었을까?

- [일관성 및 문체] 이 학생의 글은 '공익 변호사'라는 명확한 진로를 중심으로 모든 항목이 유기적으로 연결된, 일관성이 돋보이는 글이다. 평어체와 주어 생략을 통해 1,500자 안에 '청소년 노동 인권', '가이드북 제작', '학생 자치 법정' 등 구체적인 활동이 생생하게 드러난다.

- [자기주도학습 분석 (4장 연계)] 자기주도학습 파트(800자)는 4장에서 배운 '7단계 진화 공식'의 정석을 보여 준다. '학교 진로 활동'(1단계)이라는 계기가 '법 조항 나열'이라는 한계(4단계)에 부딪히자, '법의 접근성'이라는 더 깊은 탐구(5단계)로 '진화'했다. '가이드북 제작'(6단계)이라는 실천적 성과와, '법은 살아 있는 무기'라는 강력한 깨달음(7단계)으로 마무리되는, '관심 심화' 원형의 완벽한 사례이다.

- [지원동기/진로계획 분석 (5장 연계)] 지원동기(120자)는 '일반고 비교' 없이, '정의로운 사회 구현'이라는 학교의 교육 이념과 '청소년 노동 인권'이라는 자신의 진로 비전이 일치함을 강조했다. 또한, 진로계획(280자)은 5장에서 배운 '논리의 황금 사슬'로 완벽하게 연결된다.
  - (1. 꿈) '청소년 인권 변호사'
  - (2. 학교) '심화 토론반', '학생 자치 법정' (120자로 압축 제시)
  - (3. 활동) '청소년 노동 사각지대 탐구', '법률 봉사 동아리' (140자로 구체화)
  - (4. 비전) '법률 버스 기획' → '무료 변론으로 공동체 봉사' (140자로 마무리)

- [인성 영역 분석 (6장 연계)] 인성 파트(300자)는 우리가 합의한 지도안을 따르고 있다.
  - 두괄식 서술: "상대방의 논리를 존중할 때 나의 논리도 단단해짐을 배웠다"고 핵심을 먼저 제시.
  - 글자 수 배분: '활동 내용/사례' 파트(151자)와 '느낀 점/변화' 파트(149자)를 1:1의 균형으로 완벽하게 배분했다.
  - S.A.R.L. 및 진로 연계: '토론의 논리 부족'(S) → '일부러 상대방 입장이 되어 보기'(A) → '균형 잡힌 논리 확보'(R)의 과정을 보여 준 뒤, '역지사지'라는 성장(L)을 '변호사'라는 진로와 연결

시키는 성숙한 마무리를 보여 주었다.



## [사례 2] 인문 · 사회 계열: '외교관' (국제기구 전문가)

### 자기주도학습 과정 (약 800자)

중학교 1학년, 학교 자율 활동으로 참여한 '모의국제기구회의'는 단순한 영어 토론이 아니었다. (1. 계기 — 학교 활동) '환경 난민' 의제를 준비하며, 한 나라의 문제가 어떻게 전 세계의 재앙이 될 수 있는지, 그리고 국가 간의 이해관계가 얼마나 복잡하게 얽혀 있는지 처음으로 실감했다. '말로 세상을 바꿀 수 있다'는 외교관의 꿈을 갖게 되었다. (2. 계획)

처음에는 국제 정치 관련 뉴스를 스크랩하는 데 집중했다. (3. 실천) 하지만 곧, 신문 기사만으로는 각국이 왜 그런 주장을 하는지 그 '역사적, 문화적 배경'을 이해할 수 없다는 한계에 부딪혔다. (4. 어려움/심화)

이 문제를 해결하기 위해, '국제 관계학'과 '문화 인류학' 분야로 탐구를 확장했다. 한스 로슬링의 『팩트풀니스』를 읽으며 데이터에 기반해 세상을 객관적으로 보는 법을 배웠고, E.H. 카의 『역사란 무엇인가』를 통해 역사적 사실을 비판적으로 해석하는 눈을 길렀다. (5. 극복 노력) 특히,『국화와 칼』을 읽으며 일본의 문화를 분석하고, 이를 바탕으로 '한일 무역 갈등의 문화적 배경 고찰'이라는 보고서를 작성했다.

(6. 성과) 이 과정을 통해 국제 갈등이란 '누가 옳고 그른가'의 문제가 아니라, '서로 얼마나 다른가'의 문제임을 깨달았다. (7. 느낀 점) 단순한 어학 실력을 넘어, 타국의 문화를 깊이 이해하고 존중하는 것이 외교의 첫걸음임을 배우게 되었다.


### 지원동기 (약 120자)

'세계시민으로서의 책임과 역할을 다하는 인재'를 양성하는 귀교(○○외고)의 교육 목표는, '문화적 차이를 중재하는 외교관'이 되겠다는 진로 비전과 정확히 일치한다. 언어와 문화를 함께 배우며 국제적 감각을 키우는 귀교의 독보적인 커리큘럼에서, 꿈을 실현하고 싶어 지원했다.

## 진로계획 (약 280자)

● (고교 입학 후 활동 계획) 'ㅇㅇ어 원전 강독' 심화 수업에서, 『돈키호테』 등을 원서로 읽으며 해당 국가의 사회상을 탐구하고 싶다. 또한, '모의국제기구회의' 동아리의 의장단으로 활동하며, '환경 난민' 이슈에 대한 국제적 해결 방안을 제시하는 역할을 맡아 중학교 때의 탐구를 심화시키겠다. (140자)
● (고교 졸업 후 진로계획) 이 경험들은 대학에서 국제관계학을 전공하는 데 튼튼한 밑거름이 될 것이다. 최종적으로는 국제기구에서, 문화적 오해로 발생하는 국제 분쟁을 예방하고 해결하는 '문화 중재 전문가'로 활동하며, 세계 평화 유지를 위한 자원봉사에도 참여하고 싶다. (140자)

## 인성 영역 (약 300자)

학생회 활동을 통해, 진정한 리더십이란 공동의 규칙을 세우고, 그 규칙을 스스로 먼저 지키는 '책임감'임을 배웠다. (두괄식 계기/배움) '점심시간 급식실 앞 새치기' 문제로 학생들의 불만이 높았다. 학생회에서 '한 줄 서기' 캠페인을 벌였지만, 지켜보는 사람이 없으면 규칙은 금방 무너졌다. 나는 해결책으로, 학생회 임원들이 매일 점심시간마다 교대로 '질서 지킴이' 역할을 하자고 제안하고, 가장 혼잡한 수요일 점심시간을 자원해서 맡았다. (활동 내용/사례 — 151자) 이전에는 규칙을 만드는 것이 리더의 역할이라 생각했다. 하지만 이 경험을 통해, 규칙을 만드는 것보다 그것을 지키기 위해 묵묵히 손해를 감수하는 '책임감'이 공동체의 신뢰를 얻는 더 큰 힘임을 깨달았다. 이러한 '원칙 준수'의 자세는, 국가 간의 약속을 지켜 내야 할 외교관의 꿈에 가장 중요한 기본기라고 생각한다. (느낀 점/변화/진로 연계 — 149자)

## [심층 분석] 합격의 결정적 요인은 무엇이었을까?

● [일관성 및 문체] 이 학생의 글은 '외교관(문화 중재 전문가)'이라는 명확한 진로를 중심으로 모든 항목이 유기적으로 연결된, 일관성이 돋보이는 글이다. 평어체와 주어 생략을 통해 1,500자 안에 『팩트풀니스』,『국화와 칼』, '모의국제기구회의' 등 구체적인 탐구 내용을 밀도 높게 담아냈다.

● [자기주도학습 분석 (4장 연계)] 자기주도학습 파트(800자, 1글감)는 4장에서 배운 '7단계 진화 공식'의 '관심 심화' 원형을 훌륭하게 보여 준다. '학교 활동'(모의국제기구회의) (1단계)이라는 계기가 '문화적 배경'에 대한 호기심(4단계)으로 이어지고,『팩트풀니스』,『역사란 무엇인가』 등 심화 독서(5단계)를 통해 '한일 무역 갈등 보고서'(6단계)라는 수준 높은 결과물을 만들어 냈다. '외교는 타 문화 이해'라는 깨달음(7단계)은 진로와 완벽하게 연결된다.

● [지원동기/진로계획 분석 (5장 연계)] 지원동기(120자)는 '세계시민으로서의 책임'이라는 학교 의 교육 목표와 '문화 중재 외교관'이라는 자신의 진로 비전이 일치함을 강조했다. 또한, 진로계 획(280자)은 5장에서 배운 '논리의 황금 사슬'로 완벽하게 연결된다.

  ○ (1. 꿈) '문화 중재 외교관'

  ○ (2. 학교) 'ㅇㅇ어 원전 강독', '문화 비교 토론' (120자로 압축 제시)

  ○ (3. 활동) '돈키호테 원서 탐구', '모의유엔 의장단' (140자로 구체화)

  ○ (4. 비전) '국제기구 전문가' → '세계 평화 유지 봉사로 공동체 기여' (140자로 마무리)

● [인성 영역 분석 (6장 연계)] 인성 파트(300자)는 우리가 합의한 지도안을 따르고 있다.

  ○ 두괄식 서술: "리더십은 '규칙을 지키는 책임감'임을 배웠다"고 핵심을 먼저 제시.

  ○ 글자 수 배분: '활동 내용/사례' 파트(151자)와 '느낀 점/변화' 파트(149자)를 1:1의 균형으로 완벽하게 배분했다.

  ○ S.A.R.L. 및 진로 연계: '급식실 새치기 문제'(S) → '질서 지킴이 역할 자원 및 솔선수범'(A) → '규칙 정착에 기여'(R — 암시됨)의 과정을 보여 준 뒤, '원칙 준수'라는 성장(L)을 '외교관'의 핵심 자질과 연결시키는 성숙한 마무리를 보여 주었다.

## 자기주도학습 과정 (약 800자)

### 첫 번째 글감: '진로' (사회 탐구)

'가짜 뉴스'가 사회적 문제로 대두되는 것을 보며, '진실'을 찾는 기자가 되고 싶었다. (1. 계기 — 기사) '감'이 아닌 '데이터'에 기반한 저널리즘을 탐구하기로 계획하고, 교내 '시사 탐구반'에서 프로젝트를 시작했다. (2. 계획) 학교 급식 잔반 데이터를 2주간 수집, 분석하여 '데이터로 본 급식 효율화 방안' 보고서를 작성했다. (3. 실천/6. 성과)

### 두 번째 글감: '영어' (지식 확장)

급식 잔반 프로젝트를 진행하며, 단순 데이터 수집만으로는 '왜'라는 질문에 답할 수 없다는 한계를 느꼈다. (4. 어려움/심화) 데이터 이면의 '숨겨진 패턴'을 찾는 분석력이 필요함을 절감했다.

이 문제를 해결하기 위해, '데이터 저널리즘' 분야로 탐구를 확장했다. '영어 동영상' 강의를 통해 파이썬 'Pandas' 라이브러리 사용법을 독학했고, '해외신문'의 데이터 분석 기사를 원문으로 읽으며, 그들이 어떻게 데이터를 시각화하고 스토리를 만드는지 분석했다. (5. 극복 노력)

배운 기술을 적용해, 기후 관련 공기관의 공공데이터를 분석하여 '도시 열섬 현상'의 심화 정도를 시각화하는 두 번째 보고서를 완성했다. (6. 성과) 이 융합 탐구 과정을 통해, 영어는 소통의 도구이자 지식의 격차를 해소하는 '핵심 도구'임을 깨달았다. 또한, 숫자는 거짓말을 하지 않으며, 데이터야말로 가장 객관적인 진실을 말하는 '언어'임을 확신하게 되었다. (7. 느낀 점)

## 지원동기 (약 120자)

'데이터로 진실을 증명하는 기자'라는 꿈을 이루기 위해, '글로벌 리더' 육성을 목표로 하는 (○○외고)의 교육 목표에 깊이 공감했다. 객관적 사실을 다루는 '통계 분석' 능력과 국제적 시야를 위한 '어학 능력'을 함께 배양하는 귀교에서 나의 꿈을 펼치고 싶다.

### 진로계획 (약 280자)

- (고교 입학 후 활동 계획) '영어 심화 토론' 수업에 참여하여, 해외 언론의 사회 이슈 보도 방식을 비교 분석하겠다. 또한 '사회탐구 R&E'에 참여하여, '공공데이터를 활용한 지역별 청소년 범죄율과 환경 요인 상관관계 분석'을 탐구하고 싶다. (139자)
- (고교 졸업 후 진로계획) 이 경험들은 대학에서 미디어학과 통계학을 융합 전공하는 데 큰 자산이 될 것이다. 최종적으로는 복잡한 사회 현상의 이면에 숨겨진 진실을 '데이터'로 증명하고, '인포그래픽'으로 알기 쉽게 전달하는 데이터 저널리스트가 되어, 사회 발전에 기여하는 무료 강연을 하고 싶다. (140자)

### 인성 영역 (약 300자)

신문편집부 활동을 통해, 날카로운 비판보다 중요한 것은 '균형 잡힌 시각'임을 배웠다. (두괄식 계기/배움) '교내 스마트폰 사용 전면 금지' 규칙에 대한 기사를 작성할 때, 학생들의 불만만을 담아 비판적인 기사를 작성했다. 하지만 기사가 나간 후, 선생님들로부터 "수업 분위기 개선을 위한 어쩔 수 없는 조치였다"는 반론을 듣고, 나의 기사가 한쪽의 입장만 대변했음을 깨달았다. (활동 내용/사례 — 150자) 이전에는 '기자'란 날카로운 비판가라고만 생각했다. 하지만 이 실패를 통해, 선부른 비판보다 양측의 입장을 공정하게 담아내어 '공론의 장'을 여는 것이 언론의 더 중요한 역할임을 깨달았다. 이러한 '균형 감각'은, 앞으로 복잡한 사회 이슈를 다루어야 할 저널리스트의 꿈에 가장 중요한 윤리 강령이라고 확신한다. (느낀 점/변화/진로 연계 — 150자)

### [심층 분석] 합격의 결정적 요인은 무엇이었을까?

- [일관성 및 문체] 이 학생의 글은 '데이터 저널리스트'라는 매우 현대적이고 구체적인 진로를 중심으로 모든 항목이 유기적으로 연결된, 일관성이 돋보이는 글이다. 평어체와 주어 생략을 통해 1,500자 안에 'Pandas', '공공데이터', '데이터 저널리즘' 등 구체적이고 전문적인 탐구 내용을 밀도 높게 담아냈다.

- [자기주도학습 분석 (4장 연계)] 자기주도학습 파트(800자)는 ‘2개 글감(영어 + 진로)’ 조합을 훌륭하게 소화했다. ‘기사’(1단계)를 계기로 시작한 ‘급식 잔반’ 탐구(3단계)가 ‘분석력의 한계’(4단계)를 만나자, ‘영어 동영상’과 ‘해외 기사 원문’을 활용한 ‘기술 확장’(5단계)으로 ‘진화’했다. ‘도시 열섬 현상 보고서’(6단계)라는 심화된 성과와 ‘데이터는 객관적인 언어’라는 깨달음(7단계)이 진로와 완벽하게 연결된다.

- [지원동기/진로계획 분석 (5장 연계)] 지원동기(120자)는 ‘글로벌 리더’라는 학교의 교육 목표와 ‘데이터 저널리스트’라는 자신의 진로 비전이 일치함을 강조했다. 또한, 진로계획(280자)은 5장에서 배운 ‘논리의 황금 사슬’로 완벽하게 연결된다.

  - (1. 꿈) ‘데이터로 증명하는 기자’

  - (2. 학교) ‘통계 분석’과 ‘어학 능력’ 동시 배양 (120자로 압축 제시)

  - (3. 활동) ‘해외 언론 분석’, ‘범죄율 데이터 탐구’ (140자로 구체화)

  - (4. 비전) ‘데이터 저널리스트’ → ‘무료 강연으로 공동체 기여’ (140자로 마무리)

- [인성 영역 분석 (6장 연계)] 인성 파트(300자)는 우리가 합의한 지도안을 따르고 있다.

  - 두괄식 서술: “비판보다 ‘균형 잡힌 시각’이 중요함을 배웠다”고 핵심을 먼저 제시.

  - 글자 수 배분: ‘활동 내용/사례’ 파트(150자)와 ‘느낀 점/변화’ 파트(150자)를 1:1의 균형으로 완벽하게 배분했다.

  - S.A.R.L. 및 진로 연계: ‘편향된 기사 작성’(S) → ‘반론을 듣고 자신의 편협함을 깨달음’(A) → ‘공론의 장’이라는 역할 인식(R/L)의 과정을 보여 준 뒤, ‘균형 감각’이라는 성장(L)을 ‘저널리스트’라는 진로와 연결시키는 매우 깊이 있는 직업윤리 성찰로 마무리했다.


## [사례 4] 경영·경제 계열: ‘사회적 기업가’ (지역 경제)


### 자기주도학습 과정 (약 800자)


### 첫 번째 글감: ‘진로’ (사회 문제 인식)

동네 빵집들이 대기업 프랜차이즈에 밀려 하나둘 사라지는 것을 보며, ‘어떻게 하면 우리 동네 가게들이 살아남을 수 있을까?'를 고민하게 되었다. (1. 계기 — 주변 상황) 무함마드 유누스의 『사회적 기업 만들기』를 읽고, '이윤'이 아닌 '가치'를 추구하는 기업 모델에 눈을 떴다. (1. 계기 — 독서) '지역 소상공인을 위한 사회적 경제 모델'을 탐구하기로 계획했다. (2. 계획)

**두 번째 글감: '수학/과학' (데이터 분석 적용)**

탐구 초기, 가게 주인들을 인터뷰하고 어려움을 정리하는 데 그쳤다. (3. 실천) 하지만 '실질적인 해결책'을 제시할 수 없다는 한계에 부딪혔다. '감'이 아닌 '데이터'에 기반한 객관적 근거가 필요했다. (4. 어려움/심화)

이 문제를 해결하기 위해, 파이썬을 독학하여 '공공데이터'를 분석하는 법을 익혔다. (5. 극복 노력) 통계청의 '소상공인 상권 분석' 데이터를 활용해, 우리 동네 상권의 유동 인구와 경쟁 업체 분포를 시각화했다. 분석 결과, 경쟁력이 낮은 '골목 안쪽' 가게들이 오히려 '배달 앱'을 통한 온라인 판매에 강점이 있음을 발견했다.

'데이터 분석을 통한 소상공인 온라인 활로 개척'이라는 보고서를 작성, '공동 브랜드' 마케팅 전략을 제안했다. (6. 성과) 경제란 단순히 돈의 흐름이 아니라, 데이터라는 무기로 사회 문제를 해결하고 공동체를 지키는 따뜻한 도구임을 깨달았다. (7. 느낀 점)

## 지원동기 (약 120자)

'창의적 지성으로 사회에 기여하는 인재'를 양성하는 (○○고)의 교육 목표는, '데이터로 지역 공동체를 살리는 사회적 기업가'라는 진로 비전과 정확히 일치한다. 귀교의 '학생 주도 창업 인큐베이팅 프로그램'은 나의 아이디어를 실현할 최고의 무대라 확신하여 지원했다.

## 진로계획 (약 280자)

● (고교 입학 후 활동 계획) '창업 인큐베이팅 프로그램'에 참여하여, '우리 지역 농산물을 활용한 밀키트' 아이템으로 실제 사업 계획서를 작성하고, 교내 축제에서 시제품을 판매하며 시장성을 검증하고 싶다. 또한 '경제 토론 동아리'에서 '사회적 기업의 지속가능성'에 대해 탐구하겠다. (140자)

- (고교 졸업 후 진로계획) 이 실전 경험은 대학에서 '사회혁신경영'을 전공하는 데 큰 자산이 될 것이다. 최종적으로는 지역 소상공인과 장인들의 제품을 글로벌 시장과 연결하는 '로컬 브랜딩' 플랫폼을 창업하여, 장애인 고용 등 사회적 가치를 실현하는 일자리 창출에 기여하고 싶다. (140자)

## 인성 영역 (약 300자)

학교 신문 기자로 활동하며, 진정한 경청이란 상대방이 '하지 않은 말'까지 헤아리려는 노력임을 배웠다. (두괄식 계기/배움) 교내 급식 만족도 기사를 위해 학생들을 인터뷰할 때, 대부분 "맛없어요"라는 단답형 불만만 토로했다. 기사화가 어려워 고민하던 중, 한 친구가 "오늘 ○○ 메뉴가 안 나와서 아쉽다"고 지나가듯 말하는 것을 들었다. 단순히 '맛'이 문제가 아니라, '원하는 메뉴'가 반영되지 않는 '소통'의 문제임을 직감했다. (활동 내용/사례 — 151자) 이전에는 표면적인 답변만 받아 적는 데 급급했다. 하지만 이 경험을 통해, 상대방의 불만 속에 숨겨진 '진짜 욕구(Needs)'를 파악하는 것이 문제 해결의 첫걸음임을 깨달았다. 이러한 공감 기반의 경청 능력은, 지역 소상공인들의 실질적인 어려움을 파악하고 솔루션을 제공해야 할 사회적 기업가의 핵심 자질이라 생각한다. (느낀 점/변화/진로 연계 — 149자)

## [심층 분석] 합격의 결정적 요인은 무엇이었을까?

- [일관성 및 문체] 이 학생의 글은 '사회적 기업가'라는 명확한 진로를 중심으로 모든 항목이 유기적으로 연결된, 일관성이 돋보이는 글이다. 평어체와 주어 생략을 통해 1,500자 안에 '사회적 경제', '로컬 브랜딩', '공공데이터 분석' 등 구체적이고 전문적인 탐구 내용을 밀도 높게 담아냈다.
- [자기주도학습 분석 (4장 연계)] 자기주도학습 파트(800자)는 '2개 글감(수학/과학 + 진로)' 조합을 훌륭하게 소화했다. '독서'(1단계)를 계기로 '사회적 경제'라는 진로 탐구를 시작했고, '인터뷰의 한계'(4단계)를 만나자 '파이썬 데이터 분석'(5단계)이라는 '기술 확장'으로 '진화'했다. '전략 제안서'(6단계)라는 실천적 성과와 '경제는 따뜻한 도구'라는 깨달음(7단계)이 진로와 완벽하게 연결된다.
- [지원동기/진로계획 분석 (5장 연계)] 지원동기(120자)는 '일반고 비교' 없이, '창의적 지성으로 사회 기여'라는 학교의 교육 목표와 '데이터로 공동체를 살린다'는 자신의 진로 비전이 일치함을

강조했다. 또한, 진로계획(280자)은 5장에서 배운 '논리의 황금 사슬'로 완벽하게 연결된다.

  ○ (1. 꿈) '데이터 기반 사회적 기업가'

  ○ (2. 학교) '학생 주도 창업 인큐베이팅 프로그램' (120자로 압축 제시)

  ○ (3. 활동) '밀키트 시제품 제작', '경제 토론 동아리' (140자로 구체화)

  ○ (4. 비전) '로컬 브랜딩 플랫폼 창업' → '장애인 고용 등 공동체 기여' (140자로 마무리)

● [인성 영역 분석 (6장 연계)] 인성 파트(300자)는 우리가 합의한 지도안을 따르고 있다.

  ○ 두괄식 서술: "진정한 경청은 '하지 않은 말'까지 헤아리는 것임을 배웠다"고 핵심을 먼저 제시.

  ○ 글자 수 배분: '활동 내용/사례' 파트(151자)와 '느낀 점/변화' 파트(149자)를 1:1의 균형으로 완벽하게 배분했다.

  ○ S.A.R.L. 및 진로 연계: '단답형 불만'(S) → '지나가던 말에서 '소통'의 문제를 발견'(A) → '문제의 본질 파악'(R)의 과정을 보여 준 뒤, '공감 기반 경청'이라는 성장(L)을 '사회적 기업가'의 핵심 자질과 연결시키는 성숙한 마무리를 보여 주었다.

## [사례 5] 인문 · 사회 계열: '임상심리사' (청소년 심리)

### 자기주도학습 과정 (약 800자)

### 첫 번째 글감: '진로' (심리학 탐구)

청소년 우울증을 다룬 드라마 《우리들의 블루스》를 보고, '마음의 병'이 '몸의 병'만큼이나 고통스럽다는 것을 깨달았다. (1. 계기 — 드라마) 상처받은 마음을 치유하는 임상심리사의 꿈을 꾸게 되었다. '청소년 우울증의 원인'을 탐구 주제로 정하고, 학교 '심리학 탐구반'에서 프로젝트를 계획했다. (2. 계획)

### 두 번째 글감: '수학/과학' (데이터 분석 적용)

탐구 초기, 『미움받을 용기』 등을 읽으며 '개인 심리'의 중요성을 탐구했다. (3. 실천) 하지만 친구의 문제는 단순히 개인의 의지 문제가 아니라, 과도한 학업 경쟁이라는 '사회적 환경'과도 깊이 연결되어 있음을 깨달았다. '개인'을 넘어 '사회 환경'이 마음에 미치는 영향으로 탐구를 확장했다. (4. 어려움/심화)

이 가설을 증명하기 위해, '수학'을 융합했다. 청소년 상담센터의 '학업 스트레스와 우울감 지수' 관련 통계 자료를 분석하여, 두 변수 간의 유의미한 상관관계를 도출했다. (5. 극복 노력) 또한, 에리히 프롬의 『소유냐 존재냐』를 읽으며, '소유' 중심의 경쟁 사회가 어떻게 개인을 병들게 하는지 분석했다.

이 모든 내용을 종합하여, '청소년 우울의 개인적/사회적 원인 분석과 해결책'이라는 주제로 탐구 보고서를 작성했다. (6. 성과) 이 과정을 통해, 사람의 마음을 이해하기 위해서는 그 사람의 내면뿐만 아니라, 그를 둘러싼 '환경'까지 함께 보아야 한다는 깊은 통찰을 얻었다. (7. 느낀 점)

## 지원동기 (약 120자)

'개인과 사회를 함께 치유하는 임상심리사'가 되기 위해, '더불어 성장하는 인재'를 양성하는 (○○고)의 교육 목표에 깊이 공감했다. 인간의 마음에 대한 인문학적 성찰과 사회 현상에 대한 과학적 분석을 함께 배울 수 있는 귀교의 '심리학-사회학 융합 탐구반'은 꿈을 실현할 최고의 환경이라 확신했다.

## 진로계획 (약 280자)

- (고교 입학 후 활동 계획) '심리학-사회학 융합 탐구반'에 참여하여, '청소년 SNS 이용률과 상대적 박탈감의 상관관계'를 주제로 심층 연구를 진행하고 싶다. 또한, '또래 상담' 동아리 활동을 통해, 친구들의 마음을 실질적으로 위로하는 공감과 경청의 기술을 훈련하겠다. (140자)
- (고교 졸업 후 진로계획) 이 경험들은 대학에서 임상심리학을 전공하는 데 강력한 기반이 될 것이다. 최종적으로는 청소년 심리 상담 센터의 임상심리사가 되어, 개인 상담뿐만 아니라, '경쟁'이 아닌 '협력'을 배우는 건강한 학교 문화를 만드는 캠페인 기획 및 봉사 활동에 기여하고 싶다. (140자)

**인성 영역 (약 300자)**

또래 상담 동아리 활동을 통해, 가장 훌륭한 조언은 '정답'을 주는 것이 아니라, 상대방이 스스로 답을 찾도록 '질문'하는 것임을 배웠다. (두괄식 계기/배움) 진로 문제로 고민하는 후배와 상담할 때, 도움이 되고 싶은 마음에 나의 경험담과 해결책을 쉴 새 없이 쏟아 냈다. 하지만 후배의 표정은 점점 더 어두워졌고, 결국 "선배님은 저를 이해 못 하신다"는 말을 남기고 떠났다. 큰 충격을 받고, 나의 행동이 '조언'의 탈을 쓴 '자기 과시'였음을 깨달았다. (활동 내용/사례 — 152자) 이전에는 명쾌한 해결책을 제시하는 것이 배려라고 생각했다. 하지만 이 실패를 통해, 상대방이 원하는 것은 '정답'이 아니라 '공감'임을 알게 되었다. 이후로는 해결책을 말하기 전, "그때 기분이 어땠어?", "네가 진짜 원하는 건 뭐야?"라고 '질문'하며 상대방이 스스로의 마음을 들여다보도록 도왔다. 이러한 '성찰적 경청'의 자세는, 내담자의 마음을 열어야 하는 임상심리사의 꿈에 가장 중요한 자질이라고 확신한다. (느낀 점/변화/진로 연계 — 148자)

## [심층 분석] 합격의 결정적 요인은 무엇이었을까?

- [일관성 및 문체] 이 학생의 글은 '임상심리사(청소년 심리)'라는 명확한 진로를 중심으로 모든 항목이 유기적으로 연결된, 일관성이 돋보이는 글이다. 평어체와 주어 생략을 통해 1,500자 안에 《우리들의 블루스》, 『소유냐 존재냐』, '또래 상담' 등 구체적인 탐구 내용을 밀도 높게 담아 냈다.

- [자기주도학습 분석 (4장 연계)] 자기주도학습 파트(800자)는 '2개 글감(수학/과학 + 진로)' 조합을 훌륭하게 소화했다. '드라마'(1단계)라는 진솔한 계기가 '개인 심리학의 한계'(4단계)를 만나자, '사회 환경'이라는 주제로 확장하고 이를 증명하기 위해 '통계 데이터 분석'(5단계)이라는 '융합'을 시도했다. '탐구 보고서'(6단계)와 '개인과 환경을 함께 보아야 한다'는 성숙한 깨달음(7단계)이 돋보인다.

- [지원동기/진로계획 분석 (5장 연계)] 지원동기(120자)는 '더불어 성장하는 인재'라는 학교의 교육 목표와 '개인과 사회를 함께 치유한다'는 자신의 진로 비전이 일치함을 강조했다. 또한, 진로 계획(280자)은 5장에서 배운 '논리의 황금 사슬'로 완벽하게 연결된다.

○ (1. 꿈) '개인과 사회를 함께 치유하는 임상심리사'

○ (2. 학교) '심리학-사회학 융합 탐구반' (120자로 압축 제시)

○ (3. 활동) 'SNS와 상대적 박탈감' 연구, '또래 상담' (140자로 구체화)

○ (4. 비전) '임상심리사', '건강한 학교 문화' 캠페인 → '봉사 활동에 기여' (140자로 마무리)

● [인성 영역 분석 (6장 연계)] 인성 파트(300자)는 우리가 합의한 지도안을 따르고 있다.

○ 두괄식 서술: "진정한 조언은 '질문'하는 것임을 배웠다"고 핵심을 먼저 제시.

○ 글자 수 배분: '활동 내용/사례' 파트(152자)와 '느낀 점/변화' 파트(148자)를 1:1의 균형으로 완벽하게 배분했다.

○ S.A.R.L. 및 진로 연계: '상담의 실패'(S) → '조언 대신 공감과 질문을 선택함'(A — 암시됨) → '진정한 배려의 의미를 깨달음'(R/L)의 과정을 보여 준 뒤, '성찰적 경청'이라는 성장(L)을 '임상 심리사'의 핵심 역량과 연결시키는 매우 깊이 있는 성찰로 마무리했다.

## [사례 6] 자연·공학 계열: 'AI 개발자' (AI 윤리 전문가)

### 자기주도학습 과정 (약 800자)

### 첫 번째 글감: '수학/과학' (코딩 기술 습득)

파이썬 코딩을 배우며 논리적인 문제 해결의 즐거움을 알게 되었다. 문법을 익힌 후, '배운 것을 의미 있게 사용하고 싶다'는 생각에 '학교 도서관 도서 추천 프로그램' 개발에 도전했다. (1. 계기) 교내 도서 목록 데이터를 분석해, 학생들의 대출 이력을 기반으로 한 간단한 협업 필터링 알고리즘을 구현했다. (2. 계획/3. 실천)

### 두 번째 글감: '진로' (AI 윤리 탐구)

프로그램을 친구들에게 테스트하던 중, "내가 빌린 책과 비슷한 책만 추천해 줘서 오히려 답답하다"는 피드백을 받았다. (4. 어려움/심화) 그 순간, 효율성만 생각했던 알고리즘이 오히려 사용자의 시야를 좁히는 '필터 버블'을 만들 수 있음을 깨달았다. '좋은 AI란 무엇인가?'라는 근본적인 질문에 부딪혔다.

이 문제를 해결하기 위해, 캐시 오닐의『대량살상수학무기』를 읽으며 '알고리즘 편향성'과 'AI 윤리' 분야로 탐구를 확장했다. (1. 계기 — 독서) 책을 통해 AI가 어떻게 사회적 불평등을 심화시킬 수 있는지 깊이 고찰했다. (5. 극복 노력) 단순한 도서 추천 프로그램을 넘어, '알고리즘의 윤리적 딜레마와 편향성 해결 방안'이라는 주제로 심화 탐구 보고서를 작성했다. (6. 성과) 기술은 가치중립적이지 않으며, 코드를 짜는 손끝에 사회적 책임이 담겨 있음을 배웠다. 단순히 코딩을 잘하는 개발자가 아니라, 기술의 영향력을 끊임없이 성찰하는 AI 윤리 전문가가 되어야겠다고 다짐했다. (7. 느낀 점)

## 지원동기 (약 120자)

'기술과 윤리를 함께 고민하는 개발자'라는 꿈을 이루기 위해, '창의적 융합 인재'를 양성하는 (○○고)의 교육 목표에 깊이 공감했다. 공학적 전문성과 인문학적 성찰을 균형 있게 배울 수 있는 '인문-공학 융합 R&E'는, 진로 목표를 이룰 수 있는 최고의 환경이라 확신했다.

## 진로계획 (약 280자)

● (고교 입학 후 활동 계획) '인문-공학 융합 R&E'에 참여하여, '설명 가능한 AI(XAI)'의 구현 방안에 대해 탐구하고 싶다. 또한 '고급 수학' 및 '정보과학' 과목을 이수하여, 복잡한 머신러닝 알고리즘의 수학적 기반을 단단히 다지겠다. (139자)

● (고교 졸업 후 진로계획) 이를 바탕으로 컴퓨터공학과 철학을 융합하여 인간의 본질과 과학 원리를 탐구한 후 최종적으로는 공공기관이나 의료 분야에서 사용되는 AI 알고리즘의 '공정성'과 '투명성'을 설계하는 AI 윤리 전문가가 되어, 정보 격차 해소를 위한 코딩 교육 봉사에 참여하고 싶다. (140자)

## 인성 영역 (약 300자)

토론 동아리 활동을 통해, 날카로운 비판보다 중요한 것은 '균형 잡힌 시각'임을 배웠다. (두괄식 계기/배움) '교내 CCTV 확대 설치'를 주제로 토론할 때, '보안 강화'라는 효율성만 주장했다. 하지만 '사생활 침해'를 주장하는 반대 측의 근거를 들으며, 나의 논리가 일방적임을 깨달았다. 상대방의 논거 (사생활 침해 우려)를 인정하고, '데이터 익명화 기술 도입'을 전제로 한 절충안을 제시하며 토론을 이끌었다. (활동 내용/사례 ─ 151자) 이전에는 토론을 상대를 이기는 말싸움이라 생각했다. 하지만 이 경험을 통해, 반대편의 가치를 끌어안을 때 비로소 모두가 동의하는 더 나은 결론을 만들 수 있음을 배웠다. 이러한 '균형 잡힌 사고'는, 앞으로 '기술의 발전'과 '인간의 가치' 사이에서 최적의 답을 찾아야 할 나의 꿈에 가장 중요한 자질이라고 확신한다. (느낀 점/변화/진로 연계 ─ 149자)

## [심층 분석] 합격의 결정적 요인은 무엇이었을까?

- [일관성 및 문제] 이 학생의 글은 'AI 윤리 전문가'라는 매우 시의적절하고 구체적인 진로를 중심으로 모든 항목이 유기적으로 연결된, 일관성이 돋보이는 글이다. 평어체와 주어 생략을 통해 1,500자 안에 '필터 버블', '알고리즘 편향성', 'XAI' 등 구체적이고 전문적인 탐구 내용을 밀도 높게 담아냈다.

- [자기주도학습 분석 (4장 연계)] 자기주도학습 파트(800자)는 '2개 글감(수학/과학 + 진로)' 조합을 훌륭하게 소화했다. '도서 추천 프로그램' 개발(3단계) 중 '친구의 피드백'(4단계)이라는 현실적 어려움에 부딪히자, '독서'(『대량살상수학무기』)를 계기(1단계)로 'AI 윤리'라는 새로운 차원으로 탐구를 '진화'(5단계)시켰다. '탐구 보고서'(6단계)와 '개발자의 사회적 책임'(7단계)이라는 마무리는, 학생의 깊이 있는 성찰을 증명한다.

- [지원동기/진로계획 분석 (5장 연계)] 지원동기(120자)는 '창의적 융합 인재'라는 학교의 교육 목표와 '기술과 윤리를 고민하는 개발자'라는 자신의 진로 비전이 일치함을 강조했다. 또한, 진로계획(280자)은 5장에서 배운 '논리의 황금 사슬'로 완벽하게 연결된다.
  - (1. 꿈) '기술과 윤리를 고민하는 개발자'
  - (2. 학교) '인문-공학 융합 R&E' (120자로 압축 제시)
  - (3. 활동) '설명 가능한 AI(XAI)' 탐구, '고급 수학' 이수 (140자로 구체화)
  - (4. 비전) '공정하고 투명한 알고리즘' 설계 → '코딩 교육 봉사로 공동체 기여' (140자로 마무리)
- [인성 영역 분석 (6장 연계)] 인성 파트(300자)는 우리가 합의한 지도안을 따르고 있다.

○ 두괄식 서술: "비판보다 '균형 잡힌 시각'이 중요함을 배웠다"고 핵심을 먼저 제시.

○ 글자 수 배분: '활동 내용/사례' 파트(151자)와 '느낀 점/변화' 파트(149자)를 1:1의 균형으로 완벽하게 배분했다.

○ S.A.R.L. 및 진로 연계: '토론 의견 대립'(S) → '상대 논거를 인정하고 절충안 제시'(A) → '더 나은 결론 도달'(R)의 과정을 보여 준 뒤, '균형 잡힌 사고'라는 성장(L)을 'AI 윤리'라는 진로와 연결시키는 매우 지적이고 성숙한 마무리를 보여 주었다.


## [사례 7] 자연·공학 계열: '화학자' (신소재/배터리 연구원)

### 자기주도학습 과정 (약 800자)

### 첫 번째 글감: '진로' (과학 탐구)

기후 위기 관련 신문 기사를 읽고, 신재생에너지의 '비효율적인 저장' 문제가 해결되지 않으면 지속 가능한 미래는 불가능함을 깨달았다. (1. 계기 — 기사) '미래 에너지를 담을 그릇', 즉 차세대 배터리 개발이라는 꿈을 갖게 되었고, '전기화학' 분야를 탐구 주제로 정했다. (2. 계획) 교과서 속 '산화-환원 반응' 단원을 깊이 있게 공부했다. (3. 실천)

### 두 번째 글감: '영어' (지식 확장)

교과서의 기본 원리만으로는 "왜 하필 리튬이온 배터리가 표준인가?", "코발트 채굴의 윤리적 문제는 없는가?"와 같은 근본적인 질문에 답할 수 없었다. (4. 어려움/심화)

이 한계를 극복하기 위해, '차세대 배터리' 분야로 탐구를 확장했다. 최신 연구 동향을 파악하고자 '영어 동영상' 강의와 해외 과학 잡지의 기사를 찾아보며, '전고체 배터리'와 '리튬-황 배터리'의 장단점을 비교 분석했다. (5. 극복 노력) 특히 코발트의 지정학적 위험성을 다룬 영어 기사를 읽고, 이를 대체할 수 있는 '황'과 '실리콘'의 화학적 특성을 파고들었다.

이 모든 탐구 과정을 'A Comparative Analysis of Next-Generation Batteries: Solid-State vs. Lithium-Sulfur'라는 제목의 영어 보고서로 완성했다. (6. 성과) 이 과정을 통해, 화학이란 단순히 원

소 기호를 외우는 학문이 아니라, 인류의 에너지 문제를 해결할 수 있는 가장 핵심적인 과학임을 깨달았다. (7. 느낀 점)

## 지원동기 (약 120자)

'지속 가능한 에너지를 위한 화학자'라는 꿈을 이루기 위해, '미래 사회에 기여하는 창의 인재'를 양성하는 (○○고)의 교육 목표에 깊이 공감했다. 이론 학습을 넘어, 실제 소재를 합성하고 물성을 분석해 볼 수 있는 귀교의 '소재공학 R&E 프로그램'은 탐구 열정을 꽃피울 최고의 환경이라 확신했다.

## 진로계획 (약 280자)

- (고교 입학 후 활동 계획) '소재공학 R&E 프로그램'에 참여하여, '황화물계 고체 전해질'의 이온 전도도 향상에 관한 탐구를 진행하고 싶다. 또한 '고급 화학Ⅱ'와 '고급 물리' 과목을 이수하여, 소재의 화학적 구조와 물리적 특성을 동시에 이해하는 융합적 기반을 다지겠다. (140자)
- (고교 졸업 후 진로계획) 이후 대학에서 신소재공학을 전공하여 금속, 세라믹, 고분자 등을 학습하고 최종적으로는 코발트 없이도 높은 효율을 내는 '차세대 배터리'를 개발하는 연구원이 되어, 에너지 빈곤국을 위한 적정 기술 개발 봉사 활동에 전문성을 더하고 싶다. (140자)

## 인성 영역 (약 300자)

화학 실험 동아리 활동을 통해, 끈질긴 관찰과 체계적인 기록이 협력의 핵심 자산임을 배웠다. (두괄식 계기/배움) '화학 정원 만들기' 실험 중, 예상과 달리 결정이 자라지 않고 용액이 계속 오염되는 실패를 겪었다. 팀원들은 서로 다른 변수(온도, 농도, 불순물)를 탓하며 갈등했다. 이때, 감으로 실험을 반복하는 대신 '실험 일지'를 표준화하여 모든 변수를 기록하자고 제안했다. 각자의 실험 과정을 꼼꼼히 교차 검증한 결과, 용액을 젓는 유리 막대의 미세한 불순물이 원인이었음을 발견하고 문제를 해결했다. (활동 내용/사례 — 152자) 이전에는 실험 실패 시 쉽게 좌절하고 남을 탓하기도 했다. 하지만 이 경험을 통해, 객관적인 '기록'에 기반한 체계적인 분석이야말로 감정적인 갈등을 막고 팀을 공동의 목표로 이끄는 가장 강력한 힘임을 깨달았다. 이러한 '데이터 기반 협력'의 태도는, 수많은 변수를 통제해야 할 신소재 연구원의 꿈에 가장 중요한 자질이라고 확신한다. (느낀 점/변화/진로 연계 — 148자)

## [심층 분석] 합격의 결정적 요인은 무엇이었을까?

- [일관성 및 문체] 이 학생의 글은 '신소재(배터리) 연구원'이라는 명확한 진로를 중심으로 모든 항목이 유기적으로 연결된, 일관성이 돋보이는 글이다. 평어체와 주어 생략을 통해 1,500자 안에 '전고체 배터리', '황화물계 고체 전해질' 등 구체적이고 전문적인 탐구 내용을 밀도 높게 담아냈다.
- [자기주도학습 분석 (4장 연계)] 자기주도학습 파트(800자)는 '2개 글감(영어 + 진로)' 조합을 훌륭하게 소화했다. '기사'(1단계)를 계기로 '배터리'라는 진로 탐구를 시작했고, '교과서의 한계'(4단계)를 만나자 '영어 동영상'과 '해외 과학 잡지'를 활용한 '기술 확장'(5단계)으로 '진화'했다. 특히 '영어 보고서 제목'을 직접 제시(6단계)하여 탐구의 전문성과 영어 역량을 동시에 증명했다.
- [지원동기/진로계획 분석 (5장 연계)] 지원동기(120자)는 '일반고 비교' 없이, '미래 인재 양성'이라는 학교의 교육 목표와 '차세대 배터리 개발'이라는 자신의 진로 비전이 일치함을 강조했다. 또한, 진로계획(280자)은 5장에서 배운 '논리의 황금 사슬'로 완벽하게 연결된다.
  - (1. 꿈) '지속 가능한 에너지를 위한 화학자'
  - (2. 학교) '소재공학 R&E 프로그램' (120자로 압축 제시)
  - (3. 활동) '고체 전해질 탐구', '고급 화학/물리 이수' (140자로 구체화)
  - (4. 비전) '차세대 배터리 개발' → '적정 기술 개발 봉사로 공동체 기여' (140자로 마무리)
- [인성 영역 분석 (6장 연계)] 인성 파트(300자)는 우리가 합의한 지도안을 따르고 있다.
  - 두괄식 서술: "체계적인 기록이 협력의 핵심 자산임을 배웠다"고 핵심을 먼저 제시.
  - 글자 수 배분: '활동 내용/사례' 파트(152자)와 '느낀 점/변화' 파트(148자)를 1:1의 균형으로 완벽하게 배분했다.
  - S.A.R.L. 및 진로 연계: '실험 실패와 갈등'(S) → '실험 일지 표준화 제안 및 변수 통제'(A) → '오염원 발견 및 문제 해결'(R)의 과정을 보여 준 뒤, '데이터 기반 협력'이라는 성장(L)을 '신소재 연구원'의 핵심 자질과 연결시키는 매우 논리적이고 성숙한 마무리를 보여 주었다.

## 자기주도학습 과정 (약 800자)

### 첫 번째 글감: '진로' (로봇 탐구)

학교 자율 활동으로 '미래 사회와 로봇'에 대한 다큐멘터리를 시청했다. (1. 계기 — 학교 활동) 특히, 로봇이 사람의 움직임을 도와주는 '재활 로봇' 분야에 깊은 인상을 받았다. '사람을 이해하는 로봇'을 만들고 싶다는 꿈을 갖고, '재활 로봇'의 구동 원리를 탐구 주제로 정했다. (2. 계획)

### 두 번째 글감: '수학/과학' (융합 적용)

탐구 초기, 아두이노 키트로 LED를 켜는 수준의 기초적인 코딩만 반복했다. (3. 실천) 하지만 단순한 코딩만으로는 재활 로봇의 정교한 움직임을 구현할 수 없었다. '모터의 토크 값을 어떻게 정밀하게 제어할 것인가?'라는 물리적 한계에 부딪혔다. (4. 어려움/심화)

이 문제를 해결하기 위해, '물리'와 '정보'의 융합으로 탐구를 확장했다. 물리 시간에 배운 '역학' 원리를 바탕으로, 로봇 팔이 물체를 들어 올리는 데 필요한 힘을 계산하는 공식을 유도했다. (5. 극복 노력) 또한, 서보 모터의 각도값을 제어하는 파이썬 코드를 독학하여, 계산된 값만큼만 로봇 팔이 정확하게 움직이도록 알고리즘을 구현했다.

이 모든 과정을 '물리 역학에 기반한 아두이노 로봇 팔 제어'라는 탐구 보고서로 완성했다. (6. 성과) 이 경험을 통해, 로봇이란 코딩으로 움직이는 소프트웨어가 아니라, 물리 법칙의 지배를 받는 '하드웨어'임을 깨달았다. 사람의 몸을 이해하는 '재활 로봇 공학자'라는 꿈이 더욱 선명해졌다. (7. 느낀 점)

## 지원동기 (약 120자)

'사람을 이해하는 로봇 공학자'라는 꿈을 이루기 위해, '창의적 융합 인재'를 양성하는 귀교(○○고)의 교육 목표에 깊이 공감했다. 소프트웨어와 하드웨어의 원리를 균형 있게 탐구할 수 있는 귀교의 '물리-정보 융합 R&E'는, 나의 융합적 탐구에 날개를 달아 줄 것이라 확신했다.

## 진로계획 (약 280자)

- **(고교 입학 후 활동 계획)** '물리-정보 융합 R&E'에 참여하여, '근전도 센서(EMG)를 활용한 웨어러블 의수(義手)의 동작 구현' 프로젝트에 도전하고 싶다. 또한 '고급 물리'와 '고급 생명과학'을 이수하여, 로봇의 움직임과 인간의 신경계를 함께 이해하는 기반을 닦겠다. (140자)
- **(고교 졸업 후 진로계획)** 이 융합 탐구 경험은 대학에서 기계공학과 재활의공학을 전공하는 데 강력한 무기가 될 것이다. 최종적으로는 사고나 질병으로 신체의 자유를 잃은 사람들의 '두 번째 몸'이 되어 주는 '신경 인터페이스 기반 재활 로봇'을 개발하고, 소외 계층을 위한 로봇 의수 제작 봉사에 참여하고 싶다. (140자)

## 인성 영역 (약 300자)

로봇 동아리 부장으로 활동하며, 진정한 리더는 방향을 제시하되, 팀원이 스스로 답을 찾도록 '기다려 주는' 사람임을 배웠다. (두괄식 계기/배움) 로봇 대회 준비 중, 한 후배가 모터 제어 파트에서 계속 실수를 반복해 일정이 지연되었다. 답답한 마음에 직접 코드를 수정해 주려 했지만, 후배의 위축된 모습을 보고 방법을 바꿨다. 문제 해결의 '힌트'가 되는 관련 서적과 '영어 동영상' 링크를 공유해 주고, "할 수 있다"고 격려하며 스스로 해결할 시간을 주었다. (활동 내용/사례 — 150자) 이전에는 빠른 '효율'이 리더의 최고 덕목이라 생각했다. 하지만 며칠 뒤, 스스로의 힘으로 문제를 해결하고 환하게 웃는 후배의 모습을 보며, 팀원의 '성장'을 돕는 것이 리더의 더 큰 역할임을 깨달았다. 이러한 '믿음의 리더십'은, 앞으로 다양한 분야의 전문가들과 협력하여 새로운 로봇을 개발해야 할 나의 꿈에 가장 중요한 자질이라고 확신한다. (느낀 점/변화/진로 연계 — 150자)

## [심층 분석] 합격의 결정적 요인은 무엇이었을까?

- **[일관성 및 문제]** 이 학생의 글은 '재활 로봇 공학자'라는 명확한 진로를 중심으로 모든 항목이 유기적으로 연결된, 일관성이 돋보이는 글이다. 평어체와 주어 생략을 통해 1,500자 안에 '아두이노', '서보 모터', '근전도 센서(EMG)' 등 구체적이고 전문적인 탐구 내용을 밀도 높게 담아냈다.

- [자기주도학습 분석 (4장 연계)] 자기주도학습 파트(800자)는 '2개 글감(수학/과학 + 진로)' 조합을 훌륭하게 소화했다. '학교 자율 활동'(1단계)을 계기로, '물리적 한계'(4단계)를 만나자 '물리(역학)'와 '정보(코딩)'를 융합(5단계)하는 전략을 선택했다. '탐구 보고서'(6단계)라는 명확한 성과와 '로봇은 하드웨어'라는 자신만의 깨달음(7단계)이 진로와 완벽하게 연결된다.

- [지원동기/진로계획 분석 (5장 연계)] 지원동기(120자)는 '창의적 융합 인재'라는 학교의 교육 목표와 '사람을 이해하는 로봇 공학자'라는 자신의 진로 비전이 일치함을 강조했다. 또한, 진로계획(280자)은 5장에서 배운 '논리의 황금 사슬'로 완벽하게 연결된다.
  - (1. 꿈) '사람을 이해하는 로봇 공학자'
  - (2. 학교) '물리-정보 융합 R&E' (120자로 압축 제시)
  - (3. 활동) '웨어러블 의수' 탐구, '고급 물리/생명과학' 이수 (140자로 구체화)
  - (4. 비전) '신경 인터페이스 재활 로봇' 개발 → '로봇 의수 제작 봉사' (140자로 마무리)

- [인성 영역 분석 (6장 연계)] 인성 파트(300자)는 우리가 합의한 지도안을 따르고 있다.
  - 두괄식 서술: "리더는 '기다려 주는' 사람임을 배웠다"고 핵심을 먼저 제시.
  - 글자 수 배분: '활동 내용/사례' 파트(150자)와 '느낀 점/변화' 파트(150자)를 1:1의 균형으로 완벽하게 배분했다.
  - S.A.R.L. 및 진로 연계: '후배의 계속된 실수'(S) → '직접 해결 대신, 힌트를 주고 스스로 해결할 시간을 줌'(A) → '후배의 자신감 회복 및 성장'(R)의 과정을 보여 준 뒤, '믿음의 리더십'이라는 성장(L)을 '협력'이 필수적인 로봇 공학자의 리더십과 연결시키는 성숙한 마무리를 보여 주었다.

## [사례 9] 의학 계열: '연구 의사' [뇌과학]

### 자기주도학습 과정 (약 800자)

할아버지께서 알츠하이머를 앓으시는 모습을 곁에서 지켜보며, 환자와 가족 모두의 삶이 무너지는 과정을 목격했다. 단순히 증상을 완화하는 임상 의사를 넘어, '퇴행성 뇌 질환'의 근본적인 원인을 밝히는 연구 의사가 되어야겠다고 다짐했다. (1. 계기 ─ 주변 상황) 뇌과학을 탐구하기 위해서는 생명과학의 기본 원리부터 꿰뚫어야 한다고 생각했다. 이에 과학 탐구 동아리에서 '유전자'의 관점에서 생명 현상을 분석하는 탐구 계획을 세웠다. (2. 계획)

리처드 도킨스의 『이기적 유전자』를 읽으며 '유전자의 관점'에서 생명을 바라보는 시각에 큰 충격을 받았다. (3. 실천 ─ 독서) 하지만 '알츠하이머와 같은 퇴행성 질환이 유전자의 생존 전략과 무슨 관계가 있을까?'라는 새로운 의문이 생겨 유전병이 아닌데도 발생하는 질병의 원리가 궁금했다. (4. 어려움/심화)

이 의문을 해결하기 위해, '후성유전학'과 '신경가소성' 분야로 탐구를 확장했다. 관련 논문과 '영어 동영상' 강의를 찾아보며, 유전자가 동일해도 환경과 경험에 의해 발현이 달라질 수 있음을 알았다. 특히 '시냅스'의 발화 원리가 기억 형성에 미치는 영향을 분석하며, 알츠하이머가 '아밀로이드-베타'와 '타우'라는 단백질 변형으로 인한 시냅스의 기능 상실임을 이해하였다. (5. 극복 노력)

이 모든 탐구 과정을 '뇌과학 탐구 보고서: 기억은 어떻게 사라지는가'로 완성하며 교내 과학 페어에서 발표했다. (6. 성과) 탐구 전에는 병을 '증상'으로만 보았지만, 이제는 '분자 수준의 원인'으로 보게 되었다. 뇌과학이야말로 내 평생을 바칠 분야임을 확신하게 되었다. (7. 느낀 점)


## 지원동기 (약 120자)


'창의적인 글로벌 인재'를 양성하고자 하는 귀교(ㅇㅇ고)의 교육 목표는, 뇌과학이라는 미개척 분야에 도전하여 인류의 건강에 기여하려는 나의 진로 비전과 일치한다. 귀교의 '의생명 심화 R&E 프로그램'은 나의 탐구를 고교 수준 이상으로 심화시킬 최고의 발판이라 확신하여 지원했다.


## 진로계획 (약 280자)


- (고교 입학 후 활동 계획) 입학 후, '의생명 심화 R&E'에 참여하여 '초파리 모델을 이용한 아밀로이드-베타 단백질의 독성 연구'에 도전하고 싶다. 또한 '고급 화학' 과목을 이수하여 단백질 변형의 분자생물학적 원리를 깊이 있게 탐구하겠다. (138자)
- (고교 졸업 후 진로계획) 이 경험들은 대학에서 뇌인지과학을 전공하는 데 튼튼한 밑거름이 될

것이다. 최종적으로는 알츠하이머병의 새로운 치료 타깃을 발굴하는 연구 의사가 되어, 거동이 불편한 어르신들을 위한 의료 봉사 활동에 전문성을 더하고 싶다. (138자)

## 인성 영역 (약 300자)

생명과학 동아리 활동을 통해, 과학적 발견은 끈질긴 관찰과 체계적인 협력의 산물임을 배웠다. (두괄식 계기/배움) 'C. elegans(예쁜꼬마선충)의 수명 연장' 실험 중, 예상과 달리 실험군 선충들이 계속 죽어 나가는 실패에 부딪혔다. 팀원들의 사기가 떨어졌을 때, 실패 원인을 체계적으로 분석하자고 제안했다. 실험 과정을 10단계로 나누고, 각 단계의 변수(배지 농도, 온도 등)를 기록하는 '변수 통제 일지'를 작성하며 하나씩 검증해 나갔다. (활동 내용/사례 — 152자) 이전에는 실험이 막히면 쉽게 좌절하고 개인의 실수로 돌렸다. 하지만 이 경험을 통해 실패 데이터를 객관적으로 분석하고 팀원들과 공유하는 것이 문제 해결의 핵심임을 깨달았다. 이러한 협력적 탐구 자세는, 앞으로 복잡한 뇌과학 연구를 수행할 연구 의사에게 가장 필요한 자질이라고 확신한다. (느낀 점/변화/진로 연계 — 148자)

## [심층 분석] 합격의 결정적 요인은 무엇이었을까?

- [일관성 및 문제] 이 학생의 글은 '연구 의사'라는 명확한 진로를 중심으로 모든 항목이 유기적으로 연결된, 일관성이 돋보이는 글이다. 또한, 평어체를 사용하며 불필요한 주어를 삭제(예: "나는")하여, 1,500자라는 한정된 공간에 밀도 높은 정보를 담아내는 데 성공했다. '이기적 유전자', '후성유전학', '초파리 모델' 등 구체적인 탐구 내용은 이 글의 신뢰도를 높여 준다.
- [자기주도학습 분석 (4장 연계)] 자기주도학습 파트(800자)는 4장에서 배운 '7단계 진화 공식'의 정석을 보여 준다. '알츠하이머'라는 개인적 계기(1단계)가, '과학탐구 동아리'라는 구체적인 실행 계획(2단계)으로 이어지고, 『이기적 유전자』독서(3단계)를 거쳐, '후성유전학'이라는 지식 확장(5단계)으로 '진화'했다. '탐구 보고서'(6단계)로 완성되는, '관심 심화' 원형의 훌륭한 사례이다.
- [지원동기/진로계획 분석 (5장 연계)] 지원동기(120자)는 '일반고 비교' 없이, '창의적 인재'라는 학교의 교육 목표와 '연구 의사'라는 자신의 진로 비전이 일치함을 강조했다. 또한, 진로계획

(280자)은 5장에서 배운 '논리의 황금 사슬'로 완벽하게 연결된다.

  ○ (1. 꿈) '연구 의사'

  ○ (2. 학교) '의생명 R&E 프로그램' (120자로 압축 제시)

  ○ (3. 활동) '초파리 탐구', '고급 화학 이수' (140자로 구체화)

  ○ (4. 비전) '치료 타깃 발굴' → '의료 봉사로 공동체 기여' (140자로 마무리)

● [인성 영역 분석 (6장 연계)] 인성 파트(300자)는 6장에서 배운 두괄식 및 1:1 비율의 효과적인 글쓰기 전략을 정확히 따르고 있다.

  ○ 두괄식 계기: "끈질긴 관찰과 체계적인 협력을 배웠다"고 핵심 깨달음을 글의 맨 앞에 제시하여 주제를 명확히 했다.

  ○ 글자 수 배분: '활동 내용/사례' 파트(152자)와 '느낀 점/변화' 파트(148자)를 1:1의 균형으로 완벽하게 배분했다.

  ○ S.A.R.L. 및 진로 연계: '실험 실패'(S) → '변수 통제 일지 제안'(A) → '문제 해결'(R)의 과정을 보여 준 뒤, '실패에 대한 태도 변화'라는 성장(L)을 '연구 의사'라는 진로와 연결시키는 성숙한 모습으로 마무리했다.


### [사례 10] 의약 계열: '약사' (신약 개발 연구)

## 자기주도학습 과정 (약 800자)

### 첫 번째 글감: '진로' (약학 탐구)

'아스피린'이 버드나무 껍질에서 유래했다는 사실을 알고, 천연물에서 인류를 구한 의약품을 '발견'하고 '합성'하는 약학의 세계에 매료되었다. (1. 계기) '천연물 신약 개발'을 나의 장기 목표로 설정하고, '화학'과 '생명과학'의 융합 탐구를 계획했다. (2. 계획)

### 두 번째 글감: '수학/과학' (영어/화학 융합)

탐구 초기, 교과서 속 '탄소 화합물' 단원을 공부하며 유기 화학의 기초를 다졌다. (3. 실천) 하지만,

복잡한 분자 구조식을 보며 이것이 어떻게 '약효'를 발휘하는지 그 '메커니즘'을 이해할 수 없었다. (4. 어려움/심화)

이 벽을 넘기 위해, '유기화학'과 '약리학' 분야로 탐구를 확장했다. '영어 동영상' 강의를 통해 '약물 작용의 원리'를 학습했다. (5. 극복 노력) 특히, 아스피린이 체내에서 'COX-2' 효소를 어떻게 억제하는지 그 과정을 분자 구조의 변화로 추적하며, 화학 구조가 생명 현상에 미치는 영향을 분석했다. 이 탐구 내용을 '아스피린의 작용 기전(MoA) 분석: 화학 구조와 약효의 상관관계'라는 보고서로 완성했다. (6. 성과) 이 과정을 통해, 화학은 생명을 살리는 가장 정교한 '열쇠'이며, 약사는 그 열쇠를 설계하는 '장인'임을 깨달았다. 신약 개발 연구 약사라는 꿈이 더욱 확고해졌다. (7. 느낀 점)

## 지원동기 (약 120자)

'인류애를 실천하는 과학 인재'를 양성하는 (○○고)의 교육 목표는, '신약 개발'을 통해 질병으로 고통받는 인류에 기여하려는 나의 진로 비전과 일치한다. 심도 있는 '화학/생명과학 실험 과정'과 'R&E 프로그램'을 갖춘 귀교에서, 나의 탐구 역량을 최고로 키우고 싶어 지원했다.

## 진로계획 (약 280자)

● (고교 입학 후 활동 계획) '과학 R&E 프로그램'에 참여하여, '천연물(예: 강황)에서 특정 성분(커큐민)을 추출하고, 그 항염증 효과를 검증하는' 탐구를 진행하고 싶다. 또한 '고급 화학'과 '고급 생명과학'을 이수하여, 유기 화학과 분자생물학의 심화 이론을 완성하겠다. (140자)

● (고교 졸업 후 진로계획) 약학을 전공한 후 최종적으로는 대학 연구소의 약학 연구원이 되어, 기존 항생제에 내성을 가진 '슈퍼 박테리아'를 잡을 수 있는 새로운 천연물 기반 신약을 개발하고, 개발도상국에 의약품을 지원하는 봉사 활동에 동참하고 싶다. (140자)

## 인성 영역 (약 300자)

과학 실험반 활동을 통해, 사소한 '원칙'을 지키는 것이 팀 전체의 '신뢰'를 만든다는 것을 배웠다.

(두괄식 계기/배움) 실험 폐기물 처리 담당을 맡았을 때, 일부 팀원들이 귀찮다는 이유로 시약병을 분리 배출하지 않고 일반 쓰레기통에 버리는 것을 목격했다. 당장의 편리함보다 '안전'과 '환경'이라는 더 큰 원칙이 중요하다고 생각했다. 나는 묵묵히 폐기물을 다시 분리수거하고, 팀 회의에서 '실험실 안전 수칙'을 함께 낭독하고 서명하자고 제안했다. (활동 내용/사례 — 151자) 이전에는 좋은 관계 유지를 위해 원칙을 지적하는 것을 망설였다. 하지만 이 경험을 통해, 사소한 규칙을 함께 지켜 나가는 과정이야말로 서로의 안전을 보장하고 성공적인 실험을 이끄는 가장 기본적인 '신뢰 자산'임을 깨달았다. 이러한 '원칙 준수의 자세'는, 생명과 안전을 다루는 약사의 꿈에 가장 중요한 윤리 의식이라고 확신한다. (느낀 점/변화/진로 연계 — 149자)


## [심층 분석] 합격의 결정적 요인은 무엇이었을까?

- [일관성 및 문체] 이 학생의 글은 '신약 개발 연구 약사'라는 명확한 진로를 중심으로 모든 항목이 유기적으로 연결된, 일관성이 돋보이는 글이다. 평어체와 주어 생략을 통해 1,500자 안에 '아스피린', 'COX-2 효소', '커큐민' 등 구체적이고 전문적인 탐구 내용을 밀도 높게 담아냈다.

- [자기주도학습 분석 (4장 연계)] 자기주도학습 파트(800자)는 '2개 글감(수학/과학 + 진로)' 조합을 훌륭하게 소화했다. '영어 동영상'(1단계)을 계기로 '약학'이라는 진로 탐구를 시작했고, '분자 구조의 한계'(4단계)를 만나자 '유기화학'과 '약리학'(5단계)이라는 '지식 확장'으로 '진화'했다. '보고서 작성'(6단계)이라는 명확한 성과와 '화학은 생명을 살리는 열쇠'라는 깨달음(7단계)이 진로와 완벽하게 연결된다.

- [지원동기/진로계획 분석 (5장 연계)] 지원동기(120자)는 '일반고 비교' 없이, '인류애 실천'이라는 학교의 교육 목표와 '신약 개발'이라는 자신의 진로 비전이 일치함을 강조했다. 또한, 진로계획(280자)은 5장에서 배운 '논리의 황금 사슬'로 완벽하게 연결된다.
  - (1. 꿈) '천연물 신약 개발 약사'
  - (2. 학교) '화학/생명과학 R&E', '실험 과정' (120자로 압축 제시)
  - (3. 활동) '커큐민 추출 및 항염증 효과 검증' (140자로 구체화)
  - (4. 비전) '슈퍼 박테리아 신약 개발' → '개발도상국 의약품 지원 봉사' (140자로 마무리)
- [인성 영역 분석 (6장 연계)] 인성 파트(300자)는 우리가 합의한 지도안을 따르고 있다.

○ 두괄식 서술: "사소한 '원칙'이 팀의 '신뢰'를 만든다는 것을 배웠다"고 핵심을 먼저 제시.

○ 글자 수 배분: '활동 내용/사례' 파트(151자)와 '느낀 점/변화' 파트(149자)를 1:1의 균형으로 완벽하게 배분했다.

○ S.A.R.L. 및 진로 연계: '폐기물 분리배출 문제'(S) → '묵묵히 재분리 및 수칙 제안'(A) → '안전 및 신뢰 확보'(R — 암시됨)의 과정을 보여 준 뒤, '원칙 준수의 중요성'이라는 성장(L)을 '약사'의 '윤리 의식'과 연결시키는 성숙한 마무리를 보여 주었다.

## 이제, 당신이 '11번째' 주인공입니다

지금까지 우리는 10명의 롤모델을 통해, 꿈이 어떻게 글이 되고, 글이 어떻게 합격이 되는지를 목격했습니다.

어떤 학생은 책 한 권에서 시작해 논문을 썼고, 어떤 학생은 실패한 실험을 통해 리더십을 배웠습니다. 그들의 이야기는 모두 달랐지만, 한 가지 공통점이 있었습니다. 바로 자신의 꿈을 향한 '치열한 고민의 흔적'이 담겨 있다는 것입니다.

하지만 기억하십시오. 이 10명의 롤모델보다 더 멋진 주인공은 아직 등장하지 않았습니다. 바로 '여러분'입니다.

여기 있는 그 어떤 예시보다, 여러분이 직접 땀 흘려 고민하고 쓴 투박한 초고가 입학사정관의 마음을 더 크게 울릴 것입니다. 이 합격의 전당에 들어올 '제11번째 주인공'은 바로 여러분입니다.

이제 책을 덮고, 여러분만의 이야기를 시작하십시오.

# 12장

# [시크릿 키트] 탐구 레시피와 실전 상담소(FAQ)

## 당신의 빈칸을 채워 줄 가장 완벽한 도구함

치열하게 전략을 세우고(9장), 학교별 합격 사례를 분석하고(10장), 롤모델의 이야기를 벤치마킹했습니다(11장). 이제 합격의 큰 그림은 그려졌습니다. 하지만 막상 내 자소서의 빈칸을 채우려 할 때, 우리는 또다시 현실적인 막막함에 부딪히곤 합니다.

"도대체 무슨 주제로 탐구해야 하지?" "어떤 책을 읽어야 깊이 있는 학생처럼 보일까?" "생활기록부에 없는 내용을 써도 될까?"

이 장은 그런 여러분의 막막함을 단숨에 해결해 줄 '시크릿 키트(Secret Kit)'입니다. 이론이 아니라, 당장 가져다 쓸 수 있는 실전 도구들을 모았습니다.

여기에는 지난 수년간 특목·자사고 합격생들이 가장 많이 고민하고 탐구했던 100가지 핫 트렌드 주제(Idea Bank)와 그들의 생각을 깊게 만들어 준 50권의 필독서(Book List), 그리고 자소서와 면접 준비 과정에서 마주치는 현실적인 궁금증을 해결해 줄 실전 Q&A(FAQ)가 담겨 있습니다.

이것은 단순한 부록이 아닙니다. 여러분이 글을 쓰다 막힐 때마다 꺼내 쓸 수 있는 가장 강력한 무기 창고입니다.

## 이 시크릿 키트를 200% 활용하는 3가지 원칙

### 1. '주제'가 아닌 '질문'을 가져가십시오

[Idea Bank]에 있는 100개의 주제는 정답이 아닙니다. "왜 그럴까?", "어떻게 해결할까?"라는 '질문'입니다. 이 중에서 여러분의 가슴을 뛰게 하는 질문 하나를 골라, 여러분만의 답을 찾아가는 여정

을 시작하십시오.

## 2. 책을 '생각의 도구'로 활용하십시오

[Book List]의 책들은 단순한 지식 습득을 위한 것이 아닙니다. 책에서 얻은 호기심을 '학교 활동'으로 연결하거나, 활동 중 생긴 의문을 해결하기 위해 '책'을 찾아보는 식으로, 독서를 탐구의 연결 고리로 활용하십시오.

## 3. 사소한 궁금증을 두려워하지 마십시오

[FAQ]에는 "이런 걸 물어봐도 되나?" 싶은 사소한 질문들에 대한 명쾌한 해답이 있습니다. 불안해할 시간에 이 해답들을 확인하고, 확신을 가지고 집필에 집중하십시오.

자, 이제 여러분의 합격을 완성할 마지막 조각들을 만나 볼까요?

## 1. [Idea Bank] 탐구 레시피: 합격을 부르는 계열별 핫 트렌드 주제 100선

"가장 좋은 답은, 가장 좋은 질문에서 나옵니다."

자기소개서의 소재가 없다고 고민하는 학생들의 공통점은 '정답'을 찾으려 한다는 것입니다. 하지만 입학사정관이 보고 싶은 것은 정해진 답이 아니라, 여러분이 세상에 던지는 '질문'과 그 답을 찾아가는 '과정'입니다.
이곳에 모인 100개의 탐구 주제는 여러분의 잠든 호기심을 깨워 줄 '매력적인 질문'들입니다.

- 구성: 인문, 사회, 상경, 의약학, 공학, IT, 예술 등 학생들이 가장 선호하는 10개 핵심 계열별로 정리했습니다.
- 특징: 교과서 속 죽은 지식이 아니라, 최신 트렌드(AI, 기후 위기, ESG 등)와 연결된 살아 있는 주제들입니다.

● **활용법**: 각 주제 아래에는 탐구의 방향을 잡아 줄 (Hint)가 있습니다. 이를 나침반 삼아 도서를 찾아보거나, 실험을 설계해 보세요.

이 100개의 리스트를 눈으로만 읽지 마십시오. 여러분의 가슴을 뛰게 하는 단 하나의 질문을 찾아, '나만의 탐구'를 시작하십시오.

## 1) 사회과학 계열

*(사회 현상을 날카롭게 분석하고, 더 나은 공동체를 위한 대안을 제시하세요.)*

(1) [심리학] 혐오 표현은 왜 전염되는가? (집단 극화)

(Hint) 온라인 댓글 창의 혐오 표현 확산 현상을 사회심리학적 이론(동조, 집단 극화)으로 분석하고, 이를 줄이기 위한 심리적 개입 방안을 고안해 보자.

(2) [사회학] '능력주의'는 정말 공정한가? (공정성 논란)

(Hint) 마이클 샌델의 주장을 바탕으로, 시험 성적으로만 줄 세우는 사회가 놓치고 있는 가치는 무엇인지, 진정한 '공정'의 의미를 토론해 보자.

(3) [정치외교] BTS가 외교관보다 힘이 셀까? (소프트 파워)

(Hint) 군사력(하드 파워)이 아닌 문화와 매력으로 마음을 얻는 '소프트 파워'의 중요성을 탐구하고, K-컬처를 활용한 공공외교 전략을 제안해 보자.

(4) [미디어] '알고리즘'이 민주주의를 위협한다? (확증 편향)

(Hint) 유튜브 추천 알고리즘이 어떻게 확증 편향을 강화하고 정치적 양극화를 초래하는지 분석하고, 미디어 리터러시 교육의 필요성을 주장해 보자.

(5) [법학] 촉법소년 연령 하향, 처벌만이 답일까? (소년법 딜레마)

(Hint) 소년범죄의 증가 원인을 분석하고, '엄벌주의' 여론과 소년법의 '교화' 취지 사이에서 합리적인 개정 방향을 법리적으로 고찰해 보자.

(6) [지리학] 스타벅스는 왜 사거리에만 있을까? (입지 이론)

(Hint) 크리스탈러의 중심지 이론 등 입지 이론을 이해하고, GIS(지리정보시스템)를 활용해 우리

동네 상권을 분석해 보자.

(7) [복지] 기본소득, 일하지 않는 자에게도 주어야 할까? (보편적 복지)

(Hint) 4차 산업혁명으로 인한 일자리 감소에 대비해 기본소득의 필요성을 논하고, 재원 마련 방안과 근로 의욕 저하 우려에 대한 반론을 탐구해 보자.

(8) [심리학] MBTI 열풍, 과학인가 위로인가? (바넘 효과)

(Hint) 사람을 유형화하려는 심리학적 시도의 역사와 '바넘 효과'를 알아보고, MBTI 열풍 이면에 숨겨진 현대인의 불안 심리와 소속감 욕구를 분석해 보자.

(9) [사회학] '노키즈존'은 혐오일까 권리일까? (기본권 충돌)

(Hint) 영업의 자유와 아동의 차별받지 않을 권리가 충돌하는 상황을 분석하고, 배제가 아닌 공존을 위한 공간 민주주의를 고민해 보자.

(10) [국제관계] 우크라이나 전쟁은 왜 끝나지 않는가? (지정학)

(Hint) 국가 간의 갈등을 단순한 선악 구도가 아닌, '지정학적 위치'와 '에너지 자원'을 둘러싼 패권 다툼의 관점에서 입체적으로 분석해 보자.


## 2) 인문 계열

*(인간과 역사에 대한 깊이 있는 이해를 바탕으로, 현대 사회의 문제를 철학적으로 성찰하세요.)*

(1) [역사] 전염병은 역사를 어떻게 바꿨는가? (역사적 유추)

(Hint) 흑사병이 중세 봉건제를 무너뜨린 과정을 탐구하고, 코로나19가 가져온 사회 변화(비대면, 기본소득 등)가 미래 역사를 어떻게 바꿀지 예측해 보자.

(2) [철학] 트롤리 딜레마, 자율주행차는 누구를 살려야 하나? (공리주의 vs. 의무론)

(Hint) 벤담의 공리주의와 칸트의 의무론을 비교하고, 이를 AI 알고리즘 윤리 설계에 어떻게 적용할지 나만의 철학적 기준을 세워 보자.

(3) [문헌정보] 가짜 뉴스 시대, 도서관의 역할은? (정보 큐레이션)

(Hint) 정보의 홍수 속에서 '진실한 정보'를 선별하고 제공하는 큐레이터로서 도서관의 새로운 역할을 탐구해 보자.

(4) [문화인류] 왜 우리는 '먹방'에 열광할까? (소셜 다이닝의 결핍)

(Hint) 1인 가구 증가와 공동체 식사 문화의 쇠퇴 속에서 '먹방'이 채워 주는 심리적/문화적 기능을 인류학적으로 분석해 보자.

(5) [역사] 식민사관은 우리 역사를 어떻게 왜곡했나? (역사 인식)

(Hint) 일제가 주입한 타율성론, 정체성론 등의 식민사관 논리를 비판적으로 분석하고, 이를 극복하기 위한 올바른 역사 인식 방안을 모색해 보자.

(6) [철학] 쾌락 기계에 들어간다면 행복할까? (진정한 행복)

(Hint) 로버트 노직의 '경험 기계' 사고실험을 통해, 고통 없는 가짜 현실보다 고통스러운 진짜 현실이 더 가치 있는 이유를 철학적으로 탐구해 보자.

(7) [윤리] 동물에게도 권리가 있을까? (동물권)

(Hint) 피터 싱어의 '동물 해방'을 읽고 종 차별주의를 비판해 보며, 공장식 축산 문제 해결을 위한 윤리적 소비 방안을 고민해 보자.

(8) [고전] 지금 우리에게 '공자'가 필요한 이유는? (인간 소외 치유)

(Hint) 물질 만능주의와 인간 소외가 심화되는 현대 사회에서, 논어의 '인(仁)' 사상이 어떻게 관계를 회복시키는 처방전이 될 수 있는지 탐구해 보자.


## 3) 어문 계열

*(단순한 언어 기능을 넘어, 언어 속에 담긴 문화와 인간의 사고방식을 탐구하세요. )*

(1) [언어학] 언어가 사고를 지배한다? (사피어-워프 가설)

(Hint) "존댓말이 있는 한국인은 위계질서에 민감하다"는 주장처럼, 사용하는 언어 구조가 사고방식에 미치는 영향을 영화《컨택트》등의 사례로 탐구해 보자.

(2) [번역] AI 번역기는 인간 통역사를 대체할까? (기계 번역의 한계)

(Hint) 파파고 등 기계 번역의 원리(신경망)를 이해하고, AI가 번역하기 힘든 '문화적 뉘앙스'나 '문학적 은유'의 사례를 찾아 인간 번역의 가치를 재조명해 보자.

(3) [영문학] 디스토피아 소설은 왜 다시 유행할까? (1984, 『멋진 신세계』)

(Hint) 고전 디스토피아 소설이 현대의 감시 사회나 기술 만능주의에 던지는 경고를 분석하고, 문학의 사회적 비판 기능을 탐구해 보자.

(4) [비교문화] 한국의 '정(情)'을 영어로 번역할 수 있을까? (번역 불가능한 단어)

(Hint) 각 언어에만 존재하는 번역 불가능한 단어들(Untranslatable words)을 수집하고, 그 속에 담긴 각 문화권 고유의 정서와 가치관을 비교해 보자.

(5) [국어] 청소년들의 줄임말, 언어 파괴인가 진화인가? (신조어와 세대 소통)

(Hint) 신조어의 생성 원리와 경제성/유희성을 분석하고, 언어 파괴 우려와 언어의 창조성 사이에서 균형 잡힌 시각을 논해 보자.

(6) [영어교육] 미드로 영어를 배우면 정말 늘까? (맥락 중심 학습)

(Hint) 쉐도잉 등 드라마를 활용한 학습법이 언어 습득 이론(맥락 중심, 노출량)에 부합하는지 분석하고, 효과적인 영어 학습 전략을 세워 보자.

(7) [언어공학] 시리는 내 말을 어떻게 알아들을까? (음성 인식)

(Hint) 음성 인식 기술의 원리와 자연어 처리(NLP)의 난제(동음이의어, 억양 등)를 조사하고, AI 비서의 발전 방향을 탐구해 보자.

## 4) 상경 계열

*(돈의 흐름 뒤에 숨겨진 '인간의 심리'와 '사회 구조'를 통찰력 있게 분석하세요. )*

(1) [행동경제학] 우리는 왜 1 + 1에 현혹될까? (손실 회피와 앵커링)

(Hint) '합리적 인간'을 전제로 하는 전통 경제학을 비판하며 등장한 행동경제학 이론(손실 회피, 앵커링)을 마케팅 사례에 적용해 보자.

(2) [ESG 경영] 파타고니아는 왜 "우리 옷을 사지 말라"고 했을까? (브랜드 철학)

(Hint) 기업의 비재무적 요소(환경, 사회, 지배구조)가 기업 가치에 미치는 영향을 분석하고, '그린 워싱(위장 환경주의)'을 구별하는 법을 탐구해 보자.

(3) [국제통상] 내 운동화는 어디서 왔을까? (글로벌 가치사슬 GVC)

(Hint) 하나의 제품이 여러 나라를 거쳐 생산되는 과정(GVC)을 추적하고, 미·중 무역 갈등이나 전

쟁이 공급망에 미치는 경제적 파급 효과를 분석해 보자.

(4) [통계학] 여론조사는 믿을 수 있나? (표본 오차와 신뢰도)

(Hint) 선거철 여론조사의 표본 추출 방식과 신뢰 구간의 의미를 이해하고, 통계가 범할 수 있는 오류와 데이터를 비판적으로 읽는 법을 익혀 보자.

(5) [금융] 비트코인은 화폐가 될 수 있을까? (화폐의 기능)

(Hint) 화폐의 3대 기능(교환, 가치 저장, 척도)을 기준으로 암호화폐의 가능성과 한계를 분석하고, 중앙은행 디지털 화폐(CBDC)의 도입 영향을 예측해 보자.

(6) [마케팅] 넷플릭스는 왜 구독료를 올려도 안 망할까? (가격 탄력성)

(Hint) 구독 경제 모델의 핵심인 '락인(Lock-in) 효과'와 전환 비용을 이해하고, 가격 탄력성이 낮은 충성 고객 확보 전략을 탐구해 보자.

(7) [게임이론] 죄수의 딜레마에서 최선의 선택은? (내쉬 균형)

(Hint) 개인의 합리적 선택이 전체의 비합리적 결과로 이어지는 상황을 게임이론으로 분석하고, 기업 간의 가격 경쟁이나 환경 오염 문제에 적용해 보자.

(8) [창업] 유니콘 기업들의 공통점은 무엇일까? (린 스타트업)

(Hint) 빠르게 시제품을 내놓고 고객 반응을 보며 수정하는 '린 스타트업' 방식을 이해하고, 성공한 스타트업들의 혁신 사례를 분석해 보자.

(9) [행동재무학] 주식 시장은 왜 이성적이지 않을까? (군중 심리)

(Hint) 투자자들의 비합리적인 심리가 주가에 미치는 영향을 분석하고, '공포'와 '탐욕' 지수를 활용한 투자 전략에 대해 알아보자.

(10) [플랫폼 경제] 카카오는 어떻게 우리 생활을 지배했나? (네트워크 효과)

(Hint) 사용자가 늘어날수록 가치가 커지는 '네트워크 효과'와 플랫폼 독점 문제를 분석하고, 공정한 경쟁을 위한 규제 방안을 고민해 보자.

(11) [거시경제] 환율이 오르면 내 용돈은 어떻게 될까? (환율과 물가)

(Hint) 환율 상승이 수입 물가와 국내 경제에 미치는 영향을 인과관계 지도로 그려 보고, 금리 정책과의 연관성을 탐구해 보자.

(12) [공유경제] 에어비앤비는 호텔 산업을 위협할까? (공유 경제 모델)

(Hint) 유휴 자원을 공유하는 공유 경제 비즈니스 모델의 장점과, 기존 산업과의 갈등 및 법적 규제

이슈를 분석해 보자.


## 5) 교육 계열


*('가르치는 기술(How)'보다, '왜 가르쳐야 하는가(Why)'에 대한 교육의 본질을 고민하세요. )*


(1) [교육사회] 개천에서 용 나는 시대는 끝났나? (교육 불평등)

(Hint) 부모의 소득 수준과 자녀의 수능 성적/대학 진학률 상관관계를 데이터로 분석하고, 공교육이 교육 사다리 역할을 회복할 방안을 고민해 보자.

(2) [에듀테크] AI 튜터가 선생님을 대신할 수 있을까? (맞춤형 학습)

(Hint) 개인 맞춤형 학습을 제공하는 AI 튜터의 장점과 한계(정서적 교감 부족 등)를 분석하고, 미래 교실에서 교사의 역할 변화를 제안해 보자.

(3) [특수교육] 《이상한 변호사 우영우》와 통합 교육 (장애 인식 개선)

(Hint) 미디어 속 자폐 스펙트럼 장애 재현 방식을 비평하고, 학교 현장에서 장애 학생과 비장애 학생이 함께 배우는 '통합 교육'의 현실적 과제를 탐구해 보자.

(4) [교육심리] 칭찬은 고래도 춤추게 할까? (내재적 동기)

(Hint) '보상'이 오히려 흥미를 떨어뜨릴 수 있다는 심리학 실험(과잉 정당화 효과)을 알아보고, 스스로 공부하게 만드는 '내재적 동기' 부여 방법을 연구해 보자.

(5) [미래교육] 지식이 넘쳐 나는 시대, 학교는 무엇을 가르쳐야 하나? (역량 중심 교육)

(Hint) 암기 위주 교육의 한계를 지적하고, 비판적 사고력, 창의성, 협업 능력 등 미래 인재에게 필요한 핵심 역량을 키우는 교육 과정을 설계해 보자.

(6) [다문화교육] 다문화 학생 16만 명 시대, 우리 교실은 준비되었나? (상호 문화 이해)

(Hint) 다문화 사회로 진입한 한국 교육 현실을 진단하고, 단순히 한국어를 가르치는 것을 넘어 서로의 문화를 존중하는 상호 문화 이해 교육 방안을 탐구해 보자.

(7) [교육철학] 체벌은 교육적인가? (훈육의 본질)

(Hint) 루소의 『에밀』 등을 통해 자연주의 교육관을 이해하고, 사랑의 매 논쟁을 넘어선 바람직한 훈육과 학생 인권 조례의 의미를 고찰해 보자.

*(예술적 감수성과 체육의 역동성을 논리적인 분석과 융합하여 자신만의 관점을 보여 주세요.)*

(1) [디자인] 모두를 위한 디자인이란? (유니버설 디자인)

(Hint) 장애인, 노인, 어린이가 모두 편하게 쓸 수 있는 유니버설 디자인 제품 사례를 조사하고, 우리 학교의 불편한 시설을 개선할 아이디어를 스케치해 보자.

(2) [스포츠] 약팀을 강팀으로 만드는 데이터의 힘 (세이버매트릭스)

(Hint) 영화 《머니볼》처럼 스포츠 데이터를 분석해 승률을 높이는 통계적 방법을 알아보고, 내가 좋아하는 종목에 적용할 데이터 분석 지표를 찾아보자.

(3) [미술] AI가 그린 그림은 예술일까? (생성형 AI와 창작)

(Hint) '미드저니' 등 생성형 AI가 만든 이미지의 저작권 문제와 예술성 논란을 탐구하고, '인간의 창작'이란 무엇인지 철학적으로 토론해 보자.

(4) [음악] K-POP, 보는 음악에서 듣는 음악으로? (음악 산업)

(Hint) 시각적 퍼포먼스 중심의 K-POP이 글로벌 시장에서 음악성을 인정받게 된 요인을 분석하고, 팬덤 문화가 음악 산업에 미치는 경제적 효과를 탐구해 보자.

(5) [건축] 공간이 사람을 바꾼다? (공간 심리학)

(Hint) 교실의 책상 배치와 천장 높이가 학생들의 창의성에 미치는 영향을 뇌과학/심리학적으로 분석하고, 창의적인 학교 공간을 설계해 보자.

(6) [스포츠의학] 손흥민 선수는 어떻게 부상을 극복했나? (재활 원리)

(Hint) 십자인대 파열 등 스포츠 손상의 원인을 해부학적으로 이해하고, 과학적인 재활 치료 원리와 부상 방지 메커니즘을 탐구해 보자.

(7) [패션] 패스트 패션, 지구를 입고 버리다? (지속 가능한 패션)

(Hint) 유행에 따라 빠르게 소비되고 버려지는 의류 폐기물 문제를 조사하고, 업사이클링이나 친환경 소재를 활용한 지속 가능한 패션의 미래를 제안해 보자.

## 7) 의약학·보건 계열

*(가장 치열한 분야인 만큼, '최신 기술'과 '인간에 대한 윤리'를 동시에 고민해야 합니다.)*

(1) [유전공학] 선천적 장애, 유전자로 치료할 수 있을까? (CRISPR-Cas9)

(Hint) 3세대 유전자 가위의 원리와 '겸상 적혈구 빈혈증' 치료 사례를 조사하고, 생식세포 유전자 편집의 윤리적 딜레마를 토론해 보자.

(2) [뇌과학] 내 머릿속의 지우개, 알츠하이머를 막을 수 있을까? (아밀로이드 베타)

(Hint) 알츠하이머의 원인으로 지목된 '아밀로이드 베타' 가설의 최근 논란을 알아보고, 타우 단백질 등 새로운 치료 타깃 연구 동향을 조사해 보자.

(3) [면역학] mRNA 백신은 어떻게 암세포를 공격하는가? (암 백신)

(Hint) 코로나19 백신으로 쓰인 mRNA 기술이 암세포의 특이 항원을 인식하여 공격하는 원리를 탐구하고, 개인 맞춤형 항암 치료의 가능성을 알아보자.

(4) [약학] 약은 왜 식후 30분에 먹어야 할까? (약동학)

(Hint) 약물의 흡수, 분포, 대사, 배설(ADME) 과정을 이해하고, 제형(알약, 캡슐, 주사)에 따른 약효 발현 시간의 차이를 분석해 보자.

(5) [공중보건] 인간과 동물, 환경의 건강은 하나다? (원 헬스)

(Hint) 인수공통감염병의 증가 원인을 환경 파괴와 연결하여 분석하고, '원 헬스(One Health)' 관점에서의 전염병 예방 정책을 제안해 보자.

(6) [의료윤리] AI 의사의 오진, 누구의 책임인가? (의료 AI와 책임 소재)

(Hint) IBM 왓슨 등 AI 진단 시스템의 오류 가능성을 조사하고, 의사와 AI의 협업 모델 및 법적 책임 소재를 논해 보자.

(7) [재활의학] 생각만으로 로봇 팔을 움직인다? (뇌-컴퓨터 인터페이스, BCI)

(Hint) 뇌파를 신호로 변환하여 기계를 제어하는 BCI 기술의 원리를 이해하고, 마비 환자의 재활 치료 활용 가능성을 탐구해 보자.

(8) [미생물학] 항생제가 듣지 않는 슈퍼 박테리아를 어떻게 잡을까? (박테리오파지)

(Hint) 항생제 오남용으로 인한 내성균 문제를 분석하고, 세균만을 골라 죽이는 바이러스인 '박테

리오파지' 요법을 조사해 보자.

(9) [예방의학] 내 유전자를 분석해 미리 병을 막는다? (DTC 유전자 검사)

(Hint) 소비자가 직접 의뢰하는 유전자 검사(DTC)의 원리와 항목을 알아보고, 질병 예측의 정확도와 개인정보 보호 문제를 고찰해 보자.

(10) [간호학] 로봇이 노인을 돌보는 시대, 간호의 본질은? (돌봄 로봇)

(Hint) 노인 돌봄 로봇의 기술 현황을 조사하고, 기계가 대체할 수 없는 인간 간호사만의 정서적 교감과 윤리적 돌봄에 대해 탐구해 보자.

(11) [이종이식] 돼지의 심장을 사람에게 이식할 수 있을까? (면역 거부 반응)

(Hint) 이종 장기 이식의 가장 큰 장벽인 '초급성 면역 거부 반응'의 원리를 탐구하고, 유전자 편집 돼지를 이용한 최신 연구 성과를 알아보자.

(12) [디지털치료제] 게임으로 ADHD를 치료한다? (디지털 치료제, DTx)

(Hint) 먹는 약이 아니라 앱이나 게임 형태로 질병을 치료하는 디지털 치료제의 원리를 이해하고, 기존 의약품과의 차이점 및 규제 현황을 조사해 보자.

(13) [후성유전학] 환경이 유전자를 바꿀 수 있을까? (DNA 메틸화)

(Hint) 타고난 DNA 염기서열은 변하지 않지만, 환경에 의해 유전자 발현이 조절되는 후성유전학적 기전을 탐구해 보자.

(14) [임상시험] 신약은 어떻게 탄생하는가? (위약 효과와 이중맹검)

(Hint) 신약 개발 과정에서 '플라세보 효과'를 배제하기 위한 이중맹검법의 통계적 원리와 중요성을 탐구해 보자.

(15) [줄기세포] 내 몸의 세포로 장기를 재생한다? (iPS세포)

(Hint) 역분화 줄기세포(iPS)의 원리를 이해하고, 윤리적 문제 없이 환자 맞춤형 장기를 만드는 재생 의학의 미래를 전망해 보자.


## 8) IT·컴퓨터·전자 계열

*(단순한 코딩 기술을 넘어, 기술이 사회에 미칠 파급력과 윤리를 고민하세요.)*

(1) [AI 윤리] 자율주행차는 누구를 살려야 할까? (트롤리 딜레마 2.0)

(Hint) 사고가 불가피한 상황에서 AI가 어떤 판단을 내려야 하는지, 공리주의와 의무론을 적용하여 알고리즘 윤리 기준을 설계해 보자.

(2) [빅데이터] 유튜브 알고리즘은 나를 조종하는가? (추천 알고리즘과 필터 버블)

(Hint) 협업 필터링 등 추천 알고리즘의 원리를 이해하고, 사용자를 편향된 정보에 가두는 '필터 버블' 현상의 해결책을 모색해 보자.

(3) [정보보안] 양자 컴퓨터가 모든 암호를 푼다면? (RSA 암호와 양자 암호 통신)

(Hint) 소인수분해 기반의 현 암호 체계(RSA)가 붕괴될 위험성을 이해하고, 해킹이 불가능한 양자 암호 통신의 물리적 원리를 탐구해 보자.

(4) [메타버스] 가상 세계의 범죄는 어떻게 처벌할까? (디지털 윤리와 법적 규제)

(Hint) 메타버스 내 아바타 성범죄나 사기 사례를 찾아보고, 가상 공간에서의 법적 지위와 처벌 규정에 대해 탐구해 보자.

(5) [사물인터넷] 우리 집 냉장고가 해킹당할 수 있다? (IoT 보안 취약점)

(Hint) 스마트 홈 기기들의 네트워크 취약점을 조사하고, 블록체인 기술 등을 활용한 IoT 보안 강화 방안을 제안해 보자.

(6) [자연어처리] 챗GPT는 어떻게 사람처럼 말할까? (거대 언어 모델 LLM)

(Hint) 다음 단어를 확률적으로 예측하는 LLM의 학습 원리를 이해하고, AI가 만드는 '할루시네이션 (거짓 정보)' 문제의 원인을 분석해 보자.

(7) [핀테크] 현금 없는 사회, 노인들은 어떻게 살까? (디지털 소외와 UI/UX)

(Hint) 키오스크와 모바일 뱅킹의 확산이 가져온 디지털 격차 문제를 데이터로 분석하고, 소외 계층을 위한 직관적인 UI/UX 디자인을 제안해 보자.

(8) [소프트웨어] 오픈소스는 왜 공짜일까? (공유 경제와 집단 지성)

(Hint) 리눅스 등 오픈소스 소프트웨어 생태계가 어떻게 유지되고 발전하는지 '집단 지성'과 '공유 경제'의 관점에서 탐구해 보자.

(9) [데이터 시각화] 숫자로 거짓말하는 법? (데이터 리터러시)

(Hint) 그래프의 축을 왜곡하거나 통계를 자의적으로 해석하여 정보를 조작하는 사례를 찾아보고, 올바른 데이터 시각화 방법을 연구해 보자.

(10) [클라우드] 넷플릭스가 전 세계에 끊김 없이 방송되는 비결은? (엣지 컴퓨팅)

(Hint) 중앙 서버가 아닌 사용자 단말 근처에서 데이터를 처리하는 엣지 컴퓨팅 기술이 자율주행이나 스트리밍 서비스에 필수적인 이유를 탐구해 보자.

(11) [블록체인] 비트코인 말고 블록체인으로 투표를 한다면? (탈중앙화 기술)

(Hint) 블록체인의 위변조 방지 기술을 전자 투표나 디지털 신분증(DID)에 적용하는 원리와 사회적 효용성을 탐구해 보자.

(12) [반도체] 컴퓨터는 0과 1을 어떻게 기억할까? (트랜지스터와 논리 회로)

(Hint) 반도체의 기본 소자인 트랜지스터의 작동 원리를 이해하고, 논리 회로(AND, OR, NOT)를 통해 연산이 이루어지는 과정을 탐구해 보자.

## 9) 융합 공학 계열

*(물리, 화학, 생명 지식을 융합하여 현실의 구체적인 문제를 해결하는 '설계자'가 되세요. )*

(1) [신소재] 플라스틱을 먹는 효소가 있다? (화이트 바이오)

(Hint) 기존 플라스틱의 분자 구조적 안정성을 이해하고, 이를 분해하는 효소(PETase)나 생분해성 플라스틱(PLA)의 원리를 탐구해 보자.

(2) [에너지] 인공태양, 꿈의 에너지가 될까? (핵융합 발전)

(Hint) 핵분열(원자력)과 핵융합의 차이를 비교하고, 한국형 인공태양(K-STAR)의 토카막 장치 원리와 상용화 과제를 조사해 보자.

(3) [환경공학] 공기 중의 탄소를 돌로 만든다? (CCUS 기술)

(Hint) 기후 위기의 주범인 이산화탄소를 포집하여 저장하거나 유용한 물질로 전환하는 CCUS 기술의 화학적 공정을 탐구해 보자.

(4) [로봇] 로봇은 왜 사람을 닮아 가나? (소프트 로보틱스)

(Hint) 딱딱한 금속이 아닌 유연한 소재로 생명체의 움직임을 모방하는 소프트 로보틱스 기술을 조사하고, 재난 구조 현장에서의 활용성을 분석해 보자.

(5) [건축] 에너지를 생산하는 집 (제로 에너지 빌딩)

(Hint) 단열(패시브) 기술과 신재생 에너지 생산(액티브) 기술을 융합하여 에너지 자립률 100%에 도전하는 건축 공학 원리를 설계해 보자.

(6) [모빌리티] 하늘을 나는 택시, 교통 체증을 해결할까? (UAM)

(Hint) 드론과 비행기의 장점을 결합한 eVTOL(전기 수직 이착륙기)의 비행 원리와, 도심 소음 문제 해결을 위한 공학적 기술을 조사해 보자.

(7) [기계] 소리 없는 살인자, 미세먼지를 잡는 기술 (전기 집진기)

(Hint) 공기청정기나 발전소 굴뚝에 쓰이는 전기 집진기의 원리(정전기 유도)를 탐구하고, 효율을 높일 수 있는 필터 소재를 제안해 보자.

(8) [스마트시티] 도시가 스스로 범죄를 예방한다? (셉테드 CPTED)

(Hint) 지능형 CCTV와 환경 설계를 통해 범죄를 예방하는 셉테드 원리를 이해하고, 우리 동네의 안전을 위한 디자인 솔루션을 고안해 보자.

(9) [적정기술] 전기가 없는 아프리카에서 백신을 보관하려면? (열역학 원리)

(Hint) 전기 없이 물의 기화열을 이용하는 냉장고 등 적정 기술의 원리를 탐구하고, 소외된 90%를 위한 공학의 역할에 대해 고민해 보자.

(10) [디스플레이] 종이처럼 접히는 스마트폰의 비밀 (OLED와 신소재)

(Hint) 유리처럼 투명하면서도 종이처럼 접히는 폴더블 폰의 디스플레이 소재(폴리이미드 등)와 발광 원리를 탐구해 보자.

(11) [생체모방] 찍찍이 테이프는 무엇을 보고 만들었을까? (바이오미메틱스)

(Hint) 도꼬마리 열매, 연잎 효과 등 자연의 구조를 모방하여 신소재나 로봇을 개발한 사례를 조사하고, 새로운 생체 모방 아이디어를 구상해 보자.

(12) [자원순환] 다 쓴 배터리는 쓰레기인가 자원인가? (배터리 리사이클링)

(Hint) 전기차 폐배터리에서 리튬, 코발트 등 희귀 금속을 추출하는 도시 광산(Urban Mining) 기술의 화학적 원리와 경제성을 분석해 보자.


## 10) 순수 자연과학 계열

*(현상의 근본 원리인 'Why'를 파고들어 심화 이론으로 확장하세요.)*

(1) [물리] 시간은 왜 거꾸로 흐르지 않는가? (엔트로피)

(Hint) 열역학 제2법칙(엔트로피 증가)을 통해 시간의 방향성을 이해하고, 이것이 환경 오염이나 정보 이론과 어떻게 연결되는지 융합적으로 탐구해 보자.

(2) [화학] 노벨상은 왜 '클릭 화학'에 주어졌나? (합성 화학 혁명)

(Hint) 2022 노벨화학상 주제인 '클릭 화학'의 개념을 이해하고, 복잡한 분자를 레고처럼 쉽게 조립하는 기술이 신약 개발에 미친 혁신을 조사해 보자.

(3) [생명] 텔로미어, 노화의 시계를 멈출 수 있을까? (세포 노화)

(Hint) 염색체 말단의 텔로미어와 텔로머라아제의 기능을 탐구하고, 노화 억제 연구와 암세포의 불멸성 사이의 딜레마를 분석해 보자.

(4) [지구과학] 제임스 웹 망원경은 무엇을 보았나? (우주 탐사)

(Hint) 허블 망원경을 잇는 제임스 웹의 적외선 관측 원리를 이해하고, 초기 우주 은하 관측이 빅뱅 이론 입증에 미치는 의의를 탐구해 보자.

(5) [수학] 전염병 확산을 수학으로 예측한다? (SIR 모델)

(Hint) SIR 감염 확산 모델의 미분방정식을 이해하고, 변수(거리 두기, 백신) 조절에 따른 확산 양상을 시뮬레이션하여 방역 정책의 근거를 마련해 보자.

(6) [기후] 엘니뇨와 라니냐, 식탁 물가를 바꾼다? (나비효과)

(Hint) 해수면 온도 변화가 전 지구적 기상 이변에 미치는 영향을 대기 대순환 원리로 이해하고, 기후가 경제(곡물 가격)에 미치는 연쇄 효과를 분석해 보자.

(7) [양자역학] 슈뢰딩거의 고양이는 살았을까 죽었을까? (양자 중첩)

(Hint) 미시 세계에서 입자가 동시에 여러 상태로 존재하는 '중첩' 원리를 이해하고, 이것이 양자 컴퓨터의 연산 속도에 어떻게 기여하는지 탐구해 보자.

(8) [화학] 배터리 수명은 왜 줄어들까? (산화-환원 반응)

(Hint) 리튬이온 배터리의 충·방전 원리를 화학 반응식으로 이해하고, 반복 사용 시 성능이 저하되는 열화 메커니즘을 조사해 보자.

(9) [생명] 바이러스는 생물인가 무생물인가? (생명의 정의)

(Hint) 숙주 밖에서는 무생물 같지만 숙주 안에서는 증식하는 바이러스의 특성을 통해 생명의 정의를 다시 생각하고, 진화론적 관점을 탐구해 보자.

(10) [확률] 로또 1등 당첨 번호를 예측할 수 있을까? (독립 시행)

(Hint) 확률적 독립 시행의 개념과 '큰 수의 법칙'을 이해하고, 도박사의 오류 등 인간이 확률을 직관적으로 오해하는 사례를 분석해 보자.


## 2. [Book List] 합격의 서재: 자소서에 깊이를 더하는 50권의 필독서

"한 권의 책이 당신의 자기소개서를 바꿉니다."


똑같은 실험을 하고, 똑같은 동아리 활동을 해도, 누군가는 평범한 기록으로 남고 누군가는 입학사정관의 눈길을 사로잡는 특별한 스토리가 됩니다. 그 차이는 어디서 올까요? 바로 활동의 이면에 담긴 '생각의 깊이'입니다.

그리고 그 깊이를 만드는 가장 확실한 도구는 바로 '독서'입니다.

이곳에 엄선된 50권의 필독서는 여러분의 경험에 날개를 달아 줄 지식의 보고입니다.


### 1) 핵심 필독서 (15권)

우리가 2부에서 배운 3대 핵심 영역(자기주도학습, 진로, 인성)의 뼈대를 세워 줄 검증된 고전과 베스트셀러들을 심층 분석했습니다. 이 책들은 여러분이 '왜' 탐구했고, '어떻게' 성장했는지를 설명할 가장 강력한 근거가 되어 줄 것입니다.


### 2) 분야별 확장 도서 (35권)

수학, 과학, 인문, 예술 등 여러분의 관심 분야를 '전문적'으로 넓혀 줄 확장 도서 리스트입니다. 막연했던 호기심을 구체적인 '진로 탐구'로 연결해 줄 나침반이 될 것입니다.


단순히 책을 읽는 것에 그치지 마십시오. 책 속의 문장을 여러분의 경험과 연결하고, 저자의 생각에 여러분만의 질문을 던지십시오. 그 치열한 사색의 과정이 여러분의 자소서를 그 누구보다 빛나는 '사고력의 증명서'로 만들어 줄 것입니다.

## 합격의 서재를 활용하는 3가지 원칙

### 1. '줄거리'가 아니라 '질문'을 읽으십시오

입학사정관은 독후감을 원하지 않습니다. 이 책의 줄거리가 무엇인지 요약하지 마십시오. 대신, "이 책이 나에게 어떤 '질문'을 던졌는가?", "이 책을 읽고 나는 어떤 '새로운 시각'을 갖게 되었는가?"에 집중하십시오. 책은 지식의 나열이 아니라, 여러분의 생각이 성장했음을 보여 주는 가장 확실한 '증거'여야 합니다.

### 2. '탐구의 연결 고리'로 활용하십시오

책 한 권으로 끝내지 마십시오. 책에서 생긴 호기심을 '학교 활동(동아리, 수행평가)'으로 연결하거나, 반대로 학교 활동 중 생긴 의문을 해결하기 위해 '책'을 찾아보십시오. [독서 ↔ 활동]이 꼬리에 꼬리를 물고 이어질 때, 여러분의 자소서는 비로소 논리적인 '성장 스토리'가 됩니다.

### 3. 나만의 '인생 책'을 찾으십시오

여기 소개된 50권을 모두 읽을 필요는 없습니다. 하지만 이 중에서 여러분의 가슴을 뛰게 하고, 진로에 대한 확신을 심어 준 단 한 권의 '인생 책(Life Book)'은 반드시 찾아야 합니다. 그 책 한 권이 면접장에서 쏟아지는 질문 속에서 여러분을 지켜 줄 가장 강력한 '무기'가 될 것입니다. 그리고 한 문장 정도 가장 기억에 남는 부분을 암기할 것을 추천합니다. 간혹 면접관들께서 가장 기억에 남는 부분을 소개하라는 질문을 하는 경우가 있기 때문입니다.

자, 이제 원칙을 무장했으니, 여러분의 자소서에 '합격의 깊이'를 더해 줄 지혜의 숲으로 들어가 볼까요?

## 1. 핵심 필독서 15선

2부에서 배운 핵심 전략(4~6장)과 직접적으로 연결되는 15권의 책입니다.

### 1) '나만의 탐구'를 위한 필독서 (4장: 자기주도학습 연계)

4장에서 배운 '7단계 진화 공식'을 시작할 수 있는 가장 강력한 '왜?'라는 질문을 던져 주는 책들입니다. 이 책들을 통해 여러분의 단순한 호기심을 '깊이 있는 탐구'로 발전시킬 계기를 찾아보세요.

### (1) 『코스모스』 (칼 세이건 저)

● **어떤 책인가요?** 천문학, 물리학, 생물학, 철학을 넘나들며 우주와 생명의 기원을 탐구하는 과학 교양서의 '성경'과도 같은 책입니다. '창백한 푸른 점'이라는 유명한 사진 한 장으로, 우리가 얼마나 광활한 우주 속 티끌 같은 존재인지, 동시에 얼마나 소중한 존재인지 깨닫게 합니다.

● **자소서 활용법 (4장 연계)**

　○ [관심 심화 스토리] 과학고/영재고 지망생뿐만 아니라, 모든 학생에게 '과학적 사고방식'과 '인문학적 통찰'을 동시에 길러 줍니다.

　○ [7단계 진화 공식 적용 예시] (1. 계기) "『코스모스』를 읽고 '외계 생명체는 존재할까?'라는 순수한 호기심이 생겼습니다." → (4. 심화) "책에서 언급된 '드레이크 방정식'과 '페르미 역설'에 대해 더 깊이 알고 싶어졌습니다." → (5. 극복 노력) "관련 다큐멘터리를 찾아보고, '드레이크 방정식'의 변숫값에 대한 최신 논문들을 찾아 읽으며…" → (6. 성과) "이를 바탕으로 '외계 생명체 존재 가능성에 대한 과학적 고찰'이라는 보고서를 작성했습니다." → (7. 느낀 점) "이 과정을 통해 과학이란 미지의 세계에 끊임없이 질문을 던지는 태도임을 배웠습니다."

### (2) 『이기적 유전자』 (리처드 도킨스 저)

● **어떤 책인가요?** 모든 생명 현상을 '유전자'의 관점에서 바라보는 혁명적인 시각을 제시하며, '인간은 유전자의 생존 기계'라는 도발적인 주장을 펼칩니다.

● **자소서 활용법 (4장 연계)**

　○ [관심 심화 스토리] '의학 계열'이나 '생명과학' 분야를 꿈꾸는 학생이라면, 자신의 깊이 있는 관심을 보여 줄 수 있는 최고의 책입니다.

　○ [7단계 진화 공식 적용 예시] (1. 계기) "교과서에서 배운 진화론만으로는 설명되지 않던 '이타적 행동'의 이유가 궁금했습니다." → (4. 심화) "『이기적 유전자』를 읽고, 그 행동이 유전자의 관점에서는 이기적인 전략일 수 있다는 시각에 충격을 받았습니다." → (5. 극복 노력) "이 관점을 바탕으로 '죄수의 딜레마' 게임 이론과 '혈연 선택설'에 대해 추가로 탐구했습니다." → (7. 느낀 점) "생명 현상을 바라보는 새로운 관점을 갖게 되었고, 하나의 현상도 다각도로 분석하는

태도를 기르게 되었습니다.”

### (3) 『왜 세계의 절반은 굶주리는가?』(장 지글러 저)

● **어떤 책인가요?** 세계적인 기아 문제 전문가인 저자가 아들과의 대화 형식을 통해, “식량은 충분한데 왜 수많은 아이들이 굶어 죽는가?”라는 불편한 진실을 파헤치는 책입니다.

● **자소서 활용법 (4장 연계)**

　○ **[관심 심화 스토리]** ‘국제고’나 인문/사회 계열 진로를 희망하는 학생에게 좋습니다.

　○ **[7단계 진화 공식 적용 예시]** (1. 계기) “이 책을 읽고 기아 문제가 단순히 식량이 부족해서가 아니라, 정치·경제적 구조의 문제임을 처음 알게 되었습니다.” → (4. 심화) “그렇다면 ‘공정무역’이 정말 대안이 될 수 있는지 궁금해졌습니다.” → (5. 극복 노력) “공정무역 커피와 일반 커피의 유통 과정을 비교 분석하고, 관련 다큐멘터리를 찾아보며…” → (6. 성과) “교내 축제에서 ‘공정무역 초콜릿의 두 얼굴’이라는 주제로 캠페인 활동을 진행했습니다.”

### (4) 『수학이 필요한 순간』(김민형 저)

● **어떤 책인가요?** 세계적인 수학자가 ‘수학을 왜 배우는가?’라는 질문에 대해, 수학이 어떻게 세상을 이해하는 ‘언어’이자 ‘관점’이 되는지 인문학적으로 풀어낸 책입니다.

● **자소서 활용법 (4장 연계)**

　○ **[약점 극복 스토리]** 수학을 막연히 두려워하거나, 공식 암기 과목으로만 생각했던 학생이 수학의 진정한 의미를 깨닫는 ‘터닝 포인트’로 활용하기 좋습니다.

　○ **[7단계 진화 공식 적용 예시]** (1. 계기) “수학을 왜 배우는지 항상 의문이었는데, 이 책에서 ‘수학은 보이지 않는 것을 보는 언어’라는 구절을 읽고 충격을 받았습니다.” → (4. 심화) “수학이 정말로 세상을 설명할 수 있는지 확인해 보고 싶었습니다.” → (5. 극복 노력) “수업 시간에 배운 ‘함수’를 이용해 우리 반의 소음 발생 패턴을, ‘통계’를 이용해 급식 만족도를 분석해 보았습니다.” → (7. 느낀 점) “수학이 교과서 속 문제가 아니라, 세상을 분석하는 강력한 도구임을 깨닫고 수학에 대한 흥미를 갖게 되었습니다.”

(5) 『총, 균, 쇠』(재러드 다이아몬드 저)

● **어떤 책인가요?** "왜 어떤 민족은 다른 민족을 정복하고, 어떤 민족은 정복당했는가?"라는 질문에 대해, '인종'이 아닌 '환경과 지리'라는 혁신적인 대답을 제시한 문명사 분야의 고전입니다.

● **자소서 활용법 (4장 연계)**

  ○ [융합/응용 스토리] 역사, 지리, 생물학, 인류학을 넘나드는 이 책의 접근 방식 자체가 '융합형 인재'임을 보여 주기에 가장 좋은 소재입니다.

  ○ [7단계 진화 공식 적용 예시] (1. 계기) "세계사 시간에 배운 '서구 문명의 우월성'이 정말 '인종'의 문제인지 의문을 갖게 되었습니다." → (4. 심화) 『총, 균, 쇠』를 읽고, '지리적 요인'이라는 새로운 관점을 접했습니다." → (5. 극복 노력) "이 관점을 '한반도의 역사'에 적용해, 우리나라가 가진 지리적 이점과 불리함이 역사에 어떤 영향을 미쳤는지 스스로 탐구했습니다." → (6. 성과) "지리의 힘이 한국사에 미친 영향'이라는 보고서를 작성했습니다." → (7. 느낀 점) "역사를 바라보는 '통합적 관점'을 갖게 되었습니다."


## 2) '나만의 비전'을 위한 필독서 (5장: 지원동기/진로계획 연계)

5장에서 배운 '논리의 황금 사슬'의 마지막 고리, 즉 '고교 졸업 후 최종 비전'을 세우는 것은 매우 막막한 일입니다. 이 파트의 책들은 여러분의 진로 계획이 단순한 '직업'을 넘어, 사회에 기여하는 '과업(미션)'과 '가치'를 담을 수 있도록 돕는 훌륭한 나침반이 되어 줄 것입니다.


(1) 『정의란 무엇인가』(마이클 샌델 저)

● **어떤 책인가요?** '최대 다수의 최대 행복', '개인의 자유' 등 우리가 '정의'라고 믿는 다양한 기준들을 실제 딜레마 상황(예: 폭주하는 전차)에 던져 넣으며, '무엇이 옳은 일인가'에 대한 근본적인 질문을 던지는 하버드대 강의록입니다.

● **자소서 활용법 (5장 연계)**

  ○ [비전(과업) 구체화] '공익 변호사', '정치인', '사회학자' 등 인문/사회 계열 진로를 희망하는 학생에게 좋습니다. 5장의 '최종 비전'에서 "정의로운 사회에 기여하고 싶다"는 막연한 포부 대신, "저는 개인의 자유보다 공동체의 미덕을 우선하는 가치관을 바탕으로, 사회적 약자를 위한 ○○○ 정책을 연구하는 전문가가 되겠습니다"와 같이 자신만의 구체적인 '과업'을 제시하는 강력

한 철학적 근거로 활용할 수 있습니다.


### (2) 『팩트풀니스』(한스 로슬링, 올라 로슬링, 안나 로슬링 뢴룬드 공저)

- **어떤 책인가요?** 우리가 세상을 얼마나 부정적이고 편향되게(예: "세계는 점점 나빠지고 있다") 보고 있는지 수많은 데이터를 통해 증명하고, 세상을 '사실에 기반(Factfulness)'하여 올바르게 바라볼 것을 제안하는 책입니다.
- **자소서 활용법 (5장 연계)**
  - [비전(관점) 차별화] '국제고' 지망생이나 '글로벌 리더', '경영/경제' 분야를 꿈꾸는 학생에게 강력 추천합니다. 5장의 '지원동기'나 '진로계획'에서, "아프리카는 가난하다"는 막연한 편견 대신, "데이터에 기반한 객관적인 시각으로 국제 문제를 바라보고, 진정으로 도움이 필요한 곳에 자원을 배분하는 시스템을 만들겠다"는 성숙하고 차별화된 비전을 보여 줄 수 있습니다.


### (3) 『괴짜경제학』(스티븐 레빗, 스티븐 더브너 공저)

- **어떤 책인가요?** "스모 선수는 왜 승부 조작을 할까?", "마약상은 왜 엄마와 함께 살까?"와 같이, 일상 속 기묘한 현상들을 경제학적 관점과 데이터로 유쾌하게 분석하는 책입니다.
- **자소서 활용법 (4장/5장 연계)**
  - [탐구 계기/비전] '경영·경제 계열'이나 '데이터 분석'에 관심 있는 학생에게 좋습니다. 4장의 '7단계 진화 공식'에서 "현상의 이면을 데이터로 분석하는" 저자의 관점을 벤치마킹하여, '학교 매점의 최고 인기 메뉴 예측하기'와 같은 자신만의 탐구(4장)를 진행한 계기로 삼을 수 있습니다. 또한, "남들이 보지 못하는 데이터 속 숨겨진 인과관계를 찾아내는 경제 전문가가 되겠다"는 구체적인 비전(5장)으로 연결하기에 매우 좋습니다.


### (4) 『멋진 신세계』(올더스 헉슬리 저)

- **어떤 책인가요?** 모든 것이 통제되고 안정되었지만, 그 대가로 진정한 자유와 개성을 잃어버린 미래 사회를 그린 디스토피아 소설의 고전입니다.
- **자소서 활용법 (5장 연계)**
  - [비전(가치관) 확립] 과학, 기술, 사회, 철학 등 거의 모든 분야의 진로에 적용할 수 있습니다.

특히 '의학 계열'이나 'AI 개발자'를 꿈꾸는 학생에게, "기술의 발전이 인간의 행복을 보장하지는 않는다"는 윤리적 성찰을 보여 주는 강력한 소재가 됩니다. 5장의 '최종 비전'에서 "단순히 기술을 개발하는 것을 넘어, 그 기술이 인간의 존엄성을 해치지 않도록 윤리적 가이드라인을 제시하는 ○○○ 전문가가 되겠다"는 깊이 있는 고민을 드러낼 수 있습니다.

### (5) 『죽은 경제학자의 살아 있는 아이디어』 (토드 부크홀츠 저)

● **어떤 책인가요?** 애덤 스미스부터 케인스까지, 역사 속 위대한 경제학자들의 핵심 사상을 그들의 삶과 시대적 배경을 통해 쉽고 재미있게 풀어낸 경제학 입문서입니다.

● **자소서 활용법 (5장 연계)**

  ○ [진로 역량/비전] '경영·경제 계열'을 지망하는 학생이 자신의 '진로 역량'을 보여 주기에 가장 좋은 책입니다. 5장의 '황금 사슬'을 만들 때, "저는 애덤 스미스의 '보이지 않는 손'이 해결하지 못하는 시장의 실패(예: 환경오염)에 관심이 많습니다. 그래서 대학에서 '환경 경제학'을 전공하여…"와 같이, 단순한 꿈이 아닌, 학문에 대한 구체적인 이해와 자신만의 문제의식을 보여 주며 비전을 구체화할 수 있습니다.

## 3) '나만의 성장'을 위한 필독서 (6장: 인성 영역 연계)

6장에서 배운 S.A.R.L. 공식의 마지막이자 가장 중요한 'L(Learning, 배움과 성장)' 파트를 깊이 있게 만드는 책들입니다. 이 책들은 여러분의 평범한 경험을 '깊이 있는 성찰'로 바꾸어, 여러분이 얼마나 성숙한 내면을 가진 인재인지 증명하는 데 도움을 줄 것입니다.

### (1) 『마인드셋』 (캐럴 드웩 저)

● **어떤 책인가요?** '재능은 고정되어 있다(Fixed Mindset)'는 생각과 '재능은 노력으로 성장한다(Growth Mindset)'는 생각이 삶에 어떤 다른 결과를 가져오는지 수십 년의 연구로 증명한 심리학 필독서입니다.

● **자소서 활용법 (6장 연계)**

  ○ [S.A.R.L.의 'L' 심화] 4장의 '약점 극복 스토리'에도 훌륭한 재료이지만, 6장의 인성 영역에서도 빛을 발합니다. 예를 들어, '실패한 경험'을 서술할 때 활용할 수 있습니다.

○ [S.A.R.L. 공식 적용 예시] (S) "팀 프로젝트에서 야심 차게 새로운 아이디어를 시도했지만, 결국 실패하여 팀원들에게 미안했습니다." → (A) "처음에는 저의 재능 부족을 탓하며 좌절했습니다." → (L) "하지만 『마인드셋』을 읽고, 실패를 '재능의 한계'가 아닌 '성장의 과정'으로 받아들이는 '성장 마인드셋'의 중요성을 깨달았습니다. 이후 실패의 원인을 냉철하게 분석하고 보완하여 다음 프로젝트를 성공적으로 이끌었습니다."

## (2) 『미움받을 용기』 (기시미 이치로, 고가 후미타케 공저)

● **어떤 책인가요?** 아들러 심리학을 바탕으로, "타인의 인정에 얽매이지 말고, '나의 과제'와 '타인의 과제'를 분리하라"는 메시지를 대화 형식으로 풀어냅니다.

● **자소서 활용법 (6장 연계)**

○ [갈등 관리 사례] 6장의 '갈등 관리'나 '협력' 사례를 서술할 때, 여러분의 성숙한 태도를 보여주는 최고의 철학적 기반이 됩니다.

○ [S.A.R.L. 공식 적용 예시] (S) "조별 과제에서 저를 유독 싫어하고 비협조적인 친구가 있었습니다." → (A) "처음에는 그 친구의 인정을 받기 위해 애썼지만, 『미움받을 용기』에서 배운 대로 '그 친구의 감정(타인의 과제)'과 '내가 맡은 일을 완수하는 것(나의 과제)'을 분리하기로 했습니다. 저는 제 역할에 묵묵히 최선을 다하며, 그 친구에게도 감정 없이 필요한 협조를 명확히 요청했습니다." → (R) "그 결과, 감정싸움 없이 프로젝트를 완수했고, 나중에는 그 친구도 저의 태도를 인정해 주었습니다."

## (3) 『사피엔스』 (유발 하라리 저)

● **어떤 책인가요?** 인류가 어떻게 지구를 정복했는지에 대해, 그 핵심 비결이 '보이지 않는 것을 믿는 능력'과 '유연하게 협력하는 능력'에 있다고 설명하는 책입니다.

● **자소서 활용법 (6장 연계)**

○ [협력/리더십 사례] 6장의 '협력' 키워드를 다룰 때, 여러분의 행동에 깊이 있는 의미를 부여해 줍니다.

○ [S.A.R.L. 공식 적용 예시] (S) "학급 축제 준비가 중구난방으로 진행되어 어려움을 겪었습니다." → (L/A) "저는 『사피엔스』에서 읽은 '공동의 신화(목표)'가 협력의 핵심임을 떠올렸습니다.

그래서 '우리 반의 목표는 수익금이 아니라, 모두가 즐거운 추억을 만드는 것'이라는 공동의 목표를 먼저 명확히 하자고 제안했습니다." → (R) "목표가 명확해지자, 친구들은 자발적으로 자신의 역할을 찾아 협력하기 시작했습니다."

### (4) 『페스트』 (알베르 카뮈 저)

● 어떤 책인가요? 극한의 재난(페스트)이 닥친 도시 속에서, 절망하거나 도망치지 않고 각자의 자리에서 묵묵히 저항하고 연대하는 인간 군상의 모습을 그린 고전입니다.

● 자소서 활용법 (6장 연계)

　○ [책임감/공동체 의식] 6장의 '책임감'과 '규칙 준수'를 보여 줄 때, 여러분의 행동을 영웅적인 행동이 아닌, 성숙한 시민의 '성실함'으로 표현할 수 있습니다.

　○ [S.A.R.L. 공식 적용 예시] (S) "모두가 기피하는 ○○○ 역할을 맡게 되었습니다." → (A/L) "처음에는 불만도 있었지만, 『페스트』의 의사 리유처럼, '도망'이 아닌 '성실함'으로 자신의 자리를 지키는 것이 공동체를 위한 진정한 책임감이라 생각했습니다. 그래서 매일 가장 먼저…"

### (5) 『데미안』 (헤르만 헤세 저)

● 어떤 책인가요? '알을 깨고 나오는 새'처럼, 기존의 안정된 세계(규칙)를 깨고 고통스러운 성찰을 통해 진정한 '나'를 찾아가는 성장 소설의 바이블입니다.

● 자소서 활용법 (6장 연계)

　○ [규칙 준수/갈등 사례] 6장의 '규칙 준수'나 '갈등'을 다룰 때, 단순한 순응이 아닌, '비판적 사고'를 할 줄 아는 깊이 있는 학생임을 어필할 수 있습니다.

　○ [S.A.R.L. 공식 적용 예시] (S) "친구들과 저는 학교의 ○○○ 규칙이 불합리하다고 생각했습니다." → (A) "무조건 반항하기보다, 『데미안』의 가르침처럼, 기존의 규칙이 왜 생겼는지 먼저 이해하고 더 나은 대안을 찾아보기로 했습니다. 그래서 ○○○에 대한 설문조사를 실시하고…" → (L) "이 과정을 통해 무조건적인 순응이나 반항이 아닌, 합리적인 근거를 통해 공동체의 규칙을 발전시키는 것이 진정한 성장임을 깨달았습니다."

이것으로 여러분의 자기소개서에 단단한 '깊이'를 더해 줄 [1. 핵심 필독서 15선]의 상세 분석을 모두 마쳤습니다. 이 15권의 책은 여러분이 앞서 배운 자소서의 3대 핵심 기둥(자기주도학습, 진로계획, 인성)을 세우는 데 가장 강력한 지지대가 되어 줄 것입니다.

하지만 15권만으로는 여러분의 넘치는 지적 호기심을 모두 채우기에 부족할 수 있습니다. 혹은, "저는 과학고를 지망하는데, 더 깊이 있는 수학/과학 책이 없나요?"와 같이 자신의 진로 분야에 딱 맞는 더 넓은 '탐험 지도'가 필요할 수도 있습니다.

이어지는 [2. 관심 분야별 확장 리스트 35선]은 바로 그런 학생들을 위한 맞춤형 지도입니다.

지금부터는 앞선 분석처럼 상세한 해설을 덧붙이는 대신, 각 분야의 전문가로 성장하기 위해 꼭 읽어 두면 좋을 35권의 책을 [핵심 키워드]와 [자소서 연결]이라는 두 가지 포인트로 명쾌하게 짚어 드립니다.

여러분의 '7단계 진화 공식'과 '황금 사슬'을 더욱 날카롭게 다듬어 줄, 여러분만의 다음 책을 이곳에서 찾아보시기 바랍니다.


## 2. 관심 분야별 확장 리스트 35선


### 1) 수학/과학/공학 분야

*(과학고/영재고 지망생 및 이공계열 탐구 심화용)*


### (1) 『부분과 전체』 (베르너 하이젠베르크 저)

[핵심 키워드] 20세기 물리학을 만든 천재의 고뇌와 과학 철학.

[자소서 연결] '과학자의 사회적 책임'이나 '탐구 윤리'에 대한 깊이 있는 성찰을 6장(인성)이나 5장(진로 비전)에 연결할 때.


### (2) 『시간의 역사』 (스티븐 호킹 저)

[핵심 키워드] 우주의 기원과 운명을 탐구하는 현대 우주론의 바이블.

[자소서 연결] '순수 과학'에 대한 강렬한 지적 호기심을 4장(자기주도학습)의 '7단계 진화 공식'의 계기로 삼기에 최적.

(3)『엔트로피』(제러미 리프킨 저)

[핵심 키워드] 세상을 바라보는 열역학적 관점과 미래 문명에 대한 통찰.

[자소서 연결] 과학 원리를 사회 현상(환경 문제, 자원 고갈 등)과 연결하는 '융합적 사고'를 보여 줄 때.

(4)『페르마의 마지막 정리』(사이먼 싱 저)

[핵심 키워드] 350년간의 수학 난제를 푼 수학자들의 열정과 끈질긴 탐구 과정.

[자소서 연결] 수학 '약점 극복' 스토리를 넘어, "하나의 문제를 끝까지 파고드는 '수학적 끈기'"를 어필할 때.

(5)『이중나선』(제임스 왓슨 저)

[핵심 키워드] DNA 구조 발견을 둘러싼 생생한 경쟁과 과학적 발견의 본질.

[자소서 연결] 교과서 속 '결과'가 아닌, 실제 연구 현장의 '과정'(협력, 경쟁, 실패)을 이해하고 있음을 보여 줄 때.

(6)『사라진 스푼』(샘 킨 저)

[핵심 키워드] 주기율표 속 원소들에 얽힌 흥미진진한 역사, 사회 이야기.

[자소서 연결] '화학'이 단순한 암기 과목이 아니라, 인류의 역사와 밀접하게 연결된 학문임을 보여주며 탐구의 폭을 넓힐 때.

(7)『생명의 다양성』(에드워드 윌슨 저)

[핵심 키워드] 생물 다양성의 중요성과 인류의 역할을 탐구하는 현대 생물학의 고전.

[자소서 연결] '생명과학자'나 '환경 전문가'로서 가져야 할 '생태학적 관점'과 '공동체적 가치'를 5장(진로 비전)에서 제시할 때.

## 2) 인문/사회/역사 분야

*(인문/사회 중심 자사고 및 국제고 지망생을 위한 통찰 도서)*

(1)『역사란 무엇인가』(E.H. 카 저)

[핵심 키워드] "역사는 현재와 과거의 끊임없는 대화이다"라는 명제로, 역사적 사실의 객관성에 대해 고찰하는 역사학 입문서.

[자소서 연결] 단순 사실 암기가 아닌, 역사적 사실을 '비판적으로' 해석하고 '현재적 의미'를 찾는 4장(자기주도학습)의 '관심 심화' 사례로 활용.


(2)『지리의 힘』(팀 마샬 저)

[핵심 키워드] 지리(산맥, 강, 바다)가 어떻게 국가의 운명과 세계 정치를 결정하는지, 지정학적 관점으로 세상을 분석.

[자소서 연결] 역사적 사건이나 국제 갈등을 '지정학적' 관점으로 분석하는 4장(융합/응용)의 탐구 소재로 활용하거나, 5장(진로)에서 '국제 관계 전문가'의 비전을 구체화할 때.


(3)『죽음의 수용소에서』(빅터 프랭클 저)

[핵심 키워드] 홀로코스트 생존자인 정신과 의사가 극한의 고통 속에서 '삶의 의미'를 찾아내는 과정과 '로고테라피'의 정수.

[자소서 연결] 6장(인성)에서 역경을 겪은 경험을 '의미'와 '성장'으로 승화시키거나, 5장(진로)에서 '의사'나 '상담사'로서 가져야 할 '인간 존중'의 가치관을 제시할 때.


(4)『군주론』(니콜로 마키아벨리 저)

[핵심 키워드] 냉혹한 현실 속에서 국가를 유지하고 통합하기 위한 리더의 강력한 통치술과 정치철학.

[자소서 연결] 6장(인성)에서 '리더십'의 다양한 측면(현실적 판단 vs. 도덕성)에 대해 고찰하거나, 5장(진로)에서 '정치외교' 분야의 비전을 제시할 때.


(5)『죽도록 즐기기』(닐 포스트먼 저)

[핵심 키워드] TV와 같은 엔터테인먼트형 미디어가 어떻게 진지한 공론장을 파괴하고, 사고 능력을 저하시키는지 날카롭게 비판.

[자소서 연결] '미디어 리터러시'의 중요성을 4장(자기주도학습) 탐구 주제로 삼거나, '언론인'을 꿈 꾸는 학생이 5장(진로)에서 미디어의 사회적 책임에 대한 비전을 제시할 때.

## (6) 『법의 정신』(몽테스키외 저)

[핵심 키워드] '삼권분립'의 이론적 토대와, 법이 각 사회의 풍토와 역사에 따라 어떻게 달라져야 하는지 분석한 법학 고전.

[자소서 연결] '공익 변호사' 사례처럼, 5장(진로)에서 '법'이 단순한 규칙이 아닌, 시대를 반영하는 '정신'임을 이해하고 있음을 어필할 때.

## (7) 『국가』(플라톤 저)

[핵심 키워드] '정의로운 국가'란 무엇이며, 누가 통치해야 하는가('철인 통치')에 대한 서양 철학의 근본적인 질문과 답변.

[자소서 연결] '리더십'이란 무엇인가, '바람직한 공동체'란 무엇인가에 대한 6장(인성)의 고민을 깊 이 있게 만들 때.


## 3) 어문/문화/글로벌 분야

*(외고/국제고 지망생 및 글로벌 리더 지망생을 위한 확장 도서)*


## (1) 『언어 본능』(스티븐 핑커 저)

[핵심 키워드] 언어가 '학습'되는 것이 아니라 인간의 뇌에 내재된 '본능'임을 증명하는 인지과학적 탐구.

[자소서 연결] '외고' 지망생이 4장(자기주도학습)에서 '영어' 공부를 넘어 '언어학' 자체에 대한 깊이 있는 탐구를 보여 줄 때.


## (2) 『오리엔탈리즘』(에드워드 사이드 저)

[핵심 키워드] 서양이 동양을 바라보는 '편견'과 '왜곡'의 역사를 비판하며, 문화와 권력의 관계를 분석.

[자소서 연결] 5장(진로)에서 '문화 교류 전문가'로서, '상호 존중'에 기반한 소통을 추구한다는 성숙 한 비전을 제시할 때.

(3) 『1984』(조지 오웰 저)

[핵심 키워드] '빅브라더'로 상징되는 전체주의 사회의 감시, 통제, 그리고 언어(신어)가 어떻게 사고를 지배하는지 그린 디스토피아 고전.

[자소서 연결] '규칙 준수'의 의미(6장)나, '미디어' 또는 '정치'의 본질(5장)에 대해 비판적으로 성찰하는 계기.

(4) 『국화와 칼』(루스 베네딕트 저)

[핵심 키워드] 일본 문화의 이중성(예: 아름다움을 사랑하지만 칼을 숭상하는)을 '문화 인류학'적 관점으로 분석한 문화 연구의 고전.

[자소서 연결] '일본어' 전공 지망생이, 언어를 넘어 그 나라의 문화와 국민성을 깊이 있게 탐구했음을 4장에서 증명할 때.

(5) 『문화의 수수께끼』(마빈 해리스 저)

[핵심 키워드] 힌두교의 '암소 숭배' 등 이해하기 힘든 문화 현상을 '물질적/환경적' 요인으로 명쾌하게 분석하는 문화 인류학 입문서.

[자소서 연결] 4장에서 '문화 인류학'적 탐구를 진행하며, 타 문화를 '존중'하는 것을 넘어 '분석'하는 역량을 보여 줄 때.

(6) 『이것이 모든 것을 바꾼다』(나오미 클라인 저)

[핵심 키워드] 기후 위기가 단순한 환경 문제가 아닌, '자본주의' 시스템 자체의 문제임을 고발하고 근본적인 전환을 촉구.

[자소서 연결] '국제고' 지망생이 '환경 난민', 'ESG 경영' 등 국제적 이슈를 5장(진로)에서 다룰 때, 문제의 근본 원인을 고민했음을 어필.

(7) 『이방인』(알베르 카뮈 저)

[핵심 키워드] 사회의 관습과 부조리에 순응하지 않고 자신만의 진실을 고집하는 '뫼르소'의 이야기.

[자소서 연결] '타인 존중'의 의미(6장)나, '다름'을 포용하는 공동체에 대해 고민하는 계기로 활용.

## 4) 경제/경영 분야

*(상경 계열 자사고 지망생 및 사회적 기업가 지망생을 위한 기초 도서)*

**(1) 『넛지』(리처드 탈러, 캐스 선스타인 공저)**

[핵심 키워드] 사람들의 선택을 '부드럽게' 유도하여 더 좋은 결정을 내리게 하는 '선택 설계'의 힘. (행동경제학)

[자소서 연결] 4장(융합)에서 '심리학'과 '경제학'을 연결하거나, 5장(진로)에서 '데이터 기반 마케팅' 전문가로서의 비전을 제시.

**(2) 『국가는 왜 실패하는가』(대런 애쓰모글루, 제임스 로빈슨 공저)**

[핵심 키워드] 국가의 흥망을 결정하는 것은 '포용적' 또는 '착취적' 정치/경제 '제도'라는 것을 증명.

[자소서 연결] '경영'을 넘어 '경제학'이나 '국가 시스템'에 관심이 있음을 5장에서 어필할 때, 매우 높은 수준의 지적 관심을 보여 줌.

**(3) 『생각에 관한 생각』(대니얼 카너먼 저)**

[핵심 키워드] 인간의 비합리적인 판단(빠른 생각, 직관)과 이성적인 사고(느린 생각, 이성)의 두 가지 메커니즘을 분석.

[자소서 연결] 4장에서 '인지 편향'에 대해 탐구하거나, 6장에서 '갈등 상황'에서 감정(빠른 생각)을 제어하고 이성(느린 생각)으로 해결한 경험을 분석할 때.

**(4) 『거대한 전환』(칼 폴라니 저)**

[핵심 키워드] '시장이 사회에 복속되어야 한다'는 주장을 통해, 시장 만능주의의 위험성을 경고하고 현대 복지국가 사상의 토대를 제시.

[자소서 연결] '공동체적 가치'를 중시하는 '경영인' 또는 '경제학자'로서의 비전(5장)을 제시할 때.

**(5) 『좋은 기업을 넘어 위대한 기업으로』(짐 콜린스 저)**

[핵심 키워드] 평범한 기업이 '위대한' 기업으로 도약하는 성공의 법칙(예: 겸손한 리더십, 고슴도치

컨셉)을 분석.

[자소서 연결] 6장(인성)에서 '겸손한 리더십'의 중요성을 어필하거나, 5장(진로)에서 'CEO'로서의 구체적인 경영 철학을 제시할 때.

## (6) 『사회적 기업 만들기』(무함마드 유누스 저)

[핵심 키워드] '가난 없는 세상'을 위한 그라민 은행 창시자의, '이윤 극대화'가 아닌 '사회 문제 해결'을 목표로 하는 경영 모델 제시.

[자소서 연결] 5장에서 '사회적 기업가' 사례처럼, '공동체적 가치'와 '지속 가능한 경영'을 결합한 구체적인 비전을 제시할 때.

## (7) 『자본주의: 새로운 역사』(위르겐 코카 저)

[핵심 키워드] 자본주의가 어떻게 탄생하고 전 세계로 확산되었는지, 그 빛과 그림자를 균형 있게 분석한 역사서.

[자소서 연결] 4장에서 '자본주의' 자체를 탐구 주제로 삼아, 경제 시스템에 대한 근본적인 이해를 보여 줄 때.

## 5) 융합/예술/기타 분야
*(창의적 융합 인재 및 예체능 계열 지망생을 위한 영감 도서)*

## (1) 『서양미술사』(에른스트 곰브리치 저)

[핵심 키워드] 수천 년의 서양 미술 역사를 하나의 거대한 '흐름'으로 이해하게 만드는 최고의 미술 입문서이자 고전.

[자소서 연결] 4장에서 '미술'을 단순히 '그리기'가 아닌, '시대정신'을 탐구하는 학문으로 접근했음을 보여 줄 때.

## (2) 『생각의 탄생』(로버트 루트번스타인, 미셸 루트번스타인 공저)

[핵심 키워드] 레오나르도 다빈치 등 천재들이 공통적으로 사용한 13가지 생각의 도구(관찰, 형상

화, 추상화, 유추 등)를 제시.

[자소서 연결] 4장 '융합/응용' 사례처럼, 서로 다른 분야(예: 음악과 국어)를 연결하는 '융합적 사고'의 이론적 기반으로 활용.

### (3) 『뇌의 왈츠』(대니얼 레비틴 저)

[핵심 키워드] 음악이 어떻게 우리의 뇌를 자극하고 감동을 주는지, 멜로디와 리듬의 비밀을 '신경과학'적으로 분석.

[자소서 연결] '음악'과 '뇌과학'을 융합하는 4장(자기주도학습) 탐구 주제로 활용하여, 매우 독창적인 융합형 인재임을 어필.

### (4) 『디자인과 인간 심리』(도널드 노먼 저)

[핵심 키워드] '좋은 디자인'이란 무엇인지, 인간의 인지 심리를 바탕으로 '사용자 중심'의 디자인 원칙(예: 푸시/풀 문)을 제시.

[자소서 연결] 5장 '도시 공간 기획자' 사례처럼, '디자인'이 단순한 미학이 아닌, '사용자 편의'와 '문제 해결'의 과정임을 어필할 때.

### (5) 『침묵의 봄』(레이첼 카슨 저)

[핵심 키워드] 살충제(DDT)의 무분별한 사용이 생태계에 미치는 파괴적인 영향을 고발하여, '환경 운동'을 촉발시킨 세기의 책.

[자소서 연결] '과학자의 사회적 책임'(6장 인성)이나, '환경공학', '생태학' 분야의 5장(진로 비전)을 제시할 때.

### (6) 『건축, 형태, 공간, 그리고 질서』(프랜시스 D.K. 칭 저)

[핵심 키워드] 점, 선, 면에서 시작하여 복잡한 건축물에 이르기까지, 건축 디자인의 기본 원리를 아름다운 스케치와 함께 시각적으로 탐구.

[자소서 연결] '건축가'를 꿈꾸는 학생이, 단순히 '멋진 건물'이 아닌, '공간의 원리'에 대해 깊이 있게 고민했음을 4장에서 보여 줄 때.

(7) 『감시 자본주의 시대』 (쇼샤나 주보프 저)

[핵심 키워드] 구글, 페이스북 등이 어떻게 우리의 행동 데이터를 '상품'으로 만들고 미래의 행동까지 예측하고 통제하는지 고발.

[자소서 연결] '데이터 과학자'나 '프로그래머'를 꿈꾸는 학생이, 5장에서 '데이터 윤리'까지 고민하는 성숙한 비전을 제시할 때.


## 3. [FAQ] 무엇이든 물어보세요: 자소서 & 면접 실전 상담소

"합격의 확신은 마음속의 '물음표'를 지우는 것에서 시작됩니다."


거창한 전략을 세우고 훌륭한 글을 썼더라도, 마지막 순간에 찾아오는 사소한 불안감이 여러분의 발목을 잡을 수 있습니다.

"생기부에 없는 내용을 써도 될까?" "진로가 중간에 바뀌었는데 감점일까?" "면접관이 모르는 걸 물어보면 어떡하지?"

이곳은 그런 여러분을 위해 준비한 '24시간 실전 상담소'입니다. 지난 수년간 수많은 선배들이 가장 많이 고민했고, 가장 빈번하게 물어봤던 '현실적인 질문'을 모아 명쾌한 해답을 제시합니다.


● 자소서 고민: 글자 수 조절, 소재 선정, 기재 금지 사항 등 집필의 딜레마 해결
● 면접 고민: 긴장감 극복, 돌발 질문 대처, 시선 처리 등 실전 행동 요령


떠도는 소문에 흔들리지 마십시오. 여기에 있는 '정확한 기준'을 통해 남은 1%의 불안감까지 말끔히 씻어 내고, 흔들림 없는 확신으로 합격의 문을 두드리시길 바랍니다.

## 1) 자소서 고민 타파: "쓸 게 없어서 막막해요"

**Q1. 정말 특별한 활동 경험(전교회장, 거창한 수상 등)이 없는데, 무엇을 써야 하나요?**

A. 입학사정관은 '감투'가 아닌 '태도'를 봅니다. 거창한 직책보다, 청소 당번이나 수행평가 조장 등 작은 역할이라도 '어떤 문제의식을 가지고 주도적으로 해결했는지'를 구체적으로 쓰는 것이 훨씬 높은 점수를 받습니다. '평범한 경험'을 '비범한 탐구'로 바꾸는 것이 합격의 열쇠입니다.

**Q2. 너무 사소하고 개인적인 이야기 같은데, 써도 괜찮을까요?**

A. 네, 오히려 좋습니다. 누구나 쓸 수 있는 '봉사활동 100시간'보다, '실험 중 비커를 깼을 때의 대처'나 '친구와 사소한 말다툼을 해결한 과정'이 지원자의 '인성'과 '문제 해결력'을 더 잘 보여 줍니다. 크기가 아니라 '깊이'와 '진정성'이 중요합니다.

**Q3. 글자 수가 너무 부족하거나 너무 많이 남아요. 어떻게 하죠?**

A. 부족할 때는 '감상(뿌듯했다)'을 줄이고 '과정(How)'을 구체적으로 늘리세요. (어떤 책을 읽고, 어떤 데이터를 찾아봤는지). 반대로 넘칠 때는 '미사여구'와 '접속사'를 과감히 삭제하고, 문장을 짧게 끊으세요. 제한 글자 수의 95% 이상 채우는 것을 권장합니다.

**Q4. 활동이 너무 많아서 고민이에요. 여러 개를 나열하는 게 좋을까요, 하나를 깊게 쓰는 게 좋을까요?**

A. 학교별 요구 양식에 따라 다르지만, 기본적으로는 핵심 활동 1~2개를 깊게 쓰는 것이 유리합니다. 입학사정관은 '활동의 개수'가 아니라 '탐구의 깊이'를 봅니다. 10가지 활동을 단순 나열하면 '생활기록부 요약본'에 불과합니다. 가장 자신 있고, 나의 진로 역량을 잘 보여 줄 수 있는 핵심 활동 1~2개를 선정하여, 그 활동을 '왜(Why)' 했고, '어떻게(How)' 해결했으며, 무엇을 '배웠는지(Learn)'를 드라마처럼 구체적으로 보여 주세요.

**Q5. 첫 문장을 어떻게 시작해야 할지 너무 막막해요. 명언이나 격언을 써도 될까요?**

A. 누구나 아는 명언이나 사전적 정의("천재는 1%의 영감과…", "배려란…")로 시작하는 것은 가장 피해야 할 방식입니다. 진부한 시작은 글 전체를 지루하게 만듭니다. 대신, 나의 호기심을 자극했

던 '강렬한 장면'이나, 탐구의 시작점이 된 '질문'으로 직접 들어가세요.

*(예시)* "모두가 잠든 새벽 2시, 실험실의 불은 꺼지지 않았습니다." (장면 묘사)

*(예시)* "왜 교과서의 이론과 실제 실험 결과는 다를까요?" (질문 던지기)

### 2) 서류 & 규칙 팩트 체크: "생기부에 없어도 되나요?"

**Q6. 학교생활기록부에 기록되지 않은 저만의 활동(개인 독서, 인강 등)을 써도 되나요?**

A. 원칙적으로는 가능합니다. 단, 그것이 학교 교육과정 내의 활동(수업, 동아리 등)에서 '동기'를 얻어 확장된 활동임이 드러나야 합니다. 생기부와 전혀 무관한 뜬금없는 사교육 활동은 지양해야 합니다. 핵심은 '공교육 내에서의 호기심 확장'입니다.

**Q7. 진로가 중간에 바뀌었는데 감점이 될까요?**

A. 전혀 아닙니다. 청소년기의 진로 변경은 자연스러운 성장 과정입니다. 중요한 것은 '왜 바뀌었는지'에 대한 논리적 설명입니다. 바뀐 계기와 새로운 꿈을 향한 노력을 진솔하게 보여 준다면, 오히려 '자기 주도적 진로 탐색 능력'으로 인정받을 수 있습니다.

**Q8. 인성 영역을 꼭 '봉사'나 '착한 일'로만 채워야 하나요?**

A. 아닙니다. '착한 학생'보다 '함께 일하고 싶은 동료'를 뽑는 항목입니다. 갈등 상황에서 논리적으로 친구를 설득한 경험, 리더로서 팀의 규칙을 정한 경험 등 지적인 협력 사례가 더 매력적일 수 있습니다.

### 3) 면접 준비 & 태도: "떨려서 아무 말도 못 할 것 같아요"

**Q9. 면접관의 눈을 똑바로 쳐다보기가 너무 힘들어요.**

A. 시선 회피는 자신감 부족으로 비칠 수 있는 감점 요인입니다. 눈을 보기 힘들다면 면접관의 미간(눈썹 사이)이나 넥타이 매듭 쪽을 바라보며 시선을 고정하세요. 이것만으로도 충분히 당당한 태도를 유지할 수 있습니다.

## Q10. 긴장해서 목소리가 떨리거나 작아지면 어떡하죠?

A. 내용은 조금 틀려도 되지만, 목소리는 커야 합니다. 의식적으로 평소보다 1.5배 크게 말하고, 문장의 끝을 "~입니다"라고 명확하게 맺는 연습을 하세요. 말끝을 흐리면 신뢰도가 급격히 떨어집니다.

## Q11. 면접 복장은 어떻게 해야 하나요?

A. 블라인드 면접이므로 교복은 절대 금지입니다. 학교 로고가 없는 단정한 셔츠나 블라우스, 면바지 등 '학생다운 사복'을 입으세요. 지나치게 화려하거나 트레이닝복 같은 복장은 피해야 합니다.

### 4) 학교별 면접 스타일: "학교마다 면접 방식이 많이 다른가요?"

## Q12. 학교마다 면접 방식이 많이 다른가요? 우리 학교는 어떻게 준비해야 하나요?

A. 네, 학교별로 '면접실 운영 방식'과 '공통 질문 유무'가 크게 다릅니다. 자신이 지원할 학교의 스타일을 정확히 알고 시뮬레이션해야 합니다. 예를 들어,

- **대원외고**: 면접 대기실에서 대기 후 면접실로 이동합니다. 학생 1인당 약 6분 내외로, 공통 질문 없이 자소서/생기부 기반 개별 질문만 4개를 물어보며, 면접실 2곳에서 각각 2문제씩 질문을 합니다.
- **대일외고**: 1개의 면접실에서 3문항을 6분 정도 진행합니다. 공통 질문은 없습니다.
- **한영외고**: 면접실에서 질문지를 받은 후 문항당 20초간 정도 답변을 구상한 뒤 답변을 합니다.
- **명덕외고**: 전공어에 따라 강의실이 1~2개이며 4문항을 6분 정도로 진행합니다. 공통질문은 없습니다.
- **서울국제고**: 공통 질문이 있고, 개별 질문 2문항이 적힌 문제지를 보고 답변합니다.

### 5) 면접관의 질문 의도: "면접관은 주로 무엇을 물어보나요?"

## Q13. 면접관님들은 자소서에서 어떤 걸 주로 물어보시나요? (평가 기준)

A. 면접관은 여러분을 떨어뜨리려는 사람이 아니라, 자소서 내용의 '진위 여부'와 '구체성'을 확인하려는 사람입니다.

- **구체적 탐구 내용**: "자소서에 쓴 내용보다 더 구체적으로 알고 싶거나, 중학생 수준에서 경험하기 어렵다고 생각되는 내용"을 집중적으로 물어봅니다. 예를 들어, "계면활성제가 세포막을 깨트린 원리는 무엇인가?", "오일러 방정식과 나비에-스토크스 방정식의 관계는?"과 같은 개념 확인 질문이 나옵니다.

- **진위 여부 검증**: "자소서 내용을 그대로 반복하거나, 답변 내용이 빈약하면 좋은 점수를 받을 수 없습니다." 자소서에 쓴 활동이 진짜 내 것인지 확인하기 위해 꼬리에 꼬리를 무는 질문을 합니다.

- **불일치 확인**: "학생부에는 A라고 되어 있는데 자소서에는 B라고 쓴 이유" 등 서류 간의 불일치나 의심스러운 부분을 해소하기 위한 질문도 합니다.

## 6) 면접 돌발 상황 대처: "모르는 질문이 나오면 끝인가요?"

### Q14. 답변하다가 갑자기 머릿속이 하얘지거나 모르는 질문이 나오면요?

A. 침묵은 금물입니다. "죄송합니다. 잠시 생각할 시간적 여유를 주시겠습니까?" 또는 "다시 한번 질문을 말씀해 주시겠습니까?"라고 정중히 요청하세요. 정답을 찾으려 애쓰기보다, 자신의 생각을 논리적으로 말하려는 태도가 중요합니다.

### Q15. 답변 내용이 틀렸거나 앞뒤가 안 맞으면 어떡하죠?

A. 억지로 우기거나 장황하게 변명하지 마세요. "죄송합니다. 제가 앞서 말씀드린 부분에 오류가 있었습니다. 다시 말씀드리겠습니다"라고 즉시 인정하고 바로잡는 것이 훨씬 좋은 평가를 받습니다.

### Q16. "마지막으로 하고 싶은 말 있나요?"라고 물으신다면?

A. "없습니다"라고 하지 마세요. 이 학교에 오기 위해 얼마나 노력했는지, 입학 후의 각오를 짧고 굵게(30초 이내) 보여 줄 수 있는 '마지막 어필 기회'입니다. 미리 한 문장 정도 준비해 가는 것이 좋습니다.

## 고민을 멈추고, '첫 문장'을 시작하십시오

지금까지 우리는 자소서의 빈칸을 채워 줄 100가지의 탐구 주제, 생각의 깊이를 더해 줄 50권의 책, 그리고 마음속 불안을 지워 줄 16가지의 명쾌한 해답을 확인했습니다.

이 방대한 자료들은 여러분의 합격을 돕기 위해 준비된 최고의 재료이자 도구입니다. 하지만 기억하십시오. 아무리 좋은 재료도 요리사의 손길이 닿지 않으면 그저 날것에 불과하고, 아무리 좋은 도구도 쓰지 않으면 녹이 슬 뿐입니다.

"이 주제가 정말 합격할 수 있을까?" "이 책을 읽으면 정말 도움이 될까?"

이런 고민으로 시간을 흘려보내지 마십시오. 완벽한 주제, 완벽한 책은 존재하지 않습니다. 여러분이 선택하고, 파고들고, 의미를 부여하는 순간, 그 평범해 보이던 주제와 책이 세상에서 가장 특별한 합격의 열쇠가 되는 것입니다.

이제 모든 준비는 끝났습니다. 더 이상의 검색도, 더 이상의 걱정도 필요 없습니다.

이 장에서 발견한 재료 하나를 손에 쥐고, 여러분만의 '첫 문장'을 과감하게 시작하십시오. 합격은 바로 그 용기 있는 시작에서부터 만들어집니다.

지금까지 우리는 최신 입시 트렌드의 거대한 흐름(9장)부터, 선배들이 치열하게 고민했던 학교별·진로별 합격의 순간들(10, 11장), 그리고 여러분의 탐구를 시작하게 해 줄 100가지 질문과 50권의 책(12장)까지, 합격에 필요한 모든 데이터를 샅샅이 훑어보았습니다.

이 방대한 '합격 데이터베이스'는 여러분이 입시라는 긴 터널을 지날 때 길을 잃지 않도록 비추는 등불이자, 막막한 벽에 부딪힐 때마다 꺼내 쓸 수 있는 가장 강력한 무기입니다.

하지만 마지막으로 당부하고 싶은 한 가지가 있습니다.

"데이터는 그 자체로 합격을 보장하지 않습니다."

여기에 있는 훌륭한 합격 사례를 보고 감탄만 하거나, 탐구 주제 리스트를 눈으로만 읽어서는 아무것도 변하지 않습니다.

- 합격생의 사례를 보며 "나라면 이 부분을 어떻게 다르게 썼을까?"를 고민하고
- 탐구 주제 하나를 골라 당장 관련 기사 하나라도 검색해 보는 '작은 실행'이 더해질 때, 비로소 이 데이터베이스는 여러분을 합격으로 이끄는 살아 있는 지도가 됩니다.

두려워하지 마십시오. 여러분에게는 이미 충분한 정보와 전략, 그리고 든든한 도구들이 쥐어져 있습니다. 이제 이 책을 잠시 덮고, 여러분만의 빈 화면을 마주하십시오.

그리고 자신 있게 첫 문장을 시작하십시오. 여러분의 이야기는 여기 실린 그 어떤 예시보다 더 빛날 것입니다.

합격의 주인공은 바로 당신입니다.

# 합격, 그 이후의 이야기: 당신은 이미 성장했습니다

### 결과를 넘어, 인생의 첫 번째 '증명'을 마친 여러분을 응원하며

마지막 페이지까지 달려온 여러분, 진심으로 고생 많았습니다. 지금 여러분의 손에는 숱한 고민과 고쳐 쓰기를 반복하며 완성한, 세상에 단 하나뿐인 '나의 이야기'가 들려 있을 것입니다.

저는 감히 여러분에게 합격을 장담합니다. 하지만 설령 결과가 기대와 다르더라도, 여러분이 이 책과 함께 보낸 시간은 결코 사라지지 않습니다. 왜냐하면 여러분은 이 고통스러운 과정을 통해, 단순히 고등학교 입학 티켓보다 더 소중한 세 가지를 이미 얻었기 때문입니다.

### 첫째, 나를 객관적으로 바라보는 힘을 얻었습니다

지난 3년의 학교생활을 되돌아보며 내가 무엇을 좋아하고, 어떤 순간에 가슴이 뛰는지 치열하게 고민했습니다. 이 '자기 이해'의 경험은 앞으로 닥칠 대입과 진로 선택의 순간마다 여러분을 지탱해 줄 가장 단단한 뿌리가 될 것입니다.

### 둘째, 논리적으로 나를 증명하는 기술을 익혔습니다

막연한 생각을 '7단계 공식'과 'S.A.R.L.'의 구조로 정리하여 남을 설득하는 능력은, 고등학교 수행평가부터 사회에 나가 프로젝트를 기획하는 순간까지 평생 써먹을 수 있는 최고의 무기입니다.

## 셋째, 끝까지 완주해 낸 끈기를 배웠습니다

앞으로 어떤 어려운 과제 앞에서도 "나는 해낼 수 있다"는 자신감을 줄 것입니다.

합격은 끝이 아니라 시작입니다. 이 책을 통해 다듬어진 여러분이라는 '보석'이, 고등학교라는 새로운 무대에서 더욱 찬란하게 빛나기를 진심으로 응원합니다.

이제, 당당하게 문을 열고 나가십시오. 면접관은 이미 여러분의 이야기를 들을 준비가 되어 있습니다.

# 대치동이 선택한
# 특목·자사고 합격 자소서



초판 1쇄 발행 2026년 3월 21일

지은이     김태호·전진욱
펴낸이     이기봉
편집       좋은땅 편집팀
펴낸곳     도서출판 좋은땅
주소       서울특별시 마포구 양화로12길 26 지월드빌딩 (서교동 395-7)
전화       02)374-8616~7
팩스       02)374-8614
이메일     gworldbook@naver.com
홈페이지    www.g-world.co.kr

ISBN   979-11-388-5504-4 (43370)